U0589899

清华时间简史

电机工程系

（第三版）

康重庆　于歆杰　赵伟　王孙禺　李珍
编著

清華大學出版社
北京

图书在版编目（CIP）数据

清华时间简史. 电机工程系/康重庆等编著. —3版. —北京：清华大学出版社，2022.4

ISBN 978-7-302-60451-8

Ⅰ.①清… Ⅱ.①康… Ⅲ.①清华大学-电机学-专业-校史 Ⅳ.①G649.281

中国版本图书馆CIP数据核字（2022）第052848号

责任编辑：马庆洲
封面设计：曲晓华
责任校对：王淑云
责任印制：杨　艳

出版发行：清华大学出版社
网　　址：http://www.tup.com.cn，http://www.wqbook.com
地　　址：北京清华大学学研大厦A座　　邮　　编：100084
社 总 机：010-83470000　　邮　　购：010-62786544
投稿与读者服务：010-62776969，c-service@tup.tsinghua.edu.cn
质量反馈：010-62772015，zhiliang@tup.tsinghua.edu.cn
印 装 者：三河市金元印装有限公司
经　　销：全国新华书店
开　　本：155mm×230mm　　印　　张：32.5　　字　　数：496千字
版　　次：2015年4月第1版　2022年4月第3版　印次：2022年4月第1次印刷
定　　价：118.00元

产品编号：097093-01

目 录

1

清华学堂时期电机工程专业的雏形

18 世纪的英国工业革命,推动了世界工业的巨大发展,同时也迫切需要大量科学技术人才。为适应社会发展之需,1878 年世界首个电机工程专业诞生于英国帝国理工学院,之后,欧美其他发达国家相继成立了电机工程专业[①]。我国电机工程专业的起源,可以追溯至 1908 年上海高等实业学堂"电机"专修科的开办[②],自此,国内高等院校开始了探索培养电气工程人才的教育之路。清华早期虽未成立电机工程学系,但其选派的留学生中有许多选学了电机工程专业,他们日后学成归国,为国内电机工程学科及相关行业的发展做出了重要贡献。

这里需要首先说明的是,来自欧美的专业名称,英文都是"electrical engineering"。而本书的第一、第二版中,将此中文名写的不够统一,既写做"电气工程",也写为"电机工程"。现参考肖达川先生在《现代工业文明之源》一书《前言》中写到的:"在第二次世界大战结束以前,英语国家称之为 Electrical Engineering,我国称做电机工程。……可是,电机一词又特指发电机、电动机等设备,它的涵义狭小多了。不过,那时人们已经习惯了'电机工程'这个词,不会把它限制在狭义的'电机'里……"现根据我国学科命名的实际情况,对"文革"以前阶段,尽量用"电机工程"命名学科专业名称。而根据我国 1997 年进行学科调整时,把"'电工'一级学科改名为'电气工程'"的情况,本书第三版在撰写 1997 年以后清华大学电机系的历史部分时,将学科名称改写为"电气工程"。

---

① 严陆光:《庆祝我国电气工程高等教育 100 周年 继续努力发展电工新技术》,见中国电气工程高等教育 100 周年纪念委员会:《百年回眸——中国电气工程高等教育 100 周年》,18 页,西安,西安交通大学出版社,2008。(注:在不同历史时期,由于中外翻译不同,"电气""电机"有混用情况。)

② 中国电机工程学会:《百年积淀　再铸辉煌——热烈祝贺电气工程学科成立 100 周年》,见中国电气工程高等教育 100 周年纪念委员会:《百年回眸——中国电气工程高等教育 100 周年》,1 页。

一、游美学务处时期电机工程留学生的选派

1900 年八国联军攻陷北京,次年 9 月 7 日,清政府被迫签订了丧权辱国的《辛丑条约》。在当时的历史条件下,各国所得赔款均超过了"实际损失额度",其中美国按比例分得 3293.9055 万两白银(合 2444.0778 万美元)①,超过款额约 1278.5 万美元②。后经清政府驻美大使梁诚多方努力,1908 年美国政府决定将部分超收赔款退还中国政府,作为派遣赴美留学生的专门款项。1909 年 1 月 1 日,美国正式退还部分庚子赔款,随后,清政府即着手筹办遣派留学生事宜。当年 7 月 10 日,清政府外务部和学部在拟定的遣派学生赴美办法大纲折中提出,"臣等公同商酌,拟在京师设立游美学务处,由外务部、学部派员管理,综司考选学生,遣送出洋,调查稽核一切事宜。并附设肄业馆一所,选取学生入馆试验,择其学行优美,资性纯笃者,随时送往美国肄业"③;并具体规定:"设游美学务处。由外务部、学部会派办事人员,专司考选学生,管理肄业馆、遣送学生及至驻美游学监督通信等事,并与美国公使所派人员商榷一切"④,"在京城外择清旷地方,建肄业馆一所。(约容学生三百名,其中办事室、讲舍、书库、操场、教习学生等居室均备)沿用美国高等初级各科教习,所有办法均照美国学堂,以便学生熟悉课程,到美入学无可扞格。此馆专为选取各省学生暂留学习,以便考察品学而设。"⑤1909 年 7 月 17 日,游美学务处开始办公⑥,当年招考了梅贻琦等第一批直接赴美留学生 47 名;翌年招考了杨锡

---

① 王海军:《试论美国庚子赔款的"退还"》,载《山东师大学报》(社会科学版),1998 年第 5 期。

② 苏云峰:《从清华学堂到清华大学 1911—1929:近代中国高等教育研究》,2 页,北京,生活 · 读书 · 新知三联书店,2001。

③ 《外务部会奏遣派学生赴美拟定办法大纲折》(宣统元年五月二十三日),载《政治官报》,1909 年第 620 号;《外学两部会奏遣派学生赴美谨拟办法折》,载《教育杂志》,1909 年第 7 期。

④ 《遣派游学学生办法大纲》(宣统元年五月二十三日),载《政治官报》,1909 年第 620 号;《遣派游美学生办法大纲》,载《教育杂志》,1909 年第 7 期。

⑤ 《遣派游学学生办法大纲》(宣统元年五月二十三日),载《政治官报》,1909 年第 620 号;《遣派游美学生办法大纲》,载《教育杂志》,1909 年第 7 期。

⑥ 《游美学务处为报宣统元年全年经费事致外务部呈文》(宣统二年三月十四日),见第一历史档案馆:《清游美学务处档案史料》,载《历史档案》,1997 年第 3 期。

仁等第二批直接赴美留学生 70 人[①]。

对于庚款留学生的选科比例,清政府学部和外务部认为,"留学生究应选择何种科目——政治、科学、工程——均属待决的问题。鉴于彼时留日学生,多趋于法政一途,回国后,志在作一小官,或公务员,以资糊口。……因此多数主张学生游美,必须着重理、工、农、商等实际有用的学术与技能,庶几回国后,可望对于祖国的改造和建设,有真正的贡献。少数学生亦可选习文、哲一类的科目"[②]。基于此,清政府在其拟定的《派遣美国留学生章程草案》中规定:"派出的学生中有百分之八十将专修工业技术,农学,机械工程,采矿,物理及化学,铁路工程,建筑,银行,铁路管理,以及类似学科。另外百分之二十将专修法律及政治学"[③];后又于《会奏派遣学生赴美谨拟办法折》中再次规定:"以十分之八习农工商矿等科,以十分之二习法政理财师范诸学。"[④]根据清政府这一要求,1909 年至 1911 年,游美学务处选派的三批直接赴美留学生多选习实科,例如第二批庚款留学生竺可桢后来回忆:"我们这批七十人中,学自然科学、工、农的最多,约占百分之七十以上。……不仅我们这批如此,恐怕全部庚款留学生中学工农理科的都要占百分之七八十"[⑤],其中尤其以工程学居多。据统计,第一批庚款留学生中选习工程科目的有 24 人(约占总人数的 51%),第二批庚款留学生中选习工程科目的有 43 人(约占总人数的 61%),第一、二批庚款留学生选习工程学人数比例及专业分布具体如图 1-1 和图 1-2 所示。从图中可以看出,电机工程作为这一时期中国的急需专业之一,选习人数相对较多,如第一批庚款留学生中电机工程 6 人(约占总人数的 13%),第二批庚款留学生中电机工程 8 人(约占总人数的 11%)[⑥],其中即有梅贻琦、吴玉麟、曾昭权、杨锡仁、易鼎新等。

---

① 游美学务处三批派赴美国留学生名单,见清华大学校史研究室:《清华大学史料选编》,第 1 卷,131~135 页,北京,清华大学出版社,1991。

② 罗香林:《梁诚的出使美国》,65 页,台北,文海出版社,1979。

③ 《派遣美国留学生章程草案》,见清华大学校史研究室:《清华大学史料选编》,第 1 卷,107 页。

④ 《外务部会奏遣派学生赴美拟定办法大纲折(宣统元年五月二十三日)》,载《政治官报》,1909 年第 620 号;《外学两部会奏遣派学生赴美谨拟办法折》,载《教育杂志》,1909 年第 7 期。

⑤ 李喜所:《近代留学生与中外文化》,311~312 页,天津,天津人民出版社,1992。

⑥ 《历年留美学生分科统计表(一、二)》,载《国立清华大学二十周年纪念刊》,1931 年。

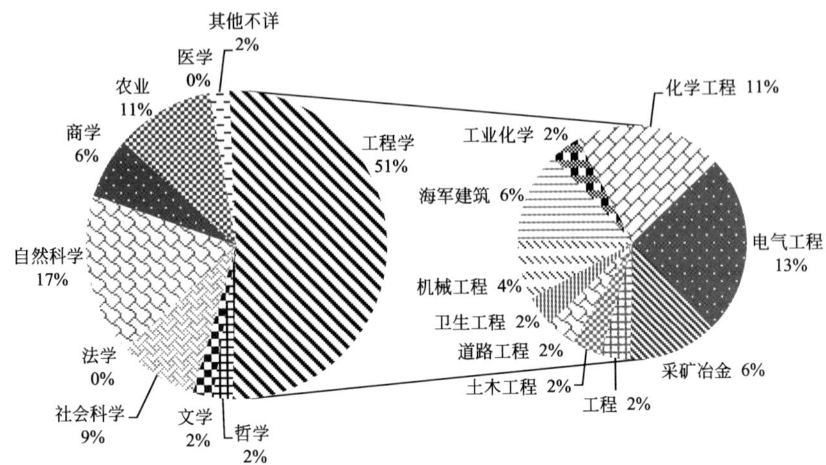

图 1-1　1909 年第一批庚款留学生选习科目及工程学专业人数分布图

(资料来源:《历年留美学生分科统计表(一、二)》,《国立清华大学二十周年纪念刊》,1931 年)

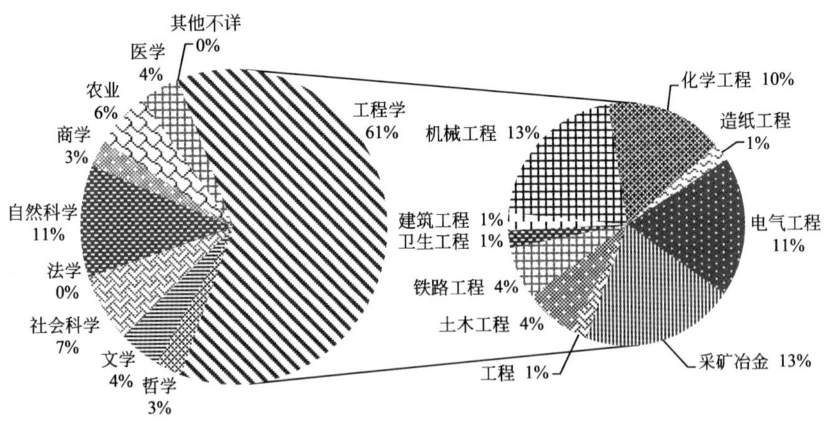

图 1-2　1910 年第二批庚款留学生选习科目及工程学专业人数分布图

(资料来源:《历年留美学生分科统计表(一、二)》,《国立清华大学二十周年纪念刊》,1931 年)

关于庚款留学生在全国的名额分配问题,清政府学部、外务部议定:"自应按照各省赔款数目分匀摊给,以示平允。其满洲、蒙古、汉军旗籍以及东三省内外蒙古、西藏亦应酌给名额,以昭公溥。"①由于南方沿海省份

① 《外务部会奏遣派学生赴美酌拟办法折》(宣统元年五月二十三日),载《政治官报》,1909 年第 620 号;《外学两部会奏遣派学生赴美谨拟办法折》,载《教育杂志》,1909 年第 7 期。

经济相对发达,所承担赔款额度较大,且文化教育发展较快,因此学生也大部分源于这些地域。同时,清华早期赴美留学生的选拔标准较高,如1908年拟定的《派遣美国留学生章程草案》中规定:"派遣的学生要有下列资格:1. 质地聪明。2. 性质纯正。3. 身体强壮。4. 身家清白。5. 恰当年龄。6. 中文程度要有作文数百字的能力。7. 中国古典文学及历史要有基本知识。8. 英文程度要能直入美国大学和专门学校听讲。9. 要完成一般性学习的预备课程"①。1909年制定的《遣派游美学生办法大纲》中规定:"各条所取学生拟分两格。第一格:年在二十以下,国文通达,英文及科学程度可入美国大学或专门学校;第二格:年在十五以下,国文通达,姿禀特异。以上二项,均须身体强壮,性情纯正,相貌完全,身家清白,始为合格"②;且考试科目"除专门的国文和基本文化课考试外,还要考试英文(其中第二届还须选考德文或法文)。特别是第二届考试,除中文论说外,所有科目考试均须用英文答卷,其难度之大可想而知。如果没有良好的系统文化知识,特别是比较扎实的英文功底,恐怕很难'中彀'"③。因此,这也就决定了选派的赴美留学生多源于一些注重英文教学或质量较高的教会学校、省立高等学堂等④,如选习电机工程科目留学生中,吴玉麟、吴清度、张廷金来自邮传部上海高等实业学堂;曾昭权、杨维桢来自上海复旦公学;张谟实、徐尚来自上海圣约翰书院等⑤。

二、清华学堂时期课程设置及电机工程留学生的选派

在选派赴美留学生的同时,清政府也积极筹备游美肄业馆。如,1909年9月28日外务部上奏:"拟于明年春夏间即行参照原定办法,考选学生

---

① 《派遣美国留学生章程草案》,见清华大学校史研究室:《清华大学史料选编》,第1卷,107页。

② 《外务部会奏遣派学生赴美拟定办法大纲折》(宣统元年五月二十三日),载《政治官报》,1909年第620号;《外学两部会奏遣派学生赴美谨拟办法折》,载《教育杂志》,1909年第7期。

③ 谢长法:《借鉴与融合:留美学生抗战前教育活动研究》,28页,石家庄,河北教育出版社,2001。

④ 李喜所、刘集林:《近代中国的留美教育》,82页,天津,天津古籍出版社,2000。

⑤ 罗香林:《梁诚的出使美国》,13~14页;刘真:《留学教育——中国留学教育史料》,第1册,187~191页,台北,国立编译馆,1980。

入馆肄习，现在应即赶速筹建肄业馆，俾诸生得以及时就学，免至有误进修。当经饬行游美学务处于京城附近地方详加相择，查有西直门外成府东北清华园旧址一区……该园现归内务府官房租库经管，合无仰恳天恩俯准，将该园地亩房屋全行赏拨，作为游美肄业馆之用”①，于 30 日获批②。此后，游美学务处开始着手游美肄业馆校舍筹建等具体工作，定于次年秋开学。但因前两批留学生未能按原定名额计划完成选拔，且因时间仓促未实现原定“第一年就要派出的学生将培训六个月，以后派出的学生则将培训一年”③之方案，同时外务部与学部在招生问题上意见不一④等，故决定“专设游美预备学校，先在国内有计划地训练，培养出合格的毕业生送美留学”⑤，并将游美肄业馆改名为清华学堂⑥。

1911 年 2 月，游美学务处和筹建中的游美肄业馆迁入清华园，正式定名为“清华学堂”，4 月订章开学。根据《清华学堂章程》规定，学堂“参合中国及美国中学以上办法，设高等中等两科。高等科注重专门教育，以美国大学及专门学堂标准，其学程以四学年计，中等科为高等科之预备，其学程以四学年计”，学科主要划分为哲学教育、本国文学、世界文学、美术音乐、史学政治、数学天文、物理化学、动植生理、地文地质及体育手工十大类别，“每类学科功课分通修、专修二种。通修种期博赅，专修种期精深”。⑦ 具体来说，“在这十类课程中，以‘通修’课程为主，‘专修’课程，

---

① 《外务部为兴筑游美肄业馆奏稿》（宣统元年八月十五日），见清华大学校史研究室：《清华大学史料选编》，第 1 卷，3~4 页。

② 《外务部给游美学务处札》（宣统元年八月十七日发），清华大学档案，全宗号 1，目录号 1，案卷号 10。

③ 《派遣美国留学生的章程草案》，见清华大学校史研究室：《清华大学史料选编》，第 1 卷，108 页。

④ 即“外务部主张招收十六岁以下的幼年生从小送美培养，否则对外国语言‘已绝无专精之望’，学部则主张招收三十岁以上的中年人，否则‘国学既乏根基，出洋实为耗费’”。（《清华校史组记从游美学务处到清华学校》，见朱有瓛、高时良：《中国近代学制史料》，第 3 辑上册，550 页，上海，华东师范大学出版社，1990）

⑤ 《清华校史组记从游美学务处到清华学校》，见朱有瓛、高时良：《中国近代学制史料》，第 3 辑上册，550 页。

⑥ 《学部札准游美肄业馆改名清华学堂并应将初等科改名中等科编定高等中等两科课程报部查核》（宣统二年十二月初五日），清华大学档案，全宗号 1，目录号 1，案卷号 3。

⑦ 《清华学堂章程》，见朱有瓛、高时良：《中国近代学制史料》，第 3 辑上册，552~556 页。

则视学生志趣能力及程度，在高等科最后两年才逐渐开设"[①]，清华学堂学科设置及各学科学分如表1-1所示。9月，游美学务处又呈请学部和外务部对章程进行修订，提出"中等科毕业年限原定四年，今改五年，高等科毕业年限原定四年，今改三年，正与部定中学堂暨高等学堂毕业年限相符"；并制定了详细的教授科目，其中包括手工等[②]。在表1-1中，手工与体育合计仅8学分，而人文社会科学5类66学分、自然科学4类50学分（另有专修16学分）[③]。显然，这一时期的课程设置主要着力于"通修"，其目的是为其后进行的赴美深造奠定基础。同时，在当时的历史条件下，通过设置"物理化学、动植生理、地文地质"等自然科学课程，对未来工程等实科人才培养无疑也是一种较为可行的权宜之举，这对加快与西式教育体系的接轨，以及后来工程学的扩展、电机工程科目的设立等，均起到了一定的促进作用。

表1-1　清华学堂中等和高等两科八年通修功课学分统计表

科目	第一	第二	第三	第四	第五	第六	第七	第八
哲学教育							2	2
中国文学	4	4	2	2	2	2		
世界文学	4	4	4	4	4	4	2	
美术音乐	1	1	1	1				
史学政治	2	2	2	2	2	2	2	2
数学天文	4	2	4	4	4	2	2	
物理化学					4	4		
动植生理	2	4	2	2		2		
地文地质			2	2			2	2
体育手工	1	1	1	1	1	1	1	1

（资料来源：《清华学堂章程》，见朱有瓛、高时良：《中国近代学制史料》，第3辑上册，553页）

---

① 苏云峰：《从清华学堂到清华大学1911—1929：近代中国高等教育研究》，162~163页。

② 《游美学务处改行清华学堂章程缘由致外务部申呈》（宣统三年七月十四日），见清华大学校史研究室：《清华大学史料选编》，第1卷，150~155页。

③ 苏云峰：《从清华学堂到清华大学1911—1929：近代中国高等教育研究》，163~164页。

此外，游美学务处“于宣统二年七月考选第二届留学生时，另外挑选备取生七十多名，编为高等科学生，不久乃送入清华学校肄业，规定于宣统三年（1911 年）派赴美国留学”①，但因时间问题，1911 年 6 月游美学务处考选了孙继丁、顾维精等 63 名直接赴美②。第三批庚款留学生中选习人文社会科学科目的人数虽较之前两批有所增加，但仍以实科为多，其中工程学 25 人（约占总人数的 40%），包括电机工程 3 人（约占总人数的 5%），各科目及专业选习人数分布见图 1-3。

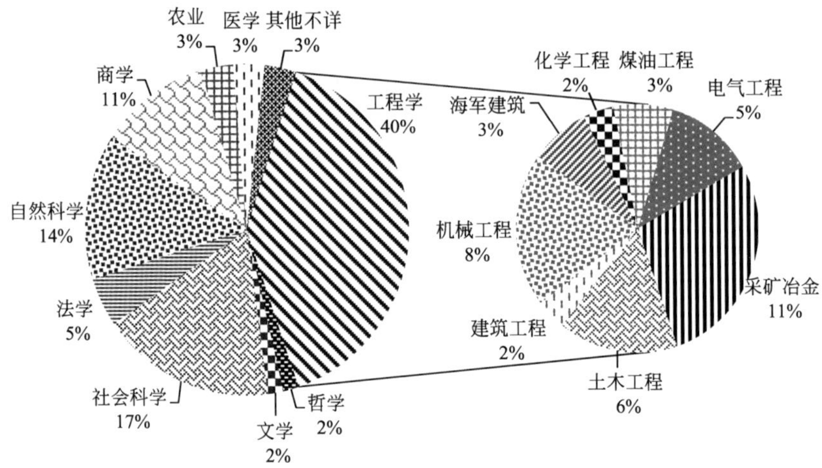

图 1-3　1911 年第三批庚款留学生选习科目及工程学专业人数分布图

（资料来源：《历年留美学生分科统计表（一、二）》，载《国立清华大学二十周年纪念刊》，1931 年）

三、电机工程留学生在美院校分布

1909 年 11 月，第一批庚款留学生抵美③，“适值该地学校学期业已过半，且各生程度不一，势难概受同等教育。其优者固宜直入大学，俾无废时之患。其次者亦必及时预备，循序渐进，方无躐等之虞。当经会同驻美监督容揆，将学生金涛等分别送入科乃鲁大学，暨罗兰士各高等学校”④。

① 罗香林：《梁诚的出使美国》，67 页。

② 《游美学务处第三次派赴美国留学生名单》（宣统三年五月），见清华大学校史研究室：《清华大学史料选编》，第 1 卷，135 页。

③ 清华大学校史研究室：《清华大学一百年》，5 页，北京，清华大学出版社，2011。

④ 《外务部会奏第一次遣派学生到美入学情形折》，载《政治官报》，1909 年第 851 号；《外务部会奏第一次遣派学生到美入学情形折》，载《申报》，第 13329 期，1910 年 3 月 20 日。

1910 年和 1911 年录取的第二批和第三批赴美庚款留学生,因选派准备的相对充分,则直接进入美国大学就读。如《外务部等为报第二次遣派学生赴美入学情形事奏折》中记曰:“所有取定分数较优之学生七十名,经臣等委派游美学务处文案候选知县唐彝等护送出洋。现据游美学务处转据唐彝等回京复称,奉委后遵带学生于本年八月初八日抵美,适值开校期迫,当商驻美监督容揆详察诸生学力并就该生等平日所习科学因其性之所近,分别从习农工商矿理医文学等科,即由旧金山至波士顿沿途分送入哥伦比亚各大学及考老乐都各专门大学。该生等入校后,均能安心向学等情呈报前来。臣等查上年遣派各生学力浅深不齐,故到美后,就其科学程度分别送入各大学暨高等学校,分班肄业,尚有未能划一之处。此次考选各生甄录綦严,颇能整齐一致,该生等到美后,以所学资格,按诸各该学等级尚无差异,遂一律直入各大学暨各专门大学肄业,较第一次所遣派者尤有进步,可期日臻完备,以收速成之效。”①

当时美国的院校分布与其经济发展状况密切相关,著名院校多分布于经济相对发达的中东部地区。清华留学经费源于美国退还的庚款,且为确保退款用于兴学,美国政府在退款前曾明确要求“中国应声明每年所减还款拨出若干办学务,或定实用此减收之银若干分,以办所欲办之学务”②;后又进一步采取“先赔后退”的方式进行限定,即“清政府每月仍须按原数向上海花旗银行缴付赔款,再由美国驻上海总领事通知银行应汇美国之数,由上海海关道代表中国政府照数购一汇票汇往美国后,再由美总领事签字核明将下余之款退还上海海关道转交外务部”③,“在这个制度下,原是万不能浪费一个月以上的款项的。美国总统照议决案规定,如果查出中国政府用款不当,可以随时有权制止领事转拨款项给中国政府”④。这些规定无疑在客观上保障了清政府对庚款的专款专用。自

---

① 《外务部等为报第二次遣派学生赴美入学情形事奏折》(宣统二年十一月二十日),见中国第一历史档案馆:《清游美学务处档案史料》,载《历史档案》,1997 年第 3 期。

② 《外务部发专使大臣唐电》(光绪三十四年十一月十七日发),清华大学档案,全宗号 1,目录号 1,案卷号 1:1。

③ 清华大学校史编写组:《清华大学校史稿》,5 页,北京,中华书局,1981。

④ 徐仲迪、章之汶、孙坊翻译:《美国退还庚子赔款余额经过情形》,141 页,上海,商务印书馆,1925。

1909年至1911年,美国政府共计退款150余万美元①,庚款留学生在美学费、生活费、实验费、医药费等,由驻美学生监督直接从该经费中支付。

由于有庚款作为充裕的经费保障,加之留学生自身禀赋和基础较好,因此清华前三批直接赴美工程留学生多进入了麻省理工、康奈尔、伊利诺伊、哥伦比亚等美国著名综合性院校,或以工程学科著称的院校学习,这些学校多具有雄厚的师资力量、先进的实验设备、丰富的图书教材等,为留学生提供了良好的环境。据统计,清华早期三批直接赴美留学生中获得电机工程学位的人员名单如表1-2所示。

表1-2　1909—1911年清华庚款留美生获得电机工程学位人员名单

一九〇九年考选留美学生			
姓名	别号	籍贯	取得之学位
梅贻琦	月涵	天津	1914 Worcester Poly. Technic Inst. 电机 B. S.
吴玉麟		江苏吴县	Boston I. T. 电机 M. S.
吴清度	璧城	江苏镇江	1913 Univ. of Ill. 电机工程 B. A. ;B. S. 1914 Univ. of Col. 电机工程 M. S.
张廷金	贡九	江苏无锡	1913 Ohio 电机 M. E. 1914 Harvard 电机 M. E. E.
袁钟铨	叔衡	江苏江宁	M. I. T. 电机
曾昭权		湖南湘乡	1915 M. I. T. 电机 S. B.
一九一〇年考选留美学生			
姓名	别号	籍贯	取得之学位
杨锡仁	锡仁	江苏吴县	1914 W. P. I. 电机 B. S. E. E. 1915 Columbia 电机 M. A. Lowell Textile School 纺织 Special Stu.
张谟实	云青	浙江鄞县	1915 Wisconsin 电机 E. E.
徐　尚	志芗	浙江定海	1914 Illinois 电机 S. B. 1915 M. I. T. 电机 S. M.
王鸿卓		河北天津	1914 Lehigh Univ. 物理电机 E. E. 1916 Columbia 物理电机 M. S.
陈茂康		四川巴县	1914 Cornell 电机机械 M. E. 1915 Union College 电机机械 M. S. E. E.
许先甲		贵州息烽	Wisconsin 电机 B. S. Ibid 电机 E. E.
易鼎新	修吟	湖南醴陵	1914 Lehigh 电机 E. E. 1915 Union Col. 电机 M. S.

① 刘本钊:《二十年来清华之财政》,载《国立清华大学二十周年纪念刊》,1931年。

续表

一九一一年考选留美学生			
姓名	别号	籍贯	取得之学位
徐　书	静远	江苏无锡	1914 Purdue 铁道电机工程 B. S. 1917 I. N. 海底电讯工程 C. E.
孙继丁	丙炎	山东蓬莱	1914 Purdue 电机 B. S.
顾维精	心一	江苏无锡	Illinois 电机 M. I. T. 电机 Harvard 电机

(资料来源:《清华文库》,http://thulegacy. lib. tsinghua. edu. cn:4237/lib/htm/alumni. htm,检索日期:2011-06-01;刘真:《留学教育——中国留学教育史料》,第 1 册,187～216 页,台北,国立编译馆,1980)

清华学堂时期的庚款留学生,“因内心里深埋着甲午战败和庚子事变的创痛,因此,有着很强的爱国之心。正因为如此,在他们走出国门之后,虽热衷于学习西方文化,却又不会忘却本土根源,大都走上了移植西方科学文化用于发展本国事业的道路,这也是这一留学群体的显著特色”①。很多留学生回国后于国内大学任教,或于研究所从事科学研究,或服务于工程实业领域等。电机工程方面,如:梅贻琦回国后在清华任教,先后担

图 1-4　清华大学原校长梅贻琦(1909 年庚款留美电机专业)②

① 程新国:《庚款留学百年》,26 页,上海,东方出版中心,2005。

② 清华大学档案馆提供。

任教务长、校长职务，后赴台创办了新竹清华大学，对教育事业做出了巨大贡献[①]；徐志芗在清华任副工程师，并兼任某科课程；易鼎新曾任湖南电灯公司总工程师及湖南大学教授；吴玉麟归国后任建设委员会戚墅堰电厂厂长，对发电输电贡献颇多；张廷金归国后任上海交通大学教授及电机工程学院院长，并任中华、三极锐电公司经理；吴清度归国后任职交通部电政司及铁道部技术标准委员会等。因此，清华学堂时期不仅为当时社会发展培养了杰出的电机工程人才，而且也为后来电机工程学系的建立与发展储备了人才。

① 苏云峰：《从清华学堂到清华大学 1911—1929：近代中国高等教育研究》，345 页。

2

清华学校时期电机工程科目的设立

民国时期,中国民族资本主义工商业获得了快速发展,生产力的提高及生产关系的进步,使得社会产生了对各种实用人才特别是工程技术人才的大量需求,同时这一阶段国内工程教育的发展也初步具备了培养工科人才的条件和可能。基于此,清华学校适应社会及自身发展需要,除每年选派赴美留学生外,逐步开始改办大学并成立了工程学系,电机工程科目亦得以建立。虽然受经济等各种因素制约,清华学校时期电机工程科目未能获得充分发展,但其为后来国立清华大学时期电机工程学系的建立奠定了基础。

一、电机工程留学生的选派及在美院校分布

1912 年 10 月,清华学堂改称清华学校①,早期仍主要培养留美预备生,“参酌中美学科制度,分设高等中等两科,各以四年毕业”②,“派赴美国之学生,习文科者大半可入大学三四年级,习实科者大半入一二年级”③。为培养实用人才,清政府在派遣留学生之初即明确规定“以十分之八习农工商矿等科;以十分之二习法政理财师范诸学”④。清华最初选派的几批赴美留学生,多遵从这一规定,但其后因局势动荡而出现了变化,“特别是五四运动的影响,促使留学生对于社会政治问题较为关注,选

① 《呈外交部文》,清华大学档案,全宗号 1,目录号 1,案卷号 3。

② 《北京清华学校近章》,见清华大学校史研究室:《清华大学史料选编》,第 1 卷,159 页。

③ 《出洋问题上星期内学生方面之消息》,载《清华周刊》,第 199 期,1920 年 11 月 19 日。

④ 《会奏收还美国赔款遣派学生赴美留学办法折》(宣统元年五月二十三日),见清华大学校史研究室:《清华大学史料选编》,第 1 卷,116 页。

择社会科学的人多了起来"①。关于此现象，时人亦多有记述，如 1922 年《科学》杂志曾发表一篇文章对留美学生学科之消长情况进行了说明，即"中国留学欧美学生，最早者多习工艺。辛亥以前此风犹不衰。至民国成立以后，习文科者始日增，此中变迁，于学生之心理，与社会之需要，及中国文化之程度，至有关系。亦留心教育与实业者所当注意也。"②1926 年《清华周刊》刊载的朱君毅关于丙寅级留美生之学校与选科的文章亦曰："曩者中国留美学生，多专攻应用科学，而以习工程实业者，为最普通。但吾国近年，兵戈四起，疮痍满目，民不聊生，遑言工业。故工程学生之回学者，多英雄无用武之地。或插足政界，用非所学；或寄身学校，暂为栖止。凡此种种，悉非常态。以是年来习工业者日减，今年大一，亦非例外。虽然，国内工业，以迄本届，均估多数，非无故也。国家混乱，实由政治不良，欲求承平，宜从改良政治始，此近五六年选习政治者日益众多之故欤。军阀之害，外侮之亟，于今为烈，征暴卫国，青年之责，此则习军事者，近一二年来骤形增加之又一最大原因也。"③客观地说，社会局势的变化对当时工程等实科的选习确实造成了一定程度的冲击。

此外，尽管清华学校有返还的部分庚款作为保障，经费较之国内其他学校相对充足，但自 1916 年始清华学校为改办大学而"添派学生，增置校产，与添造大礼堂、图书馆、体育馆、科学馆四大建筑"④，致使学校经费用途扩张，至 1921—1926 年期间学校经费已处于"短绌时期"⑤，特别是 1925 年大学部成立之始，大学经费岁出甚至超过岁入 1941 美元⑥。鉴于此种情况，学校为节省经费遂对留学名额进行了限制，即"民国九年以后，

---

① 孙宏云：《中国现代政治学的展开：清华政治学系的早期发展(一九二六至一九三七)》，28 页，北京，生活·读书·新知三联书店，2005。

② 佛：《十年来留美学生学科之消长》，载《科学》，1922 年第 7 卷第 10 期。

③ 朱君毅：《丙寅级留美生之学校与选科》，载《清华周刊》，第 25 卷第 16 号(总第 383 期)，1926 年 6 月 11 日。

④ 曹云祥：《清华学校之过去现在将来》，见清华大学校史研究室：《清华大学史料选编》，第 1 卷，43 页。

⑤ 曹云祥：《清华学校之过去现在将来》，见清华大学校史研究室：《清华大学史料选编》，第 1 卷，43 页。

⑥ 《本大学及留美学生历年经费比较表(1912—1928 年)》，见清华大学校史研究室：《清华大学史料选编》，第 1 卷，434 页。

留美人数增多，专科生及女生均暂停招考，十三年又停招高等科生"①等。

虽因种种缘故致使选习工程学的留学生人数逐渐减少，但整体而言，清华学校期间选派留美学生仍以选习工程学人数最多。据统计，1912年至1928年间，清华选派赴美留学生中选习工程学的有300多人（约占该时期总人数的31%），各学科及工程学专业选习人数比例具体见图2-1。由该图可以看出，清华学校时期选习电机工程专业的留学生人数仍相对较多，共计40多人（约占该时期总人数的4%），其中即有萨本栋、顾毓琇、任之恭、赵访熊等。

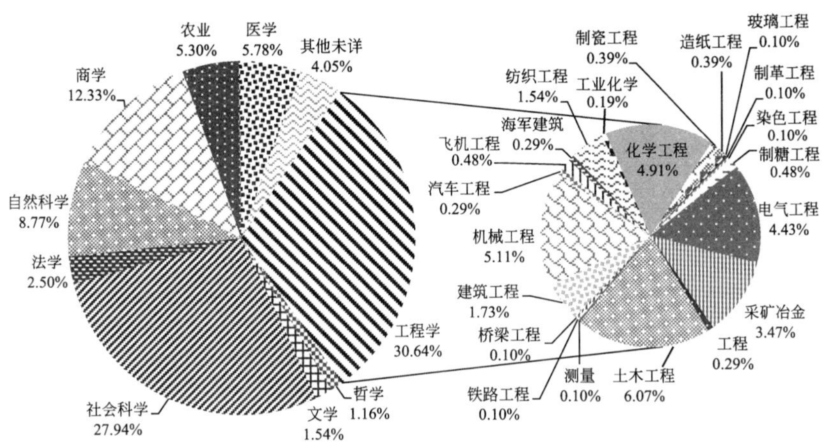

图2-1　1912—1928年清华赴美留学生选习科目及工程学专业人数分布图

（资料来源：《历年留美学生分科统计表（一、二）》，《国立清华大学二十周年纪念刊》，1931年）

美国高校各有特色，对于择校标准，正如有学者所言："虽然大学功课，无论在什么学校，都没有大分别的。但是要学大学院的课程，最好选择大的、有名的学校，庶几可由最著名的教授，得到一等的知识。不过这要看你学什么科。土木工程，则M.I.T.，R.P.I.威斯康星最好。威斯康星的动水学，尤为著名。要学电气工程，Worcestr和M.I.T.和Cornell和Stanford都好。"②由于有返回的部分庚款作为经费保障，清华留学生赴美后不少进入伍斯特、麻省理工、康奈尔等名校，他们通过刻苦学习，大都成绩优异，其中很多攻读了硕士、博士学位。虽然清政府对赴美留学生选科

① 王崙：《清华大学在进步中》，载《中央日报周刊》，1948年第4卷第12期。

② 萨本栋：《工程科选校琐谈》，载《清华周刊》，总第348期，1925年5月22日。

有着严格的规定,但“清华派定之学校及专科,只限于到美国后之第一学年。第二年,则每人皆可自由改变矣”①。如:闵启杰先于 Purdue、MIT 选习电机工程,后于 Univ. of Penn. 选习工商管理;任之恭先于 MIT 选习电工,后于 Harvard 选习物理;赵访熊先于 MIT 选习电工,后于 Harvard 选习算学;薛绳祖于 R. P. I. 先选习土木工程,后改习电机工程;陈器先于 Louisiana Univ. 选习制糖工程,后于 Stanford 选习电机工程;周兹诸先于 R. P. I. 选习土木工程,后于 Worcester, P. I. 及 MIT 选习电机工程;施嘉炀于 MIT 先后选习机械工程、电机工程和土木工程等。② 因此,清华电机工程留学生最终获得的学位与最初分科时发生了一些变化,1912 年至 1928 年获得电机工程学位的庚款留学生名单及学校分布见表 2-1。

表 2-1　1912—1928 年清华庚款留美生获得电机工程学位人员名单

一九一三年留美预备部毕业学生			
姓名	别号	籍贯	取得之学位
薛绳祖	尔宜	浙江杭县	1918 R. P. I. 土木工程 C. E. 1922 R. P. I. 电机工程 D. Eng.
一九一四年留美预备部毕业学生			
姓名	别号	籍贯	取得之学位
施青	道元	浙江杭县	1921 R. P. I. 电机 E. E.
马善宝	胜白	山东历城	Worcester 电机 P. I.
一九一六年留美预备部放洋学生			
姓名	别号	籍贯	取得之学位
陈器	仲韩	福建闽侯	1920 Louisiana Univ. 制糖工程 B. S. 1921 Stanford 电机工程 M. S.
一九一七年留美预备部放洋学生			
姓名	别号	籍贯	取得之学位
吴新炳	焕其	江苏江阴	1920 Louisiana 电机 B. S. 1921 Cornell 电机 E. E.
一九一八年留美预备部放洋学生			
姓名	别号	籍贯	取得之学位
陈礼	问聃	浙江诸暨	1922—1924 Worcestor P. I. 电机 B. S. ; E. E.

① 吴宓著,吴学昭整理:《吴宓自编年谱》,184 页,北京,生活·读书·新知三联书店,1995。

② 《清华文库》,http://thulegacy. lib. tsinghua. edu. cn:4237/lib/htm/alumni. htm,检索日期:2013-06-01。

续表

一九一九年留美预备部放洋学生			
姓名	别号	籍贯	取得之学位
崔学韩	伯昌	广东南海	1923 Worcester Polytech. Inst. 电机 E. E.
曾心铭	信民	广东揭阳	1922 R. P. I. 电机工程 E. E.

一九二〇年留美预备部放洋学生			
姓名	别号	籍贯	取得之学位
吴毓骧	君立	福建闽侯	1923 M. I. T. 电机 B. S.

一九二〇年留美预备部放洋学生			
姓名	别号	籍贯	取得之学位
陈三才	偶卿	江苏吴县	1923 Worcester 电机工程 B. S. 1924 Ibid 电机工程 E. E.
刘孝懃		湖南浏阳	1923 M. I. T. 电机工程 B. S. 1925 Ibid 电机工程 M. S.

一九二一年留美预备部放洋学生			
姓名	别号	籍贯	取得之学位
周兹诸	在文	贵州安顺	R. P. I. 土木工程 1925 Worcester, P. I. 电机工程 B. S. 1927 M. I. T. 电机工程 M. S.

一九二二年留美预备部放洋学生			
姓名	别号	籍贯	取得之学位
王宗澄	慕朔	浙江吴兴	1925 M. I. T. 电机工程 B. S.
李家琛	献甫	湖南长沙	1923 Cornell 电机工程 E. E. 1925 Virginia P. I. 土木工程 B. S. C. E. 1927 Cornell 土木工程 M. C. E.
张闻骏	逸乔	江西九江	1925 M. I. T. 采矿 B. S. 1926 M. I. T. 电机 M. S.
彭开煦	子刚	湖北荆门	1924 M. I. T. 电机机械 B. A. 1926 Ibid. 电机机械 M. S.
刘崇汉	卓夫	江西萍乡	1924 Colorado 矿科 M. E. 1926 M. I. T. 电机 M. S. 1925 Columbia 地质
钟熙民(春雍)	俊榕	福建古田	1925 Mass. Inst. of Tech. 电机工程 S. B. Mass. Inst. of Tech. 木土工程
魏毓贤	菊峰	江苏上海	1922 Purdue Univ. 电机 B. S. 1926 Purdue Univ. 机械 E. E. M. E
萨本栋	亚栋		1924 Stanford 电机 A. B. 1925 Worcester 物理 E. E. 1927 Ibid 物理 D. Sc.

一九二三年留美预备部放洋学生			
姓名	别号	籍贯	取得之学位
周传璋	峨亨	山东单县	1926 M. I. S. 电机工程 B. S. 1927 N. Y. U. 飞机工程 A. E.
施嘉炀		福建闽侯	1925 M. I. T. 机械工程 B. S. 1926 M. I. T. 机械工程 M. S. 1927 M. I. T. 电机工程 S. B. 1928 Cornell 土木工程 M. C. E.

续表

一九二三年留美预备部放洋学生			
姓名	别号	籍贯	取得之学位
闵启杰	子宽	浙江吴兴	1925 Purdue 电机工程 B. S. 1926 M. I. T. 电机工程 S. M. 1928 Univ. of Penn. 工商管理 M. B. A
顾毓琇	一樵	江苏无锡	1925 Mass. Inst. of Tech. 电机工程 S. B. 1926 Ibid 电机工程 S. M. 1928 Ibid 电机工程 Sc. D.
一九二四年留美预备部放洋学生			
姓名	别号	籍贯	取得之学位
金龙章		云南永仁	1926 M. I. T. 电机工程 B. S. 1927 Ibid 电机工程 M. S.
曹　昌	竺生	湖南益阳	M. I. T. 电机 S. B. Harvard 电机 M. S.
罗孝章		福建闽侯	1926 Purdue 电机 B. S. E. E. 1927 Worcester Poly, Inst 电机 E. E.
一九二五年留美预备部放洋学生			
姓名	别号	籍贯	取得之学位
王冠英	蕴三	河南巩县	1929 M. I. T. 电气工程 B. S. M. I. T. 电讯工程
房耀文	焕青	江西汾城	Ohio State Univ. E. E. B. S. Missouri E. E. M. S.
赵国镛		浙江杭县	Cornell 电机
一九二六年留美预备部放洋学生			
姓名	别号	籍贯	取得之学位
任之恭		山西沁源	1928 M. I. T. 电工 B. S. 1929 Univ. of Pa. 无线电 M. S. 1931 Harvard 物理 Ph. D.
一九二七年留美预备毕业学生			
姓名	别号	籍贯	取得之学位
王慎名		湖北恩施	1929 麻省理工 电工 B. S. 1932 哈佛 电信 M. S.
涂家庆		江西丰城	1932 M. I. T. 电机工程 B. S.
黄弁羣		广东开平	Purdue 电机机械
赫英举		辽宁凤城	1929 Purdue 无线电工程 B. S. E. E. 1931 Harvard 电气工程 M. S.
一九二八年留美预备部毕业学生			
姓名	别号	籍贯	取得之学位
陈土衡		湖南长沙	1930 M. I. T. 电工 S. B. 1932 M. I. T. 电工 S. M.
赵访熊		江苏常州	1930 M. I. T. 电工 B. S. 1931 Harvard 算学 M. A.

(资料来源:《清华文库》, http://thulegacy. lib. tsinghua. edu. cn:4237/lib/htm/alumni. htm, 检索日期:2011-06-01)

此外,1911 年游美学务处挑选了胡光麃等一批幼年生,但因辛亥革命爆发未能按期派出,时局稳定后方才赴美。1916 年后,清华学校开始招收一些专科生赴美留学,“招考对象是曾在国内采矿、电机、机械等各专门学校毕业,能直接进入美国大学院(Post-Graduate Course)各专科研修高深学问者”①,“各生到美后应即入先时认定之大学进修各该专科非经监督处核准不得改换学校或改习科目”②。初期的几批基本按这一要求,如 1916 年 10 人中 8 人选习工科(2 人选习电机工程),1917 年 7 人均选习工科(1 人选习电机工程)等③。但 20 世纪 20 年代中后期专科生的招考科目逐渐发生了变化,如,1925 年留美专科生“学额:有理科(物理,生物),工程科学(土木,机械,电机),教育科,商业经济科,历史科五种。选录五名”④;1927 年清华学校招考赴美留学专科生门类及名额包括“西洋文学门、哲学心理学门、数学门、地学门、化学门、生物学门,学生资送赴美留学择优录取,以五名为限”⑤。可以看出,这一时期专科生的招收范围较之前已发生了变化,选习工科的学生人数亦相应减少,如 1925 年 5 人中 1 人选习工科,1927 年 5 人中无人选习工科⑥。据有关资料记载,清华学校时期留美专科男生中选习电机工程的有许坤、裘维裕、沈良骅、杨肇燫、薛绍青、王崇植、诸水本、朱物华、许应期等⑦。此外,在直接考送各类留学生之余,清华每年还利用庚款资助部分在美留学自费生及官费生(统称清华津贴生)⑧,其中选习电机工程的有娄昌后、郑允衷等⑨。

---

① 方惠坚、张思敬:《清华大学志》,上册,747 页,北京,清华大学出版社,2001。

② 《北京清华学校赴美留学专科生试验规程》,载《北京大学日刊》,1925 年第 1666 期。

③ 《清华文库》,http://thulegacy. lib. tsinghua. edu. cn:4237/lib/htm/alumni. htm,检索日期:2013-10-02。

④ 《招考处》,载《清华周刊》,总第 338 期,1925 年 3 月 6 日。

⑤ 《北京清华学校招考赴美留学专科生规程(1927 年)》,载《清华校刊》,第 24 期,1927 年 3 月 29 日。

⑥ 《清华文库》,http://thulegacy. lib. tsinghua. edu. cn:4237/lib/htm/alumni. htm,检索日期:2013-10-02。

⑦ 《清华文库》,http://thulegacy. lib. tsinghua. edu. cn:4237/lib/htm/alumni. htm,检索日期:2013-10-02。

⑧ 方惠坚、张思敬:《清华大学志》,上册,747~748 页。

⑨ 《清华文库》,http://thulegacy. lib. tsinghua. edu. cn:4237/lib/htm/alumni. htm,检索日期:2013-10-02。

清华学校时期遣派的电机工程留学生中多学成归国，在各个领域做出了突出贡献：高等教育方面，如萨本栋(曾任清华大学物理学教授、国立厦门大学校长等)，顾毓琇(曾任国立浙江大学工学院电机工程科主任，国立清华大学电机系主任、工学院院长、无线电研究所所长、南昌航空研究所所长，国立中央大学校长，国立政治大学校长等)，朱物华(曾任中山大学物理学教授、中央大学工学院院长、北京大学物理系教授、西南联合大学教授、交通大学工学院院长、哈尔滨工业大学副校长等)，赵访熊(曾任清华大学数学系主任、副校长等)，他们不仅在学校及院系的发展中发挥了重要领导作用，而且还亲自参与教学工作，在教学方法、教材编写及人才培养等方面做出了重要贡献；学术研究方面，如萨本栋对三相电路及真空管等有专门研究，在国际电工界享有高度评价，朱物华在电子学科与水声学科方面有较大贡献等；工程实业领域也涌现了一批杰出代表，如电机方面的吴新炳(经营戚墅堰电厂)、鲍国宝(中国电力工程专家)、周兹诸(上海电力公司的第一个中国工程师)、胡光麃(经营重庆电厂)，电讯方面的曹昌(无线电制造)、罗孝章(自动电话专家)、王慎名(创办汉口广播电台)等。① 可以说，这一时期电机工程留学生的选派，在适应国家大力发展工业需求的同时，客观上也为后来清华电机工程专业和学系的创立及发展储备了人才，积蓄了力量。

二、电机工程科目的设置

清华学校早期“参酌中美学科制度，分设高等中等两科”②，在工程学方面仅设有手工课程③；中后期则开始改办大学，对课程进行了系列改革，同时在专业方面也日趋注重职业训练④。该时期，工程学方面开设有机械

① 顾毓琇：《清华的工程人才——为清华二十四周年纪念作》，见清华大学校史研究室：《清华大学史料选编》，第2卷上册，246页。

② 《北京清华学校近章》，见清华大学校史研究室：《清华大学史料选编》，第1卷，160~164页；庄俞：《参观清华学校记略》，载《教育杂志》，1914年第6卷第5期。

③ 《北京清华学校近章》，见清华大学校史研究室：《清华大学史料选编》，第1卷，160~164页；庄俞：《参观清华学校记略》，载《教育杂志》，1914年第6卷第5期。

④ 《清华大学之工作及组织纲要》(十三年十月二十一、二日经筹备大学委员会之课程及计划组通过)，载《清华周刊》，总第332期，1924年12月26日。

技艺、工厂实习、测量等工程学科目[①]，其中机械技艺实习分电工及木工、泥工等[②]。

按照《北京清华学校大学部暂行章程》的规定，大学部设普通科、专门科及研究院，其中“普通科为大学之前二年或三年，以使学生知中国之已往与世界之现状，借以明了中国在此过渡时代之意义，并鼓励学生使为择业之考虑为宗旨。……专门科系大学之后二年(或数年)，为已选就终身或学科之学生作专精之预备而设。由民国十六年起逐渐开办”[③]。但由于普通科存在培养目标不明确及与国内大学不相衔接等问题，实施不久即遭到学生及教师的抵制，新课程改革被迫终止，张彭春亦辞职离校。在此情形下，学校决定缩短普通科学时，提前建系。1926 年 4 月，清华学校第一次、第二次评议会决定，正式设立工程学等 17 个学系[④]。工程学系成立初始“以其最重要而急需的缘故”[⑤]，设电机、机械及土木三科[⑥]。对于工程学系的办学方针，时任教务长梅贻琦提出：“工程系学科之组织，亦有与外间不同者。盖今日社会上所需要之工程人才，不贵乎专技之长，而以普通基本的工程训练为最有用。是以本校设立工程系之始，即以此为原则。凡工程学之基本知识，或属于机械，或关乎电理，或为土木建筑之要义，使学生皆得有确切的了解，及运用之能力，俾将来在社会遇凡关工程问题，皆能有相当的应付；且工程事业往往一事关系数门，非简单属于某一门者，在今日中国之工商界中，能邀致数专家以经业一事者甚少，大多数则只聘一工程师而望其无所不能。斯故本校之工程学程中，认普通之基本训练较若干繁细之专门研究为重要也。”[⑦]究其原因，“综核学校的意

---

① 《1924—1925 年的课程表》，载《清华一览》，1925—1926 年。

② 《1924—1925 年的课程表》，载《清华一览》，1925—1926 年。

③ 《北京清华学校大学部暂行章程》，载《清华周刊》，第 24 卷第 9 号(总第 358 期)，1925 年 11 月 6 日。

④ 《第二次评议会开会纪录》(1926 年 4 月 28 日)，清华大学档案，全宗号 1，目录号 2:1，案卷号 6:1；《评议会》，载《清华周刊》，第 25 卷第 11 号(总第 378 期)，1926 年 5 月 7 日，第 647 页。

⑤ 胡求：《清华的工科》，载《清华周刊》，第 29 卷第 5 期(总第 432 期)，1928 年 3 月 9 日。

⑥ 夏坚白：《土木工程系的过去和现在》，见清华大学校史研究室：《清华大学史料选编》，第 2 卷下册，466 页，北京，清华大学出版社，1991。

⑦ 梅贻琦：《清华学校的教育方针》，载《清华周刊》，第 28 卷第 14 号(总第 426 期)，1927 年 12 月 23 日。

见,可以分为四层而说:甲,中国的需要。最近的将来及现在的中国,所有工业都是在幼稚的状态里,所以研究工业的学生应该对于一切的工业,都有相当的知识,所以清华应该办普通科的工科,不分什么电机,机械,土木等的细目,这是第一点。乙,补他校的缺点。现在南北方的工科大学都是分科的,将来社会需要的普通人才一定不易找到;如果清华现在不办普通的工科。普通科是不易办的,清华是在创造的时代,各种进行上比较便利一些,所以不可错过这个机会,这是第二点。丙,美国有普通科。这条似乎有些滑稽点,然而反正事实是这样,我们也何必避讳呢!学校当局以为美国现在趋向普通的工程科,他是一种新理想,新事业,中国要想沾些'物质文明'的光,暂时学美国未尝不是一件有益的事情,这是第三点。丁,学生出路的问题。诚然,工程的学生而不讲将来做事的问题是没有的,但是我们敢说他们只想怎么锻炼自己为一有用的工人,决不会专心在抢饭碗。学校对于这层也曾注意过,他们以为现在南洋、唐山等的学生都只专一门,清华学生要想在社会上站在上风,非得比他们多知道些不可,于是就归纳起说:'所以应该办普通的工程系,因为在普通科里什么都可学些!至少可以做个"博士"。'这是第四点。"①

这一时期,清华留美学生纷纷回母校任教,电机方面如潘文焕等②。他们不仅成为工程学系课程开设的重要师资力量,而且将美国的工程教育模式应用其中,为清华工程教育及工程学科的建设与发展做出了有益的尝试。经过多方努力,工程学系在学课、设备方面拟定了详细计划以供培养学生之用。"既往大体计划,经已拟就。四年中之课程表,亦已安定。今年开办者,为土木工程科,机械工程科,及电机工程科。因前两年课程中,皆为工程科必修科目,故电机工程科,只实现于大学三四两年"③,具体课程见表 2-2。对于课程设置另给出了数项说明,"(一)本校因经济关系,暂时只能开办土木、机械及电机工程三科。但内容不求其广,只求其

① 胡求:《清华的工科》,载《清华周刊》,第 29 卷第 5 期(总第 432 期),1928 年 3 月 9 日。

② 刘继青:《清华大学早期工程教育的发展及其外来影响》,载《高等工程教育研究》,2011 年第 1 期。

③ 陈之迈:《与工程系主任周永德先生谈开办工科计划记》,载《清华周刊》,第 25 卷第 15 号(总第 382 期),1926 年 6 月 4 日。

表 2-2 1926 年工程学系课程表

ENGINEERING

All Courses(O. E. ,M. S. ,&E. E.)

First Year

1st Term			2nd Term		
	Hour	Credit		Hour	Credit
Chinese	3	3	Chinese	3	3
English	3	3	English	3	3
Chemistry	6	4	Chemistry	6	4
Mech. Drawing	6	3	Descriptive Geo.	6	3
Shop Work	6	3	Shop Work	6	3
	28	20		28	20

Mechanical & Electrical Engineering

Second Year

1st Term			2nd Term		
	Hour	Credit		Hour	Credit
Specification			Engineering		
& Contacts	4	4	Materials	4	4
Calculus	4	4	Calculus	4	4
Mechanism	3	3	Mechanism	3	3
Physics	6	4	Physics	6	4
Surveying	4	2	Surveying	4	2
Shop Work	6	3	Shop Work	6	3
	27	20		27	20

Mechanical & Electrical Engineering

Third Year

1st Term			2nd Term		
	Hour	Credit		Hour	Credit
General Leon.	3	3	General Leon.	3	3
Mech. Lab. Ⅰ	6	3	Mech. Lab. Ⅱ	6	3
Heat Eng. Ⅰ	4	4	Heat Eng. Ⅱ	4	4
Applied Mechanics Ⅰ	4	4	Applied Mechanics Ⅱ	4	4
Elec. Eng. Ⅰ	3	3	Elec. Eng. Ⅱ	3	3
Mach. Design(For M. E.)			Materials Testing	6	3
Or Differ. Equa. (E. E.)	6	3		26	20
	26	20			

续表

Mechanical Engineering					
Fourth Year					
1st Term			2nd Term		
	Hour	Credit		Hour	Credit
Heat Eng. Ⅲ	4	4	Mech. Lab. Ⅳ	6	3
Mech. Lab. Ⅲ	6	3	Power Plant Des.	6	3
Ad. Mach. Des.	6	3	Indus. Plant. Des.	6	3
Indus. Plants	3	3	Electives		11
Electr Eng Lab.	6	3			20
Hydraulics	3	3			
	28	29			

Elective Subjects:

Automotive Eng. 3, Locomotive Eng. 2, Electrical Measurements 3, Electrical Machines 3, Heattreatment 3, Safety Eng. 2, Industrial Management 2, Heat & Ventilation 2, Cast Accounting 2.

Electrical Engineering					
Fourth Year					
1st Term			2nd Term		
	Hour	Credit		Hour	Credit
Theory of A. C. Cir.	3	3	Theory of A. C. Cir.	3	3
E. E. Lab.	6	3	E. E. Lab.	6	3
Hydraulics	3	3	Elect. Transmission &		
Electric Design	3	3	Distribution	3	3
Electric Measurements	6	3	Electives		8-11
Elect. Eng. Abstracts	2	2			17-20
Electives		2-3			
	25	19-20			
Elective Subjects:				Hrs.	Cr.
	Electric Railways			5	3
	Electric Communication			5	3
	Electrochemistry			5	3
	Electron Theory			4	4
	Cost Accounting			2	2
	Industrial Management			2	2
	Research or other Thesis			6	6

(资料来源：陈之迈：《与工程系主任周永德先生谈开办工科计划记》，载《清华周刊》，第25卷第15号(总第382期)，1926年6月4日，869~874页)

精;以致现在本校所有之设备,只可供第一年之用。第二年以后之设备,即须添设。大约第二年须三万元,第三年,五万五千元,第四年,三万元;加以种种零碎费用,开办四年之工科,约须十五万元。惟是本校每年招收学生,以一百五十人为率,而此一百五十人中,入工程科者,至多不过五十人。人数既少,所须设备亦因之而少,故费用可较他校之开办工科者省。此经济方面之预算也。(二)本校工科。所设各科科目,极为完全。凡读毕此科者,将来必可而应社会之要求,因所拟定各科皆首重实在,不重形式;如他校有毕业论文,本校毕业,并不须此,所以专重实在方面也。(三)上列课程表中,所列选科。将来三四年中,或选之。成绩学位,尚未安定。(四)本校今秋所招新生,皆须插一年级。而现在校中之新制大学生,欲入工科者,亦须插一年级。苟该级功课,有已经读过者,可读所有工科读毕,即可毕业。是仿美国大学之办法,固无限定年数也。"①

1927 年 4 月,工程学系"创办以来,一载于兹。今日大旨就定,于学课上,设备上,定有相当之计划"②,主要内容见表 2-3。同年 10 月,课程委员会根据对留学生的调查及请专人研究,制定理工科课程大纲,其中"工科的课程包括土木,机械,电气三部"③,对于计分法,则"主张每门功课应依其一周内上堂,实验,及课外预备的总时数而定"。④

表 2-3 工程学系之计划

(一) 学课上之计划 本系改定之学课,专为造就有用人才,有利于社会之实用者,先行开办。若电机,机械,及土木三科,各以四年毕业。除一二特别课外,首先三年,大多力求普通,惟第四年之课程则属专门。如此,则电机学生转学土木机械,或土木转学电机机械,亦甚方便。一学生而欲兼习二科者,则多习一年即可矣。此种办法,在中国社会甚属便利。概中国工业之情形,未有极大之规模,所需用之人才,不就独专一门,此亦实业幼稚时代之自然现象也。迨后实业进步,工厂规模宏大,则本系亦能应时势之需要,而重独专一科也。

① 陈之迈:《与工程系主任周永德先生谈开办工科计划记》,载《清华周刊》,第 25 卷第 15 号(总第 382 期),1926 年 6 月 4 日。

② 周永德:《工程学系之计划》,载《清华周刊》,第 27 卷第 11 号(总第 408 期),1927 年 4 月 29 日。

③ 萨本栋等:《关于清华大学理工科课程的商榷》,载《清华周刊》,第 28 卷第 5 号(总第 417 期),1927 年 10 月 21 日。

④ 萨本栋等:《关于清华大学理工科课程的商榷》,载《清华周刊》,第 28 卷第 5 号(总第 417 期),1927 年 10 月 21 日。

续表

(二) 设备上之计划　本系按照最初之预算,在设备上购置十一万元之机器,按三年购办。现已购得三万元之谱,于一二年级实验上应用之机器,已完备无缺。明年预算系属五万元,一万五千元购置电机实验机器,以一万五千元用于机械并土木科之设备,其余二万元拟添造机械实验室一所,所有水力汽机油机等实验室,并锻工铸工场,均附属焉。该屋之面积,与南洋大学之机械实验室相似,地近电灯厂,而与工艺馆之南面相毗连。其余之三万元,拟添购汽机油机水力电学实验等之机器。本系因经费之关系,不敢贸然扩大,所有每课之设备,只能供给学生十八之用,如果人数过多时,可以分组习学。如是,十一万元机器之设备,仅足供学生百余人实验之用矣。 (三) 教授人才本系现有机械教授四位,土木教授一位。下学年添聘电机教授一位,足能分任各课。但至民国十八年时,拟添聘电机并土木教授各一位,又助教二位,助理实验室之动作。至所拟请之教授,必须负有声望,而兼富有教授上之经练者,以期协本系之进步。 现任教授 笪远纶　周永德(主任)　钱昌祚　潘文焕　罗邦杰　袁复礼
工程学系专修课程 第一年
高级数学、化学、机械画、画法几何、土木实习、铁工实习
第二年
机械原理、圆体三角、地形画法、电气测量、机械绘图、水力、建筑学、材料实习
第三年
经济学、机械实验、热学、实用力学、电气工程、机械计画或微分方程、工程材料
第四年(机械科)
热学、机械实验、机械计画、发力厂计画、工厂建筑、工厂计画、电学、水力学、选习(选习科目:1. 油机工程,2. 机车工程,3. 电气计画,4. 电机试验,5. 锻镰学,6. 防险工程,7. 工业管理,8. 暖室及通气,9. 计价学)
第四年(电机科)
交流学原理、电学试验、水力学、电学计画、电力计画、电学工程择要、电力传送及分配、选习(选习科目:1. 电车学,2. 电力交通,3. 电学化学,4. 电子原理,5. 计价学,6. 工业原理,7. 论文或高深研究)
第四年(土木科)
电机工程试验、桥梁学、铁路及道路工程、卫生工程、铁筋洋灰建筑、砖石建筑、排污术、供水术、暖室及通气术、矿物学、天文学、成本会计

(资料来源:周永德:《工程学系之计划》,载《清华周刊》,第 27 卷第 11 号(总第 408 期),1927 年 4 月 11 日)

由以上工程学系课程规划可见,当时工程学系的课程设置已具有较好的科学性和前瞻性。如对于电机工程学科来说,数理化、机械、力学、测量等课程是学习电机工程的重要基础,而热力工程、原动力厂计划等课程对于电机工程之应用也是必不可少的,电机实验是掌握和加深电机理论知识的重要手段,尤其是力学、热学及电学等知识的学习和综合,对于电机工程这门实践性强、应用领域广的学科来说具有极大裨益。简言之,如果说清华学校早期的课程设置还大多处于规划阶段,缺乏实际运行的经验和成就,而当工程学系建立之后,使得以前的课程计划逐步得以实现及具体化,并更加系统性、科学性起来。正如陈之迈所言,工程学系"所设各科科目,极为完全。凡读毕此科者,将来必可出而应社会之要求,因所拟定各科皆首重实在,不重形式;如他校有毕业论文,本校毕业,并不须此,所以专重实在方面也"①。清华学校时期工程学系的这种教育模式无疑有利于"培养兼通各类工程科学基本学识,具有跨专业解决工程实际问题能力的'多面手'工程师"②,为当时中国刚刚起步的工业发展培养了急需的工程技术人才。然而,特别是"自严校长履新以来,全校的空气都紧张了,因为要节省经费,各系都有'危危乎'不能保持原状的趋势。在这个空气里,工程学系第一个改变了他原来的计划"③。1927 年,"因限于经济未能发展,故将三科并作'实用工程科',意在缩小范围并以训练实用工程人才作目的"④。这种缩小办系规模的做法削弱了工程学科的全面发展,同时在人才培养的专业深度方面也存在一定局限性,如有学者对此评论道:"实用工程的意思是包罗各种工程的常识。换一句话说:就是训练一种人才,使他对于土木、机械、电机各项工程的基本学识都有,但不专精于任何一门。在工业幼稚时代的中国,理论上实用工程是很适应时代的需要,但是实际上要想在四年中窥尽各种工程的门径是不可能的事。"⑤1928 年下学年工程学系课程见表 2-4。

---

① 陈之迈:《与工程系主任周永德先生谈开办工科计划记》,载《清华周刊》,第 25 卷第 15 期(总第 382 期),1926 年 6 月 4 日。

② 史贵全:《中国近代高等工程教育研究》,190 页,上海,上海交通大学出版社,2004 。

③ 胡求:《清华的工科》,载《清华周刊》,第 29 卷第 5 期(总第 432 期),1928 年 3 月 9 日。

④ 夏坚白:《土木工程系的过去和现在》,见清华大学校史研究室:《清华大学史料选编》,第 2 卷下册,466 页。

⑤ 夏坚白:《土木工程系的过去和现在》,见清华大学校史研究室:《清华大学史料选编》,第 2 卷下册,466 页。

表 2-4　1928 年下学年工程学系课程表

第一年			
第一学期		第二学期	
	学分		学分
国文	3	国文	3
英文	4	英文	4
高级数学	4	微分	4
物理	4	物理	4
机械画一	2	投影几何	3
工厂实习一	2	工厂实习二	2
第二年			
第一学期		第二学期	
	学分		学分
化学	4	化学	4
积分	4	应用力学	5
经济学	3	经济学	3
机械原件	3	应用机械原件学	3
机械画二	1	机械画三	1
测量一	2	测量二	2
工厂实习三	2	工厂实习四	2
暑假实习测量			
第三年			
第一学期		第二学期	
	学分		学分
应用力学二	4	水力学	3
热力工程一	4	热力工程二	4
电机工程一	4	电机工程二	4
工程材料	4	材料试验	2
机械实验一	1	电机实验一	2
道路及卫生工程	2	机械计划一	4

续表

第四年			
第一学期		第二学期	
	学分		学分
热力工程三	4	原动力厂计划	4
机械计划二	4	钢筋洋灰建筑及计划	4
电机实验二	2	电机实验三	2
机械实验二	2	机械实验三	2
建筑及计划	4	电机厂	3
电机工程三	4	电机工程四	3

（资料来源：《下学期各学系课程（续）》，载《清华周刊》，第 29 卷第 5 期（总第 440 期），1928 年 5 月 11 日）

3

国立清华大学初期电机工程学系的建立

20世纪20年代末至抗战前,国立清华大学在罗家伦、梅贻琦等校长领导下获得了较大发展。此一时期,受国民政府提倡实科政策影响及学校自身发展需要,国立清华大学工程学科获得了长足进步,电机工程学系亦正式开启了独立发展的序幕,在师资队伍、科研设施、人才培养及科研成果等方面均取得较好成绩。

一、电机工程学系的成立

1928年8月,清华学校改名为“国立清华大学”,罗家伦为校长①。受学校经费及学生数目限制,清华当时各学系内容不甚完善,故罗家伦上任后即开始进行整改。其中,由土木、机械、电机三科合并的“实用工程科”改名为“市政工程系”②,尔后“因为增加设备的问题,清华董事会忽然无理由地议决取消市政工程系,并勒令于民国十八年春完全裁撤。当时学校当局慑惧屈服于董事会威风之下,亦不惜违反全校人士的公意,毅然执行裁撤的步骤。把三年级学生转送唐山大学,二年级学生转送南洋大学。只余四年级一班使其得于是年暑假毕业,一年级则预备暑假后转入他系”③。由于市政工程系将被裁撤,原定仪器设备购置等计划也因此无法实现,“四年级下学期应有之‘电机工程实验’,拟由罗校长向北平大学第一工学院商借读办法,并请该院教授于每星期特别为本校四年级生开一电机实验班,所有学费试验费及车费概由本校供给,倘此层可以如期办

① 《国民政府外交部训令》(1928年8月29日),清华大学档案,全宗号1,目录号2:1,案卷号2:1;清华大学校史研究室:《清华大学史料选编》,第2卷上册,49页。

② 清华大学校史研究室:《清华大学一百年》,55页。

③ 夏坚白:《土木工程系的过去和现在》,见清华大学校史研究室:《清华大学史料选编》,第2卷下册,466页。

到,则下学期该系各学科可继续维持矣"[①]。但关于市政工程系的裁撤决定遭到了多数师生的极力反对,后校方迫于各方压力决定恢复工程系,限于当时的条件而专办土木工程系,附属于理学院[②]。

20世纪30年代后,国民政府相继制定了《确定教育实施趋向办法》(1931年)、《改革大学文法等科设置办法》(1932年)等,要求大学教育偏重实用学科。在这一政策趋向下,各大学纷纷增设工程专业或强化理工科教育,同时学生为谋求日后出路也倾向选择工科专业。根据形势发展的需要,吴南轩任职清华时"即有举办工学院之意,后因驱吴而此举不克实现,该系同学改院之动机,遂于是起。事实上,本校自正式有工程系以来,每年新生,十之三四均入该系,因之改系同学,日益增加,占全校五分之一强,同学既多,而该系所有教授及设备,遂以附属理学院不能自由充分发展之故,而感不敷,且该系附属理学院,毕业为理学士,似乎有名不正也。况最近北洋被火,东北停顿,华北各工程学校,除唐山外,渐次凋零,而清华经费稳固,读书适宜,似应设一完美之工学院,以挽救华北工学之厄运。该系同学因环境种种之需要,改院之动机及趋向,遂更形坚定。"[③]

1931年10月,梅贻琦受命任国立清华大学校长[④],在其就职后工学院建院事宜开始正式启动。1932年1月4日,工程学系召开全体同学大会,"全场通过议决请学校设立工学院,并充实成院之内容,在工学院未成立前,积极改进目下本系之实质,为设立工学院之基础案,并组织改院促进委员会,由大会赋予该会全权,办理改院及改院前改进本系内容一切事宜"[⑤],28日校评议会议决"本大学应于下学年添设机械工程学系及电机工程学系,并即以该两系及现有之土木工程学系合组为工学院,至所有应行筹备事宜由校长组织委员会主持之"[⑥]。2月3日,梅贻琦向教育部提出呈请,于

---

① 《市政工程系四年生向工大借读电机实验》,载《国立清华大学校刊》,第34期,1929年1月16日。

② 《国立清华大学规程》,载《国立清华大学校刊》,第80期,1929年6月14日。

③ 炎炎:《土木工程系改院运动之经过》,载《清华周刊》,第37卷第1期(总第528期),1932年2月27日。

④ 《教育部训令》(第1716号),载《国立清华大学校刊》,第324号,1931年10月21日。

⑤ 《工程学系全体同学大会消息》,载《国立清华大学校刊》,第356号,1932年1月11日。

⑥ 《评议会第二十一次会议纪录》,载《国立清华大学校刊》,第365号,1932年2月5日。

28 日获批并成立了工学院筹备委员会[①]。当年暑假国立清华大学开始招收电机、机械一年级生及插班生，工学院遂宣告成立[②]。其中，电机工程学系“聘前浙江大学电机系主任及中央大学工学院院长顾毓琇博士为主任”[③]，因缺乏设备而暂时借用土木工程学系水力实验馆开课。由此，电机系正式开启了其独立发展之路[④]。对于国立清华大学初期电机工程学系的这段历程，有学者给出了这样的评价：“在建系初期的短短数年内，电机系不仅迅速奠定了基本教学模式、课程体系以及先进的实验条件，而且形成了良好的教书育人氛围，开始了清华大学电气工程正规化的高等教育，为电机系的后续发展打下了坚实的基础。”[⑥]

图 3-1　顾毓琇[⑤]

二、师资队伍

国立清华大学初期，罗家伦、梅贻琦等均非常注重师资队伍建设。如罗家伦校长认为“要大学好，必先要师资好。为青年择师，必须破除一切情面，一切顾虑，以至公至正之心。凭着学术的标准去执行”[⑦]；梅贻琦校长提出“所谓大学者，非谓有大楼之谓也，有大师之谓也”[⑧]。根据学校的这一理念，该时期电机工程学系延聘了许多国内外著名学者来校任教，其师资队伍得到了较大充实，如“当时教授有：顾毓琇、倪俊、章名涛、李郁

① 《工学院筹备委员会成立消息》，载《国立清华大学校刊》，第 376 号，1932 年 3 月 2 日。

② 陈超群：《清华大学工学院的创建》，10 页，清华大学硕士学位论文，2005。

③ 梅贻琦：《清华一年来之校务概况》，见清华大学校史研究室：《清华大学史料选编》，第 2 卷上册，30 页；载《清华副刊》，第 39 卷第 7 期，二十二周年纪念特号，1933 年 4 月 29 日。

④ 电机工程学系自建立至今，其名称几经更改，本书统一简称为电机系。

⑤ 清华大学档案馆提供。

⑥ 梁曦东等：《清华大学电气工程高等教育的几点回顾》，见中国电气工程高等教育 100 周年纪念委员会：《百年回眸——中国电气工程高等教育 100 周年》，135 页。

⑦ 罗家伦：《学术独立与新清华》，见清华大学校史研究室：《清华大学史料选编》，第 2 卷上册，201 页。

⑧ 《梅校长到校视事召集全体学生训话》，见清华大学校史研究室：《清华大学史料选编》，第 2 卷上册，219 页。

荣、赵友民、任之恭(与物理系合聘)、维纳(Norbert Wiener,1894—1964,美国数学家、美国全国科学院士、控制论的创始人,与数学系合聘)及王尔兹(K. L. Wildes)等;教员有:范崇武、沈尚贤、孙瑞珩、严晙;助教有:钟士模、朱曾赏、张思侯、娄尔康等,还有研究助理徐范等。"[①]表 3-1 为 1931—1937 年度国立清华大学电机工程学系教师名单。其中,1935 年 9 月,"电机工程学系主任顾毓琇先生因职务繁多并请去职,兹聘定倪俊先生继任电机工程学系主任。"[②]电机工程学系的教师多具有留学经历,他们将西方的教学模式引入,开出了不少高质量的课程,且授课水平很高。如对于顾毓琇教授的讲课,鲍熙年(1936)后来回忆:"顾老师上课时不带讲义不带课本,讲课时发音很低,好像说故事一样,让同学们易懂好消化。有时在黑板上演算时遇到三位乘数他不用拉算尺,只用粉笔在黑板上点几下,马上就写出积数来了。"[③]

表 3-1 国立清华大学 1931—1937 年度电机工程学系教师一览表

职别	姓名	本年聘期	备注
教授兼主任	顾毓琇	1933. 8. 1—1934. 7. 31	兼工学院院长
教授	倪 俊	1933. 8. 1—1934. 7. 31	
教授	章名涛	1933. 8. 1—1934. 7. 31	
教员	孙瑞珩	1933. 8. 1—1934. 7. 31	
助教	朱颂伟	1933. 8. 1—1934. 7. 31	
助教	严 晙	1934. 8. 1—1935. 7. 31	
助教	朱曾赏	1934. 8. 1—1935. 7. 31	
助教	娄尔康	1934. 8. 1—1935. 7. 31	
助教	张思侯	1934. 8. 1—1935. 7. 31	
教授	任之恭	1934. 8. 1—1935. 7. 31	
教授	李郁荣	1934. 8. 1—1935. 7. 31	与物理系合聘
教员	沈尚贤	1935. 2. 1—1935. 7. 31	
	范崇武	1935. 9. 1—1936. 7. 31	
教授	赵友民	1935. 8. 1—1936. 7. 31	
	维 纳	1935. 9. 1—1936. 6. 31	与算学系合聘

(资料来源:《1931—1937 年度国立清华大学电机工程学系教师名单》,清华大学档案,全宗号 1,目录号 2:1,案卷号 112)

① 清华大学电机系:《清华电机系七十周年系庆纪念集》,47 页,内部资料,2002。

② 《倪俊先生继任电机系主任通告》,清华大学档案,全宗号 1,目录号 2:1,案卷号 218。

③ 鲍熙年(1936):《师恩难报》,载《清华校友通讯》,复 46 期。

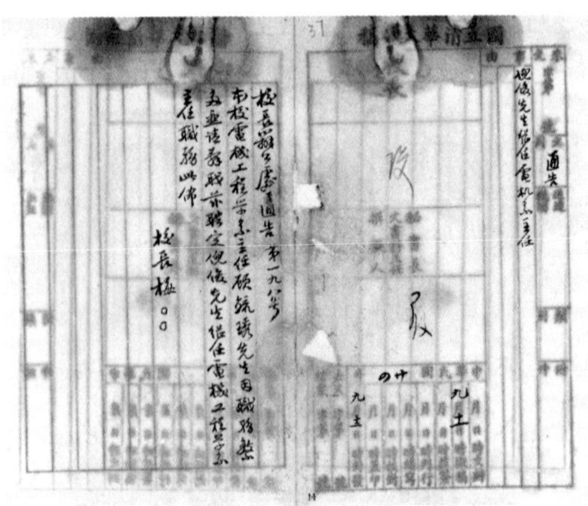

國立清華大學

事由 倪俊先生繼任電機系主任

通告

校長辦公處通告 第一九八號

本校電機工程學系主任顧毓琇先生因職務繁忙函請辭職茲聘定倪俊先生繼任電機工程學系主任職務此佈

校長梅○○

图 3-2　倪俊继任电机系主任通告①

图 3-3　1936 年电机系教师合影（前排左起：赵友民、李郁荣、顾毓琇、维纳（Dr. Norbert Wiener，控制论的创始人）、任之恭、倪俊、章名涛；后排左起：张思侯、范崇武、沈尚贤、徐范、娄尔康、朱曾赏、严晙）②

三、课程设置

国立清华大学初期，电机系“因系主任顾毓琇和负责教务工作的李郁荣教授都是毕业于美国麻省理工学院电机工程系的博士，故当时电机系

① 《倪俊先生继任电机系主任》，清华大学档案，全宗号 1，目录号 2:1，案卷号 218（清华大学档案馆提供）。

② 清华大学电机系：《清华电机系七十周年系庆纪念集》，7 页。

从教学宗旨、教育制度至课程设置和教材选择等方面都采用美国麻省理工学院电机工程系的模式,并曾聘请该系的王尔兹教授来系指导、讲学一年"①。据统计,自建系至抗战前电机系共开出电力和电讯各类课程约45门②,历年开设课程门次数如图3-4所示。

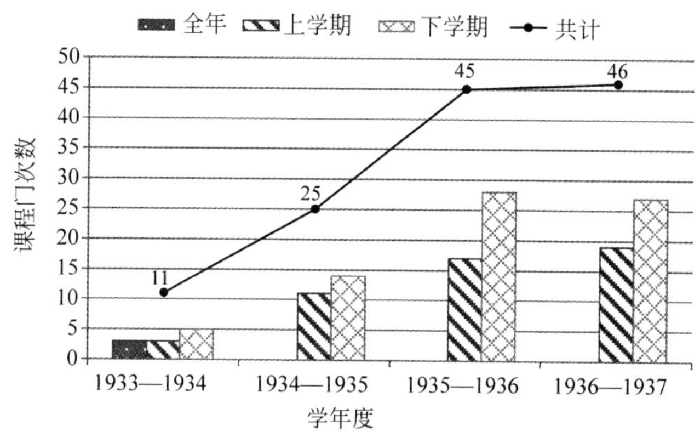

图3-4 1933—1936年度国立清华大学电机工程学系开设课程门次数分布图

(资料来源:方惠坚、张思敬:《清华大学志》,上册,135页)

当时的清华电机系学程总则中规定:"电机工程学系以造就各项电机工程专门人才适应我国电气建设需要为宗旨。本系自三年级起分电力、电讯两组:电力组注重发电工程、输电工程及配电工程,电机之设计及制造。电讯组注重电报、电话及无线电工程,电讯设计及真空管制造。各组基本训练相同,如电工原理、电工实验,皆须依次修习。实验方面,尤注重实验前之了解及实验后之结论。"③具体而言,"一年级学习工学院的共同必修课,如普通物理、微积分、英文、国文、画法几何、工程画、经济学概论等课程;二年级除电工原理与电磁测量课外,还有静动力学、机件学、热机学、金工实习、微分方程及化学等;三年级开始分电力组和电讯组,除继续学电工原理、电工实验、测量等课外,电力组学生学习交流电路与交流电机、电照学、工程材料、热力工程、电力传输、配电工程、发电所、电机设计

① 方惠坚、张思敬:《清华大学志》,下册,96页。

② 方惠坚、张思敬:《清华大学志》,下册,96页。

③ 《工学院电机工程学系学程一览》(民国廿五年至廿六年度),见清华大学校史研究室:《清华大学史料选编》,第2卷下册,521页。

与制造，还有选修课，如动力厂设计等；电讯组学生学习电讯原理、电报电话、电讯网络、无线电及其实验，还有选修课如真空管制造等。”①表 3-2 为 1936—1937 年度电机工程学系的具体课程设置。

表 3-2　国立清华大学电机工程学系分年课程表(1936—1937 学年度)

第一年		第二年		第三年		第四年			
						电力组		电讯组	
上学期									
国文	3	电工原理(1)	5	电工原理(3)	5	电力传输	4	电讯网络	3
第一年英文	3	静动力学	4	电工实验	2	电工实验	2	电工实验	2
普通物理	5	机件学	3	电照学(电力组)	2	发电所	3	电讯原理	3
微积分	4	经济计划	2	热力工程	3	论文	2	无线电	3
经济学概论	3	金工初步	1	测量	2	热工实验	2	无线电实验	1.5
画法几何	2	微分方程	3	水力实验(电力组)	1.5	电机设计	3	论文	2
制模实习	1	化学	4	电报电话学(电讯组)	6	选修或专题研究	3	选修或专题研究	3
				工程材料(电力组)	3	普通无线电	3	电磁论	3
						原动力厂	3		
下学期									
国文	3	电工原理(2)	5	电工原理(4)	6	电工实验	1.5	电报电话实验	1.5
第二年英文	3	电磁测量	1	电工实验	2	配电工程	4	电讯网络	4
普通物理	5	材料力学	4	热力工程(电力组)	3	论文	2	无线电	3
微积分	4	热机学	3	热工实验	2	无线电实验	1.5	无线电实验	1.5
经济学概论	3	金工实习	1	电工高等数学	3	电机制造	2	论文	2

① 清华大学电机系：《清华电机系七十周年系庆纪念集》，47～48 页。

续表

第一年		第二年		第三年		第四年			
						电力组		电讯组	
下学期									
工程画	2	水力学	3	材料实验(电力组)	1.5	原动力厂实验	3	选修或专题研究	5
锻铸实习	1	化学	4	自动电话(电讯组)	4	选修或专题研究	3	电话设计	2
				电机设计(电力组)	3	原动力厂设计	2	真空管制造	2
				电池学(电讯组)	2	原动力厂	3	电磁论	3
						水电工程	2	无线电设计	1.5
						发电所设计	3	考查	1

(资料来源:方惠坚、张思敬:《清华大学志》,上册,106~107 页。注:表内课程名称后的数字为该课程的学分)

这一时期清华电机工程学系课程的设置特点,主要可以归纳为:“(1)重视基础,基础和技术基础课程占四年总学时的绝大部分,约 72%;(2)重视理论课程,在全部基础课程中,理论课程占相当大的比重,约占总学时 40%并贯穿在整个教学过程中。每学年有两门主要课程(大一的物理与微积分、大二的电工原理与力学、大三的交流电路与交流电机、大四的电力传输与电讯网络等),这两门课的成绩成为衡量学生入系、升级、毕业的主要标准;(3)注重教学实验与实习,在课程安排中,实验和实习的分量比当时国内同等系科要多,如电力组四年中有 14 门实验和实习课程,共 992 学时,占总学时的 29.8%。而且实验要求严格,对培养学生独立工作的能力,加深对理论的理解起了重要的作用。”①

四、科研设施

在国民政府提倡实用科学的政策推动下,国立清华大学等高校投入了较大经费用于扩充理工科设备。如罗家伦上任之初就曾上报董事会:

① 清华大学电机系:《清华电机系七十周年系庆纪念集》,47~48 页。

“留美预备时代的清华学校的设备,万不足以供国立最高学府的清华大学的应用。最显著的,就是图书仪器两项。……况且明年市政工程和地理两系就要正式开办,清华关于这两系的设备图书,尤须注意。目前此项设备,最低限度当为十万元。”①由于清华有着稳定的资金来源,当时的工程系设备、师资较之国内其他工科院校已逐渐取得优势。如据庄秉钧撰文介绍,1929 年初“清华工程系设备及建筑有三十四万元之多,较之国内著名之各工科大学,如南洋,北洋,唐山,及中央大学学院,均无逊色,是清华设备虽不能与美国麻省理工及康奈尔式,英国之曼却斯特及德国之古廷根大学可比,亦国内各大学中之少有者矣。”②当时的国立清华大学校刊中亦记曰:“我校虽非专科工业学校,然因以前当局之注重工程科,设备上早驾乎唐山,北洋,及工大之上。”③

虽然因为增加设备的问题,清华董事会议决要取消市政工程系,致使原定仪器设备购置等计划无法实现,电机工程实验课程亦不得不暂请北平大学第一工学院代为开设④。后经广大师生的努力得以复兴,专办土木工程学系,附属于理学院,相关馆舍有工艺馆、工学馆及工程馆等⑤,其中工艺馆电机试验室“设备方面有直流及交流各种发电机与电动机共八座,单相及三相变压器五座,大小电流计,电压计,电力计共六十余具。原动力系理学院新设原动力厂所供给,厂内设有德国克虏伯无空气注射六十匹马力柴油机一座。四千瓦交流三相电机一座及二十千瓦马达发电机变流机一座”及“将另立系图书馆于‘工学馆’,将本校所有工程书籍集中于一处,现有图书共约八百余册,内土木工程书籍占多数,电机机械工程次之,杂志约二十余种”。⑥

清华工学院成立后,为响应政府发展实用科学的号召和社会的需求,

---

① 罗家伦:《整理校务之经过及计划(上董事会之报告)》,见清华大学校史研究室:《清华大学史料选编》,第 2 卷上册,17 页。

② 庄秉钧:《清华市政工程系工场概况》,载《清华周刊》,第 30 卷第 11、12 期(总第 452、453 期),1929 年 1 月 19 日。

③ 《北洋学生来校实习》,载《国立清华大学校刊》,第 51 期,1929 年 3 月 15 日。

④ 《市政工程系四年生向工大借读电机实验》,载《国立清华大学校刊》,第 34 期,1929 年 1 月 16 日。

⑤ 梁守槃:《清华的生活》,载《光华附中理科专号》,1934 年第 2 卷第 6 期。

⑥ 夏坚白:《清华之工艺馆》,载《清华周刊》,第 35 卷第 11、12 期(总第 514、515 期),1931 年 6 月 1 日。

更是把相当一部分经费用于实验设备、图书资料的购买之上。如 1932 年 12 月曾对上年通过的建筑计划进行改订,其中包括添建工学院及设备费(60 万元)等[①]。1933 年,梅贻琦在回顾清华一年来之校务时曾提出,电机工程学系成立初始“原定开办费为三十万元,经本校评议会通过,并呈报教育部核准。最近因庚款继续停付一年,学校经费异常拮据,故实验室之建筑及仪器购置,均未能按照原计划进行。惟对于一切必需之设备,如下年学期电三直流及交流机试验所用之机器及附属品等,仍竭力设法购置。至于建筑实验室一事,大约俟金秋方可开始”[②];“本校原有之电机设备,仅可供土木系学生实习之用。计有直流电机四具,交流发电机直流马达及交流马达各二具,变压器四具,及直流交流电表各一套。最近向德国西门子电气公司订购 MG 若干具,约定七月底交货。连同原有之设备已足敷下学期三年级生电机实验之用。至西门子捐赠电机系之自动电话接线机一副,不日亦可运到”[③]。为加快电机工程学系的发展,1933 年 9 月 20 日校评议会议决“兴筑电机实验室,约价七万元”[④],27 日校评议会又决定“在未建筑地学馆前,拨电机实验室第 3 层为地学系暂时之用,电机实验室建筑费得酌予增加,但以 10 万元为限”[⑤]。电机工程学系自成立以来经过两年的筹备,至 1934 年“除以前所存之机器及试验表外,新添者有直流电动发电机复卷式二套,分卷式二套,三线式一套,直列电动机一只,复卷电动机一只(其速度变更甚大)各种二匹马力小发电机四只,电气铁道用电动机二只,火车中所用电灯设备一副,汽车上电气设备一副,故综合原有之机器关于直流试验室一方面,可称尽有矣,图书方面,欧美主要电工杂志,添置完备,而书籍方面每年有四千余元之添置,今年又向美英德订购,不久可到。”[⑥]

---

① 清华大学校史研究室:《清华大学一百年》,75 页。

② 梅贻琦:《清华一年来之校务概况》,见清华大学校史研究室:《清华大学史料选编》,第 2 卷上册,30~31 页。

③ 梅贻琦:《清华一年来之校务概况》,见清华大学校史研究室:《清华大学史料选编》,第 2 卷上册,30~31 页。

④ 《兴建电机、机械二馆实验室》(1933 年 9 月 20 日),清华大学档案,全宗号 1,目录号 2:1,案卷号 6:6。

⑤ 清华大学校史研究室:《清华大学一百年》,78 页。

⑥ 顾毓琇:《电机工程学系》,载《清华周刊》,第 41 卷第 13、14 期(总第 588、589 期),1934 年 6 月 1 日。

85

國立清華大學用箋

敬啟者 查工學院電機機械
兩系實驗室早經
貴會通過籌備建築在案
兹以電機系三年級機械系二
年級均已正式開班需用
實驗室實屬不容再緩
且今國勢方殷多項建
築自宜力求撙節 茲擬

86

國立清華大學用箋

於二院東前
貴會通過機械實驗室之位
置興築電機實驗室計三
層樓約價七萬元 復於工
藝館南興築機械實驗室
約價七萬元 以便與電廠
鍋爐易於連接 事關本
院急需及兩系前途 敬祈

87

國立清華大學用箋

貴會竭予核准 以便即日進
行建築是為德便 此上
評議會
工學院院長顧毓琇敬啟
九月二十日
附地圖壹幅
評議會通過 九月廿六

图 3-5　兴建电机、机械二馆实验室①

此外，电机系工程馆于 1934 年 3 月开始兴建②，“翌年 4 月落成，建筑费 9 万余元，设备费 20 万元”③，该馆“共有三层：第一层有交流直流，电气铁道，电气制造，高压，电表，电池等七实验室，以及联动电闸室，交流电机陈列室，仪器及研究等室。第二层多为教室及教员办公室、图书室等。第三层为电信实验之用，有无线电，自动电话，电话，电灯及真空管制造等实验室。本馆极力使之电气化，故有升降机等设备，其控制器及电动机装于第一层，以便参观及实验。”④对于电机馆内部设施，当时《科学》亦曾有详细刊载⑤：“电机工程馆之楼下，南部为直流电机实验室，设备计有电车用 500 伏三线直流发电机(以 230V 直流电动机带动)。交流变直流电动发电机组，机有二，一为 30kW，一为 20kW，(均用三相 230V 感应电动机带动三线 230/115V 直流发电机，以为该校各处直流电源之用。)反电势调整器(当发电机之电压增高时，此机能自动将一反电势接入其分激磁场内，而使电压降低，若降低太甚，则反电势又自动离去，故能维持电压平衡)。直流发电机之并行运用装置，直流电动发电机组，有机四套，每套各由一复

① 《兴建电机、机械二馆实验室》(1933 年 9 月 20 日)，清华大学档案，全宗号 1，目录号 2：1，案卷号 6：6(清华大学档案馆提供)。

② 《电机工程学系概况》(1934 年 7 月 27 日)，清华大学档案，全宗号 1，目录号 2：1，案卷号 18。

③ 苏云峰：《从清华学堂到清华大学 1928—1937：近代中国高等教育研究》，95 页。

④ 《电机工程学系概况》(1934 年 7 月 27 日)，清华大学档案，全宗号 1，目录号 2：1，案卷号 18。

⑤ 《国立清华大学工学院设备概况》，载《科学》，1935 年第 19 卷第 5 期。

机电动机带动，发电机二为分激式，二为复激式，串接电动机，直流复激发电机，半闭式特种电动机，全闭式特种电动机，全开式特种电动机，并有自动电轮之特种直流电动机，其自动电轮可为电动机之反正转动。电车试验室中计有火车上之电机设备，电车电动机二及控制器全套汽车上之电机设备，附有电压调整器，此外并有电机制造实验室，及电表测验室等”，“北部为交流电机实验室，设备计有单相变压器九个，其中五个为国内益中公司出品，单相转子感应电动机试验装置，特种交流电机，自动三相平衡器，该器为萨本栋博士所发明，遇三相电源不平衡时通常将其作为单相电机运用，可增加效率。感应电圈设备全部笼转子感应电动机，该种电动机有 5，3，35 三支，可连接成 Y 形△形，用于 380V 或 220V 变流机一部，感应起动同步电动机，卷转子感应电动机，交流发电机，（有六个线圈，可卷单相，三相或六相交流发电机，电压可得 63. 5V，196V，220V，110V，127V 为试验各相交流发电机特性之用）。同步电动机二，一为 4. 5kW，一为 7. 3kW。线圈外接感应电动机，可连三相或二相，以研究各种线圈之异同。五千伏交流发电机一部，电动发电机组有三套，直流电动机带交流发电机，并附有直流激磁机，交流发电机之并机试验装置（电压同步与否，可由同步表或电灯法测之）。其高压电机实验室，机件尚未安装”，“电机馆二楼为办公室，图书室，绘图室，及教室多间，三楼为电报实验室，播音室，电报室，电池室，电话实验室，无线电话实验室，电熖室，无线电实验室，仪

图 3-6　电机馆①

① 清华大学电机系：《清华电机系七十周年系庆纪念集》，48 页。

图 3-7　电机实验室①

器室,灯管制造室及研究室若干间。无线电实验室内之设备,有标准振荡器,磁棒式振荡器,压电式振荡器,感应无线电灯,长短波两用无线电收音机等,此外,并有自动电梯一架,以供学理讲释之用。”

至抗战前,电机工程学系建有电机、高压、电机制造、无线电等实验室,各实验室主要设备如表 3-3 所示。

表 3-3　抗战前电机工程学系实验室主要设备一览表

实验室名称	设备情况
电机实验室	电机实验室分交流、直流两室,两室间有干线连接之,交流实验室之电源,为二百二十伏、五十周波,由一个一百伏安变压器供给。主要配电板共十二块,计分二千二百伏油钥板,二百二十伏总钥板,电源板,转换板等。另有摇板一块,装周波表、同步表等,供试验并联发电用。此外有直流电动交流发电机组三套,同步电动机二,同步感应电动机一。交流发电机二,感应电动机二,变流机一,单扳推动式电动机一,正弦波形发电机一,三相交流分卷电动机一及各种变压器十余只。直流实验室电源,由二套交流电动直流发电机所发生,为三线二百三十伏制,自中线可取得一百十五伏直流。室中有主要配电板八,以控制及分配各种电路,此外尚有直流电动发电机组三套,复卷直流电机五只,分卷直流电机三只及接直流电机二只等。交直流电机实验室各项仪器,另置于仪器室中,有电表五十余只,更有九单位示波器一套,以便研究各种电流电压之变化情形。另有暗室,供冲洗相片用
高压实验室	有二十五万伏之五十周波电压,为当时我国最大之高压实验室。另有高压整流器,可得十五万伏直流,更有电动发生器一套,可生二百五十万伏之人造雷电;在电所发生器线路内,加接一高压感应圈,可得五等周波之高压高周电源。除上述设备外,尚有控制桌以管理各电路,架换接头式变压器,以升降所需之电压。二十五共分直径、球隙,及静电电压表,以供测定电压之用

① 清华大学校史馆提供。

续表

实验室名称	设备情况
电机制造实验室	电机制造实验室设备,有力压机、冲压机、旋压机、冲槽机、割切机、旋床、烘炉、真空浸漆柜、储漆柜等,可制造各种交流电动机、发电机、变压器等,曾装十四马力交流感应电动机二具,二十伏安变压器二具,均称满意
电车实验室	电车实验室,有电车用控制器一,及电车用电动机二,可供试验电车线路及工作之用。此外,尚有火车上及汽车上用发电机各一,供发光(电)用均附有调整器
电梯实验室	电梯实验室,有配电板一,特种专供电梯用之电动机一套,电梯一具载重八百磅,开关完全自动,不须人看管
电灯实验室	电灯实验室,有桌案式、韦勃式及克鲁司式光度计各一,可供测定各种光度及照明度之用
电话实验室	电话实验室,可分为两部:一为电话机件之实验,一为电话传输之测试。前者有各式话机,无塞绳小交换机,磁石式及其电式横型交换板,急用电话机等。至于电话传输,为测试各种机件,负荷线圈及人工线路之传输失真及衰减等。除各种电表、电阻、电感、电感应落器、衰减器、放大器、变压器等外,尚有人工电缆一组,相当于标准电缆三十五里。又有绕线机全套,固定电容器盘绕机一架。关于电报组方面设备,现仅有摩斯机一架,正在设法充实中
自动电话实验室	自动电话实验室,有自动式小交换机一,共五门,西门子式自动机、共二十五门,及步进式自动机旋转式自动机各一,均共有千门,故关于各种自动电话试验设备,大致均已齐全
无线电实验室	无线电实验室,包括各种仪器,用以度量周率、波形、电阻、电感、电容、电流、电压、电力、电磁波强弱、真空管系数等,计有标准信号振荡器、压电式振荡器及磁棒式振荡器各一,各种普通之高低周振荡器甚多,吸收式周率计四,整统式周率计一,成音周率计一,万用电表一,电容棒一,真空管用棒、放大机二套,阴极线示波器一套,扩大机一套,收音机一套,长短波天线各一。此外电阻计、电感、电容、真空管变压器、电表等甚多。更有电池室,以供给所需电源,有电动发电机一组,四百伏乙电蓄电池二十四只,水流整流器一套,氧化铜整流器一套
灯管制造实验室	灯管制造实验室,一方面供学生实际实验,一方面备作本系研究灯管制造之用。以制造无线电用真空管为主要目的,惟其他各种灯管,亦可同时试制。材料方面,如玻管、玻泡、镍片、钨丝、钼丝等,均有相当准备。机件方面,则有切管机、翻口机、玻杆机、封泡机、加座机、抽气机、鼓风机、煤气增压机、点焊机、电炉等

(资料来源:倪俊:《电机工程学系概况》,载《清华周刊向导专号》,1936年6月27日;苏云峰:《从清华学堂到清华大学1928—1937:近代中国高等教育研究》,95~97页)

除添设实验设备外,电机工程学系还购买了大量图书,如1933年梅贻琦曾曰:"关于电机工程之图书及杂志,上学期曾向国外订购一批,约值四千余元。该项书籍，现已络续到校。”[①]至1936年，电机工程学系图书资料，“就西文参考书而论，现已有六百余种，西文杂志，共有四十种，均置电机馆图书室中，故参考书非常便利”[②]。此外，“教室方面，有普通教室四，绘图室二，及大讲堂一。大讲堂内有交直流表演台各一，凡各种普通电机试验均可于上课时行之，使学生易于明了”[③]。

五、科研成果

国立清华大学非常注重科学研究，如罗家伦校长提出：“研究是大学的灵魂。专教书而不研究，那所教的必定毫无进步。不但没进步，而且有退步。……尤其在科学研究方面，应当积极的提倡”[④]；梅贻琦校长曰：“凡一大学之使命有二：一曰学生之训练，一曰学术之研究。清华为完成此使命，故其发展之途径不徒限于有效之教学，且当致力于研究事业之提倡。此在学术落后之吾国，盖为更不可缓之工作。”[⑤]因此，“由于经费稳定充沛，主持校政者重视教育与学术。……所以师生也以此为风尚，研究风气相当浓厚。”[⑥]如1932年12月，顾毓琇“在《清华理科报告》上发表‘Extension of Maxwell's Rules for Analyzing Electrical Networks’。此文后扩充为‘Resume of Maxwell's and Kirchhoff's Rules for Network Analysis’(1952年载《佛兰克林学会会报》J. Franklin Institute卷二五三)”[⑦]，该文“引申麦克斯韦定则，以求电网络中任何一部分之电流值”[⑧]；1933年初顾毓琇又发表了“《我国需要的生产方法》(原载《时代公论》第四十、四十一号合刊)及《如何振兴中国实业》(载《申报月刊》)(二文后收入《中国经济的改造

---

① 梅贻琦：《清华一年来之校务概况》，见清华大学校史研究室：《清华大学史料选编》，第2卷上册，31页；载《清华副刊》，第39卷第7期，二十二周年纪念特号，1933年4月29日。

② 倪俊：《电机工程学系概况》，见《清华大学史料选编》，第2卷下册，520页；载《清华周刊》，第44卷向导专号，1936年6月27日。

③ 倪俊：《电机工程学系概况》，见《清华大学史料选编》，第2卷下册，520页；载《清华周刊》，第44卷向导专号，1936年6月27日。

④ 罗家伦：《学术独立与新清华》，见《清华大学史料选编》，第2卷上册，201~202页。

⑤ 梅贻琦：《五年来清华发展之概况》，载《清华周刊》，向导专号，1936年6月27日。

⑥ 苏云峰：《从清华学堂到清华大学1928—1937：近代中国高等教育研究》，121页。

⑦ 顾毓琇：《百龄自述》，34页，南京，江苏文艺出版社，2000。

⑧ 王守泰等口述，恽震自述，张伯春访问整理：《民国时期机电技术》，249页，长沙，湖南教育出版社，2009。

(1948 年 5 月)》)”、“‘Fundamental Equations and Constants of Synchronous Machines’(见《电工》第四卷第一期)。是月《芝兰与茉莉》国难后第一版出版”①。1934 年,“顾毓琇、章名涛教授与国内电机工程前辈同行发起成立了中国电机工程师学会(中国电机工程学会的前身),在联络国内同行进行学术交流方面搭建了一个很有意义的平台”②,其中,李熙谋当选为第一任会长,顾毓琇当选为第二任会长,恽震为第三任会长,“即以《电工》为学会正式刊物。后又出版《电世界》”③;1935 年,顾毓琇“在中国工程师学会年会上宣读的《感应电机之串联运行》,获该会论文第一奖”④,并“发表了论文《同步机运算分析》,用运算微积分与双反应学说分析同步电机的运行状况”⑤;1937 年,顾毓琇“在美国电机工程师学会会刊上发表了《双反应学说对多相同步机之应用》一文,进一步用上述两种方法分析了多相同步电机中的复杂问题”⑥。

图 3-8　1937 年的中国电机工程学会——章名涛、顾毓琇等⑦

这一时期,电机工程学系其他教师也取得了许多研究成果,如“章名涛在电动机分析与运算方面共发表了论文 10 篇,其中 1937 年发表的《单相感应电动机之理论及张量分析》,把张量分析应用于电机理论的分析,对于感应电动机所推导的公式更为有用,用变换矩阵即可以求得感应电

① 顾毓琇:《百龄自述》,34 页。

② 梁曦东等:《清华大学电气工程高等教育的几点回顾》,见中国电气工程高等教育 100 周年纪念委员会:《百年回眸——中国电气工程高等教育 100 周年》,137 页。

③ 顾毓琇:《百龄自述》,36 页。

④ 方惠坚、张思敬:《清华大学志》,下册,101 页。

⑤ 方惠坚、张思敬:《清华大学志》,下册,101 页。

⑥ 方惠坚、张思敬:《清华大学志》,下册,101 页。

⑦ 黄延复:《图说老清华》,189 页。

动机笼条中之电流。这篇论文当时在国内具有较高的水平”①。再如，“民国二十一年，李郁荣在美国《数理杂志》发表关于‘电网络之综合’重要论文，题为 Synthesis of Electric Networks by Means of the Fourier Transforms of Laguerres Functions。此文发表后，李氏又与美国麻省理工大学数学教授维纳博士(Dr. Norbert Wiener，曾来华讲学)有共同发明，获美国政府专利。国人电工发明，能在国外取得专利，实亦为极大荣誉。二十五年李氏与张思侯君在国内发表一文，对于电网络之 Parameter Transforms 又有贡献，并举实例以明之。李氏又曾与顾氏合著一文，讨论二正弦波之叠合，后顾氏即应用此研究结果，分析同步电机异步运用时稳定电流之波形”②；此外，“关于电路分析，萨本栋氏于民国二十年及二十四年在国立清华大学《理科报告》先后发表五文，其中 Impedance Dyadics of Three-Phase Synchronous Machines 系与严晙君合作。”③

图 3-9　李郁荣与维纳发明的电讯网络获美国特许专利④

六、人才培养

电机工程学系成立后，在人才培养方面也颇多建树。如电机工程学系成立后，“第一年由外系转来二年级学生 7 人，招收一年级新生 31 人”⑤。1934 年秋电机工程学系“分电力和电讯两组，以造就各项专门人才。电力组侧重发电、输配电工程和电机设计、制造，电讯组侧重电报、电

① 方惠坚、张思敬：《清华大学志》，下册，101 页。

② 顾毓琇：《三十年来中国之电机工程》，见王守泰等口述、恽震自述、张伯春访问整理：《民国时期机电技术》，249 页，长沙，湖南教育出版社，2009。

③ 顾毓琇：《三十年来中国之电机工程》，249 页。

④ 清华大学电机系：《清华电机系七十周年系庆纪念集》，48 页。

⑤ 方惠坚、张思敬：《清华大学志》，下册，90 页。

话、无线电工程、电讯设计及真空管制造”①,于次年春电机工程馆落成后迁入新馆②。1935 年电机工程学系首届毕业学生 3 人,1936 年毕业 11 人,1937 年毕业 14 人③;1936—1937 学年在校学生 103 人④。此外,“1929 年留美预备部结束后,国立清华大学改变留美学生派遣方法,转向全国招考留美公费生。招收对象为国立、省立及经教育部立案的私立专科以上学校毕业生、服务二年以上并且成绩突出者;或国立、省立及经教育部立案的私立大学或独立学院毕业且成绩突出者。1933 年,招收了第一届留美公费生,以后每年按例考送,连续招考四届,共录取 92 人,其中清华毕业生有 39 人,约占 42%。1937 年因抗日战争爆发而暂停。”⑤据有关资料统计,获得电机工程学学位的留美公费生包括朱颂伟、蔡金涛、蒋葆增、王宗淦、徐民寿、张煦、钟朗璇、王兆振等⑥。1935 年国立清华大学“依照德国远东协会及外国学术交换处所约定交换研究生办法,规定每年选派研究生五名,赴德国做研究工作,期间以二年为限”⑦,其中电机系娄尔康于 1936 年 9 月获校评议会通过赴德交换研究⑧。

---

① 《情系清华:清华电机系 50 · 51 级毕业五十周年纪念集》,16 页,北京,清华电机系 1950/51 级,2001。

② 倪俊:《电机工程学系概况》,见清华大学校史研究室:《清华大学史料选编》,第 2 卷下册,518 页;载《清华周刊》,第 44 卷向导专号,1936 年 6 月 27 日。

③ 方惠坚、张思敬:《清华大学志》,下册,98 页。

④ 《当年的电机系、老师和清华校长》,《轻舟已过万重山:清华大学机电系一九五二级》,1 页,北京,清华大学,2008。

⑤ 方惠坚、张思敬:《清华大学志》,上册,749 页(对原文内容方惠坚教授有所改动和补充)。

⑥ 《清华文库》,http://thulegacy. lib. tsinghua. edu. cn:4237/lib/htm/alumni. htm,检索日期:2011-06-01。

⑦ 《国立清华大学选派赴德交换研究生简章》(二十四年四月二十四日第九十五次评议会修正通过),清华大学档案,全宗号 1,目录号 2:1,案卷号 79。

⑧ 清华大学校史研究室:《清华大学一百年》,97 页。

4

抗战时期国立清华大学电机工程学系的发展

抗战时期,国立清华大学与国立北京大学、私立南开大学南迁,先后合组为国立长沙临时大学和国立西南联合大学,几经风雨却成就斐然,在中国教育史上留下了巍然壮丽的一页。此时期,电机工程学系也同样不负使命,通过归并、调整,于艰难困苦的环境中获得了进一步发展,在教学科研、师资队伍、人才培养及爱国运动等方面,均书写下了辉煌篇章。

一、历史沿革

1937 年 7 月抗日战争全面爆发,9 月清华大学奉教育部令南迁,与北京大学、南开大学合组国立长沙临时大学①。国立长沙临时大学的院系设置是对三校原有院系进行归并而成,其中清华大学电机工程学系和南开大学理学院电机工程学系合并(北京大学当时没有工学院),由顾毓琇担任电机系教授会主席②,并与清华大学土木工程学系、机械工程学系及南开大学理学院化学工程学系合组工学院③。

因战事日趋紧张,1938 年初长沙临时大学决定迁往昆明。1938 年 4 月 2 日,国立长沙临时大学奉教育部令改校名为国立西南联合大学,由三校校长为常务委员主持校务,于 5 月 4 日恢复上课④。电机系与土木系、机械系等亦随校西迁,与从重庆迁来的化工系组成工学院在巡西会馆上

---

① 齐家莹:《清华人文学科年谱》,203 页,北京,清华大学出版社,1999。

② 《函请朱自清先生等担任各学系教授会主席并从速进行工作》(1937 年 10 月 6 日),清华大学档案,全宗号 X1,目录号 3:1,案卷号 3。

③ 史贵全:《中国近代工程教育研究》,92 页,上海,上海交通大学出版社,2004。

④ 《国立西南联合大学要览》(1942 年 12 月 21 日),见王学珍、江长仁、刘文渊:《国立西南联合大学史料》,第 1 卷,6 页,昆明,云南教育出版社,1998。

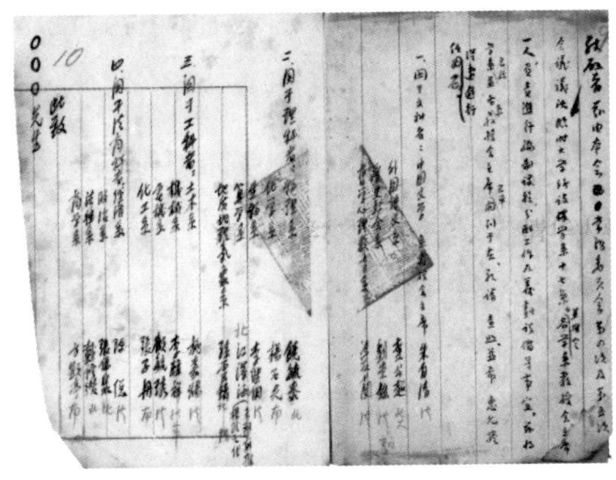

图 4-1　长沙临大电机系等教授会主席[①]

课。1939 年初，经常务委员会议决，西南联大“遵照部令于本年起设立电讯专修科”[②]，“期以较短时间(一年半)造就电讯技术人才，备国家抗战之用”[③](“1940 年招收第二届新生时，学制改为两年”[④])，赵友民任专修科主任、周荫阿任教务主任[⑤]。抗战时期，电机工程学系及电讯专修科主任变动较大，如赵友民之后，电机工程学系系主任由倪俊、任之恭、章名涛、叶楷担任，电讯专修科主任先后由张友熙、周荫阿担任。此外，1939 年 11 月清华大学“奉部令议决开办工科研究所”[⑥]，其中电机工程部设电力工程组和电讯工程组(清华)[⑦]。1945 年 8 月 15 日，抗日战争胜利，次年 3 月 27 日“教育部电准将本大学电讯专修科移交云南大学接办”[⑧]，后于 5

① 《函请朱自清先生等担任各学系教授会主席并从速进行工作》(1937 年 10 月 6 日)，清华大学档案，全宗号 X1，目录号 3:1，案卷号 3(清华大学档案馆提供)。

② 《函知西南联大设立电讯专修科目》(1939 年 2 月 3 日)，清华大学档案，全宗号 X1，目录号 3:2，案卷号 122。

③ 梅贻琦:《抗战期中之清华》(1939 年 4 月)，见清华大学校史研究室:《清华大学史料选编》，第 3 卷上册，20 页，北京，清华大学出版社，1994。

④ 西南联合大学北京校友会:《国立西南联合大学校史:一九三七至一九四六年的北大、清华、南开》，297 页，北京，北京大学出版社，2006。

⑤ 西南联合大学北京校友会:《国立西南联合大学校史:一九三七至一九四六年的北大、清华、南开》，297 页。

⑥ 方惠坚、张思敬:《清华大学志》，上册，315 页。

⑦ 《国立西南联合大学校史》，见王学珍、江长仁、刘文渊:《国立西南联合大学史料》，第 1 卷，11~14 页。

⑧ 《国立西南联合大学大事记》(民国二十六年九月十三日至民国三十五年七月三十一日)，见王学珍、江长仁、刘文渊:《国立西南联合大学史料》，第 1 卷，349 页。

月13日正式办理①。7月25日,西南联大工学院应云南大学请求,将一部分图书仪器赠予电讯专修科②,以利其教学。

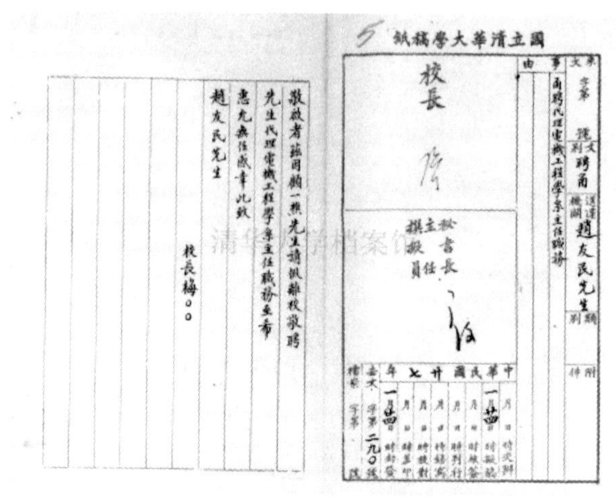

敬啟者茲因顧一樵先生請假離校敬聘
先生代理電機工程學系主任職務至希
惠允擔任為幸此致
趙友民先生
校長梅○○

图4-2　赵友民代理电机工程学系主任职务聘函③

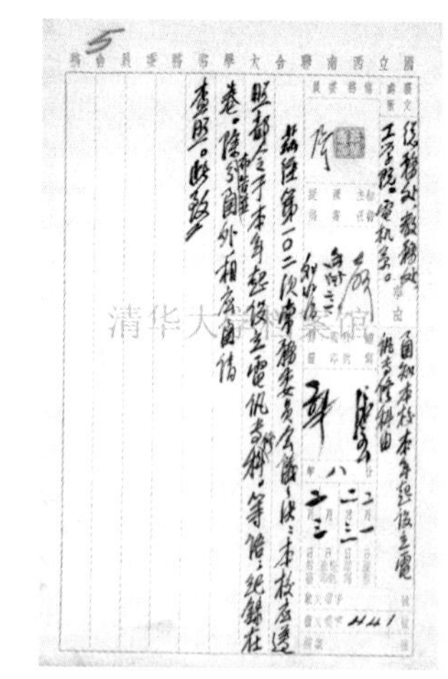

图4-3　函知西南联大设立电讯专修科目④

① 清华大学校史研究室:《清华大学九十年》,136页,北京,清华大学出版社,2001。

② 《国立西南联合大学大事记》(民国二十六年九月十三日至民国三十五年七月三十一日),见王学珍、江长仁、刘文渊:《国立西南联合大学史料》,第1卷,353页。

③ 《赵友民先生代理电机工程学系主任职务聘函》(1938年1月24日),清华大学档案,全宗号X1,目录号3:3,案卷号34(清华大学档案馆提供)。

④ 《函知西南联大设立电讯专修科目》(1939年2月3日),清华大学档案,全宗号X1,目录号3:2,案卷号122(清华大学档案馆提供)。

倪俊（任期1935—1937,1940—1942）

赵友民（任期1938—1940）

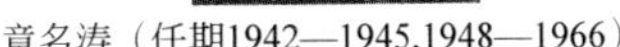
章名涛（任期1942—1945,1948—1966）

任之恭（任期1945）

叶楷（任期1945—1948）

图 4-4 抗战时期电机系历任系主任[①]

二、师资队伍

抗战爆发后，清华、北大及南开三校原有的教师大部分亦随校南迁，如长沙临时大学时期，“电机系教授有顾毓琇、章名涛、赵友民、任之恭、叶楷(以上属清华)和张友熙(南开)。教员有严晙(清华)、昝宝澄、陈荫穀(以上属南开)，助教有朱曾赏、张思侯、钟士模(均属清华)”[②]，由顾毓琇担任电机系教授会主席[③]。西南联大时期，虽然每年由于各种因素都有教师离职，但续聘和新聘人数相对较多，“自 1938 年到 1946 年，先后受聘在联大电机系担任教授的有：赵友民、倪俊、章名涛、朱物华、张友熙、范绪筠、马大猷、董维翰、任之恭、叶楷、范崇武、钱钟韩、杨津基等人；兼课教师有沈秉鲁、周荫阿、艾维超等；担任过讲师、助教的有钟士模、汤明奇、孙绍先、万发贯、陈荫穀、昝包澄、严晙、洪朝生、陈丽妫、陈同章、杨嘉墀、唐统一、廖增武、姚传澄、游善良、曹建猷、姚哲明、张瑞歧、董受申、金德宁、马世雄、张汉、李华天、沈祖恩、杨幼聪、丁寿永、王先冲等”[④]；电讯专修科也

---

① 清华大学电机系：《清华电机系七十周年系庆纪念集》，33 页；清华大学电机系资料；照片由清华大学档案馆提供。

② 西南联合大学北京校友会：《国立西南联合大学校史：一九三七至一九四六年的北大、清华、南开》，277 页。

③ 《长沙临时大学关于各学系名称及各系教授会主席名单的笺函》(1937 年 10 月)，见清华大学校史研究室：《清华大学史料选编》，第 3 卷下册，26 页，北京，清华大学出版社，1994。

④ 清华大学电机系：《清华电机系七十周年系庆纪念集》，49 页。

先后聘有周荫阿、洪道揆、张去疑、张四侯、唐立寅等教师。西南联大电机工程学系及电讯专修科教职员名录分别见表 4-1 和表 4-2。

表 4-1　国立西南联合大学电机工程学系教职员名录

系主任					
顾毓琇	（1937 年 10 月 4 日任，1938 年 1 月因事离校）				
赵友民	（1938 年 1 月 22 日任，1940 年 4 月辞）				
倪　俊	（1940 年 4 月 30 日任，1942 年 2 月辞）				
任之恭	（1942 年 2 月 25 日任，1942 年 2 月辞）				
章名涛	（1942 年 7 月 1 日任）				
教授					
赵友民	章名涛	张友熙	倪　俊	顾毓琇	任之恭
毛起来	张镇俊	朱兰成	叶　楷	范绪筠	马大猷
范崇武					
副教授					
陈荫縠	（1943 年已任）				
专任讲师					
沈秉鲁	（1940 年 4 月 30 日，1942 年 8 月 19 日，1943 年 9 月 3 日，1944 年 8 月 23 日聘）				
教员					
严　晙	（1939 年已任）				
张思侯	（名誉职，1939 年聘）				
林为干	（1941 年 9 月 24 日聘）				
廖增武	（1942 年 2 月 25 日聘）				
曹建猷	（1943 年已任）				
游善良	（1943 年已任）				
沈尚贤	（名誉职）				
助教					
钟士模	（1943 年已任）	万发贯（1939 年已任）		汤明奇	
陈周章（1942 年 10 月 21 日聘）		张瑞歧（1943 年 7 月 22 日聘）			
朱曾赏（1942 年已任）		姚哲明（1943 年已任）			
沈祖恩（1943 年已任）		张　汉（1943 年已任）			
马世雄（1943 年已任）		董受申（1943 年已任）			
练习生	赵宪鼎				

（资料来源：《国立西南联合大学教职员名录》，见清华大学校史研究室：《清华大学史料选编》，第 3 卷下册，309~310 页。注：该名录数据不全，仅供参考，具体说明参见《国立西南联合大学教职员名录》，见清华大学校史研究室：《清华大学史料选编》，第 3 卷下册，275 页）

表 4-2 国立西南联合大学电讯专修科教职员名录

教务主任	
周荫阿	(1939 年 1 月 31 日聘—1943 年 7 月 8 日)
主任	
周荫阿	(1943 年 7 月 8 日聘,原有教务主任一职,不再设置)
教授	
周荫阿	(1939 年 1 月 31 日聘,副;1942 年 7 月 1 日,正)
专任讲师	
张思侯	(1940 年 4 月 25 日聘)
讲师	
李文初	(1939 年 4 月 25 日聘)
李宗海	(名誉职,1943 年 4 月 7 日聘)
教员	
施纪常	(专任教员,1941 年 10 月 1 日聘)
谢毓章	(专任教员,1941 年 10 月 1 日聘)
王龙生	(1941 年 10 月 1 日聘)
徐 抡	(1941 年 10 月 1 日聘)
马荣恩	(1942 年 8 月 19 日聘)
陈有年	(1943 年 2 月 10 日聘)
牟光信	(1943 年 7 月 22 日聘)
助教	
洪道揆	(1939 年 1 月 31 日聘)
张宗潢	(1939 年 4 月 25 日聘)
张去疑	(1939 年 7 月 11 日聘)
唐立寅	(1941 年 8 月 27 日聘)
陆其惠	(1941 年 8 月 27 日聘)
姚传澄	(1942 年 3 月 4 日聘)
杨明济	(1942 年 9 月 16 日聘)
钱端信	(1944 年 10 月 18 日聘)

(资料来源:《国立西南联合大学教职员名录》,见清华大学校史研究室:《清华大学史料选编》,第 3 卷下册,312~313 页。注:该名录仅供参考,具体说明参见《国立西南联合大学教职员名录》,见清华大学校史研究室:《清华大学史料选编》,第 3 卷下册,275 页)

虽然抗战时期政局动荡，条件异常艰苦，但由于电机系教师队伍业务水平较高，因此并未对教学质量产生太大的影响。如顾毓琇、赵友民、倪俊、任之恭、章名涛、叶楷、张友熙、范绪筠、马大猷、董维翰、范崇武、陈荫穀、钱钟韩、杨津基等，他们“学术造诣较高，了解国外学术发展的情况，因而使联大的教学能接近国际水平”①。图4-5为1938年至1946年西南联大电机工程学系(包括电讯专修科)教师人数及职别分布，不难看出，该时期电机工程学系及电讯专修科拥有实力雄厚的师资力量。而且“当时整个教师队伍包括教授讲师教员和助教形成一个很好的集体，在极为困难的条件下，保证了教学的稳定及尽可能的高质量，良好的学风也得以持续”②。特别是，“讲师助教阶层，与同学接触最多，对同学最熟悉，无论答疑、讨论课、习题、实验、小考等都是直接面对学生。在繁重的工作中，他们既对学生要求极为严格，又严于律己，在教学中起了十分重要的作用。”③另外，这一时期学校也非常重视对教师的培养，在他们工作一定时限后，便可以申请休假在国内外从事进修或研究，以提升自身的素质。

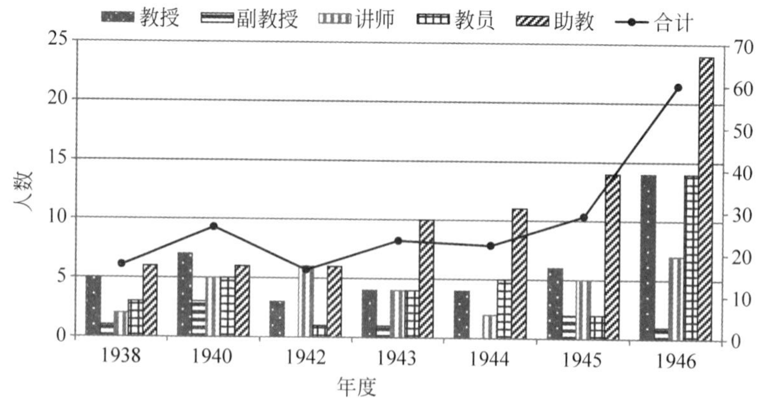

图4-5　1938—1946年西南联大电机工程学系(含电讯专修科)教师人数及职别分布图
(资料来源：根据1938—1946年国立西南联合大学文法院系教职员名录统计，见王学珍、江长仁、刘文渊：《国立西南联合大学史料》，第4卷，68-292页，昆明，云南教育出版社，1998)

① 西南联合大学北京校友会：《国立西南联合大学校史：一九三七至一九四六年的北大、清华、南开》，56页。

② 清华大学电机系：《清华电机系七十周年系庆纪念集》，49页。

③ 清华大学电机系：《清华电机系七十周年系庆纪念集》，49页。

如,1940年章名涛曾致函梅贻琦:“涛拟利用休假期间,用学习工程者之立场研读数学,并择其有关电工者汇编《电工数学》一册。一方面可以探究其真理;另一方面使后学者获一参考,以资借鉴,其效果必有过于在校授课者”①;1943年孟昭英、钟士模赴美研究②。

三、课程设置

1937年10月25日长沙临时大学开学,11月1日正式上课。该年度电机工程学系开设了30余门课程(表4-3)。电机与机械“两系学生共一百名,因设备关系,在湖大上课,双方未订特殊办法。惟经互相商定:本校学生在湖大上课并寄宿,由本校教授前往担任若干课程, 湖大原有设

表4-3 长沙临时大学电机工程学系必修选修学程表(1937—1938年度)

	学程	必修或选修	学期	学分	教师
四年级电力组	电力传输	Ⅳ	上	3	顾毓琇
	电力设计	Ⅳ	上	3	章名涛
	原动力厂	Ⅳ	上	3	殷祖澜
	原动力厂设计	4	上	2	殷祖澜
	无线电原理	4	上	3	任之恭 叶楷
	实用无线电	4	上	3	孟昭英 任之恭
	无线电实验	4	上	1.5	孟昭英 叶楷
	电话学	4	上	3	赵友民
	高等电工学	Ⅳ	下	3	顾毓琇 章名涛
	电工实验	Ⅳ	下	2	章名涛
	原动力厂实验	Ⅳ	下	1.5	殷祖澜
	发电所	4	下	3	倪孟杰
	无线电原理	4	下	3	任之恭 叶楷
	实用无线电	4	下	3	孟昭英 任之恭
	无线电实验	4	下	1.5	孟昭英 叶楷
	电话实验	4	下	1.5	赵友民③
	论文	Ⅳ	下	3	全体教授

① 《章名涛申请国内休假研究函》(1940年5月8日),见清华大学校史研究室:《清华大学史料选编》,第3卷上册,289页。

② 《本校三十二年度赴美研究教师表》(1943年9月8日),清华大学档案,全宗号X1,目录号3:3,案卷号48。

③ 档案中是“赵友文”,《国立西南联合大学各院系必修选修学程表》,清华大学档案,全宗号X1,目录号3:2,案卷号120:2。

续表

	学程	必修或选修	学期	学分	教师
四年级电讯组①	电力传输	Ⅳ	上	3	顾毓琇
	无线电原理	Ⅳ	上	3	任之恭 叶楷
	实用无线电	Ⅳ	上	4	孟昭英 任之恭
	无线电实验	Ⅳ	上	1.5	孟昭英 叶楷
	电话学	Ⅳ	上	3	赵友民
	电讯网络	Ⅳ	上	3	朱汝华
	无线电原理	Ⅳ	下	3	任之恭 叶楷
	实用无线电	Ⅳ	下	3	孟昭英 任之恭
	无线电实验	Ⅳ	下	1.5	孟昭英 叶楷
	电话实验	Ⅳ	下	1.5	赵友民
	电讯网络	Ⅳ	下	3	李郁荣 范绪筠
	论文	Ⅳ	下	3	全体教授
	无线电原理（湖南大学）			3	张友熙
	无线电实验（湖南大学）			1.5	张友熙 昝宝澄

附注：1. 学期栏内空白者，系表示全学年学程，填上下者，系表示上下学期学程。

2. 必修或选修栏内，用罗马数字填写者，系表示某年级必修学程，如Ⅰ、Ⅱ、Ⅲ、Ⅳ等码，各表示第一年级，第二年级，第三年级及第四年级必修学程。用阿拉伯数码字填写者，系表示某年级选修学程，如1、2、3、4等码各表示第一年级，第二年级，第三年级及第四年级选修学程。

（资料来源：《长沙临时大学各院系必修选修学程表》（1937年至1938年度），见王学珍、江长仁、刘文渊：《国立西南联合大学史料》，第3卷，130-131页，昆明，云南教育出版社，1998；《国立西南联合大学各院系必修选修学程表》，清华大学档案，全宗号X1，目录号3：2，案卷号120：2）

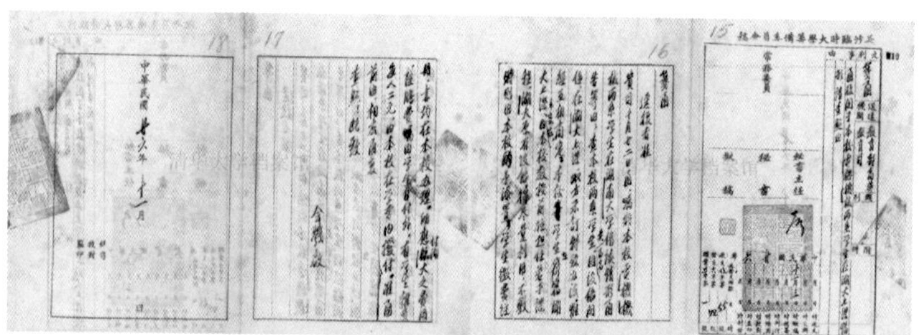

图4-6　长沙临大致教育部高等教育司，函复关于电机、机械两系学生在湖大上课情形②

① 国立西南联合大学史料（三）中为“电机组”，见王学珍、江长仁、刘文渊：《国立西南联合大学史料》，第3卷，131页。

② 《长沙临大致教育部高等教育司，函复关于本院电机、机械两系学生在湖大上课情形》（1937年11月），清华大学档案，全宗号X1，目录号3：1，案卷号18（清华大学档案馆提供）。

备,得尽量利用,不敷时,则由本校酌予添置;学生缴费注册,亦均在本校办理。所应付湖大之费用,除膳费由学生自付外,有学生杂费每人二元,由本校在学费内拨付”①。

抗战时期,国民政府相继制定了《战时各级教育实施纲要》(1938)、《大学共同必修科目表》(1938)、《各院系必修选修科目表》(1939)等教育政策,以加强对各校课程的统制。但西南联大教授认为“大学为最高学府,包罗万象,要当同归而殊途,一致而百虑,岂可刻板文章,勒令从同。……盖本校承北大、清华、南开三校之旧,一切设施均有成规,行之多年,纵不敢谓为极有成绩,亦可谓为当无流弊,似不必轻易更张”②。因此,“联大的课程,除少数是照‘部定’科目执行外,其他课程均是按联大初期在原三校课程基础上,作调整变通后排定的科目组织教学。”③如,“电机系的课程基本上沿袭抗战以前清华电机系的课程门类设置。实际是仿效美国麻省理工学院(MIT)的做法。三年级开始分电力、电讯两组。前者着重发电工程、输电工程、配电工程及电机设计及制造;后者注重无线电工程、电讯网络及电报电话”④。而且,西南联大师资队伍规模的扩充,使其所开设课程数量亦有了较大增长,电机工程学系历年开设课程门次数如图 4-8 所示。同时,随着归国留学生等新生力量的加入,学校对一些课程进行了更新,如“原来电工原理课所采用的麻省理工学院丁壁和布煦的教材已较陈旧,后改用了本奈特 · 克鲁泽的《电动力学引论》为主要参考书;又开设了应用电子学课程,吸收了物理电子学及微波器件的一些新内容,水平有所提高。此外还开设了电声学、运算微积分等选课”⑤。

---

① 《长沙临大致教育部高等教育司,函复关于本院电机、机械两系学生在湖大上课情形》(1937 年 11 月),清华大学档案,全宗号 X1,目录号 3:1,案卷号 18(清华大学档案馆提供)。

② 《西南联合大学教务会议就教育部课程设置诸问题呈常委会函》(1940 年 6 月 10 日),见清华大学校史研究室:《清华大学史料选编》,第 3 卷下册,191~192 页。

③ 周本贞:《西南联大研究》,108 页,北京,中国大百科全书出版社,2005。

④ 西南联合大学北京校友会:《国立西南联合大学校史:一九三七至一九四六年的北大、清华、南开》,274 页。

⑤ 王先冲:《回忆西南联大工学院电机系》,见冯友兰、吴大猷、杨振宁:《联大教授》,236~237 页,北京,新星出版社,2010。

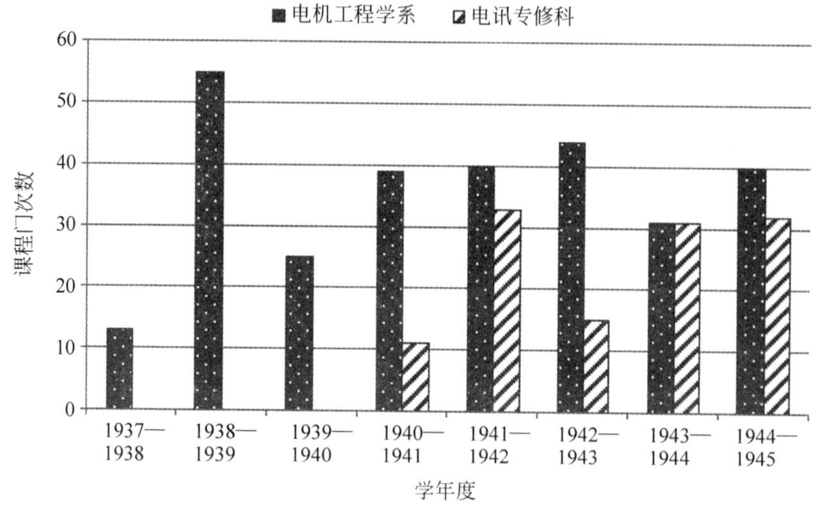

图 4-7 西南联大时期电机工程学系开设课程门次数分布图

(资料来源：方惠坚、张思敬：《清华大学志》，上册，136~139 页)

“关于课程设置，还应该提到，此阶段整个工学院都加强了数学课程，在大一微积分及大三微分方程之外，增设了高等数学选课，由赵访熊任课。赵先生本来是学电机的，留美时改为数学研究。工学院的数学师资队伍很强，除赵先生之外还有徐贤修、吴光磊、彭慧云、胡祖炽等人，因此联大电机系同学受到了良好的数理基础训练。”①西南联大电机工程学系及电讯专修科课程及任课教师情况如表 4-4 和表 4-5 所示。“电机系的教学设备主要是清华大学在七七事变以前南运的电机和电讯实验设备，运输途中，损失较大。另有南开大学的部分仪表，数量虽不多，已足够开出教学所需的实验，在抗战时期各大学中还算是比较好的”②，“八年间，用以训练数达百十之电机工程师，皆赖于此”③。

① 清华大学电机系：《清华电机系七十周年系庆纪念集》，49 页。

② 西南联合大学北京校友会：《国立西南联合大学校史：一九三七至一九四六年的北大、清华、南开》，274 页。

③ 梅贻琦：《复员后之清华(续)》，见清华大学校史研究室：《清华大学史料选编》，第 4 卷，57 页。

表 4-4 电机工程学系课程设置

<table>
<tr><td>

(一) 必修课程除体育、军训外各年级必修课程如下:

一年级:国文(6)、英文(6)、微积分(8)、普通物理学(8)、经济学简要(4)、工程画(2)、投影几何(2)、工厂实习(3),合计39学分。

二年级:普通化学(8)、微分方程(3)、应用力学(4)、材料力学(4)、热机学(3)、水力学(3)、热工学(3)、机械工程画(3)、电工原理(6)、交流电路(4)、电磁测量(1),合计42学分。

三年级:工程材料学(3)、高等微积分(6)、测量学(2)、直流电机(4)、直流电机实验(2)、交流电机(一)(4)、实用电子学(6)、电子学实验(1.5)、电工实验(2)、水力实验(1.5),小计32学分。

a. 电力组必修电机设计(一)(3)、热力学实验(1.5),小计4.5学分。

b. 电讯组必修电报电话学(3)、电报电话实验(1.5),自动电话(4),小计8.5学分。

四年级:交流电机(二)(4)、交流电路实验(2),小计6学分。

a. 电力组必修电机设计(二)(3)、发电所(3)、发电所设计(3)、电力传输(3)、配电工程(3),小计15学分。

b. 电讯组必修无线电原理(6)、无线电实验(3)、实用无线电(3)、电波学(3)、电讯网络(4),小计共19学分。

四年累计共取得140-148学分,必修课程全部及格,方得毕业。实际上学生学习150学分或更多。

</td></tr>
<tr><td>

各专业课任课教师:

1. 电工原理　先后由章名涛、倪俊、马大猷讲授。

2. 电工实验　先后由章名涛、严晙、陈荫穀、孙绍先、钟士模、曹建猷、洪朝生、杨嘉墀、张瑞歧、唐统一、游善良、李华天、宗孔德、王遵华、陆谊明、丁寿永、杨幼聪讲授。

3. 电磁测量　先后由朱曾赏、陈荫穀、杨嘉墀、游善良、张汉、马世雄讲授。

4. 直流电机　先后由范崇武、严晙、陈荫穀、曹建猷、钱钟韩讲授。

5. 直流电机实验　先后由严晙、钟士模、唐统一、游善良、沈祖恩讲授。

6. 交流电机　先后由严晙、章名涛、钟士模讲授。

7. 交流电机实验　先后由严晙、曹建猷、孙绍先、唐统一、张瑞歧、董受申讲授。

8. 交流电路　先后由马大猷、范崇武、钱钟韩、钟士模讲授。

9. 交流电路试验　先后由孙绍先、唐统一、张瑞歧、董受申讲授。

10. 电机设计　先后由章名涛、范崇武、严晙、艾维超讲授。

11. 电报电话学　先后由赵友民、沈秉鲁、咎宝澄讲授。

12. 电报电话实验　先后由朱曾赏、陈丽劝、曾克京、沈秉鲁、廖增武、洪朝生、马世雄讲授。

13. 自动电话　先后由赵友民、沈秉鲁、咎宝澄讲授。

14. 自动电话试验(1945—1946年开设)　由马世雄、张汉讲授。

15. 实用电子学　先后由范绪筠、马大猷、章名涛讲授。

</td></tr>
</table>

续表

16. 电力传输　先后由朱物华、曹建猷、范崇武、钟士模、杨津基讲授。
17. 发电所　先后由范崇武、倪俊、张钟俊、董维翰、陈荫穀、钱钟韩讲授。
18. 发电所设计　先后由倪俊、董维翰、陈荫穀、范崇武、钱钟韩讲授。
19. 配电工程　先后由严晙、章名涛、范崇武、倪俊、陈荫穀、杨津基讲授。
20. 无线电原理　先后由任之恭、张友熙、叶楷讲授。
21. 无线电实验　先后由孟昭英、叶楷、张友熙、昝宝澄、洪朝生，金德宁、张汉讲授。
22. 实用无线电　先后由孟昭英、张思侯、万发贯、昝宝澄、杨嘉墀、姚哲明讲授。
23. 电讯网络　先后由朱物华、马大猷讲授。
24. 电波学　先后由张友熙、马大猷讲授。
25. 高等微积分　先后由赵访熊、朱德徉、徐贤修讲授。

(二)选修课程

1. 高等电工学(3)　由章名涛讲授。1937—1939 年曾作为四年级必修课开出。
2. 电磁学(4)　由范绪筠、马大猷讲授。1940—1941 年曾作为三年级必修课开出。
3. 电讯传输(3)　由张友熙讲授。1937—1939 年曾作为电讯组三年级必修课开出。
4. 电讯工程(3)　由张友熙讲授。1938—1939 年曾作为电讯组三年级必修课开出。
5. 无线电大意(6)　先后由张友熙、昝宝澄、洪朝生、曾克京讲授。1940—1941 年曾作为电力组四年级必修课开出。
6. 传音学(或电波学)　马大猷讲授，1940—1941 年曾作为四年级必修课开出。
7. 电话设计(2)　赵友民讲授。
8. 电讯选读(2)　叶楷讲授。
9. 电波概论(2)　任之恭讲授。
10. 电力网络(3)　章名涛讲授。
11. 电力选读(3)　章名涛讲授。
12. 运算微积分(3)　由赵访熊、章名涛讲授。
13. 德文(2)　由褚士荃讲授。

本系教师专为外系开出的必修课尚有：

1. 电机工程(3)　为土木、化工、航空系三年级必修课。先后由陈荫穀、孙绍先、曹建猷、洪朝生、张瑞岐讲授。

2. 电机试验(1)　为土木、化工、航空系四年级必修课，先后由陈荫穀、钟士模、严晙、曹建猷、唐统一、游善良、姚哲明、张汉、马世雄、李华天、陆谊明、杨幼聪讲授。

各门课程教学内容，未作统一规定，随着科学的发展与教师的特长有所不同。以本系第一主课电工原理为例，本课程原先以麻省理工学院 T. 壁和布煦合著的教材为主要参考书，1941 年起改用本奈特和克鲁泽的《电动力学引论》，内容变更较大，水平也有很大提高。又如应用电子学，1941 年后增加了物理电子学和微波器件的内容，以反映当时科学前沿的内容。

(资料来源：西南联合大学北京校友会：《国立西南联合大学校史：一九三七至一九四六年的北大、清华、南开》，275～277 页)

表 4-5　电讯专修科课程设置

由于电讯专修科学习两年,课程设置比电机系大为压缩与减削。电讯工程组的专业课课时减少,加强了实用性。两年学满 78 学分左右,即可毕业,两年的课程与任课教师如下:

一年级必修课程

1. 英文(6)　陈祖文、杨西昆、黄巨兴。
2. 实用数学(8)　1943—1944 年改为微积分,洪道揆、徐贤修、颜道岸。
3. 普通物理学(4-6)　张宗潢、谢毓章、马荣恩、陆其蕙。
4. 实用电磁学(4-8)　周荫阿、马大猷、谢毓章、马荣恩、牟光信。
5. 电码练习(2)　张宗潢、姚传澄、王龙生、杨明济、陈有年、罗鹏抟、钱端信、郑恕。
6. 工具实习(1)　周荫阿、周洪、杨明济、邱坤信。
7. 制图(1)　汤明奇、陈宝仁、卢锡畴、邱坤信。
8. 体育(2)　黄中孚。

二年级必修课

1. 通信电路(5)　徐楡、吴伯修。
2. 通信电路实验(1)　陆其蕙。
3. 通信电器制造(2)　姚传澄、邱坤信、吴伯修。
4. 实用电磁实验(2)　林为干、陆其蕙、马荣恩、邱坤信、牟光信、钱端信。
5. 真空管学(4)　周荫阿。
6. 真空管实验(1)　陆其蕙。
7. 实用电报电话学(5-8)　徐楡、吴伯修。
8. 电报电话实验(1)　徐楡、吴伯修。
9. 实用无线电学(8)　周荫阿。
10. 无线电实验(2)　罗鹏抟、王龙生、牟光信、陆其蕙、邱坤信。
11. 通信实习(2)　罗鹏抟、杨明济、陈有年、钱端信、郑恕。
12. 应用技术(电台管理及修理)(2)　罗鹏抟、姚传澄、牟光信、钱端信、郑恕。
13. 实用内燃机学(2)　梁守槃、李宗海、强明伦。
14. 无线电国际公约(1)　杨明济、罗鹏抟。

另外,1944—1946 年,二年级尚须学习英文(4)、微分方程(3),有时为选修课。1945—1946 年实用内燃机学未开。

任课教师中,周荫阿为教授,李文初为讲师,谢毓章、王龙生、徐楡、马荣恩、陈有年、牟光信为教员,洪道揆、张宗潢、陆其蕙、姚传澄、杨明济、钱端信为助教。

(资料来源:西南联合大学北京校友会:《国立西南联合大学校史:一九三七至一九四六年的北大、清华、南开》,298 页)

四、科研成果

早在卢沟桥事变之前，鉴于平津局势危机，清华于长沙湘江西岸岳麓山购置分校，并将一批书籍、仪器运往汉口暂存，以备日后迁校之用，电机系一部分仪器也随之迁移。为加强学校的教学工作，国立长沙临时大学决定将其20万元开办费的五分之四主要用于理工设备和图书购置方面，其中电机工程学系设备费10000元，图书购置费1000元①。

抗战时期，“电机系的科研工作由于工业的落后，图书期刊的来源困难，受到很大限制。只有研究所的人员可以进行一些理论性研究”②。如，1937年秋清华在长沙设立无线电研究所③，“与资源委员会合作，注重各种真空管之制造与测量、短波无线电台之设计、短波军用无线电机、秘密军用无线电话之研究，及专门电讯人才训练等”④。长沙临时大学搬迁昆明后，无线电研究所亦随之进行了调整，“在二十八年度之初，本所之两个分所(北碚分所与昆明分所)奉校令合而为一，并以学校所在地(昆明)为集中地点。北碚分所于一月二十日将全部箱件由北碚起运，直至二月间大部机件已到达昆明，工作人员亦于二月中陆续到昆。昆明分所原寄驻于西南联合大学物理系实验室(昆华工业职业学校内)，后因与北碚分所合并，地点狭小，亦拟迁移。三月中旬校方择定才盛巷二号为所址，是月底全部搬入，合并之手续于此完成，本所遂成为一个统一研究单位。”⑤据王先冲介绍：“当时清华无线电学研究所没有学生，只做研究，成立这个研究所主要是为了保留一部分不属于西南联大的电子仪器，研究所的一些教授都是从电机系和物理系聘的。”⑥另外，“清华电机系的实验室和车间的设备是比较好

---

① 《长沙临时大学开办费分配简明计划》(1937年10月6日)，清华大学档案，全宗号X1，目录号3:1，案卷号10。

② 清华大学电机系：《清华电机系七十周年系庆纪念集》，49~50页。

③ 清华大学校史编写组：《清华大学校史稿》，383页。

④ 《国立清华大学为扩充研究事业呈教育部文》(1938年9月)，见清华大学校史研究室：《清华大学史料选编》，第3卷上册，118页。

⑤ 《国立清华大学无线电研究所工作报告》，见清华大学校史研究室：《清华大学史料选编》，第3卷上册，128~129页。

⑥ 王先冲(1941届)：《清华无线电学研究所历史回顾》，见陈旭：《往事 真情 厚望：清华大学电子工程系建系五十周年纪念文集》，5~6页，内部资料，2002。

的。有一部分设备,例如当时在国内还是少有的制造电子管的全套设备,到昆明后拨给清华无线电研究所,制造出一些新型无线电器件,并支持了磁控管的研究、电离层的测试等工作。”①抗战时期,清华大学为扩充研究事业而加大了对特种研究所的投资,其中无线电研究所分别于 1938 年 9 月获用费 3.5 万元②,1939 年 5 月获 7 万元、1940 年 2 月获 7 万元,1940—1942 年期间又分别几次拨付补充费用,1945 年 5 月获 50 万元③。

无线电研究所“自迁入新所址之后,一切机件顺次装置,四月中旬大致竣工,是月下旬即由□龙电力公司开始供电,五月间本所各部从事于研究仪器之调整及初步试验,六月初开始正式研究工作”④。在当时的特殊历史时期,无线电研究所“暂以适应实用问题为标准”⑤,“将以一个实验室之地位,对于无线电学在中国实际情形下之重要问题加以技术上之探讨,然后以研究所得结果供献国家”⑥。如 1939 年度无线电研究所主要进行了“氧化层阴极之发射”(负责研究者:范绪筠先生)、“汞弧整流器”(负责研究者:叶楷先生(吕保维先生襄助))、“军用无线电通讯器”(负责研究者:张景廉、戴振铎、王天眷诸先生)、“军用秘密无线电话机”(负责研究者:陈芳允生生(任之恭先生指导))、“直线调幅器”(负责研究者:孟昭英先生)、“无线电定向器”(负责研究者:毕德显先生)等研究工作,并取得了重要成果⑦;同时,无线电研究所还与资源委员会电工器材厂及中央无线电机制造厂、航空委员会空军军官学校、军政部学兵队等机关,在器

---

① 清华大学电机系:《清华电机系七十周年系庆纪念集》,49 页。

② 《国立清华大学为扩充研究事业呈教育部文》(1938 年 9 月),见清华大学校史研究室:《清华大学史料选编》,第 3 卷上册,117 页。

③ 《历届校务会议、评议会关于经费、校款问题的报告和决议》(1937 年 12 月—1946 年 4 月),见清华大学校史研究室:《清华大学史料选编》,第 3 卷上册,335~348 页。

④ 《国立清华大学无线电研究所工作报告》,见清华大学校史研究室:《清华大学史料选编》,第 3 卷上册,129 页。

⑤ 《国立清华大学无线电研究所工作报告》,见清华大学校史研究室:《清华大学史料选编》,第 3 卷上册,129 页。

⑥ 《国立清华大学无线电研究所工作报告》,见清华大学校史研究室:《清华大学史料选编》,第 3 卷上册,129 页。

⑦ 《国立清华大学无线电研究所工作报告》,见清华大学校史研究室:《清华大学史料选编》,第 3 卷上册,128~138 页。

械设计及制造、军官培训等方面进行了合作①。1941年度，无线电研究所除上述部分研究工作外，另有“制造真空管机器之实验室模型”、“短波定向”、“氧化铜整流器”等多项研究工作，并继续展开“与资源委员会电工器材厂及中央无线电器材厂合作研究关于真空管制造及无线电器材制造之技术问题”、“与空军军官学校合作研究航空定向与通讯及其他问题”、“与军政部学兵队合作研究无线电通讯问题，并为该队训练电讯人员”等工作②。

1944年后，无线电研究所“除一部分仍继续以往工作外，在研究题目上略有更改，以适应国外技术的新发展和国内的新需要”③，如“调速电子管超高频振动器之研究”、“新式无线电测位器之实验及试造”、“栅柱对于束射之贡献”、“粉碎铁心之制造”、“轻小铅蓄电池之制造”、“超高频电波产生之新法”、“荧光现象及冷光灯之试造”、“超高频电波产生之新法”等④。1945年无线电学研究所“于本学年度之研究，大部偏重于超短波及微波方面。研究题目可分为两项：(一)磁电管之设计与制造及微波振荡之实验。(二)超短波之强大振荡及辐射特性之实验。前者结果可得十数公分之微波波长，后者结果在一公尺半之波长可得数十瓦特之电力。二者在实际问题上，俱有重要应用”⑤。

抗战时期各地物价暴涨，教师生活异常艰苦，“据报载，到1943年下半年，昆明物价为抗战初期的404倍。而西南联大教职员薪金则为原薪金的10.6倍。西南联大教职员多次向重庆当局呈请按市价发给米贴，按当地物价上涨指数调整薪金，均遭拒绝。”⑥尽管如此，电机工程学系的教

---

① 《国立清华大学无线电研究所工作报告》，见清华大学校史研究室：《清华大学史料选编》，第3卷上册，128~138页。

② 《国立清华大学无线电研究所工作报告》，见清华大学校史研究室：《清华大学史料选编》，第3卷上册，128~138页；清华大学档案，全宗号X1，目录号3:3，案卷号87。

③ 梅贻琦：《抗战期中之清华(四续)》(1944年4月)，见清华大学校史研究室：《清华大学史料选编》，第3卷上册，40页。

④ 梅贻琦：《抗战期中之清华(四续)》(1944年4月)，见清华大学校史研究室：《清华大学史料选编》，第3卷上册，40页。

⑤ 梅贻琦：《抗战期中之清华(五续)》(1945年4月)，见清华大学校史研究室：《清华大学史料选编》，第3卷上册，45页。

⑥ 西南联合大学北京校友会：《国立西南联合大学校史：一九三七至一九四六年的北大、清华、南开》，59页。

图 4-8　清华大学无线电及金属、农业特种研究所科研人员合影[①]

师"都寄希望于战后建设,认为电气铁道、电力系统、冶金工业等都可能发展,在当时资源委员会的资助下,进行了一些研究。1943 年的研究成果有:1)多相交流整流电动机对于增加调整感应电动机之功率因数及速度之应用(章名涛、曹建猷);2)无线电收发机之测验(马大猷);3)电压稳定法(马大猷、唐统一);4)工业用电之调查研究(其一,矿业用电)(陈荫榖);5)工业用电之调查研究(其三,电化用电)(范崇武)。1944 年度有:(1)中国电气铁道问题(章名涛);(2)电声仪器(马大猷);(3)钢铁事业之用电(范崇武);(4)音频功率放大管(叶楷、张汉、马世雄)。1945 年度有:(1)长距离电线之稳定极限问题(章名涛);(2)高周率浸料之研究(叶楷);(3)无线电调频问题(马大猷);(4)长途输电线避雷装置(范崇武)等"[②]。

五、人才培养

清华、北大及南开三校的合组,使学生规模得到扩充,国立长沙临时大学电机工程学系有学生 122 人[③]。西南联合大学"学生的来源比较复

① 清华大学校史馆提供。

② 西南联合大学北京校友会:《国立西南联合大学校史:一九三七至一九四六年的北大、清华、南开》,274~275 页。

③ 《国立长沙临时大学学生名录》(1938 年 1 月),清华大学档案,全宗号 1,目录号 4:6,案卷号 17。

杂,大略可分为三种:(一)“七七事变”后到长沙临大和西南联大继续学业的原清华、北大和南开三校学生,他们的学籍仍归属原校。……(二)自1938年度起至1940年度,联大招收的新生或转学生。……(三)由教育部分发的或由联大当局自行接收的先修班生、借读生、试读生、旁听生和特别生”①。由于联大初期面试招收了大批新生,且“这一时期,由于政府着重办工科,工学院在校学生人数续有增长”②,如1938年9月教育部训令,“该校应自廿八年度第一学期起,充分利用原有设备,增设电机、机械各一班,每班至少招收学生四十人,所需俸给、购置、添建一部分教室宿舍及学术研究等项经费,准予每班每年由部增拨一万五千元”③。其中,“电机系每年招收新生人数不等,一般在40人左右,最多的1939年为81人,最少的1937年为22人。1942年上学期全系共139人”④。

西南联大电机工程学系的教学工作非常严格,“学生在一年级,还不算入系,数学和物理的成绩不超过七十分,到二年级时不准入系。在二年级,每个星期至少有一次小考。电工原理、理论力学两门主课都是至少两周考一次,交叉进行。考题不会与习题类同,着重基本概念的灵活运用。……实验课要求更是十分严格,课前要交符合规范的预习报告,实验后,报告必须在一周内交入,迟交扣分,有时甚至给零分。不仅如此,金工实习,钳工、铸工、木工等过不了关就同样不能升级。体育课若一学期缺课八次就不给成绩,即使毕业后也扣发文凭,必须就近找个学校补上体育,经过证明才正式毕业。所以大部分学生都养成了刻苦钻研、严肃认真的学习习惯,形成良好的学风”⑤。这一时期,“电机系被认为是最难的系,学生的淘汰率极高。其结果是入学人数很多,完成学业的却寥寥无几了,当然有不少人是由于种种其他原因中途辍学或转系的”⑥,如1938年电机工程系二年级“第一次通考后就转出大批同学,到毕业时电讯组只剩

---

① 清华大学校史编写组:《清华大学校史稿》,315~316页,北京,中华书局,1981。

② 清华大学校史编写组:《清华大学校史稿》,359页。

③ 《遵令自廿八年度第一学期起增设电机机械各一班》(1938年9月),清华大学档案,全宗号X1,目录号3:2,案卷号203。

④ 西南联合大学北京校友会:《国立西南联合大学校史:一九三七至一九四六年的北大、清华、南开》,275页。

⑤ 清华大学电机系:《清华电机系七十周年系庆纪念集》,49页。

⑥ 清华大学电机系:《清华电机系七十周年系庆纪念集》,49页。

5人,电力组只有4人了"①。对于当时学生的毕业情况,王先冲后来亦回忆:"联大电机系的淘汰率很高,一是功课的要求很严,二是由于一部分同学迫于生计而辍学。大一时我们系有93人,四年之后最终只有17个人获得了毕业证。"②电机工程学系"1938—1946年共毕业学生188人,其中清华学籍71人,南开学籍21人。毕业学生数常是入学学生数1/2—1/3"③。1938年至1946年西南联大电机工程学系在校学生人数、大一学生人数及清华学籍电机工程学系毕业学生人数及变化情况如图4-9所示。自1939年至1945年,西南联大工学院还招收电讯专修科学生共171人④。

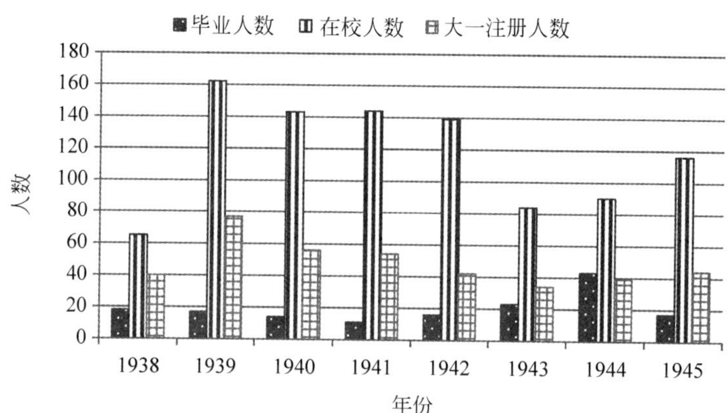

图4-9 1938—1945年西南联大电机工程学系在校人数、大一学生人数及清华学籍电机工程学系毕业人数变化曲线图

(资料来源:清华大学校史研究室:《清华大学史料选编》,第3卷下册,361-411页;王学珍、江长仁、刘文渊:《国立西南联合大学史料》,第1卷,42页;王学珍、江长仁、刘文渊:《国立西南联合大学史料》,第5卷,408-432页,昆明,云南教育出版社,1998;清华大学电机系:《清华电机系七十周年系庆纪念集》,78页)

1939年11月,国立清华大学奉部令开办工科研究所⑤,其中的电机

① 清华大学电机系:《清华电机系七十周年系庆纪念集》,49页。

② 王先冲(1945电机):《1945年我在联大》,载《清华校友通讯》,复51期。

③ 西南联合大学北京校友会:《国立西南联合大学校史:一九三七至一九四六年的北大、清华、南开》,275页。

④ 西南联合大学北京校友会:《国立西南联合大学校史:一九三七至一九四六年的北大、清华、南开》,250页。

⑤ 方惠坚、张思敬:《清华大学志》,上册,315页。

工程部下设有电力工程组和电讯工程组[①]。招考科目包括[②]：(1)电力工程组，a.国文、b.英文(作文及翻译)、c.微积分及微分方程、d.直流交流电路、e.交流电机、f.电力传输；(2)电讯工程组，a.国文、b.英文(作文及翻译)、c.微积分及微分方程、d.无线电学、e.电磁学、f.交流电路与电机。最终，电机工程部录取了1名新生林为干[③]。同年，清华大学恢复派遣留美公费生，每次二十名[④]。考试科目分普通科目和专门科目，其中普通科目包括国文、英文、党义，专门科目则根据各学门有所不同，如"水力发电工程包括微积分、应用力学及材料力学、结构学、水力学及水工设计、水力发电工程"及"无线电学(注重航空定向器)包括微积分、电磁学、无线电学、电工原理、普通物理学"[⑤]。后经考试选拔，1941年无线电学(注重航空定向器)吕保维被录取为第五届留美公费生[⑥]。同年4月，第十三次评议会议决第六届留美公费生应即筹备进行[⑦]，但因受国际战事影响，后延期举办。1943年夏颁布的《国立清华大学考选第六届留美公费生规程》规定，"本校本年考选留美公费生，名额定为二十四名"[⑧]，其中包括电机工程(注重高压输电)一名、无线电学(注重真空管电子学)一名等[⑨]。考试科目分普通科目和专门科目，其中普通科目包括党义、国文、英文，专门科目中电机工程(注重高压输电)门包括微积分及微分方程、电工原理、交

---

① 《国立西南联合大学校史》，见王学珍、江长仁、刘文渊：《国立西南联合大学史料》，第1卷，11~14页。

② 《清华、北大、南开研究院1939年度招生简章(清华部分)》(1939年夏)，清华大学档案，全宗号X1，目录号3:3，案卷号22。

③ 《呈梅贻琦，呈报工程研究生录取名单》，清华大学档案，全宗号X1，目录号3:3，案卷号22。

④ 《第二十六次校务会议议案》(1939年11月2日)，清华大学档案，全宗号X1，目录号3:3，案卷号5:2。

⑤ 《第五届留美公费生考试科目表》(1940年8月)，见清华大学校史研究室：《清华大学史料选编》，第3卷上册，225~226页。

⑥ 《国立清华大学第五届录取留美公费生及考试成绩履历一览表》(1941年3月15日)，清华大学档案，全宗号X1，目录号3:3，案卷号107。

⑦ 《第十三次评议会关于第六届留美公费生考试的议决事项》(1941年4月10日)，见清华大学校史研究室：《清华大学史料选编》，第3卷上册，238页。

⑧ 《国立清华大学考选第六届留美公费生规程》(1943年夏)，见清华大学校史研究室：《清华大学史料选编》，第3卷上册，240~241页。

⑨ 《国立清华大学考选第六届留美公费生规程》(1943年夏)，见清华大学校史研究室：《清华大学史料选编》，第3卷上册，240~241页。

流电路及交流电机、输电及配电工程、电设计，无线电学（注重真空管电子学）门包括微积分及微分方程、电磁学、无线电学、电工原理、普通物理学（包括原子物理）等①。次年8月，录取电机工程（注重高压输电）曹建猷和无线电学（注重真空管电子学）洪朝生等第六届留美公费生②。

抗战时期，尽管时局动荡、条件艰苦，但电机系师生仍秉持认真严格的教学态度及刻苦学习的精神，造就了一大批优秀人才，在国内外教育、实业等领域做出了重要贡献。如，后来成为中国科学院院士的有吕保维（1939年毕业）、常迵（1940年毕业）、林为干（1939年毕业）、洪朝生（1940年毕业）、黄宏嘉（1944年毕业）、王守觉（1942.10—12电专）、吴全德（1947年毕业），中国工程院院士有陈力为（1940年毕业）、吴佑寿（1948年毕业）③；此外，还有不少成为知名专家、研究员、大学教授及国家各部委、厂矿负责人④，如唐统一、马世雄、宗孔德、黄宏嘉、王先冲、童诗白、朱成功、王遵华等任教于高校；恽肇文、南德恒、宣受之、胡思益等任职科研机构，等等⑤。

图4-10　1939级电机系高班学生与老师合影

（前排为教师，左起：孙绍先、钟士模、严畯、赵友民、章名涛、范崇武、孟昭英）⑥

① 《国立清华大学考选第六届留美公费生规程》（1943年夏），见清华大学校史研究室：《清华大学史料选编》，第3卷上册，244~246页。

② 《第六届考取留美公费生一览表》（1944年8月），清华大学档案，全宗号X1，目录号3:3，案卷号108。

③ 《两院院士中的西南联大师生》，载《校友文稿资料选编》，第12辑。

④ 清华大学电机系：《清华电机系七十周年系庆纪念集》，50页。

⑤ 西南联合大学北京校友会：《国立西南联合大学校史：一九三七至一九四六年的北大、清华、南开》，281~283页。

⑥ 黄延复：《图说老清华》，300页。

六、爱国运动

随着日本帝国主义的步步进攻，中华民族的灾难日益深重，电机系的师生纷纷投身于爱国运动之中，积极参加游行集会、演出宣传等各类抗日救亡的社会活动，如"纪毓秀烈士，清华大学学生运动领袖之一，后来一直在晋东南参加抗日斗争，直到 1939 年 10 月 6 日牺牲在工作岗位上"[①]。"七七事变"爆发后，国立清华大学被迫南迁至长沙，后来又转迁昆明。"在临大期间和迁滇过程中，又有许多学生离校，或者到了陕北，或者辍学回乡，或者上了前线"[②]。另外，电机系还有不少学生参加了军校或部队，如"1938 年春，清华工学院电机、机械系三、四年级共二十八人参加了国民党陆军交辎学校受训，受训后赴各地工作"[③]。其中，电机工程学系加入装甲兵团的学生有四年级黄世铣、郑新惠，三年级李安宇、苏有威、欧阳超、祁连生、唐士坚、陈乃能、林士骧、刘堧、傅孟蘧[④]。

抗战期间，"联大电机系还尽可能加强与生产部门的联系。学生在三年级暑期安排了生产实习。电机系与昆明电工厂、昆明无线电器材厂、昆湖电厂、耀龙电力公司、昆明广播电台、昆明电信局等单位都保持着良好的关系"[⑤]。如"1938 年 9 月，电台筹备之初，西南联大、昆明广播电台便就电机系学生到电台实习或服务等事宜，进行了正式联系。1939 年 7 月 4 日，电台筹备处致函西南联大，称其拟添聘技术人员四五人，'以电机系或物理系本届毕业生为限'，希望'应征者须擅长数理，富有进取研究精神，如能兼擅国语者尤佳'。西南联大遂由理学院院长吴有训、工学院院长施嘉炀，分别推荐物理系贾士吉等 2 名、电机系曾克京等 6 名学生前往应聘。经过面试，电台录取了陈希尧、林为干、贾士吉、曾克京 4 人。8 月，贾、陈、林 3 人先后到职，其中贾士吉一直在电台最重要的部门增音室工作，最后综管该室技术，直到抗战胜利。1940 年 5 月，昆明广播电台开始

---

① 清华大学电机系：《清华电机系七十周年系庆纪念集》，50 页。

② 清华大学校史编写组：《清华大学校史稿》，292 页。

③ 清华大学校史编写组：《清华大学校史稿》，292 页。

④ 《国立清华大学机电系三、四年级加入装甲兵团名单》(1938 年春)，清华大学档案，全宗号 X1，目录号 3:3，案卷号 30。

⑤ 清华大学电机系：《清华电机系七十周年系庆纪念集》，49 页。

试播音后,西南联大又介绍了电机系周崇经、胡永春,电讯专修科陆志新、刘植荃等毕业生到电台服务。其后,齐植梁、何文蛟、雷琼芳、张允林等亦被录用。抗战时期,昆明经常受到日本飞机骚扰,供电时常切断,设备亦屡出故障,加上电讯器材紧缺,致使播音经常中断,因此需要大批高素质的技术人才。西南联大既有技术知识,又占地利之便,很快成为电台的依靠对象。进入电台的有些同学,长期在增音室、机房等要害部门值班,即使在敌机大轰炸、供电出现障碍的紧急时刻,也坚守在各自的岗位上"①。

1943 年秋,西南联大"遵照教育部高字第五一〇八一号训令,指定四年级男生于第一学期期考完毕后,一律前往翻译人员训练班受训"及"四年级女生及男生因体格孱弱往训练班检查不能合格者,得留校继续肄业,于肄业期满后仍照兵役法服务"②。当时西南联大学生有 400 余人志愿应征,其中不乏电机系学生。电机系学生除根据学校要求担任翻译外,还参加了远征军、青年军等。如,"中国远征军新一军军长孙立人(清华校友),还直接向联大负责人要工学院土木、机械、电机系的学生到他的部队去"③。在 1946 年 5 月 4 日联大复员时所立的纪念碑背面,刻有当年投笔从戎的 800 多名学生的名字,其中就有电机系高铄、夏德清、李瑞镔、刘育伦、汪人和、陈沛霖、何克济、严家彝、毛厚高、张华荣、刘正德、朱秋卿、吴存亚、庄秉仁、黄宏嘉、张道一、冯太年、程大宇、周时谷、潘守鲁、杨光熹、伦卓材、朱绍仁、宗孔德、梁家佑、吴铭绩、费纪元、蒋大宗、李桂华、何国杰、吴宝初、王遵华、蔡树德;电讯专修科徐骥、刘瑜、周国梁、徐钫、曹赐钦等④。

---

① 闻黎明:《抗日战争与中国知识分子:西南联大的抗战轨迹》,213~214 页,北京,社会科学文献出版社,2009。

② 《西南联大学生征调充任译员办法》(1943 年秋),见清华大学校史研究室:《清华大学史料选编》,第 3 卷下册,412 页。

③ 《联大同学的三次从军热潮》,http://edu.people.com.cn/GB/44091/3679610.html,2005-09-08/2012-08-23。

④ 《国立西南联合大学毕业生名录》(1938 级—1946 级),见清华大学校史研究室:《清华大学史料选编》,第 3 卷下册,496~498 页;《国立西南联合大学抗战以来从军学生题名》,见清华大学校史研究室:《清华大学史料选编》,第 3 卷下册,419~423 页。

5

复员时期国立清华大学电机工程学系的恢复

1945年8月抗日战争取得胜利,翌年5月4日,梅贻琦在昆明宣布西南联大结束,清华、北大、南开三校分别复员。这一时期,电机工程学系及电机工程研究所的教学、科研等工作逐步得到恢复,但由于抗战期间遭受严重损失,加之全面内战爆发,使其勉强维持,各项建设进展缓慢。

一、师资队伍

据梅贻琦所言,电机工程学系复员之初"教授随校由昆返平者仅二人,在国内外邀请各教授中,已于上学期到校者二人,下学期到校者二人,另请兼任者二人,教员助教共十一人,故目前所开学程,应付较为裕如。但因本系学生本年人数激增,下学年须增开班次,刻正分别敦请国内外知名学者充任教授,已有良好之收获"①。1947年初国立清华大学电机工程学系教职员名录见表5-1。

表5-1 国立清华大学电机工程学系教职员名录(1947年1月28日)

教授兼主任	叶　楷			
教授	章名涛(请假)	范崇武(未到校)	钱钟韩(未到校)	李郁荣(未到校)
	朱兰成(未到校)	黄　眉	陈宗善(未到校)	
副教授	杨津基			
兼任教授	马大猷	胡　筠		
专任讲师	唐统一			
教员	罗远祉			

① 《复员后之清华(续)》(1947年4月),见清华大学校史研究室:《清华大学史料选编》,第4卷,58页,北京,清华大学出版社,1994。

续表

助教	张　汉	李华天	陆谊明	丁寿永
	杨幼聪	金德宁	王先冲	马世雄
	童诗白			
助理	胡原凌			
练习生	张瑞祥			
书记	张年英			

（资料来源：《国立清华大学教职员名录》（1947年1月28日），见清华大学校史研究室：《清华大学史料选编》，第4卷，423～424页）

复员时期因施嘉炀请假，土木工程学系主任陶葆楷代理工学院院长（1946年8月至1948年7月），他任职期间非常注重师资聘请。即如他所言："作为学院的领导，我认为发展工学院，首要任务是聘请知名的教授。当时章名涛先生已离开西南联大，在上海电车公司担任总工程师。考虑到在昆明时，电机系主任经常更动，我想一定要等章先生再回清华，我三次拜访章先生，请他回来，最后得到他的同意，回校担任电机系主任。"① 这一时期电机工程学系"还聘任范崇武、钱钟韩、李郁荣、朱兰成、陈宗善五位教授，但只有范崇武1947年9月回系工作，兼任教授还有马大猷、胡筠；在西南联大时期去美国或英国留学，这一时期先后从国外回来，担任副教授的有钟士模、常迵和孙绍先，不久先后升为教授；专任讲师有唐统一；此外，在电机系先后担任过教师的还有：罗远祉、张汉、李华天、陆谊明、宗孔德、丁寿永、杨幼聪、金德宁、王先冲、马世雄、童诗白、王遵华、郭润生、黄敞、郑维敏、陈汤铭、孙昌僖、曹恺孙、郭以述等人"②。至1948年底，电机系共有教授、副教授8人，专任讲师1人，教员、助教14人，职员4人③。

对于当时电机工程学系师资的具体情况，据王先冲（1941届）回忆："46年刚回北京时，当时整个清华有1300学生，其中电机系有300学生，整个清华有400教师。马大猷先生从西南联大回京后，就到北大去了，负

① 陶葆楷：《教育工作六十年》，见清华大学建筑技术科学系：《土木工程馆的风云变迁》，30页，北京，清华大学出版社，2009。

② 清华大学电机系：《清华电机系七十周年系庆纪念集》，50页。

③ 清华大学电机系：《清华电机系七十周年系庆纪念集》，50页。

责筹建北大工学院。当时我们是准备要他回清华的，清华电机系很出乎意料，因为日本投降后，章名涛就去上海接管公司了，所以就没有人了。章名涛走了，马大猷走了。一个电讯组，一个电力组的两个主要骨干都走了，所以剩下的人很少。当时还有陈英武、展宝成是南开来的，后来又回南开了。电机系就剩下叶楷，还有范崇武，后来清华校友黄眉到电机系来了，做电机系系主任，叶楷后来到美国去了。47 年底至 48 年初就逐渐好起来了，常迥、钟士模等人从美国回到清华。”①陆家和也回忆："47—49 年在电机工程学系(电讯组)读书时，唐统一先生教直流电机，钟士模先生教交流电机和瞬变分析，常迥先生教应用电子学、无线电原理、电讯网络、电波学等课，并指导专题综述。那时常先生刚从美国 MIT 回来，立刻投入繁重的教学工作中。我所学的电讯专业课几乎都是他一人教的。”②

当时清华电机系的教师多从海外留学或进修归来，为学生带来了新的理念，如姜昌(1949 届)回忆："电讯组新教授中，首先要提到的是常迥先生，他在美国哈佛大学取得博士学位，他带回来的是雷达技术思想。我喜欢追求新事物，在常先生影响下才将学电机的兴趣转向学电信。常先生除讲授电子线路的振荡、放大、变频和调制解调外，还介绍了传输线、微波、波导、定向天线等新技术。”③

二、课程设置

1947 年度第一学期电机工程学系开设课程数目约 20 余门④。由于电机工程学系“现行学程(注：即课程)，大致系参照数年前之部定学程，及考虑抗战中之特殊情形而拟。今抗战胜利结束，而科学进步日新月异，旧学程亟有修订之必要。本系于开学以来，积极收集参考资料，商讨改

---

① 王先冲(1941 届)：清华无线电学研究所历史回顾，见陈旭：《往事 真情 厚望：清华大学电子工程系建系五十周年纪念文集》，5~6 页。

② 《情系清华：清华电机系 50·51 级毕业五十周年纪念集》，37 页。

③ 姜昌(1949 届)：《1946—1949 清华电机系电讯组往事纪实》，见陈旭：《往事 真情 厚望：清华大学电子工程系建系五十周年纪念文集》，8 页。

④ 《三十六年度上学期各学系开设学程数目统计》，清华大学档案，全宗号 1，目录号 4：2，案卷号 82。

订,今已重拟学程表一份,不久将由教务处公布。自下学年起实行"①,且"自本年度下学期起,添授对称分量等二学程,予学生以选习机会,并计划于将来增开选修学程,以为加设研究院之准备"②。同时,"几位新回国的教师,了解美国教育的新趋势,带回反映当时科学技术方面的新成就,开出了一批新课,其中有不少专业性较强的选修课,如'电工数学'、'对称分量'、'电子学及其实验'、'电工材料'、'高压工程'、'开关设备'、'汞弧整流器'等,教学水平有了不少提高"③。1947 年电机工程学系必修及选修课程分别如表 5-2 和表 5-3 所示。此外,电机工程学系"为唤起学生们对于学术研究之兴趣,及明了目前国内外各种有关电机工程之进展情形起见,特于去岁十二月起,恢复学术演讲,分普通及系统演讲两种,于每星期举行一次,轮流请各教授及校外知名学者讲演"④。

表 5-2 1947 年国立清华大学电机工程学系必修课程一览表

第一年级

学程号数	学程名称	每周时数					学分	先修学程
		学期	演讲	讨论	实验次数	每次实验次数		
中 101	国文	上	3				3	
外 101	英文壹	上	5				3	
物 101	普通物理学	上	3	1	1	3	4	
数 103	微积分	上	4				4	
机 101	画法几何	上	2		1	3	2	
机 115	金工实习壹	上	1		1	3	$1\frac{1}{2}$	
经 103	经济简要	上	2				2	
	三民主义	上						
	体育	上	2					
中 102	国文	下	3				3	中 101

① 《复员后之清华(续)》(1947 年 4 月),见清华大学校史研究室:《清华大学史料选编》,第 4 卷,58 页。

② 《复员后之清华(续)》(1947 年 4 月),见清华大学校史研究室:《清华大学史料选编》,第 4 卷,58 页。

③ 清华大学电机系:《清华电机系七十周年系庆纪念集》,50 页。

④ 《复员后之清华(续)》(1947 年 4 月),见清华大学校史研究室:《清华大学史料选编》,第 4 卷,58 页。

续表

第一年级

学程号数	学程名称	每周时数					学分	先修学程
		学期	演讲	讨论	实验次数	每次实验次数		
外 102	英文壹	下	5				3	外 101
物 102	普通物理学	下	3	1	1	3	4	物 101
数 104	微积分	下	4				4	
机 102	工程画	下	2		1	4	3	
机 116	金工实习贰	下	1		1	3	$1\frac{1}{2}$	机 115
经 104	经济简要	下	2				2	经 103
	三民主义	下						
	体育	下	2					

第二年级

学程号数	学程名称	每周时数					学分	先修学程
		学期	演讲	讨论	实验次数	每次实验时数		
电 101	电工原理	上	6				6	物 104，数 104
机 103	机械工程画	上	1		1	4	3	机 101，机 102
机 121	应用力学	上	5				4	物 104，数 104
数 121	微分方程	上	3		1	3	4	
化 103	普通化学	上	3		1	3	4	
土 113	测量	上	2		1	3	2	
	伦理学	上						
	体育	上	2					
电 102	交流电路	下	3				3	电 101，数 121
电 111	电磁测量	下			1	3	$1\frac{1}{2}$	电 101
机 122	材料力学	下	5				4	机 121
机 131	机动学壹	下	3		1	3	3	物 104，数 104
化 104	普通化学	下	3		1	3	4	化 103
机 143	热工学壹	下	4				3	物 102[①]，数 104[①]
土 151	水力学	下	3	1			3	机 121[①]
机 142	热机学	下	3				3	物 102[②]，数 104[②]
电 161	电报电话壹	下	3				3	电 102[②]
	伦理学	下						
	体育	下	2					

续表

第三年级

学程号数	学程名称	每周时数					学分	先修学程
		学期	演讲	讨论	实验次数	每次实验时数		
电 103	直流电机	上	4				4	电 102
电 109	实用电子学壹	上	3				3	电 102
土 125	工程材料学	上	3		1	3	3	化 103,机 122
机 144	热工学贰	上	4				3	机 143①
土 152	水力实验	上	1		1	3	$1\frac{1}{2}$	土 151①
电 162	电报电话贰	上	3				3	电 161②
数 133	高等微积分	上	3				3	数 104②,数 121②
电 171	电报电话实验	上			1	3	$1\frac{1}{2}$	电 161②
	选修	上	3				3	
	体育	上	2					
电 104	交流电机壹	下	4				4	电 103
电 110	实用电子学贰	下	3				3	电 109
电 113	直流电机实验	下			1	3	2	电 103
电 119	电子学实验		下		1	3	$1\frac{1}{2}$	电 109
机 145	热工学叁	下	3				3	机 144①
机 172	热工实验壹	下			1	3	2	机 144①
电 121	配电工程	下	3				3	电 103①
数 134	高等微积分	下	3				3	数 133②
电 163	电讯网络	下	3				3	电 102②
	选修	下	3				3	②
	体育	下	2					

第四年级

学程号数	学程名称	每周时数					学分	先修学程
		学期	演讲	讨论	实验次数	每次实验时数		
电 105	交流电机贰	上	4				4	电 104
电 114	交流电路实验	上			1	3	2	电 104
电 122	电力传输	上	3				3	电 121③
电 125	电机设计壹	上	2		1	3	3	电 104③
电 129	发电厂	上	4				3	电 104③
	选修	上	3				3	③
电 165	无线电原理壹	上	3				3	电 110④,电 163④
电 175	无线电实验壹	上			1	3	$1\frac{1}{2}$	电 110④,电 163④

续表

第四年级								
学程号数	学程名称	每周时数					学分	先修学程
		学期	演讲	讨论	实验次数	每次实验时数		
	选修	上	6					
	体育	上	2					
电 115	交流电机实验	下			1	3	2	电 105
电 126	电机设计贰	下	2		1	3	3	电 125③
电 130	发电厂设计	下	3				3	电 129③
	选修	下	9				9	③
电 166	无线电原理贰	下	3				3	电 165④
电 167	电波学	下	3				3	电 165④
电 176	无线电实验贰	下			1	3	$1\frac{1}{2}$	电 175④
	选修	下	9					
	体育	下	2					

注：①电力组必修；②电讯组必修；③电力组；④电讯组。

（资料来源：《工学院电机工程学系必修学程一览》，见清华大学校史研究室：《清华大学史料选编》，第 4 卷，370~373 页）

表 5-3　1947 年电机工程学系选修学程一览

第三年级								
学程号数	学程名称	每周时数					学分	先修学程
		学期	演讲	讨论	实验次数	每次实验时数		
电 141	电工数学	上	3				3	数 121
电 142	电工数学	下	3				3	数 121
电 143	电焊学	上	3				3	电 102
电 144	电报学	下	3				3	电 103
电 150	对称分量	下	3				3	电
电 181	无线电大意	上	3				3	电 102
电 189	电话工程	下	3				3	电 162
第四年级								
学程号数	学程名称	每周时数					学分	先修学程
		学期	演讲	讨论	实验次数	每次实验时数		
电 145	开关设备	上	3				3	电 104，电 121
电 146	汞弧整流器	下	3				3	电 104，电 121

续表

第四年级

学程号数	学程名称	每周时数					学分	先修学程
		学期	演讲	讨论	实验次数	每次实验时数		
电 147	电工材料	下	3				3	电 104
电 148	高压工程	下	3				3	电 104
电 182	无线电设计	下	2		1	3	3	电 165,电 181
电 183	超短波壹	上	3				3	电 110,电 163
电 184	超短波贰	下	3				3	电 183
电 187	应用声学壹	上	3				3	电 163,电 110
电 188	应用声学贰	下	3				3	电 187
电 190	电讯网络理论	上	3				3	电 163
电 191	超短波实验	下			1	3	$1\frac{1}{2}$	电 183

(资料来源:《工学院电机工程学系选修学程一览》,见清华大学校史研究室:《清华大学史料选编》,第 4 卷,374 页)

可以看出,复员时期国立清华大学电机工程学系“课程编制与教学制度、教学作风,基本上是承袭战前清华的一套,变更不大”①,即实施“通识教育”。学生在第一年级主要学习基础课程,第二年级后开始专业课学习。其中,“不仅在一年级的部分基础课由文、理学院的名师讲授,如李广田教授讲授国文,李相崇、徐锡良教授讲授英文,施惠同教授讲授微积分,钱三强、王竹溪、霍秉权、余瑞璜、孟昭英教授讲授普通物理,张青莲讲授化学,等等;还能听到文、法学院中的一些名教授的演说或读到他们发表的文章,例如中文系朱自清教授,历史系吴晗教授,哲学系冯友兰、金岳霖教授,政治系张奚若教授,法学院陈岱孙教授,社会系潘光旦、费孝通教授等,都是大家所敬爱并乐于听到其教导的名师。……一年级的工程方面的基础课是由工学院的名师教授,如褚士荃、董树屏教授讲授画法几何、工程画。当时工学院一年级还有一门必修课叫经济学简要,是由戴世光教授、朱声绂老师讲授的。……大二学习电工原理、应用力学和材料力学,开始进入专业基础课的学习。……51 届这两门课都是孙绍先教授讲的,一在解放前,一在解放后,跨越了两个社会,师生关系也有了变化。……讲专业课

① 清华大学校史编写组:《清华大学校史稿》,436 页。

的老师还有：唐统一(直流电机)、常迥(实用电子学、无线电原理)、闵乃大(电讯网络)、胡筠(电报与电话)、黄眉(发电厂)、杨津基(输电工程)、孟昭英(电波与天线)及钟士模(瞬变分析)等教授。接受这些名师和泰斗的言传身教，受益之深非言语所能表达。”①

在当时，“电机系是全清华功课最忙的一系。第一年所学的功课，与工学院他系差不多；第二年正式学到本系基本功课；三四年级本系功课增加。电机系的实验也最令人头痛，很多时间花在写报告上，尤其外系选修的学生，特别感到报告的厌烦。”②1946—1949 年度电机工程学系开设课程门数如图 5-1 所示。对于这一时期工程教育所存在的问题，有学者曾提出：“在学校里，大家每天被压在繁重的功课负担下喘不过气来。微积分，普通物理，应用力学，测量实习，电工原理，水力学，结构学，热工，金工，木工……几十个 Courses 挤在四年里一定要修完，结果弄得一学期二十个学分，手忙脚乱地应付着像车轮战一样逼上来的考试、报告和实习。一个夜车开到深宵、寒重的时分。清早爬起来赶快就要去对付周期性的小考，不幸领到上次的成绩全是二十、三十，于是没精打采地听完了两堂演讲，下午又必须为了一个电工习题在斗室里头痛到日落西山。人

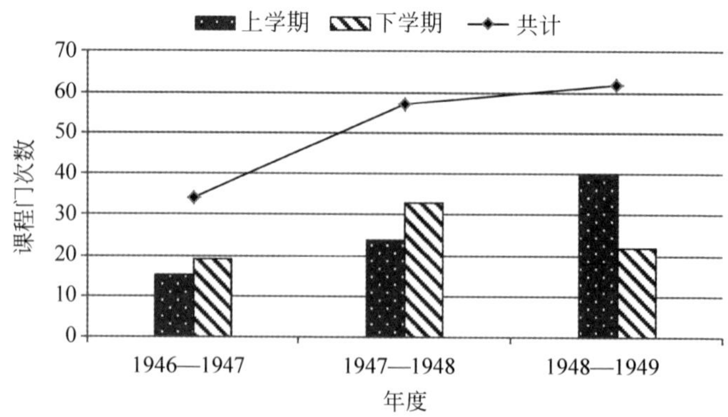

图 5-1 复员时期国立清华大学电机工程学系开设课程门次数分布图
(资料来源：方惠坚、张思敬：《清华大学志》，上册，141 页。
注：清华大学于 1948 年 12 月 15 日解放，1948—1949 学年度跨越至解放初期)

① 《情系清华：清华电机系 50 · 51 级毕业五十周年纪念集》，40~42 页。

② 《XTHE 清华广播电台——电机工程学系》，见清华大学校史研究室：《清华大学史料选编》，第 4 卷，211 页。

家在愉快地开着夕阳草地会来恢复疲劳的时候,还不能不抖起精神来赶完一张工程制图。宿舍里十点钟就灭了灯,只好拖着丁字尺去借饭厅的灯光,又是一个三更夜车。就在梦里也在耽心着考试的分数。第二天疲惫得爬不起来,只好涮了一堂功课。就是这样累得连去读报的时间也没有,更谈不到广泛的社会科学知识的学习。好容易三年半过去了,出路问题马上像阴云一样沉闷地压在心上。"①

"针对国民党政府企图用繁重的功课负担来压抑学生运动的方针,进步学生曾反对过课程负担过重,提出过'改善不合理的教育制度'的要求。当时工学院学生指出:'工学院不是训练一批批死板的工程机器和肺痨的制造所,而是教育出一个真正懂得建设,懂得做人,懂得自己和人生的完善的青年'。在上述几方面因素推动下,工学院曾一度组织过'课程调整委员会',对四年制课程考虑作某些局部调整,并试图进行五年制的课程研究,但无结果。各系课程之'改订'并未认真进行,原有课程的基本体系均未改动,只是就师资状况及学科发展状况,对某些课程做了少许调整。……电机系较战前增加了电子学及其实验,另外增开了一些选修课,如开关设备、电工材料、高压工程、电工数学、对称分量,汞弧整流器等等。但多是因人而设,漫无系统,有些只是拼凑出来的,质量不高。"②

三、科研设备

抗战时期,清华园被日军侵占达八年之久,先是驻扎军队,后又改成伤兵医院,使学校遭受了严重破坏。在此期间,电机馆等虽然外观依旧,但内部多半已空无一物。据当时外文系美籍教授温德日记中所写:"(1937 年 10 月 4 日,星期一)木下少尉在一个名叫中安的宪兵和大约 20 名士兵的陪同下,搜查了电机工程学系、航空实验室、科学馆、化学系馆和图书馆。他们拿走了电机工程馆和科学馆的钥匙。其他很多东西被士兵们攫走了,他们没有立一张收据。电机工程馆的两个工人挨了宪兵的

① 晓宋:《严重的工程教育问题》(1948 年 5 月 28 日),见清华大学校史研究室:《清华大学史料选编》,第 4 卷,218~219 页。

② 清华大学校史编写组:《清华大学校史稿》,453~454 页。

打”①；“在 1942 年 4 月 27 日出版的《清华校友通讯》中，有这样一条报道介绍校内设施的损毁情况：‘图书馆……其他中西典籍，于去年秋扫数移至伪北京大学，于是插架琳琅之书库，已告一空矣。……工学院全部机器被运去南口修理厂，专攻敌人修械之用。……’由此可见，日军对清华园里的建筑物都挪作他用了，完全改变了清华的本来面貌。”②根据 1943 年 9 月进行的北平学校损失核定，国立清华大学电机工程学系教学设备 400000 国币（80% 320000 国币），建筑物价值 300000 国币（现修理费北平估价），无线电研究所 15000 美金（合国币 50000）③。

图 5-2　电机馆内仅机座尚存④

由于抗战期间电机系的设备遭受了严重损失，加之国立清华大学在昆明的仪器未能全部迁回，致使基础设施严重不足。如抗战胜利后，联大电讯专修科移交云南大学接办，并将工学院部分图书仪器物件留赠，以利其教学，同时“将电机、天平以及其他可拆卸部件转运到四川大学，再转运

① 闻黎明：《抗日战争与中国知识分子：西南联合大学的抗战轨迹》，18 页。

② 清华大学建筑技术科学系：《土木工程馆的风云变迁》，23 页。

③ 《清华大学战时损失统计表（北平）》（1943 年 10 月 19 日呈部），清华大学档案，全宗号 X1，目录号 3:3，案卷号 9。

④ 黄延复、贾金悦：《清华园风物志》，224 页，北京，清华大学出版社，2001。

到北京航空学院"①。针对此种情形,1946 年 5 月施嘉炀曾致信梅贻琦校长,要求添设工学院设备以供复员后教学科研之需,"抗战以来工学院各系设备沦于敌者三分之二,其运昆应用者历兹八年亦皆陈旧与损坏,不堪再用。顷者,复员伊迩,各系同仁均切盼教学与研究之设备能重行购置,以适应此后扩展之需要,俾各系能于最短期内收复员之实效。兹谨拟就工学院复员设备预算表一份,敬乞察核,设法筹划,至深感幸。"②其中电机工程学系设备预算见表 5-4。不久梅贻琦即批复:"1. 将所需尽量开与教部;2. 将来教部不能代购者,再由校设法自购;3. 电表、天平之类可以自购若干备用;4. 向外国订货时宜自向公司函订,将订单一份留校,再以一份寄华美社请其查照付款。"③

表 5-4 国立清华大学电机系扩充设备预算表(1946 年 4 月拟)

	美金	国币
1. 电机实验	20000	20000000
2. 电机制造	10000	
3. 电测实验	8000	
4. 电报电话	5000	
5. 无线电	8000	
6. 高压研究室	10000	
7. 超短波研究室	5000	
8. 电子学研究室	5000	
9. 其他设备	4000	
合计	75000	20000000

(资料来源:施嘉炀关于工学院扩充设备预算给梅贻琦的信函(1946 年 5 月 16 日),清华大学档案,全宗号 1,目录号 4:2,案卷号 202)

复员后,清华大学电机工程学系"之中心工作,即为积极布置各种实验,以便恢复各学程之实验,并力图其内容之充实。但由昆明北运之仪器图书,

① 《中国空气动力学发展史》编辑委员会:《建国前中国空气动力学的发展》,载《中国科技史料》,1987 年第 8 卷第 2 期。

② 《施嘉炀关于工学院扩充设备预算给梅校长信》(1946 年 5 月 16 日),清华大学档案,全宗号 1,目录号 4:2,案卷号 202。

③ 《施嘉炀关于工学院扩充设备预算给梅贻琦的信函》(1946 年 5 月 16 日),清华大学档案,全宗号 1,目录号 4:2,案卷号 202。

除一部分急运者外,余均滞留沪汉等地,故开学之日,一切仪器设备,皆不足以应付实验。为应急之计,一方面派员多方探听在市上搜购廉价之日货仪器,一方面利用原有材料,积极改制适用之仪器;并将各种实验之讲义,重行编写,以配合近年来各方面之进步"①。1947 年 1 月,校评议会议决"除可希望联合国救济总署及其他方面补助者外,于三十六、七年度,以美金一百万元作添置各学院图书及教学设备之用。此款之支用,第一年 60%,第二年 40%"②,其中理、工、农三学院仪器费 44%、图书费 20%③;该年度电机工程学系获拨图书设备特款 29000 美元④。尔后,梅贻琦在《复员后之清华》中再次指出,学校馆舍设备"所幸经同仁多方努力,临时稍稍添置,加以自昆明运回之一批仪器,普通教学实验,免敷应用,但为树立教学基础,为提倡学术研究,则各系之设备,有待大量补充……在政策方面,则于计划训练大量青年之外,尤应注意于学术研究之提倡。"⑤在复员后的两年内,电机工程学系"主要是集中力量恢复被破坏的实验室,先后运回了迁往昆明的实验设备,也添置了少量的新设备,逐步恢复了电机馆一楼的直流电机实验室和交流电机实验室,但设备数量仅相当于战前的一半;也恢复了高压实验室。在电机馆三楼新建了电报电话实验室,有一套自动电话系统;战前的电机制造实验室和真空管制造实验室也无法恢复了。系图书室也在系馆二楼按原样恢复。这样就应付了教学的需要。"⑥据统计,复员后电机工程学系实验室实习工厂的学生实习人数比战前有了较大增长,如直流电实验室每周实习人数战前 8 人,复员后达 300 人;交流电实验室每周实习人数战前 80 人,复员后达 300 人;无线电实验室每周实习人数战前 20 人,复员后达 60 人;电报电话实验室每周实习人数

---

① 《复员后之清华(续)》(1947 年 4 月),见清华大学校史研究室:《清华大学史料选编》,第 4 卷,57~58 页。

② 《国立清华大学评议会纪录(摘编)》,见清华大学校史研究室:《清华大学史料选编》,第 4 卷,9 页。

③ 《国立清华大学评议会纪录(摘编)》,见清华大学校史研究室:《清华大学史料选编》,第 4 卷,10 页。

④ 《本校卅年度图书设备特款支配表》,清华大学档案,全宗号 1,目录号 4:2,案卷号 149。

⑤ 梅贻琦:《复员后之清华》(1947 年 3 月),见清华大学校史研究室:《清华大学史料选编》,第 4 卷,31~34 页。

⑥ 清华大学电机系:《清华电机系七十周年系庆纪念集》,50 页。

战前20人,复员后达60人;电机制造室每周实习人数战前20人,复员后达60人;高压实验室每周实习人数复员后达60人[①]。

复员后,国立清华大学还设立了电机工程研究所,叶楷任主任。1946年度电机工程研究所获批经费1100万元[②];1947年度,电机工程研究所获批设备费700万元[③];1948年度上半年,教育部除追加设备补助费外,还拨付机电工程师训练费160万元[④]。但由于受时局、经费等因素所限,复员后电机工程研究所未招收学生[⑤]。1948年4月24日,"电机工程学系兹为试验研究起见,经在该系装置试验用之电台壹座,刻已装置竣事。兹定于五月二日庆祝本校校庆日上午十时至十二时、下午二时至五时试用14040千周,开始向全国各地播送本校校长演词及音乐节目。"[⑥]

四、人才培养

抗战结束后,西南联大自愿入国立清华大学电机工程学系的学生共计102人,其中包括一年级44人,二年级32人,三年级26人[⑦]。1946年暑假国立清华大学恢复全国招生,电机工程学系等入学考试课程包括"一、国文,二、英文,三、数学(包括几何,高等代数,三角),四、公民史地,五、物理,六、化学,七、徒手画(建筑工程学系加考)"[⑧]。"清华电机系当时名声很大,学生考入既不易,功课又难,负担很重,但报考者仍很多。这年全校共26个学系招考录取一年级新生、转学生、研究生共九百余人,电

---

① 《国立清华大学各院系实验室实习工厂战前与复员后学生实习人数与技工人数比较表》,清华大学档案,全宗号1,目录号4:2,案卷号144。

② 《国立清华大学三十五年度第一学期研究所概况简表》(三十六年一月八日编制),清华大学档案,全宗号1,目录号4:2,案卷号81。

③ 《国立清华大学研究所设备补助费预算分配表》(1947年9月4日),清华大学档案,全宗号1,目录号4:2,案卷号156。

④ 《第十七评议会》,见清华大学校史研究室:《清华大学史料选编》,第4卷,22页。

⑤ 1947—1948年国立清华大学毕业研究生名录,见清华大学校史研究室:《清华大学史料选编》,第4卷,493页。

⑥ 《关于设立实验用广播无线电台的公函》(1948年4月24日),清华大学档案,全宗号1,目录号4:2,案卷号208。

⑦ 《国立西南联合大学志愿入清华大学学生一览表》(1946年5月21日),清华大学档案,全宗号X1,目录号3:2,案卷号224。

⑧ 王崙:《清华大学在进步中》,载《中央日报周刊》,1948年第4卷第12期。

机系录取的学生最多,共一百多人。”①其中,“电机系 50 届学生大部分为当年全国各地招收的新生,少数为由西南联大先修班升入或由北平临时大学补习班转入的,他们的学号是 350□□□;也还有由西南联大转入的,他们的学号是 34□□□。”②1947 年夏,“电机系 51 届学生入学,大部分也是当年全国各地招收的新生,少数是由先修班升入的,他们的学号是 36□□□。”③该年度电机工程学系共 6 个班(一年级 2 个、二年级 2 个、三年级 1 个、四年级 1 个)④。复员时期国立清华大学电机工程学系一年级新生、转学生及毕业生人数如表 5-5 所示。“复员后,清华大学继续保持过去精益求精、追求卓越的治学精神和文化氛围”⑤,如梅贻琦曾言:“盖我校既因容量之关系,学生人数终须加以限制,则毋宁多重质而少重量,舍其广而求其深。”⑥当时,“电机系教学采用美国麻省理工学院(MIT)的模式,该校 K. L. Wildes 教授曾来校讲学一年,著名的控制论创始人 N. Wiener 也曾来校工作。1946 年清华北京复校直到院系调整前……课程设置、教学制度基本沿袭战前的模式。”⑦此外,复员后国立清华大学虽恢复了工科研究所⑧,但因局势所致,其中的电机工程部未招收到研究生。

表 5-5 复员时期国立清华大学电机工程学系一年级学生、转学生及毕业生人数统计表

	1946 年度	1947 年度	1948 年度
一年级学生	153	118	82
转学生	12	4	1
毕业生	19	17	22

(资料来源:清华大学校史研究室:《清华大学史料选编》,第 4 卷,458~493 页)

---

① 清华大学电机系:《清华电机系七十周年系庆纪念集》,50 页。

② 《情系清华:清华电机系 50 · 51 级毕业五十周年纪念集》,40 页。

③ 《情系清华:清华电机系 50 · 51 级毕业五十周年纪念集》,40 页。

④ 《国立清华大学 1947 年度第一学期班数报告简表》,见清华大学校史研究室:《清华大学史料选编》,第 4 卷,261 页。

⑤ 金富军:《复员之后的国立清华大学》,载《清华人》,2008 年第 1 期。

⑥ 梅贻琦:《复员后之清华》(1947 年 3 月),见清华大学校史研究室:《清华大学史料选编》,第 4 卷,34 页。

⑦ 《当年的电机系、老师和清华校长》,见《轻舟已过万重山:清华大学机电系一九五二级》,1 页。

⑧ 史贵全:《中国近代高等工程教育研究》,133 页。

图 5-3　1948 级电机系毕业生合影

（前排教授右起：胡筠、钟士模、范崇武、黄眉、杨津基、孙绍先、常迥）①

五、爱国运动

清华复员北平后，“中共地下党组织有南、北两个系统，南系是自联大复员的党组织，由中共南方局领导；北系是原北平的地下党组织，由华北局的城工部领导。两系分别成立北平市学委会，在上层互相配合（南系领导人是袁永熙、王汉斌；北系是佘涤清、张大中）。在基层互相保密，无横的联系。”②其中，“电机系是全校两个最大系（另一个是机械系）之一，党的力量是最强的，电机系的学生常是在第一线实干，在历次学生运动中都起了不小的作用。”③例如，“1946 年底，电 50 届学生入校不久，就参加了北大、清华学生在北平掀起的抗议驻华美军强奸北大女生的‘抗暴’运动。1947 年 5 月又参加了全国规模的‘反饥饿、反内战’运动。运动持续一个月，规模遍及国民党统治区 60 多个大中城市。”④该年，“51 届学生进入清

① 黄延复：《图说老清华》，316 页。

② 《情系清华：清华电机系 50 · 51 级毕业五十周年纪念集》，52 页。

③ 清华大学电机系：《清华电机系七十周年系庆纪念集》，51 页。

④ 《情系清华：清华电机系 50 · 51 级毕业五十周年纪念集》，48 页。

华后刚半个月，北平就接连发生反动当局非法逮捕清华、北大等校学生和中学教师事件，两校为此成立了‘人权保障委员会’进行抗争。接着又发生了国民党政府屠杀浙江大学学生自治会主席于子三和血腥镇压上海同济大学学生等血案，清华学生和北平各校一起进行了一次又一次的罢课抗议。”①

图 5-4　1948 年 7 月 5 日，在东交民巷发生了枪杀东北学生的“七五血案”，电机等系学生进城参加“反剿民、反迫害”大请愿②

根据地下党的指示，1948 年暑假电机系 50、51 届党员及新民主主义青年联盟盟员“转回班上工作、先后按班级在电机系建立了党小组和盟小组，迅速健全了班会组织，组织读书会，开展时事政治学习和文体活动。51 届曾讨论过‘和谣与新政协’、‘柏林问题’等时事问题”③。“1948 年 8 月国民党政府发布在全国逮捕爱国学生和民主人士的所谓《共匪间谍制造学潮之铁证》。……当时电 51 届的李维统奉地下党组织之命，护送一位上了黑名单的党员，越墙逃出清华园，奔赴解放区”④。同时，“‘八一九’大逮捕前后，为了同舟共济，迎接解放，电机系电 50、51 届一些湖南学生组合了一个革命的小集体——明斋 117 室生活小组，先后有张信传、刘观丰、郭道晖、朱镕基、张履谦、皮兆鸾、李特奇、黎模健、谢克伦，还有化工系

① 《情系清华：清华电机系 50・51 级毕业五十周年纪念集》，48 页。
② 《情系清华：清华电机系 50・51 级毕业五十周年纪念集》，51 页。
③ 《情系清华：清华电机系 50・51 级毕业五十周年纪念集》，53 页。
④ 《情系清华：清华电机系 50・51 级毕业五十周年纪念集》，51 页。

的陈慎行，中文系的洪锡祺等学生参加。他们相约过所谓‘共产主义生活’，内容是组织读书会，学习马克思主义、毛泽东著作，互勉进步；个人财物交‘公’，‘按需分配’，共度时艰。并合力编一份油印小报《晓露》，张信传主编，其他人撰稿、刻印，于 1948 年 9 月 5 日出版，半月一期，共出了 6 期，主要内容是对湖南中学生宣传革命思想和传播解放区信息，很受欢迎。有的读者还来信要求指引他们如何投奔解放区”①，“清华园解放的头几天，‘117’应清华地下党总支要求，三天内用红油墨突击印出 300 份《新民主主义论》，供全校公开学习，‘117’也因此出了名。电机系 51 届新青联分部还在 117 室召开过第一次盟公开的大会”。② 该时期，“还成立了复员后清华园的第一个社团——‘大家唱’歌咏队，这是清华园内参加人数最多、影响最大的群众文艺团体，演唱的学生运动歌曲、革命歌曲，团结、教育了广大同学。负责人(指挥)就是电机系的学生胡积善(现名方堃，曾任我校音乐室主任)，电机系学生顾廉楚等也是积极分子。”③“在清华园解放前夕，在地下党组织的领导下，电机系学生积极参加了保卫系馆和保卫学校的斗争。电机系包括 1948 年秋入学的一年级学生，在凌瑞骥、蒋企英、陈望祥等地下党员的组织下，一连几天吃住都在电机馆一楼，保护系馆和实验室设备。电机系的学生还到善斋和明斋参加保卫工作。

图 5-5　1948 年明斋 117 室部分成员④

① 《情系清华：清华电机系 50 · 51 级毕业五十周年纪念集》，56~57 页。

② 《情系清华：清华电机系 50 · 51 级毕业五十周年纪念集》，56~57 页。

③ 清华大学电机系：《清华电机系七十周年系庆纪念集》，51 页。

④ 清华大学电机系：《清华电机系七十周年系庆纪念集》，51 页。

国民党炮兵要把观察点设在气象台上，在化学馆前设大炮阵地。经过包括电机系学生的斗争，将他们赶出了校园。"①

电机系教师中也有很多党员，如王先冲、王遵华、郭以述、吴佑寿等②，他们不仅支持学生斗争，自己也积极参加活动。如"1948年春，在地下党的领导下，讲助教职工反饥饿和支援学生的反迫害斗争展开了。在此基础上成立了清华教员(讲师、助教)联合会，电机系教师王先冲任会长，后王先冲去了解放区，由张澜庆接替"③。1948年6月，电机系王先冲、王遵华、张汉、黄敞、陈汤铭、郭润生、童诗白等及清华其他各系共计一百多名教职工签字发表严正声明："断然拒绝美国具有收买灵魂性质的一切施舍物资，无论是购买的或给与的"④，"拒绝购买美援平价面粉，一致退还配购证"⑤。

表示中國人民的尊嚴和氣節拒絕美國具有收買靈魂性質的一切施捨物資

百十師長嚴正聲明

為反對美國政府的扶日政策，為抗議上海美國總領事卡寶德和美國駐華大使司徒雷登對中國人民的誣蔑和侮辱，為表示中國人民的尊嚴和氣節，我們斷然拒絕美國具有收買靈魂性質的一切施捨物資，無論是購買的或給與的。下列同人同意拒絕購買美援平價麵粉，一致退還配購證，特此聲明。

張奚若，Robert Winter，金岳霖，……

图 5-6　1948年6月27日百十师长严正声明⑥

该时期，"为了打破国民党对舆论的封锁、压制，使学生们能了解形势，团结学生共同进步，清华地下党(南系)宣传支部决定成立一个全新的

---

① 清华大学电机系：《清华电机系七十周年系庆纪念集》，51~52页。

② 《情系清华：清华电机系50·51级毕业五十周年纪念集》，53页。

③ 清华大学电机系：《清华电机系七十周年系庆纪念集》，52页。

④ 《张奚若等百十师长严正声明》(1948年6月)，见清华大学校史研究室：《清华大学史料选编》，第4卷，587~588页。

⑤ 《张奚若等百十师长严正声明》(1948年6月)，见清华大学校史研究室：《清华大学史料选编》，第4卷，587~588页。

⑥ 方惠坚、张思敬：《清华大学志》，上册。

壁报社”,即《自由人》,电机系的裴镇清、刘景白等都积极参加①。同时,“为了防止国民党反动派破坏学校,地下党组织便通过学生自治会组织护校队”②,其中“电机系学生周奇为当时学生自治会的常驻会副主席,曹荣江为常驻会的常务理事”③。对于电机系学生的护校行动,据邓频喜(1950 届)回忆:“清华园的动态,不单反动当局虎视眈眈,城内中国大学的国民党员、三青团分子也摇旗呐喊,监视、反对师生们的进步活动。有消息说这些人密谋夜袭清华园。因此,清华园组织了夜间巡逻队,电机系的夜巡队伍由吴佑寿老师负责,约我参加夜巡,我们值班的时段是午夜后。……12 月 13 日上午,清华园西北方向有枪声,第二节课是钟士模老师的交流电机课,第三节是常迵老师的电讯网络,老师照常讲课,学生照常听课,有时老师们还用提高嗓门来压枪声。……是日下午,国民党军在气象台下 36 所旁布防了四门炮,校巡防委员会为安全计,劝告学生们搬进各工程馆集中住宿。我们电机系的学生集中住在电机馆,并负责保护仪器及图书的安全”④。杨勤明(1952 届)也回忆:“(12 月 14 日)沉寂了

图 5-7 “自由人”壁报社成员(左 4 为刘景白)⑤

① 刘景白(1950 电机):《黎明前黑暗中的一颗晨星——回忆“自由人壁报社”二三事》,载《清华校友通讯》,复 55 期。

② 汪茂光:《我走过的人生道路》,见《轻舟已过万重山:清华大学电机系一九五二级》,100~101 页。

③ 清华大学电机系:《清华电机系七十周年系庆纪念集》,52 页。

④ 邓频喜(1950 届):《水木情依依 往事思悠悠》,见陈旭:《往事 真情 厚望:清华大学电子工程系建系五十周年纪念文集》,278 页。

⑤ 刘景白(1950 电机):《黎明前黑暗中的一颗晨星——回忆“自由人壁报社”二三事》,载《清华校友通讯》,复 55 期。

一上午,中午枪炮声又紧起来了,到平斋三楼一看,远处浓烟四起,夹着火光,追(迫)击炮声连绵不断,巡防委员会通知,各系级严密分成小组,加紧防备,保护校园。电一实际在校同学五十六人,分成五个警卫小组,一个联络小组,一个事务小组,每组八人,分配我们的任务是半夜十二点到两点,巡防南校门附近及普吉院。”①

① 杨勤明:《60 年前的清华园日记——清华园解放前后》,见《轻舟已过万重山:清华大学电机系一九五二级》,166 页。

6

解放后至“文革”前清华大学电机工程(学)系的调整和提高

解放后至“文革”前,清华大学进入了一个全新的历史发展时期。这一时期,电机工程(学)系历经院系调整、教学改革,不断探索自身的教学模式,在师资队伍、教学科研、人才培养等方面取得了显著成就,呈现出鲜明的时代特色,对社会进步和发展产生了深远影响。

一、历史沿革

中华人民共和国成立初期,为培养社会发展所需要的工业人才,清华大学根据国家的院系调整方案,由原来的综合性大学转变为一所多科性工业大学。这一时期,电机工程系因北京大学、燕京大学等外校力量的并入而得到迅速扩充,并根据社会发展要求及自身发展状况,对学科、专业设置、教学环节、课程内容等进行了改革。

(一)解放初期

1948 年 12 月 15 日,人民解放军进驻海淀,清华园解放。为提高教育资源的利用效率,1949 年 3 月 10 日,中共北平市委提出“将来北平各院校似应加以调整,合并为下列四校两院:(一)以北大与华大为基础,合并北平其他各校法律、政治、经济、文学等院系,专办社会科学及文学等院系,仍名北大。(二)以清华为基础,合并各校理、工院系专办理工学院,仍名清华大学……”① 3 月 17 日,中共中央明确指示“调整合并原则上是对的……

① 《中共北平市委关于大学的处理方案向中央并华北局、总前委的请示》(1949 年 3 月 10 日),见陈大白:《北京高等教育文献资料选编》(1949—1976),8 页,北京,首都师范大学出版社,2002。

但实行调整合并时，必须照顾到群众条件是否成熟，逐步分别处理"①，还特别提出"清华教授中门户之见甚深，该校进步教授虽主张调整合并，但他们占少数，将该校理工以外各院系合并他校及将他校理工院系并入该校，都要审慎地取得多数同意之后来办理"②。由于受建国初期经济、政治、文化等诸多因素所限，"中央人民政府教育部关于大学改革指导思想和政策虽然已成型，但大规模的改革步骤尚未在日程表出现，从全国来看，基本是以恢复和维持原有大学状况为主要任务"。③ 另外，这一时期按中央人民政府教育部精简理工学院课程的要求，清华大学也积极组织召开系务会议及座谈会等进行相关问题的讨论，其中"电机系还提出了五项精简原则：一、减去不必要的重复；二、注重有系统的基本观念；三、明确每门课程的目标，即是认识和运用基本观念后训练分析的能力和工程师的基本技能；四、指出课程的重点；五、加强计划性"④，后于 1950 年 3 月经讨论完成课改初步草案，确定了教学任务⑤。

1951 年 5 月中旬，清华大学根据"钱副部长(按：即钱俊瑞)三月六日所传达'三年准备十年建设计划'及加紧课改，培养建设干部的号召"，制定了较为详细的"院系改革及调整计划"，共设 14 学院 43 系，其中电机工程学院设电力工程系、电机制造系、应用电子学系⑥。其中，电力工程系的任务为"培养学生以正确的观点与方法，掌握有关电力工程的基本知识与技术，俾能担任设计运行装配及研究有关水力电厂火力电厂及电力网的高级技术人员(与燃料工业部、电业管理总局及水力发电工程局配合)"；电机制造系的任务为"培养学生以正确的观点与方法，掌握有关电机制造的基本知识及技术，俾能担任电力机械设计制造，装修和研究改进的高级

---

① 《中共北平市委关于大学的处理方案向中央并华北局、总前委的请示》(1949 年 3 月 10 日)，见陈大白：《北京高等教育文献资料选编》(1949—1976)，7~8 页。

② 《中共北平市委关于大学的处理方案向中央并华北局、总前委的请示》(1949 年 3 月 10 日)，见陈大白：《北京高等教育文献资料选编》(1949—1976)，7~8 页。

③ 李杨：《五十年代的院系调整与社会变迁——院系调整研究之一》，载《开放时代》2004 年第 5 期。

④ 金富军：《面向工业化建设的院系调整》，载《清华人》，2008 年第 3 期。

⑤ 金富军：《面向工业化建设的院系调整》，载《清华人》，2008 年第 3 期。

⑥ 《清华大学院系改革及调整试行计划初步总结报告》(1951 年 5 月)，见清华大学校史研究室：《清华大学史料选编》，第 5 卷上册，472~473 页，北京，清华大学出版社，2005。

技术人员(与重工业部配合)”;应用电子学系的任务为“培养学生以正确的观点与方法,掌握应用电子学的基本知识与技术,俾能担任设计制造和研究有关电子管和其他应用电子学的高级技术人员(与军委会通讯部,及重工业部电信工业局配合)”①。但这一计划,后因院系调整而未能得到实施。

(二)院系调整

解放前夕毛泽东曾发表《论人民民主专政》一文,提出:“我们必须向一切内行的人们(不管什么人)学经济工作。……联共就是我们的最好的先生,我们必须向联共学习。”②1950 年初毛泽东访苏时再次提出,“苏联经济文化及各项重要的建设经验,将成为新中国建设的榜样。”③此外,这一时期刘少奇、周恩来等亦均倡导学习苏联④。在此领导思想下,随着新中国建设步伐的逐步加快,全面学苏运动在各个领域迅速开展。如 1951 年 5 月 18 日,教育部长马叙伦在政务院第 85 次政务会议上强调,高等教育要“配合国家建设的需要,适当地、有步骤地充实和调整原有高等学校的院系。首先调整工学院各系,或增设新系,此项工作先从华北和华东做起,调整航空系,与政法委员会配合,举办政法干部训练班,整顿与加强各高等学校的政治、法律等系”⑤。为适应国家建设需要,1951 年 9 月 24 日清华大学校委会议决,成立 16 个教研组,其中包括基本电工教研组,钟士模为主任⑥。11 月 3—9 日,中央教育部召开全国工学院院长会议,拟定“以华北、华东、中南三个地区的工学院为重点作适当的调整”,其中“将北京大学工学院、燕京大学工科方面各系并入清华大学。清华大学改为

① 《清华大学院系改革及调整试行计划初步总结报告》(1951 年 5 月),清华大学档案,全宗号,目录号校 1,案卷号 51004。

② 毛泽东:《论人民民主专政——纪念中国共产党二十八周年》,载《人民日报》,1949 年 7 月 1 日。

③ 孙其明:《评 50 年代全面学习苏联的运动》,载《同济大学学报(社会科学版)》,1999 年第 10 卷第 1 期。

④ 孙其明:《评 50 年代全面学习苏联的运动》,载《同济大学学报(社会科学版)》,1999 年第 10 卷第 1 期。

⑤ 马叙伦:《关于 1950 年全国教育工作总结和 1951 年全国教育工作的方针和任务的报告》(1951 年 5 月 18 日马叙伦部长在政务院第 85 次政务会议上的报告,并经同次会议批准)。

⑥ 清华大学校史研究室:《清华大学一百年》,192 页。

多科性的工业高等学校,校名不变,清华大学的文、理、法三学院及燕京大学的文、理、法方面各系并入北京大学"。[①] 11 月 15 日,中央教育部向文委并中央报告了北京大学、清华大学、燕京大学三校院系调整方案,"这个方案,三校主要负责人都已同意,明年暑假实行"[②]。

1952 年 5 月,教育部制定高等院校调整设置方案,其中清华大学"由原清华大学、北京大学两校工学院及燕京大学工科各系科、哈尔滨工业大学水利系、天津大学采矿系二年级、石油钻探组、石油炼制系、组及北京铁道学院材料鉴定专修科合并组成为多科性高等工业学校。"[③]6 月 25 日,中央教育部决定设立"京津高等学校院系调整办公室",以具体进行京津高等学校的院系调整工作,其中办公室人员包括清华大学教务长周培源、校务委员会常委钱伟长、何东昌[④]。同时,为筹备新的多科性工业高等学校清华大学,还决定成立"京津高等学校院系调整清华大学筹备委员会"进行各项筹备工作,刘仙洲任主任委员,钱伟长、陈士骅任副主任委员[⑤]。6 月 27 日,清华筹委会正式成立[⑥],并决定设立电机等 5 类组科研究组"草拟专业组及专修科的设置及任务"[⑦]。

根据全国院系调整的政策要求,1952 年下半年,清华大学文、理、法学院调出,新的清华大学"取消学院建制,设置机械制造、动力机械、土木工程、水利工程、建筑、电机工程、无线电工程和石油工程系等 8 个系,还有

---

① 马叙伦:《关于全国工学院调整方案的报告——在政务院第一一三次政务会议上报告并经同次会议批准》(1951 年 11 月 30 日),见陈大白:《北京高等教育文献资料选编》(1949—1976),94 页。

② 《中央教育部党组关于北大、清华、燕京三大学调整方案的报告》,见《建国初期全国高等学校院系调整文献选载(一九五一年——一九五三年)》,载《党的文献》,2002 年第 6 期。

③ 《教育部关于全国高等学校 1952 年的调整设置方案(节录)》(1952 年 5 月),见陈大白:《北京高等教育文献资料选编(1949—1976)》,102~103 页。

④ 《教育部为同意成立"京津高等学校院系调整办公室"及"京津高等学校院系调整北京大学筹备委员会","京津高等学校院系调整清华大学筹备委员会"》(1952 年 6 月 25 日),清华大学档案,全宗号 2,目录号校 1,案卷号 52002。

⑤ 《教育部为同意成立"京津高等学校院系调整办公室"及"京津高等学校院系调整北京大学筹备委员会","京津高等学校院系调整清华大学筹备委员会"》(1952 年 6 月 25 日),清华大学档案,全宗号 2,目录号校 1,案卷号 52002。

⑥ 刘仙洲:《京津高等学校院系调整清华大学筹备委员会第一阶段工作总结及第二阶段工作总结》(1952 年 8 月 7 日),清华大学档案,全宗号 2,目录号校 1,案卷号 52002。

⑦ 清华大学校史研究室:《清华大学一百年》,195 页。

15个专修科”①。其中无线电工程系是以原电机工程学系的电讯组为基础建立的,“当时教育部的苏联顾问提出的方案是清华电机系只设电力方面的专业,拟将电讯组调出成立专门学院,后经当时负责高校工作的领导及学校有关教授力争,提出多学科性工业大学中应有电子工程方面的学科,才确定清华大学、北京大学两校电机系的电讯组合并后创立清华大学无线电工程系。该系于1952年9月正式成立,孟昭英任系主任。”②与此同时,“北京大学工学院的电机工程系和燕京大学的机电系并入清华大学电机工程系”,章名涛为系主任。调整后的清华电机工程系于9月19日正式成立,下设电机及电器、发电厂配电网及配电系统、工业企业电气化专业,以及发电专修科、输配电专修科③。新的电机工程系成立后,即研讨应设教研组和教研组主任的人选,其中,基本电工教研组主任钟士模,电力机械教研组主任艾维超,发电及输配电教研组主任黄眉,电工学教研组主任唐统一、宗孔德(副),系教学秘书王遵华④。

(三)教学改革

院系调整后,清华大学等高等院校按照苏联教学体制,学校下设系,系里的教师分教研组,学生分专业。1953年秋,清华电机工程系仿照苏联工科大学的模式,“在电力机械教研组内成立电器教学小组,负责筹备建立电器教研组,准备电器学等课程的开设。小组成员有:王遵华、蔡宣三、钱家骊等;为迎接苏联电器专家的到来,陆续增加了洪志成、石定机、龚为珽等”。⑤ 经过一年的筹备,1954年9月电机工程系正式增设电器教研组,由王遵华担任主任⑥。另外,1954年3月,“电机工程系增设‘电力拖

---

①　方惠坚、张思敬:《清华大学志》,上册,67页。

②　方惠坚、张思敬:《清华大学志》,下册,105页。

③　方惠坚、张思敬:《清华大学志》,下册,91页;《清华大学各系专业或专修科概况》(1952年10月11日),见清华大学校史研究室:《清华大学史料选编》,第5卷上册,538页。

④　《清华大学各系及各教研组负责同志名单》(1952年10月11日),清华大学档案,全宗号2,目录号校1,案卷号52005。

⑤　蔡宣三(1950电机)、钱家骊(1953电机):《清华大学电器教研组的一段历史》,载《校友文稿资料选编》,第13辑。

⑥　《一九五四——九五五年度第一次校务会议纪录》,载《清华公报》,第1期,1954年9月15日。

动教研组’，主任一职，由原基本电工教研组主任钟士模担任。所遗基本电工教研组主任一职，由原该教研组副主任王先冲担任。”[①]1955年5月，电机工程系原发电输配电教研组分为发电厂及输配电两个教研组，发电厂教研组主任是黄眉，输配电教研组主任为杨津基[②]。1956年9月7日，经高教部批准，清华大学增设高电压工程专业[③]。

20世纪50年代中期，针对原子能、自动控制及电子等科学技术领域在世界上取得的突破性进展，党和政府做出了发展我国核能事业的指示。如1955年3月毛泽东提出："我们进入了这样一个时期，就是我们现在所从事的、所思考的、所钻研的，是钻社会主义工业化，钻社会主义改造，钻现代化的国防，并开始要钻原子能这样的历史的新时期。"[④]为适应新形势下尖端技术发展的迫切需要，清华大学立足于国家战略的高度，并结合自身的实际情况，相继建立了原子能、半导体等新技术专业，以及工程物理、工程化学等系。这一时期，电机工程系为新技术专业和学系的建设做出了积极的贡献。例如，除为工程物理系等援助师资外，还抽调了部分优秀学生与机械等系的部分学生组成物八、物九班等[⑤]。同时，电机工程系在学校的领导下也筹建了一些新技术专业，如1956年"设立自动学与远动学专业，建立了相应的教研室，并筹建计算机专业"[⑥]，"在筹建‘自动学和远动学’专业过程中，吕森请教过钱学森，钱先生建议要搞运筹学专业，当时颇费周折地请来了从美国归来的周华章。周教授专长经济领域的应用数学，水平很高。"[⑦]

1956年12月28日，校务行政会议决：电机工程系输配电教研组分为高压工程教研组(杨津基任主任)、输配电教研组(王宗淦任主任)。[⑧]

---

① 《清华大学关于增设电力拖动教研组、机械制造工学教研组的布告》(1954年3月10日)，清华大学档案，全宗号2，目录号校1，案卷号55009。

② 《一九五四——一九五五年度第七次校务委员会扩大会议记录》，载《清华公报》，第11期，1955年5月20日。

③ 《高等教育部关于同意清华大学增设高电压工程专业的复函》(1956年9月7日)，清华大学档案，全宗号2，目录号3，案卷号093。

④ 毛泽东：《毛泽东文集》，第6卷，395页，北京，人民出版社，1999。

⑤ 方惠坚、张思敬：《清华大学志》，下册，135页。

⑥ 《建系史略》，见《情系清华：清华电机系50·51级毕业五十周年纪念集》，17页。

⑦ 清华大学电机系：《清华电机系七十周年系庆纪念集》，55页。

⑧ 《清华公报》，第33期，1957年1月26日。

1957年7月12日,高等教育部同意清华大学“‘运用学’专业改称为‘运筹学’专业”[①],“当时主要内容是线性规划,招了两班学生(运1班和运2班),后来因故停办了”。[②] 至1957年,电机工程系主要设有电机、电器、发电、输配电、高压工程、工业企业电气化、基本电工和电工学等8个教研组[③]。

1958年7月,“以自动学与远动学教研室为基础,清华成立了自动控制系(即现在的计算机科学系),由钟士模教授任主任”。[④] 同时,“由于电机工程系和新成立的无线电工程系、自动控制系规模日益扩大,1935年建成的电机馆已无法满足三个系进一步发展的需要。1958年,校园东区中央主楼左、右两侧的东主楼和西主楼建成,电机工程系和自动控制系迁入西主楼新电机馆,无线电工程系迁入东主楼”。[⑤] 该年夏天,“电机系建立电工厂,下设电器车间。蔡宣三、高本贤分别被任命为电器车间主任和副主任”。[⑥]

图6-1 新电机馆(中央主楼的西主楼)

---

① 《高等教育部关于同意清华大学将“运用学”专业改称为“运筹学”专业等事宜的复函》(1957年7月12日),清华大学档案,全宗号2,目录号校1,案卷号57006。

② 清华大学电机系:《清华电机系七十周年系庆纪念集》,55页。

③ 方惠坚、张思敬:《清华大学志》,上册,91页。

④ 《建系史略》,见《情系清华:清华电机系50·51级毕业五十周年纪念集》,17页。

⑤ 《建系史略》,见《情系清华:清华电机系50·51级毕业五十周年纪念集》,17页。

⑥ 蔡宣三(1950电机)、钱家骊(1953电机):《清华大学电器教研组的一段历史》,载《校友文稿资料选编》,第13辑。

1959年秋，在清华大学的反右倾运动中，电机工程系电器教研组的一些骨干教师被下放改造，使该教研组受到严重冲击①。次年秋，电器教研组、高压电器实验室与高压工程教研组合并为高电压技术与高压电器教研组，由杨津基任教研组主任②，设高压电器专门化，1963年后"并入高电压工程专业，形成新的较宽专业"③。原来从事低压电器教学的教师则另成立电磁自动装置教研组，顾廉楚任教研组主任，1961年后又任命蔡宣三为教研组副主任，专业设置仍保留（低压）电器专门化④。

二、师资队伍

解放后至"文革"前，清华大学的教育和教学内容经历了由英美通才教育转向全面学苏、强调中国特色的转变，电机工程系的教师队伍建设及教学方法等也随之进行了相应调整。

（一）1952年院系调整前

解放后，清华电机工程学系聘请了诸多知名学者来校任教，如闵乃大、胡筠（兼任教授）等⑤。至1949年6月，清华电机工程学系共有30名教职员工，其中教授6人、副教授3人、教员4人、助教10人、职员7人⑥。9月，电机工程学系又增聘助教朱成功、金兰、张仁豫，改聘助教陈伯时、陆家和、南德恒⑦。表6-1给出了1948—1949年度清华大学电机工程学系教职工情况。1950年电机工程学系又新聘了助教徐昇祥、周荣光、蔡宣

① 蔡宣三（1950电机）、钱家骊（1953电机）：《清华大学电器教研组的一段历史》，载《校友文稿资料选编》，第13辑。

② 《清华公报》，第68期，1960年2月18日。

③ 蔡宣三（1950电机）、钱家骊（1953电机）：《清华大学电器教研组的一段历史》，载《校友文稿资料选编》，第13辑。

④ 蔡宣三（1950电机）、钱家骊（1953电机）：《清华大学电器教研组的一段历史》，载《校友文稿资料选编》，第13辑。

⑤ 清华大学校史研究室：《清华大学一百年》，181页。

⑥ 《清华大学各院系教职员统计表》（1949年6月），清华大学档案，全宗号2，目录号校1，案卷号49005。

⑦ 《第二十四次校务委员会会议记录》（1949年9月23日），清华大学档案，全宗号2，目录号校1，案卷号49004。

三、顾廉楚、陆大绘,兼任教授胡筠①。至1952年院系调整前,电机工程学系教职工名单如表6-2所列。

表6-1 1948—1949年解放初期清华电机工程学系教职员工名单

教　师	章名涛	闵乃大	黄　眉	范崇武	杨津基
	钟士模	孙绍先	郭以述	常　迵	唐统一
	曹恺孙	马世雄	王遵华	宗孔德	王先冲
	陈汤铭	吴白纯	王华俭	邱祖荫	杨奔疾
	邓恢煌	肖达川	吴佑寿	朱成功	陆家和
	陈伯时	南德恒	金　兰	张仁豫	
实验员 职　员 职　工	胡原凌	温宏庚	王世源	韩　毅	张兰英
	杨海先	彭书庆	陈增煦	周维铭	潘泰珊
	秦凤志				

(资料来源:清华大学电机系:《清华电机系七十周年系庆纪念集》,75页)

表6-2 清华大学电机工程学系教职工名册(1952年2月)

职别	姓名	字	性别	年龄	籍贯	备注
教授兼主任	章名涛		男	45	浙江鄞县	
教授	范崇武	静仁	男	44	浙江嘉善	
教授	杨津基		男	36	江苏嘉定	
教授	黄　眉	雪涛	男	40	湖南衡山	
教授	钟士模	子范	男	41	浙江浦江	
教授	常　迵	季高	男	35	河北房山	
教授	孙绍先		男	38	沈阳	
教授	闵乃大		男	42	江苏如皋	
兼任教授	胡　筠	雪蕉	男	40	江苏无锡	下学期上课
副教授	唐统一		男	35	广东中山	
讲师	马世雄		男	31	江苏南通	
讲师	王遵华	宜佳	男	31	江西南昌	
讲师	曹恺孙		男	33	安徽歙县	
讲师	陈汤铭		男	26	广东增城	
讲师	宗孔德		男	32	河北	
讲师	吴白纯		男	31	哈尔滨	

① 《清华大学1950年新聘专任教师及兼任教师名单》(1950年10月4日),清华大学档案,全宗号2,目录号校5,案卷号50007。

续表

职别	姓名	字	性别	年龄	籍贯	备注
讲师	朱成功		男	29	江苏句容	
教员	王先冲		男	34	安徽无为	
助教	肖达川		男	27	江西泰和	
助教	邓恢煌		男	27	广西全县	哈尔滨工业大学学习
助教	吴佑寿		男	27	广东潮安	
助教	杨弃疾		男	28	北京	
助教	王华俭		男	27	江苏江阴	
助教	南德恒		男	27	湖北浠水	
助教	张仁豫		男	29	浙江绍兴	哈尔滨工业大学学习
助教	金　兰		男	24	湖南长沙	
助教	陈伯时		男	24	福建闽侯	哈尔滨工业大学学习
助教	陆家和		男	25	广东新会	
助教	徐昇祥		男	24	浙江镇海	
助教	周荣光		男	25	广东	
助教	蔡宣三		男	23	江苏金山	
助教	顾廉楚		男	25	江苏南汇	
助教	陆大绘		男	24	江苏太仓	
助教	褚秦祥		男	24	上海市	
技术员	韩　毅	秉正	男	32	北京市	
技术员	温宏庚		男	28	北京市	
书记	王世源		男	28	北京市	
书记	任元孝		女	29	山东掖县	
技工	秦凤志		男	27	河北交河	
试用技工	杨海先		男	21	山东陵县	
工徒	潘泰珊		男	20	北京市	
工徒	司启忠		男	20	北京市	
普通工	彭书庆		男	47	河北枣强	
普通工	陈增煦		男	42	河北房山	
普通工	周维铭		男	45	北京	

（资料来源：《清华大学教职工名册》，清华大学校史研究室：《清华大学史料选编》，第 5 卷下册，731～732 页，北京，清华大学出版社，2005）

图 6-2 电机系部分教师①

在授课方式方面,各位教师风格各异,如“常迵教授讲的‘无线电原理’,这位只有 32 岁的哈佛博士讲课时很轻松,有条有理”②,闵乃大教授“刚从德国回来不久,浓重的家乡口音不时还夹杂着德文和英文,讲话又急又快,讲的电工数学和电信网络又很深”③。再如,章名涛教授“讲课物理概念清晰、理论分析严谨、数学演绎透彻,板书工整,讲课的重点通过板

① 《情系清华:清华电机系 50 · 51 级毕业五十周年纪念集》;清华大学电机系:《清华电机系七十周年系庆纪念集》,33 页。

② 陆建勋(1951 届):《五十年前清华电机系学习回忆》,见陈旭:《往事 真情 厚望:清华大学电子工程系建系五十周年纪念文集》,133~134 页。

③ 陆建勋(1951 届):《五十年前清华电机系学习回忆》,见陈旭:《往事 真情 厚望:清华大学电子工程系建系五十周年纪念文集》,133~134 页。

书一目了然。使这门较难学习的电机基础理论课程受到同学们的普遍好评”①。

虽然电机系教师的讲课风格不同,但对学生的要求均非常严格,如“电机系二年级的主课是孙绍先教授主讲的电工原理,钟士模教授主讲的交流电路,如果这两门课都不及格,就要勒令退学离开清华”②。对此,陆建勋(1951 届)也有同样感受:“我最头疼的却是二年级的基础课‘电工原理’,那是由孙绍先教授讲的,助教是王先冲先生等几位,他们都是以很严格著称。……那时熄灯后开夜车是经常的事,当时流传有名的几句话是‘一年级买蜡烛,二年级买眼镜,三年级买痰盂(TB),四年级买棺材’。”③

在繁忙的工作之余,电机系的教师们还积极参加文体活动。如陆家和(1950 届)回忆:“解放初期,生活条件虽然清苦,党组织和工会却大力抓教工的文体活动,一方面为增强教工体质,也使大家生气勃勃。钟先生和我都是体育爱好者,每年系际教工篮球、排球比赛,我们都积极参加。我们电机系的篮球‘五虎将’是五位教授(钟士模、常迵、唐统一、杨津基、黄眉),我当候补队员。……排球赛我们系有王世源、郑学坚、王森等健将,常得冠军。”④

(二) 1952 年院系调整至 1958 年

1952 年全国进行高等学校院系调整,电机系的部分教师被调出,如徐昇祥调军委工程学院⑤,闵乃大调中国科学院⑥,褚秦祥调北京地质学

---

① 钱家骧(1951):《深切怀念章名涛先生》,载《校友文稿资料选编》,第 12 辑。

② 樊蔚勋:《六十年回忆》,见《轻舟已过万重山:清华大学电机系一九五二级》,31~32 页。

③ 陆建勋(1951 届):五十年前清华电机系学习回忆,见陈旭:《往事 真情 厚望:清华大学电子工程系建系五十周年纪念文集》,132~133 页。

④ 陆家和(1950 届):《我心目中的常迵先生》,见陈旭:《往事 真情 厚望:清华大学电子工程系建系五十周年纪念文集》,272 页。

⑤ 刘仙洲:《京津高等学校院系调整清华大学筹备委员会第一阶段工作总结及第二阶段工作总结》(1952 年 8 月 7 日),见清华大学校史研究室:《清华大学史料选编》,第 5 卷上册,524 页。

⑥ 刘仙洲:《京津高等学校院系调整清华大学筹备委员会第一阶段工作总结及第二阶段工作总结》(1952 年 8 月 7 日),见清华大学校史研究室:《清华大学史料选编》,第 5 卷上册,525 页。

院[①],朱克定调哈军工[②]。同时,从外校也调入了一些教师,如[③]:“教授增加了程式、余谦六、王宗淦、陈克元等,讲师有周汝潢、陈阅德,助教有杨秉寿、潘隐萱、康书香、韩丽瑛、冯子良、陈肇龙、张宝霖、杨福生、郑学坚、周以直、陈嘉瑞和孙观潮等”;此外,陆瑶海、童以强及艾维超从燕京大学转入清华电机系。1952 年底,蒋南翔出任清华大学校长,其任职期间,非常注重师资的加强,他指出“教师‘是学校中最宝贵的财富’,‘108 将(学校当时教授、副教授 108 人)是学校的稳定因素’,强调发挥教师的主导作用。”[④]针对当时院系调整后师资力量不足的情况,蒋南翔采取了“一是团结改造清华原有的教师,一是有计划地大胆放手培养新的师资”[⑤]的策略。此外,为提高教师的质量,蒋南翔还“提出‘两种人会师’。即党员教师要努力钻研业务,提高学术水平,成为教授;同时要帮助非党教授、副教授提高政治思想觉悟,吸收其中合乎条件的人入党。”[⑥]通过大量切实可行的工作,这一时期,清华电机系的教职员工人数有了很大增加,学校于“1953 年在电机系教职工中成立党支部,杨秉寿任支部书记。1955 年电机系成立党总支,吕森任党总支委员会书记”[⑦]。此外,“在学习苏联过程中,自 1953 年起,苏联先后派出巴然诺夫、斯捷潘诺夫、翟可夫、奥梅里钦柯、绍尔达特金娜和日里辛等 6 位专家来电机系工作,在教学、实验室建设、科研和指导研究生等方面给了许多帮助”[⑧]。

这一时期,电机系非常重视师资的培养,曾派送王先冲、金兰、吴维韩、杨秉寿、郭叔英等教师赴苏联深造[⑨],同时积极引进国外留学人员,如“1956 年秋,高景德教授从苏联获博士学位回国,由蒋南翔校长争取其到清华大学工作,担任了清华大学科学研究处处长,并在系里讲课和指导研

---

① 方惠坚教授补充。

② 钱家骊教授补充。

③ 清华大学电机系:《清华电机系七十周年系庆纪念集》,54 页。(注:艾维超由钱家骊教授补充)

④ 方惠坚、张思敬:《清华大学志》,上册,480 页。

⑤ 中国高等教育学会、清华大学:《蒋南翔文集》,上卷,457 页,北京,清华大学出版社,1998。

⑥ 方惠坚、张思敬:《清华大学志》,上册,480 页。

⑦ 清华大学电机系:《清华电机系七十周年系庆纪念集》,54 页。

⑧ 方惠坚、张思敬:《清华大学志》,上册,94 页。

⑨ 清华大学电机系:《清华电机系七十周年系庆纪念集》,56 页。

图 6-3　巴然诺夫在指导建立实验室工作①

图 6-4　1956 年电机系师生欢送苏联专家留影(后排右 3 起：蔡宣三，郑维敏，钟士模，苏联专家奥梅里钦柯夫妇，王遵华；前排左 1 童诗白，左 6 钱家骊②)

究生"③。同时，为扩充师资队伍，1953 年后，除主要选留本系的毕业生外，电机系还从交通大学、东北工学院、哈尔滨工业大学等调来大批教师④。1950—1957 年，留校、分配、引进和调入电机系的教职员工，名单见表 6-3。

---

① 《新清华》，第 62 期，1954 年 10 月 23 日。

② 蔡宣三(1950 电机)、钱家骊(1953 电机)：《清华大学电器教研组的一段历史》，载《校友文稿资料选编》，第 13 辑。

③ 清华大学电机系：《清华电机系七十周年系庆纪念集》，56 页。

④ 清华大学电机系：《清华电机系七十周年系庆纪念集》，56 页。

表 6-3 1950—1957 年留校、分配、引进和调入清华电机系的教职员工名单

教 师	艾维超	程 式	余谦六	王宗淦	陈克元	高景德	童诗白
	郑维敏	顾廉楚	陆大绘	夏培肃	蔡宣三	周荣光	徐昇祥
	褚秦祥	吴 麒	凌瑞骥	冯庆祥	谢广润	洪志成	周汝潢
	陈阅德	杨秉寿	郑学坚	康书香	韩丽瑛	冯子良	陈肇龙
	潘隐萱	张宝霖	杨福生	周以直	陈嘉瑞	童以强	孙观潮
	陆瑶海	吕 森	王 森	王世缨	唐泽圣	郭叔英	吴维韩
	文学宓	周宣诚	徐继悌	朱德恒	杨吟梅	张芳榴	陈丕璋
	高子伟	沈以清	朱克定	龚为珽	石定机	钱家骊	雷良钦
教 师	江缉光	夏绍玮	俞天音	董新保	周礼杲	邵钟武	王继中
	吴增煜	吕 林	韩曾晋	戴忠达	茅于杭	吕叔康	王献坪
	林滋治	陈福康	周明宝	杨 钺	郭永基	王昌长	周伯飞
	李大义	吴陆威	陈允康	陈寿孙	相年德	刘 笙	王维俭
	刘倬云	顾永昌	陈昌渔	薛家麒	宫 莲	郑逢时	刘子祯
	李发海	贾继洵	徐伯雄	吉崇庆	徐弘微	高本贤	杨陵康
	马信山	闫平凡	张恩惠	张奋之	周俊人	高 龙	冯元琨
	褚家晋	范鸣玉	张麟征	黄复明	夏明玉	汤延震	郎 恕
	陈采屏	朱亚尔	陆培新	马钟璞	孙建华	李鹤轩	董昌浚
	杜毅仁	陈永乐	戈以荣	张节容	边肇祺	邵方殷	马力忠
	王仲鸿	沈善德	金国芬	王承煦	严烈通	沈以鸿	林永江
	陈志燮	江祥贤	赵佩琴	翁 樟	沈 樑	焦保平	周保中
	王海帆	许道展	许道荣	郭景藩	孙树勤	孙家炘	曾德勳
	陈鼎瑞						
实验员 职 员 职 工	何汝楫	江载芬	虞哲廉	白文路	张季山	刘绪东	张季春
	吴文秀	邱文成	王文禄	程文姬	谢烈春	伍修献	陈 空
	李泽培	王树芬	张兰英	周 正	王真吉	邓泰林	黄序伦
	姚寿松	李崇仁	王竹茹	齐绍荣	狄林诠	王关贤	肖如泉
	陈 泓	蔡文华	钟长华	过之秀	范琼芳	黄冠甫	宋树中
	高毓华	霍永山	杨元甲	周智白	王忠俊	彭大展	周普渭
	李正球	梁 颖	赵桂珠	徐 东	程少斌	徐稼梅	顾 敏
	钟道彩	冯庚烈	李承业	任元敬	任元孝	吴桂莲	傅后成
	张乃国	赵荣久	李文华	梁任秋	黄胜军	刘志恩	杨成才
	司启忠	董德康	李永祥	何玉贵	顾祥根	陈星麓	吴国梁
	朱大林	顿满贵	曾国民	宁 德	宁 宏	李玉琴	刘文鑫
	汪孝芳	张秀英	赵士良	邹静仪	蒋新官	姬振华	缪永宝
	孙金平	杨淑华	朱炳华	王绍维	周鸿裕	朱赞星	李洪林
	徐振海	徐延融	沈飞英	罗兆梅	王菊英	李丽珍	葛承洁
	顾至芳	俞天珍	朱德炯	刘淑贤	尹桂英	赵淑贤	师敬贤
	闫俊卿	殷玉琴	李彦青	陈 敏	李玉荣	靳玉珍	鲍寿洪
	殷子烈	孙鹤荣	何淑霄	谢焕祥			

(资料来源:清华大学电机系:《清华电机系七十周年系庆纪念集》,75 页)

图 6-4　高景德教授在备课①

(三) 1958 年后至“文革”前

20 世纪 50 年代中后期,在肃反、大鸣大放、双反,以及反右倾机会主义等运动中,电机系一些教师受到了批判。20 世纪 60 年代,电器教研组也被拆散重组,据蔡宣三(1950 电机)、钱家骊(1953 电机)介绍:“1960 年秋,教研组内原来从事高压电器教学的教师王遵华、钱家骊、张节容、王伯翰、罗承沐等,连同高压电器实验室,合并到高电压工程教研组。设置高压电器专门化,培养了高 2、高 3 两届本科学生。1963 年后,高压电器专门化并入高电压工程专业,形成新的较宽专业。分配到高压电器专门化的教师还有吉嘉琴、陈才敏。培养了三年制高压电器研究生胡天畏、夏凯、沈锡越、吴弘、周胜宗等 5 人。培养了越南留学生阮高盛,阮友宁,黄玉泰等 3 人”②,“原来从事低压电器教学的教师蔡宣三、徐弘微、范鸣玉、高本贤、傅克瑾等,则另成立电磁自动装置教研组(以下简称自动装置教研组,实际上继承了电器教研组的低压电器部分);另有部分教师则是从发配电教研组和工业企业电气化教研组调入的,如:顾廉楚、徐路、汤之永、沈振基、甘小杰等。顾廉楚任教研组主任、徐路为秘书,1961 年后又任

---

① 清华大学档案馆提供。

② 蔡宣三(1950 电机)、钱家骊(1953 电机):《清华大学电器教研组的一段历史》,载《校友文稿资料选编》,第 13 辑。

命蔡宣三为教研组副主任。留校的毕业生有刘松盛、赵良炳”①。

1962 年 1 月 19—20 日,蒋南翔在清华大学第八届工会会员代表大会第四次会议(第二次群英会)上提出:“我们要建立两支队伍。一支是又红又专的教师队伍,一支是又红又专的职工队伍”“我们提倡重教重职,两个车轮相辅而行,缺一不可。”②根据这一指导思想,该时期电机工程系对教职工队伍进行了补充,1958—1966 年间,电机系留校、分配、引进和调入的教职工名单见表 6-4。

图 6-5 1963 年元旦,电机系部分教师和干部合影③
(左起:吴维韩、郑维敏、王先冲、王遵华、高景德、范崇武、黄眉、章名涛、程式、杨津基、顾廉楚、张芳榴、张仁豫、蔡宣三)

表 6-4 1958—1966 年留校、分配、引进和调入电机系教职员工名单

教师	吉嘉琴	俞鑫昌	王伯翰	黄炜纲	戚庆成	张伟钹	葛长华
	金其莹	姜恩涓	魏洪波	谈克雄	徐 路	吴大征	施能民
	徐家栋	王缉祥	郑思垣	薛华成	卢 强	田璧元	言茂松
	张元骥	刘 取	许佩芬	王克超	胡元德	金启玫	李隆年
	王典训	朱东起	傅克谨	梁毓厚	李芳芸	陈禹六	吴秋峰
	任守榘	王寒伟	沈振基	陈伟基	汤之永	吴年裕	甘小杰
	熊光楞	王其藩	丁兆璋	林家骏	李衍达	严 宁	杨素行
	陈崇端	阎 石	周明德	朱亚清	武士新	王鸿明	黄益庄
	陈雪青	向隆本	沈乃汉	刘金铭	魏宏森	王大树	崔子行
	杨缦琳	张济世	冯大钧	蔡耀陆	常沛田	杨振清	罗承沐
	朱泽煌	宋子和	姜建国	赵良炳	刘松盛	陈才敏	韩英铎
	陶 森	贺美英	顾锦汶	罗 铸	陈秉中	马维新	凌绍先
	姚若萍	吴 澄	张纯根	汪道显	胡蓉芳	张瑞武	黄志祥
	宝志雯	王兆梓	杨学正	侯竹筠	周子寿	袁忠长	谢小平
	吴 峨						

① 蔡宣三(1950 电机)、钱家骊(1953 电机):《清华大学电器教研组的一段历史》,载《校友文稿资料选编》,第 13 辑。

② 清华大学校史研究室:《清华大学一百年》,259 页。

③ 清华大学电机系:《清华电机系七十周年系庆纪念集》,35 页。

续表

实验员 职　员 职　工	张修身	滕　谊	司启和	崔静宜	田秀兰	周翠宝	阎淑芝
	李宝茹	赵鑫荣	齐正平	陈兰英	何书华	赵混成	吴宝兴
	张志斌	秦荃华	孙桂兰	陈福安	王文志	王如泉	徐光宝
	刘士祥	张香改	常凤娥	何　江	杜龙生	孙秀花	李承仪
	崔子经	柏正凯	陈宜林	杜炳孝			

(资料来源:清华大学电机系:《清华电机系七十周年系庆纪念集》,第76页)

三、课程设置

解放后至1952年院系调整前,清华大学仍是一所具有浓郁人文氛围的综合性大学,在教学上秉承解放前的“通识教育”模式,其“教学方针是兼容并包,每系除必修课外,学生有充分的自由去选修感兴趣的外系课程,甚至不选修、不要学分去旁听也可以,而以扩大知识面为目的”①。如董达生(1952电机)回忆:“当时,清华已是综合性大学,在‘大一’还开设‘大学语文’,我还选修外语系由杜秉正主讲的‘英文翻译教程’,期末考试是将罗曼·罗兰的诗译成韵文。母校很重视人文教育,使我们深受其益。在1982年我和盛剑桓教授(53电机)合译一本英文研究生教材《网络分析与综合——一种现代系统理论研究法》(高等教育出版社出版,1984),当时高教社的编审农植伟(51电机)对我们讲:这本教材,你们俩各译一半,但阅读起来如出一人,而且一气呵成。感谢母校通过教学与实践提高了学生中、英文的表达能力,使我们‘师兄弟’在翻译英文教材时竟如有‘相似的文格’,深感加强文科教育的极端重要性。”②除加强人文教育外,学生还注重理工学科之间的交叉学习,其中“物理系的课程是大家爱选修的广阔天地,除久负盛名的周培源先生的理论力学、电动力学,王竹溪先生的热力学,余瑞璜先生的光学,雷炳枢先生的近代物理外,新回国的钱三强和彭桓武先生带回国的新课程则是原子物理和量子力学”③。

关于专业课程的设置,这里以电讯组为例。这一时期,“电讯组教师除了常先生讲授‘无线电原理’和‘电波学’,闵先生讲授‘电讯网络’外,

---

① 姜昌(1949届):《1946—1949清华电机系电讯组往事纪实》,见陈旭:《往事 真情 厚望:清华大学电子工程系建系五十周年纪念文集》,11页。

② 董达生(1952电机):《清华物理大师“大一”课堂言熵——半世纪前一次课堂教学的追忆》,载《清华校友通讯》,复51期。

③ 姜昌(1949届):《1946—1949清华电机系电讯组往事纪实》,见陈旭:《往事 真情 厚望:清华大学电子工程系建系五十周年纪念文集》,11页。

还有马世雄先生讲授‘应用电子学’,先是胡筠后是王先冲先生讲授‘电报电话学’。吴白纯先生和王华俭先生负责‘实用无线电’课程的讲授和实习。曹恺孙先生讲授的‘电工测量’和王华俭先生讲授的‘电工材料’则是电力、电讯两组的共同课程。基础课‘电工原理’和‘交流电路’,由好几位教授轮流讲授。此外吴佑寿先生负责无线电实验,南德恒先生负责电工测量实验,杨弃疾先生帮助闵先生教电信网络。”[①]具体为[②]:“入学后第一学年不分组,主要课程是‘普通物理’、‘微积分’、‘投影几何和工程画’。……当时还有一门有特色的课叫‘大课’。讲的是社会发展史、辩证唯物主义、政治经济学等内容,也就是后来的政治课。全校学生齐集大礼堂听课。讲课的都是社会科学界最有名的大师,如潘光旦,费孝通,陈岱孙,张奚若,吴晗,吴景超等”,“这一时期,艾思奇三次来校做动员报告,并指导学习和总结,留下了‘艾思奇三进清华园’的佳话。”[③]“第一学年结束后分成电力、电讯两组,由学生自由选择”,其中电讯组“第二学年第一学期主要课程有‘工程力学’、‘机械原理’、‘电工原理’和‘电工数学’。‘工程力学’电力组由张维先生讲授,电讯组由一位航空系的老教授讲授。‘机械原理’由曹国惠教授讲授……‘电工原理’的内容是电磁场,讲课教师是王先冲先生。……‘电工数学’是专门为电讯组开的课,也就是高等微积分,内容是复变函数,数理方程和特殊函数。讲课教师是孙念增先生,用的是赵访熊先生著《高等微积分》。”“第二学年第二学期两组共同的课程是‘交流电路’,其他都是电讯组的课程,包括‘应用电子学’、‘电报电话学’等”,其中“交流电路”由孙绍先讲授,“应用电子学”由马世雄讲授,“电报电话学”由王先冲讲授。

从上述这些可以看出,当时电机系的课程设置是比较合理的,对文科知识的学习,增强了学生的思辨能力;通过理科课程的教授,来提高学生的自然科学理论水平,为工科学生创新能力的提高打下了坚实的基础。特别重要的是,这种多学科知识的学习和训练,极大地提高了学生的综合素质,为他们后来应对工作中可能出现的各种挑战,无疑产生了深远的影

---

① 张克潜(1953 届):《回首半个世纪前的一串脚印——清华无线电系建系前后》,见陈旭:《往事 真情 厚望:清华大学电子工程系建系五十周年纪念文集》,50~51 页。

② 张克潜(1953 届):《回首半个世纪前的一串脚印——清华无线电系建系前后》,见陈旭:《往事 真情 厚望:清华大学电子工程系建系五十周年纪念文集》,51~53 页。

③ 方惠坚、张思敬:《清华大学志》,上册,231 页。

响。同时，“清华教学一贯重视实践环节，实验单独设课，如物理实验、机工实习、热工实验、电磁测量实验、直流电机和交流电机实验等。如电机实验中，‘电机实验室的设备及布置’就是一个实验题目。每个实验分预习阶段、实验室工作阶段、终结报告阶段。预习阶段要交预习报告，经指导教师审批认可才行；实验室面积较大，所用的电机功率又较大，在噪音下必须互相用规范的手势联系。实验报告记录每项工作时数，完全按规定格式填写，由指导教师审批判分。实验由5、6人组成的实验小组分工协作完成，每个实验总时数少则6、7个小时，多则20、30小时。”①通过这些实验，使学生们增强了动手能力，受到了严格的实际工作训练。

此外，“三年级课程结束以后的暑期实习，也是接触实际的重要课程。都由系里联系各实习点，让同学们去实习”②。清华校内也有很多实习工厂，为学生动手实践提供了很大便利，使其在校期间就“学会了车、钻、铣、刨、磨，也学会了锻造、翻砂、锡焊、气焊、电弧焊”③等。另外，电机系还组织学生到东北等地的工厂去实习，培养学生在生产实际中发现、解决问题的能力。如在东北电工一厂实习期间，“孙骆生同学发现仿制的惠氏电桥转换开关的部分电路未接通，用这些电桥将无法测出送电线路的故障点。（向工人）反映后，工厂就将全部入库的同类电桥都采取了补救措施。”④在实践中，电机系学生不仅加深了对理论知识的理解，而且制作成果也具有较强的实用性，例如当时由电讯组学生动手制作的扩音机，后来就常被用于解放军入城仪式、党的政策宣传、开国大典等一些重大活动之中⑤。

解放初期，清华电机系基本沿用早期英美的通才教育模式，但由于专业课程要求严格，学生负担较重，故不少学生渐渐无暇顾及其他学科课程的选学。如1948年考入清华电机系的王正华回忆：“记得开学后的第一个月，除了选修规定的必修课以外，还在必修课课时以外旁听了金岳霖的‘形式逻辑’和赵访熊为物理系开的微积分；也听过哲学系的讲座。但是在第一次微积分月考试卷发下来以后，发现只考了59分，不及格。这对

---

① 《情系清华：清华电机系50·51级毕业五十周年纪念集》，42页。

② 《情系清华：清华电机系50·51级毕业五十周年纪念集》，43页。

③ 石钟伍：《清华电机系学习生活片段》，见电机工程与应用电子技术系：《清华大学电机系建系60周年纪念文集》，83页。

④ 《情系清华：清华电机系50·51级毕业五十周年纪念集》，44页。

⑤ 姜昌（1949届）：1946—1949清华电机系电讯组往事纪实，见陈旭：《往事 真情 厚望：清华大学电子工程系建系五十周年纪念文集》，8~9页。

我的打击和震动是很大的。进入学校以来还从未考过不及格。于是从第二个月开始,完全放弃了旁听的课程,专心学习必修课程。以后,学校举行了国文和英文考试,免去了部分同学的国文和英文的学习,我也在其内。到第二学期,已经解放,考虑到当时的经济学原理,从教材内容看是资本主义的经济学就停开了这门课程。从此就和工科以外的课程绝缘了。二年级以后度过了基础课的阶段,进入专业课的学习,学习的面就更进一步缩小,学习的课程即使在工科方面也是越来越窄了。”①

1952 年院系调整后,“电机系以莫斯科动力学院和列宁格勒工学院为模式,开始了以‘学习苏联先进经验’为主的教学改革,全面学习苏联高等学校的教育思想、教学方法,学习苏联高校的学生培养目标、学制、教研组设置、专业及课程设置、教材以及讲课、辅导、考试、毕业设计、生产实习等一系列教学环节。从 1952 年秋季开始,按专业制定和修改教学计划及教学大纲”②。1953 年电机工程系发电厂配电网及配电系统专业五年制教学计划见表 6-5。

表 6-5　1953 年制定(修订)的五年制教学计划

(电机工程系发电厂配电网及配电系统专业)

教学学历表(总周数分配)					周数				
学年	理论教学	考试	教学实习	生产实习	毕业实习	毕业论文	假期		合计
一	34	7					11		52
二	34	7					11		52
三	32	7		7			6		52
四	28	7		7			10		52
五	10	3			8	16	6		43
六									
总计	138	31		14	8	16	44		251

教学进程计划(课程学时分配)

序号	课程	学时数					各学期课内学时数(学时/周)											
		总计	讲课	实验	练习与讨论	设计	1	2	3	4	5	6	7	8	9	10	11	12
1	中国革命史	102	68		34		3	3										
2	马列主义基础	102	68		34				3	3								
3	政治经济学	128	96		32						4	4						

① 王正华:《老有所学——随学随记以免忘记》,见《轻舟已过万重山:清华大学电机系一九五二级》,114 页。

② 方惠坚、张思敬:《清华大学志》,下册,97 页。

续表

序号	课程	学时数					各学期课内学时数(学时/周)											
		总计	讲课	实验	练习与讨论	设计	1	2	3	4	5	6	7	8	9	10	11	12
4	辩证唯物主义	56	42		12								4					
5	俄文	340			340		8	4	2	2	2	2						
6	高等数学	412	206	18	188		8	6	6	4								
7	普通化学	102	68	34			3	3										
8	物理学	250	132	82	36			6	5	4								
9	画法几何与工程画	210	54		156		5	3	4									
10	理论力学	174	96		78		4	3	3									
11	材料力学	152	84	16	52				4	5								
12	机械原理及机械零件	230	132	16	18	64				3	7	4						
13	金属工学	196	80	116				3	4	3		2						
14	电工基础	296	146	86	64					8	7	3						
15	电工量计	90	54	36							5							
16	电工材料	54	36	18							3							
17	电力机械	254	138	74	14	28					4	9	4					
18	热机学	126	88	22	16							5	4					
19	水力学及水力机械	84	56	28								3	3					
20	高电压工程	112	70	42									2	6				
21	发电厂配电站的电气	140	84	42		14							4	6				
22	电力网及电力系统	126	70	28	14	14							2	7				
23	短路电流	70	42	14	14								5					
24	电力系统稳定	50	40	10											5			
25	电力系统自动化与继电器保护	114	64	38		12								6	3			
26	工业电子学	84	56	28									3	3				
27	动力经济学	42	42											3				
28	动力经济的组织计划	60	52		8										6			
29	保安及防火技术	30	30												3			
30	体育	136			136		2	2	2	2								
31	专门化课程	140	108	20		12									14			
周学时数							33	33	33	34	32	32	31	31	31			
总学时数		4462	2302	768	1240	152												

(资料来源:方惠坚、张思敬:《清华大学志》,上册,112~114页)

从表6-5可以看出,“这一时期开始,清华大学教育工作的一个十分鲜明而重要的特点,是极为重视学生的政治思想教育、人生观世界观教育和马列主义哲学教育。通过多种渠道,多种方式方法,使学生热爱祖国,热爱中国共产党,热爱社会主义,热爱体力劳动,向劳动人民学习,不断克服知识分子的弱点,全心全意为人民服务,不断学习,争取为祖国做出更多更大的贡献等。这些对学生有极为深刻的影响,极大地提高了学生的素质,成为这一代学生的突出特点,使他们终身受益”①。

院系调整后,学校随即展开了以苏联教学模式为蓝本的教学改革,着手制定教学计划和教学大纲。“1952年暑假期间,学校举办了一个‘速成俄文’学习班,不少教师参加学习”②,“电机系的教师经过两周突击的俄语速成学习,借助字典,翻译了苏联教材,作为教科书”③,如巴比科夫著的《电器学》等④。此外,孙明慧等在回忆父亲孙绍先时也曾谈及:“1952—1953年,全校组织学俄文。40岁的父亲以极大的努力速成,成为全校俄语学习标兵,并应约在《光明日报》上发表学习俄语的心得。为了教改,他又以极大的热情,翻译出版了当时国内急需的俄文教材,如《农业电力网》、《调节变压器在电力网中的应用》等书”⑤。对苏联教材的使用,在当时获得了一些肯定,即“苏联教材突出的优点是理论上是先进的,并且与生产实践有联系。教授们反映,英美大学的教本在许多重要的地方是含糊不清的,或是因技术上的专利权而避而不谈,有时则列举了各种公司的出品式样,而没有综合的分析及设计的方法。这些课程在学习了苏联教材以后,内容有了很大改进”⑥。

在电机系教师们的共同努力下,没过几年,“就把培养五年制大学生的各个主要教学环节基本按苏联模式实践了一遍,使教学工作基本上‘过

---

① 清华大学电机系:《清华电机系七十周年系庆纪念集》,53页。

② 吴佑寿(1948届):《建系初期的教学改革》,见陈旭:《往事 真情 厚望:清华大学电子工程系建系五十周年纪念文集》,33~34页。

③ 清华大学电机系:《清华电机系七十周年系庆纪念集》,54页。

④ 蔡宣三(1950电机)、钱家骊(1953电机):《清华大学电器教研组的一段历史》,载《校友文稿资料选编》,第13辑。

⑤ 史际平、杨嘉实、陶中源等:《家在清华》,213页,济南,山东画报出版社,2008年。

⑥ 何东昌:《清华大学关于学习苏联先进教育经验取得初步成效的报告》(1952年11月),见陈大白:《北京高等教育文献资料选编(1949—1976)》,116页。

了河'"①。如,"1956年夏,苏联专家奥梅里钦柯回国,电器教研组的教师,按五年制电机与电器专业的教学计划,独立承担电器专门化的全部教学工作。开设了电器学、低压电器、继电器、高压电器、磁放大器、电器制造工艺等6门课程。建立了高压电器和振荡回路实验室、继电器、低压电器等实验室。按教学计划完成了所有的课程设计、生产实习、毕业实习、毕业设计等教学环节。"②

当时,学习苏联的教学模式,虽然给国内教学提供了经验,但由于是全盘照搬,也带来了一些弊端。例如,一些学者后来曾对此进行了客观的分析,即"对于这一时期的教育工作,包括学习苏联先进经验的成绩和不足有:1)培养目标明确,即培养满足社会主义建设需要的技术干部,但工科内容过重,全面综合素质培养不够。2)学生的培养过程有了明确的教学计划,但计划过死,学制又偏长,少培养了不少学生。3)对每门课程、每个教学环节的内容都有了明确的要求,相当大地加强了基础课和技术基础课,特别是电工基础、电机学、工业电子学、调节原理等内容上大为充实。4)过分强调教师与学生的专业,限制了发展的空间。5)贯彻了理论联系实际的原则,加强了实验、实习、设计、专业课等教学环节。当时国民经济发展快,技术干部很缺,工厂、企业的培训能力很差,要求学生毕业之后,很快就能承担工程技术工作。但专业窄而专,分配工作常无法对口。6)讲课过细,灌输又多而创新培养不足。7)由于政治形势的要求,片面认为苏联科技在世界上全面先进,几乎完全屏蔽了美、英、德、法等国的科学技术。外语能力培养不够,特别是几乎拒绝英语。8)提出健康第一,加强学生体育活动,伙食不断改善,学生体质有所增强。9)学生政治工作加强。这些情况在以后的1958—1965年间甚至更长时间内,虽然在不同方面有或多或少的改变,但总体说来,格局未变"③。

针对当时存在的问题,电机系的一些毕业生后来也有相关的记述。如赵元康(1957电机)回忆:"当时的教学计划全面学习苏联,学制由4年

---

① 清华大学电机系:《清华电机系七十周年系庆纪念集》,54页。

② 蔡宣三(1950电机)、钱家骊(1953电机):《清华大学电器教研组的一段历史》,载《校友文稿资料选编》,第13辑。

③ 清华大学电机系:《清华电机系七十周年系庆纪念集》,55页。

改为5年,课程设置也基本照搬。教材大多是从大厚本的俄文教材刚刚翻译过来的,内容多,程度深,译文艰涩难懂,使我们的学习负担很重,常常要开夜车,有的同学还得了神经衰弱症。后来学校花很大力气,采取很多措施,老师们也改进教学方法来减轻学生的学习负担,情况才逐渐好转。”①

1958年,清华大学根据中共中央、国务院提出的“教育为无产阶级政治服务,教育与生产劳动相结合”的方针,开始了对中国式高等教育之路的探索②。这一时期,电机系师生听从号召,全力投入到生产劳动中去,通过实践使队伍得到了锻炼。如该年3月,“电机系的许多师生与全校师生一道参加了十三陵水库工地的劳动,留校师生开始勤工俭学,按照教学、科研、生产的需要,自行设计、制造交流计算台;与动力系、土建系师生一起建设发电厂;与机械系师生一起自行设计制造了采用国产材料的程序控制铣床,并于1958年8月投入了使用。毕业班的学生结合实际生产任务进行毕业设计,称之为‘真刀真枪’毕业设计,密云水库白河水电站的设计和施工、清华园供电网的改进、新型补偿式电流互感器的研制等都是毕业设计的课题。系里的教授们参加指导和具体的工作,发挥了作用。另

图6-5 1962年部分毕业同学合影③

---

① 赵元康(1957电机):《我们那个年代》,载《清华校友通讯》,复57期。

② 清华大学电机系:《清华电机系七十周年系庆纪念集》,56~57页。

③ 贺美英(1961电机):《大学生活》,载《校友文稿资料选编》,第13辑。

外,还派出了师生小分队到河南登封县(按:今为登封市)去'支援地方工业化,技术下厂,与工农结合,改造思想'。艾维超、童诗白、肖达川、周汝潢、杨陵康等参加"①。而且,1958年电机系"师生一起动手自行设计制造交流计算台和电子计算机程序控制立式铣床,是当时学校比较早研究制造的高技术成果。彭真、刘仁等北京市领导多次带人来参观。周恩来总理和陈毅副总理陪同金日成首相也来参观过"②。此外,1959年6月人大会场主席台的机电部分,除抽调清华两名教师参加设计及安装工作外,为了保证该项工程按期完成,高等教育部又抽调了部分电机系四年级学生参与安装③。据统计,"(一)1958/59年度第一学期各系学生理论学习与参加生产劳动的人数如下:电机系全时学习的72人,半工半读的803人,全时劳动的28人,科研设计457人;(二)各系在校外进行生产劳动,科研设计的人数如下:电机系23人;根据暑假所订教学计划各系因全时劳动的学生人数应为1191人,故2203人中有1012人是由原来全时学习或半

图6-6　电机系学生进行综合电厂设计(1958年)④

---

①　清华大学电机系:《清华电机系七十周年系庆纪念集》,57页。

②　方惠坚、张思敬:《清华大学志》,下册,101~102页。

③　清华大学校史研究室:《清华大学史料选编》,第6卷第1分册,494页,北京,清华大学出版社,2007。

④　清华大学档案馆提供。

工半读临时改为全时劳动的。计有:电机系 28 人;(三)1958/59 年度第二学期(即下学期)各系学生理论学习与参加生产劳动的人数如下:电机系全时学习的 185 人,半工半读的 803 人,全时劳动的 72 人,科研设计 300 人”。①

图 6-7　电机系制成的电子模拟计算机②

教育与生产劳动相结合的教育方针在当时取得了一定的成效。如陈钦萍(1961 电机)回忆:“我们班是电机制造专业,四年级时,学校提出‘真刀真枪搞科研、搞设计’,要求把课堂知识用到实际中。系里分配我到‘大电机’科研组,该组共 14 人,由刘子桢老师具体领导,其中一半(7 人)派到北京重型电机厂参加 25000 千瓦汽轮发电机的设计制造;另一半人在校内‘土电厂’参加 1500 千瓦汽轮发电机的安装调试运行。我属于第一组,派到工厂,吃住在北重厂达一年之久。当时虽然是‘三年困难’时期,大家仍热情高涨,十分投入。该课题一直延续到毕业,取得了制造成功和发电成功的成果并写出了若干专题论文。毕业时,全课题组被学校评为‘先进科研’集体,在工字厅受到蒋南翔校长等校领导的亲切接见并合影留念。”③

① 《1958—1959 年度各系学生理论学习与生产劳动情况》(1958 年 12 月 30 日),清华大学档案,全宗号 2,目录号校 3,案卷号 255。

② 《新清华》,第 317 期,1958 年 7 月 7 日。

③ 陈钦萍(1961 电机):《平凡而又多彩的人生》,载《校友文稿资料选编》,第 11 辑。

对当时的情形,贺美英(1961 电机企 11 班)后来也回忆:“毕业班真刀真枪搞毕业设计,低班同学在高班带领下参加各种劳动。我们企 11 参加了 1.7kW 和 28kW 电机的生产、程控铣床计算机的调试、土电厂的建设、大剧院的设计等。……参加土电厂建设的组自制变压器,为了节省铜导线留的余量很小,陈欣欣负责绕线圈,击穿 13 次才取得成功。大家在劳动中也很有创造性。……企 12 许多同学参加电机下线工作,许世道同学在下线过程中,积极探索并总结经验,发明了一个计算绕组的公式,得到老师的肯定。我和乔国良、杨振铭三人负责 28kW 电机(为炼钢用)的转子铸铝……这种电机我们共生产了 10 台”①。

图 6-8　蒋南翔校长等校领导接见课题组学生。前排左起:李寿慈(副校长)、艾知生(副书记)、刘冰(第一副书记)、蒋南翔(校长)、胡健(副书记)、陈士骅(副校长),二排中为高沂(副书记)②

这一时期,电机系“各教研组都编写了大量的教科书和教材,有的还是教育部的统编教材,如范崇武编写的《电机设计》,章名涛主编的《电机学》(上、下册,1964 年出版),高景德编著的《交流电机过渡过程及运行方式》和他主编的《电力系统动态模拟论文集》”③。其中,章名涛主编的《电机学》“是国内学者自己编著的第一本《电机学》书籍”④,“1964 年该书由

① 贺美英(1961 电机企 11 班):《大学生活》,载《校友文稿资料选编》,第 13 辑。
② 陈钦萍(1961 电机):《平凡而又多彩的人生》,载《校友文稿资料选编》,第 11 辑。
③ 方惠坚、张思敬:《清华大学志》,下册,97 页。
④ 朱东起(1959):《深切怀念章名涛先生》,载《校友文稿资料选编》,第 12 辑。

科学出版社出版发行,受到高等学校师生和工厂企业工程技术人员的好评,出版后一再重印。截至70年代末已累计发行了31万余册,创造了同类书籍印数之最。”[①]据统计,自1961年春至1962年11月底,电机系主编教材3种、4人参加、编写字数总计109.4万,参加其他单位主编的教材1种、6人参加[②]。1961年初至1962年底出版的教材中,由电机系教师主编(包括编写、编译)的教材有《自动远动电器》(二分册,24.7万字),《电力系统自动化及远动化》(上下册,51.6万字)等[③]。此外,“电工学等教研组注意教学方法研究,开展‘少而精’教学,多次受到学校表彰和奖励”[④]。如,1963年电机工程系童诗白(教授)、王缉祥(助教)获教学工作优良奖状[⑤]。

院系调整后,清华大学对学制也进行了改革,“从1952—1953学年度起,改为实行五年制,规定修业年限为5年(建筑系建筑学专业学制为6年);1958—1959学年度开始实行六年制,1958年以前入学的学生实行过渡计划,建筑系和新技术专业的系科修业年限为6年,其他系科为5年半”[⑥]。随着学制的延长,电机系“教学计划中数学、物理、化学等基础课,电工基础、电机学、电子学等技术基础课都有所加强。教学实践环节也大大加强,如学生有三次各6~7周的生产实习和毕业实习,2~4个课程设计和半年时间的毕业设计”[⑦]。教学与生产劳动相结合,使学生的实际动手能力得到了加强,“但当时劳动过多、过长,影响了理论课的学习,也使许多课程的系统性受到影响”[⑧]。

---

① 朱东起(1959):《深切怀念章名涛先生》,载《校友文稿资料选编》,第12辑。

② 《关于“我校教师参加教材工作会议”的统计资料》,清华大学档案,全宗号2,目录号校3,案卷号135。

③ 《关于“我校教师参加教材工作会议”的统计资料》,清华大学档案,全宗号2,目录号校3,案卷号135。

④ 方惠坚、张思敬:《清华大学志》,下册,97页。

⑤ 《校务委员会关于表扬一批认真贯彻“少而精”原则,教学上有显著成效的教师的决定——1962—1963年度第六次会议通过》(1963年2月11日),见清华大学校史研究室:《清华大学史料选编》,第6卷第3分册,271页,北京,清华大学出版社,2009。

⑥ 方惠坚、张思敬:《清华大学志》,上册,98页。

⑦ 清华大学电机系:《清华电机系七十周年系庆纪念集》,58页。

⑧ 贺美英(1961电机企11班):《大学生活》,载《校友文稿资料选编》,第13辑。

1964年，“毛泽东在春节座谈会上做了关于‘学制要缩短’的指示”①。次年3月27日，清华大学“校党委扩大会议原则通过《关于教学改革的原则规定(讨论稿)》，其中规定，学制：除个别专业5年半及4年以外，其余专业均为5年制。多数专业从8字班(三年级)前后改为5年半，并尽快地改为5年制。少数专业可以从9字班(二年级)起改为5年半，并待中学外文水平提高以后改为5年制。试办一个4年制半工半读农用机电专业。5年制全日制教育方案为：实践环节71~76周(其中劳动、四清、军训共34周，实习、专业劳动共13~18周，毕业设计24周)，假期30周，理论教学上课时间约135~140周(每周必修课课内外总学时不超过44小时)、考试时间11~13周”②。同年3月27日—4月17日，清华大学举行第15次教学研究会，“何东昌在会上做《关于当前教学改革工作的几点意见》的报告。他指出：‘现阶段教学改革的中心任务，是在毛主席教育思想和党的教育方针指导下，把“四个改革”(学制、课程、教学方法、考试的改革)落实到教研组和人’，‘使学生在德育、智育、体育诸方面得到生动活泼和主动的发展’。”③根据学校教学方针的改变，电机系也做出了相应调整，其中1965年电机工程系发电厂电力网及电力系统专业的教学计划见表6-6。

表6-6　1965年制定(修订)的五年制教学计划

(电机工程系发电厂电力网及电力系统专业)

教学学历表(总周数分配)周数										
学年	理论教学	考试	公益劳动	生产实习	金工劳动	毕业设计	军训	农业劳动	假期	机动	合计
一	35	3	2				4		7	1	52
二	32	3	1		8				7	1	52
三	32	3					2	7	7	1	52
四	26	2	1	15					7	1	52
五	13	1	1			22		6	2	1	46
六											
总计	138	12	5	15	8	22	6	13	30	5	254

① 方惠坚、张思敬：《清华大学志》，上册，98页。

② 清华大学校史研究室：《清华大学一百年》，276页。

③ 清华大学校史研究室：《清华大学一百年》，276页。

续表

教学进程计划(课程学时分配)																		
序号	课程	学时数					各学期课内学时数(学时/周)											
		总计	讲课	实验	练习与讨论	设计	1	2	3	4	5	6	7	8	9	10	11	12
1	马列主义基础理论	192	192				2	1.5			2	2	4	1				
2	思想政治教育报告	138	138				1	1	1	1	1	1	1	1	1			
3	外国语	268			268		4	4	4	4								
4	体育	157			157		2	1	1	1	1	1	1	1	1			
5	高等数学	365	239		126		7	6	7				3.5					
6	普通物理	224	139	28	57			3.5	8	3.5								
7	普通化学	57	19	38			3											
8	画法几何与工程画	140	38		102		4	4										
9	金属工学	16	16						1									
10	理论力学	107	58		49					5.5								
11	材料力学	82	50	8	24						5							
12	机械原理与机械零件	98	46	8	16	28						4.5	2					
13	电工基础	218	118	46	54					6.5	5.5							
14	电工量计	56	28	28									4					
15	电机学	199	128	39	32						6	6.5						
16	工业电子学	177	84	37	14	42						6	2	3.5				
17	保安及防护技术																	
18	热力动力装置	30	30											2.5				
19	电力网和电力系统	66	35		7	24							3	2				
20	发电厂及配电站电气部分	106																
21	高电压工程		54	32		20								5	3.5			
22	电力系统过渡过程	82	50	13	19									4	2.5			
23	继电保护自动化	181	83	65		33								1.5	12.5			
周学时数							23	21	22	21.5	20.5	21	20.5	21.5	20.5			
总学时数		2959	1545	342	925	147												

(资料来源:方惠坚、张思敬:《清华大学志》,上册,117~119页)

四、人才培养

新中国成立之初，百废待举，当时国家的工业状况，急需大批工科人才充实到各条工业战线中。然而，当时国内工程技术人员及教学科研人员极其匮乏，如“1952 年底全国总人口近 5.75 亿人，其中科技人员仅 42.5 万人，全国平均每万人口中不到 7 个半科技人员”[①]。同时，在这些科技人员中，高端科学研究人员所占的比例仅 2%左右，这与建设强大的新中国极不相称。如何快速、有效地培养工程技术人才及高端科研人员，成为一项十分迫切的重要任务。而“清华原来是全国基础较好，学术水平较高的学校之一”[②]，且 20 世纪 30 年代以来其工学院得到了较大发展，处于当时国内领先地位，是新中国培养工科人才的理想场所。因此，解放后清华大学理工科学生招生人数比解放前有迅速扩充。如，1949 年清华大学制订了《清华大学 1950—1953 年发展计划》，其中发展的总方针为：“本大学计划在十五年左右发展成一个能容纳二万学生的综合性大学，发展计划所根据的原则是：‘密切配合国家的经济建设和文化建设的需要，尽量经济地和合理地利用本校原有的物质和师资的基础。’根据这个原则，从我国经济恢复到经济建设高潮的时期内，本大学为了适应国家对于经济建设干部的大量需要，将以理工为主，做急速的数量上的扩充。”[③]

清华大学电机工程学系于 1949 年度录取一年级新生 126 人[④]；1950 年度录取本科一年级新生 124 人，另有转学生 5 人及研究生 1 人[⑤]。1952 年以前，电机工程学系的学生仍分为电力组和电讯组，科学技术课程与解放前基本相同[⑥]。据钱家骊(1953)回忆：“1950 年秋，新中国建立后的第

---

① 金富军：《蒋南翔校长与新技术专业设立》，载《清华人》，2008 年第 5 期。

② 《清华大学工作检查汇报(草稿)》(1954 年 11 月 6 日)，清华大学档案，全宗号 2，目录号校 1，案卷号 55002。

③ 《清华大学 1950—1953 年的发展计划》(1949 年)，清华大学档案，全宗号 2，目录号校 1，案卷号 49012。

④ 清华大学教务处：《历年录取新生名册(一)》(1947—1952，1956—1959)，清华大学档案，全宗号 2，目录号校办 3，案卷号 020。

⑤ 清华大学教务处：《历年录取新生名册(一)》(1947—1952，1956—1959)，清华大学档案，全宗号 2，目录号校办 3，案卷号 020。

⑥ 清华大学电机系：《清华电机系七十周年系庆纪念集》，54 页。

一年,我们班学生进入大学了。清华电机工程系一年级入学学生100人,北大工学院电机工程系入学学生76人。以后人员不断变化,先后至少有202位学生在我班生活和学习过,这些学生中包括转校、转系和转班的学生,当然,转进转出都有。”①学制方面,“1948年至1951年进校的学生按旧清华的规定,本来都是四年制,分别应于52、53、54和55年毕业,但除了52届和55届外,因为国家急需人才,1949和1950年进校的学生都提前一年,按三年制分别于52年和53年毕业离校,参加工作。”②1949年至1952年,电机工程学系本科毕业人数分布如图6-9所示。

1952年,“北京大学工学院的电机工程系和燕京大学的机电系并入清华大学电机工程系”③。“调整后的电机工程系设电机及电器、发电厂配电网及配电系统和工业企业电气化三个专业,各招生60人”④。由于当时电讯组独立为无线电系,因此部分学生也随之从电机系转出,如张克潜(1953届)回忆:“秋季开学后,我们53届(1950年入学)和比我们低一年级的55届学生(1951年入学)一起从电机系转入无线电系。但那时,许多工作特别是学生工作还是与电机系合在一起的,有时称为‘电无系’。

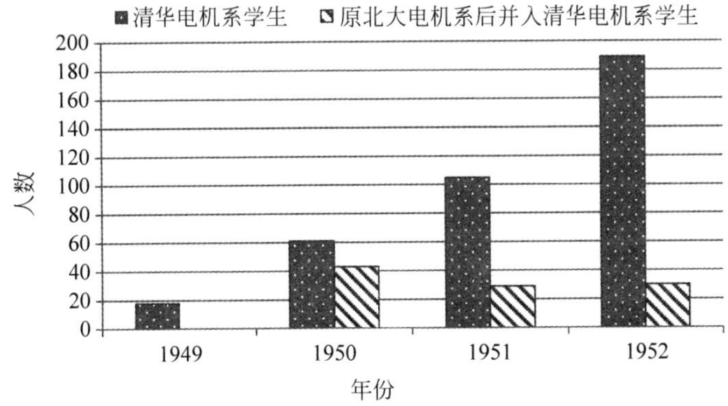

图6-9　1949—1952年清华大学电机工程学系本科生毕业人数分布图
(资料来源:清华大学电机系:《清华电机系七十周年系庆纪念集》,78页)

---

① 钱家骊(1953):《我们的电53班/无53班》,载《清华校友通讯》,复47期。

② 吴佑寿(1948届):《建系初期的教学改革》,见陈旭:《往事 真情 厚望:清华大学电子工程系建系五十周年纪念文集》,30页。

③ 方惠坚、张思敬:《清华大学志》,下册,91页。

④ 方惠坚、张思敬:《清华大学志》,下册,91页。

图 6-10　1950 年 6 月电机系教职工与 1950 级毕业班学生合影

（前排左起：王遵华、彭书庆、马世雄、杨津基、周维铭、范崇武、章名涛、闵乃大、黄眉、唐统一、曹恺孙、常迵、宗孔德，（二排左三）吴佑寿，（二排右一右二）杨弃疾、朱成功，（三排左一）江载芬，（四排右二）陈汤铭，（后排左三）温宏庚）①

与此同时，两届北大电机系的学生合并过来。班上的人数翻了一番。"②据统计，1952 年电机系招生 300 余人，至 1955 年，电机工程系在校学生人数达千余人③。

"按照 1951 年 11 月全国工学院院长会议提出的'今后工学院招收新生应有二分之一以上是专修科学生'的精神，电机系于 1952 年举办了发电和输配电两个专修科，五个班共 120 人"④。1953 年，电机系"设立三年制电器研究班（师资培训班），招收研究生 16 人：包括提前留校的电 5 学生徐弘微、高本贤、冯元琨、李允武 4 人。其余 12 人大部分系各校 1953 届电机系毕业生，来自交大、浙大和清华等，包括：张节容、方棣棠、王宝龄、程肇基、张德馨、戈以荣、雷良钦、戴自忻、吴健昌、朱祖慈、张汉扬和俞尚知等"⑤。1957 年暑假，电机系毕业研究生 9 名，其中高电压技术专业 8

---

① 《情系清华：清华电机系 50・51 级毕业五十周年纪念集》，18 页。

② 张克潜（1953 届）：《回首半个世纪前的一串脚印——清华无线电系建系前后》，见陈旭：《往事 真情 厚望：清华大学电子工程系建系五十周年纪念文集》，54 页。

③ 《清华公报》，第 18 期，1955 年 11 月 23 日。

④ 清华大学电机系：《清华电机系七十周年系庆纪念集》，53~54 页。

⑤ 蔡宣三（1950 电机）、钱家骊（1953 电机）：《清华大学电器教研组的一段历史》，载《校友文稿资料选编》，第 13 辑。

名、发电厂及电力网专业1名[①]。此外,这一时期国内,其他高校为筹备电器教研组,也选派部分教师来清华电机工程系进修,如“交大讲师何金茂,华中工学院讲师刘绍峻,助教程礼椿,重庆大学讲师王孝祥,助教罗先知,天津大学助教钟永琛,西北大学助教杨永臻,湘潭电校赵士魁,浙江大学周文,山东工学院唐锡祺等”,以及“当时国内最大的高压开关厂——沈阳高压开关厂的朱鸣海、杨树藩、虞恬、沈聿修等骨干工程师,以及北京开关厂杨希武、一机部电工局贺以燕等工程技术骨干”[②]。同一时期,电机系的其他教研组也接收了不少进修教师。

1956年9月,清华大学增设高电压工程专业,“并从发电输配电专业1959年、1960年、1961年毕业生中各抽出一个班(30人)学高电压工程专业”[③]。1957年7月12日,高等教育部同意清华大学将运用学专业改称为运筹学专业,招生名额调整为40人(由燃气轮机专业中调出10人),列为国防专业[④]。

在1957年的整风和反右运动中,电机系的部分学生被划为右派分子,遭受到较为严重的处分。如1958年2月校务委员会开除右派分子6人[⑤];该年毕业生中被定为右派分配工作待考察处理者[⑥]:发电厂电力网及电力系统专业2名、工业企业电气化专业5名、电机与电器专业2名。1959年暑假,电机系学生中被定为右派以不毕业论分配工作者13人[⑦];1961年寒假,电机系学生中被定为右派以不毕业论分配工作者8人[⑧]。“1959年党中央发出关于分期分批摘掉右派分子帽子的指示,到1962年,电机系的绝大多数被定为右派的分子都已摘掉了帽子,但在‘左’的思想影响下,摘掉右派帽子的同志仍被不公正地另眼相看”(这一问题,直至改

---

① 《清华公报》,第38期,1957年9月14日。

② 蔡宣三(1950电机)、钱家骊(1953电机):《清华大学电器教研组的一段历史》,载《校友文稿资料选编》,第13辑。

③ 《高等教育部关于同意清华大学增设高电压工程专业的复函》(1956年9月7日),清华大学档案,全宗号2,目录号校3,案卷号093。

④ 《高等教育部关于同意清华大学将“运用学”专业改称为“运筹学”专业等事宜的复函》(1957年7月12日),清华大学档案,全宗号2,目录号校1,案卷号57006。

⑤ 《清华公报》,第49期,1958年6月6日。

⑥ 《清华公报》,第54期,1958年10月10日。

⑦ 《清华公报》,第63期,1959年9月8日。

⑧ 《清华公报》,第77期,1961年3月27日。

革开放后才得到全部改正)①。

为培养“有社会主义觉悟的劳动者”,一些班级增加了劳动时间,称为“长工班”②。据统计,电机系历届“长工班”半工半读的人数达98人③,“同学们都能做到认真参加劳动,不怕脏、不怕累,车间领导及工人同志们的反映都是较好的,同学们的热情也很高,和师傅的关系较好。师傅们反映说,同学们都肯干,感到与从前来实习的做法不同,觉得这样很好,很愿意教同学。”④同时,“这段时间,电机系每年招生180~200人,电机系学生入学成绩仍很好;应当说明,由于一些保密系极为重视学生的家庭出身和社会关系,电机系反倒可以招到一些当时被认为家庭出身不够好或社会关系复杂的学习特优生,如被称为清华‘千里挑一’的刁颐民、倪以信等。”⑤据统计,1963—1964学年度电机工程系本科入学新生175人⑥。1964年,电机系总人数977(不包括大一学生人数(9字班)),因材施教69人,占7%⑦。此外,电机系“还招收了一批朝鲜、越南、老挝等国的留学生”⑧,如“1963—1965年度,越南留学生胡克绍到自动装置教研组进修,导师为蔡宣三,主攻磁放大器”⑨。1952—1965年度清华大学电机系在校本科生人数及变化趋势如图6-11所示。

电机系“1950年起开始批量招收和培养研究生。截至1965年共招收研究生145名”⑩。1952年至1965年电机系研究生毕业人数分布如图6-12所示。

---

① 电机工程与应用电子技术系:《清华大学电机系建系60周年纪念文集》,30页。

② 清华大学电机系:《清华电机系七十周年系庆纪念集》,58页。

③ 《历届“长工班”半工半读班级、人数、时日统计》,清华大学档案,全宗号2,目录号校3,案卷号170。

④ 《1962—1963年度第二学期电51班“长工班”劳动情况简报(第三期)》(1963年4月16日),清华大学档案,全宗号2,目录号校3,案卷号170。

⑤ 清华大学电机系:《清华电机系七十周年系庆纪念集》,58页。

⑥ 《清华大学一览》,1963—1964年。

⑦ 《全校各系因材施教人数表优秀生统计》(1964年),清华大学档案,全宗号2,目录号校3,案卷号202。

⑧ 清华大学电机系:《清华电机系七十周年系庆纪念集》,58页。

⑨ 蔡宣三(1950电机)、钱家骊(1953电机):《清华大学电器教研组的一段历史》,载《校友文稿资料选编》,第13辑。

⑩ 方惠坚、张思敬:《清华大学志》,下册,99页。

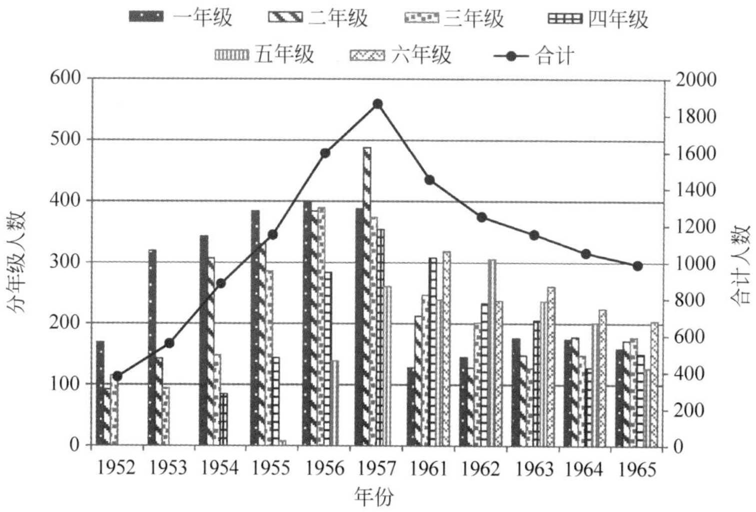

图 6-11　1952—1965 年度清华大学电机系在校本科生人数分布及变化曲线图

(资料来源:教务处学生人数统计(1946—1966 年度),

清华大学档案,全宗号 2,目录号校 3,案卷号 041)

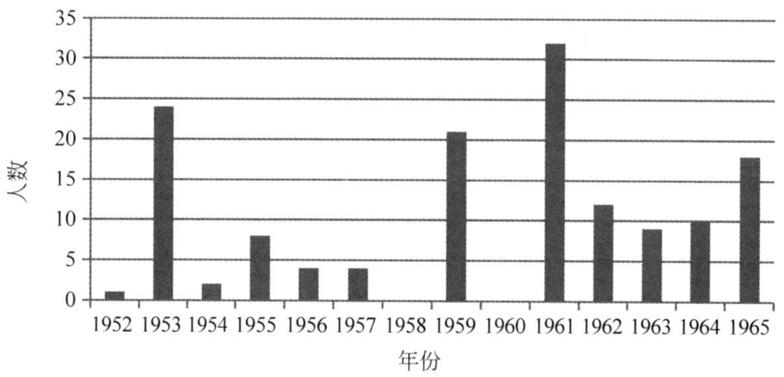

图 6-12　1952—1965 年电机系研究生毕业生人数分布图

(资料来源:方惠坚、张思敬:《清华大学志》,下册,98~100 页)

此外,“1958—1959 年,电机系为水电部办了两期干部进修班,学制二年,学员为各大电厂和各电业局的领导干部”①,1959 年暑假干部特别班,电机系发电厂电力网电力系统专业毕业生有 17 人②。这一时期,清华

① 清华大学电机系:《清华电机系七十周年系庆纪念集》,58 页。

② 《清华公报》,第 63 期,1959 年 9 月 8 日。

图 6-13　1965 年电机系全体研究生及校领导和系内教授合影(第二排左起高景德、童诗白、王先冲、黄眉、范崇武、张维、赵访熊、张子高、刘仙洲、蒋南翔、刘冰、胡健、何东昌、艾知生、王宗淦)①

还与其他部门联合举办了夜大学。1963 年暑假,电机系发电厂电力网电力系统专业有毕业学生 20 余名,另有 10 余名肄业期满因缺修部分课程未准毕业者②。1964 年秋季,电机系发电厂电力网电力系统专业有毕业学生 30 余名,另有 10 余名肄业期满因缺修部分课程未准毕业者③。1964 年 8 月,夜校部教学工作结束,后于 10 月教育部批准后停止招生④。

1965 年 9 月,根据学校决定,电机系部分学生及教职工,"不管有多重要的教学环节,均停课到北京郊区平谷县(按:今平谷区)乐政务公社、马昌营公社、镇罗营公社、马坊公社等处参加'四清'。"⑤电机与水利、土建、动力等系的师生 200 多人组成水利工作队,于 9 月 1 日、2 日分赴延庆、怀

① 清华大学电机系:《清华电机系七十周年系庆纪念集》,25 页。

② 《清华公报》,第 118 期,1963 年 10 月 1 日。

③ 《清华公报》,增刊(14),1964 年 10 月 14 日。

④ 《清华公报》,第 132 期,1964 年 11 月 6 日。

⑤ 清华大学电机系:《清华电机系七十周年系庆纪念集》,59 页。

柔等县,帮助农村去搞社会主义教育运动的同时,进行水利建设①。这一时期,电机系学生在实习和毕业设计中取得了优异的成绩,如 1965 年电机系高压教研组教师、高 51 班学生与东北电业局共同解决了一些关键技术问题,包括 220 千伏气吹刀闸切合环流的试验获成功等②。另外,“电机系高 5 班毕业设计队与大连电瓷厂合作制成小尺寸高强度悬式绝缘子”③;自 1958 年至 1964 年底,电机、机械等系师生试制的程序控制机床通过研究成果鉴定,该项研究使一批青年教师、研究生及毕业生得到了锻炼④。解放后至“文革”前电机系学生部分获奖名单见表 6-7。

表 6-7　解放后至“文革”前电机系学生部分获奖名单

序号	获奖人(班级)	获奖名称	获奖时间
1	工业企业电气化专业八一班	清华大学先进集体	1954 年
2	陆俭国等 55 人	清华大学优秀奖学金及学系优良奖状	1954 年
3	李发海、刘子桢、徐伯雄、张芳榴、刘维烈、阎平凡、江雲、徐鸣琴	清华大学实习优秀学生	1954 年
4	*薛家麒、*陈允康、*陈寿孙、*徐鸣琴、*文御雯、*陈允济、杨吟梅、张慕薄、张芳榴、刘维烈、陈世猷、陈世年、董文宗、马福邦	清华大学学习优良奖状(有*者兼得奖学金)	1955 年
5	发七一、企八一、企八三、企八四、电八三、企九一、企九四、发九一	清华大学先进集体	1955 年
6	企八一、企八三、企八四、企九一、企九四、发九一、电九三、电七一、发七一、企七一	清华大学先进集体	1955 年
7	刘庭华、朱曦、钱唯德	清华大学非毕业班奖学金	1955 年
8	刘美芹等 75 人	清华大学非毕业班学习优良奖状获得者	1955 年
9	许鸿基、韩在瑞、石钟伍、符气晶、王仲鸿、王经谨、刘乃翰	清华大学暑假生产实习优秀学生	1956 年
10	薛志尚、葛长华、马镜澄、熊光楞、陈禹六、武玖玲、梁樱儿、曹毓惠、王秉钦、童宣明、朱宝均	清华大学奖学金	1957 年
11	李淑清等 55 人	清华大学学习优良奖状	1957 年
12	谢行键、王伯翰、姚慧华	清华大学优秀毕业生奖章	1958 年

① 清华大学校史研究室:《清华大学一百年》,279 页。

② 《清华公报》,第 141 期,1965 年 7 月 26 日。

③ 清华大学校史研究室:《清华大学一百年》,278 页。

④ 清华大学校史研究室:《清华大学一百年》,278 页。

续表

序号	获奖人(班级)	获奖名称	获奖时间
13	姚慧华等 22 人	清华大学毕业生优良奖状	1958 年
14	燃料综合利用电厂电机工程系五年级工程队	清华大学先进集体	1958 年
15	企 1 班	清华大学先进集体	1959 年
16	工业企业电气化专业三年级	清华大学先进集体	1959 年
17	殷洪、朱东起、田壁元、林家骏、刘美芹	清华大学优秀毕业生奖章	1959 年
18	郑长寿等 43 人	清华大学毕业生优良奖状	1959 年
19	企 9、发 9 班华北电力系统设计组	清华大学先进集体	1959 年
20	企 0 班,自 005 班,自 010 班,企 1 班,电 1 电机小组,发 2 王府井供电组,高 4 班,高压车间材料组	清华大学先进集体	1960 年
21	电工厂铸铝工段,电工厂电工仪器车间穷棒子突击队,电工厂保尔冲剪突击队,高压工作队,电机工作队,电网工作队,企 0 班,企 1 班,高 4 班,发 0 班	清华大学技术革新及科学研究的先进集体	1960 年
22	晁学贤等 20 人	清华大学技术革新及科学研究积极分子	1960 年
23	电 0	清华大学寒假毕业班先进集体	1961 年
24	王缉祥等 7 人	清华大学寒假优秀毕业生	1961 年
25	高敦复等 48 人	清华大学毕业生优良奖状	1961 年
26	杨慜等 11 人	清华大学毕业优良奖状	1961 年
27	孟昭伦、崔子行、罗承沐	清华大学优秀毕业生	1961 年
28	电 101(2)班	清华大学毕业班先进集体	1961 年
29	企 2 班,电 2 班大电机毕业设计小组	清华大学寒假毕业班先进集体	1962 年
30	陈欣欣等 7 人	清华大学寒假优秀毕业生奖章	1962 年
31	陈欣欣等 32 人	清华大学寒假毕业生优良奖状	1962 年
32	电 704 班	清华大学四好班	1963 年
33	发电厂电力网及电力系统专业发 3 班	清华大学先进集体	1963 年
34	韩惠鋆、孙嘉平	清华大学优秀毕业生奖章	1963 年
35	韩惠鋆等 27 人	清华大学学习优良奖状	1963 年
36	电 51、电 81	清华大学四好班	1964 年
37	谭建成等	清华大学优秀毕业生奖章	1964 年

续表

序号	获奖人(班级)	获奖名称	获奖时间
38	王祥珩等	清华大学毕业生优良奖状	1964 年
39	发 71、电 81、电 92	清华大学“四好班”和“四好集体”	1965 年
40	电 52 班、高 5 班	清华大学四好毕业班	1965 年
41	高五 220 千伏气吹隔离开关设计小组	清华大学优秀毕业设计小组	1965 年
42	高五高强度绝缘子设计小组、企五北京特殊钢厂薄板轧机自动化设计小组、北京电车硅整流站自动化设计小组	清华大学优良毕业设计小组	1965 年
43	赵纯均、王庚林、胡昭广	清华大学优秀毕业生奖章	1965 年
44	车念坚等 25 人	清华大学学习优良奖状	1965 年

(资料来源:《清华公报》,1954—1965 年)

图 6-14　电机系与机械系协作研制程序控制机床过程中,在开“诸葛亮”会(1961 年)①

清华电机工程系自解放后至“文革”前,为国家培养了大批优秀人才,除部分留校外,他们在诸多领域都发挥了重要作用。正如陆建勋(1951 届)所言:“母校的‘自强不息、厚德载物’校训时刻激励着我们,我们 50、51 届电机系毕业的学生并没有被时代所淘汰,许多学生努力学习,与时俱进,在本职岗位上做出了成绩,不少人成为大学书记、校长、教授,各行各业的专家、学者、高级工程师,也有的当了副部长、将军;我们班还出了

① 清华大学档案馆提供。

一位‘国务院总理’和四名中国工程院院士。”[①]

此外,电机系学生中,在体育和文艺方面也人才辈出,如,“女子跳高健将姚若萍,在北京高校运动会上多次获冠军;三级跳远健将胡方纲,参加了全运会;750 型摩托车运动员甘小杰,获全运会 6~7 名,还多次参加全国航海运动比赛;250 型摩托车运动员吴弘,获全运会 6~7 名;175 型摩托车运动员何浩,获全运会冠军;获北京高校‘三好杯’多次冠、亚军的校足球队的边锋王克超和后卫李隆年,女钢琴手陈陈;抒情男高音独唱演员肖运鸿等”[②]。

图 6-15　清华大学获北京高校运动会男子和女子总分双第一,右一为电机系学生姚若萍[③]

五、科研设施及成果

解放初期,“清华虽在动荡的情况下,但在教学实验设备方面,仍有增加。例如电机系于卅七年十二月初收到美国麻省理工大学赠送的机器一批,其中有直流机十三部,自二月初起开始装置,于三月初开始应用。此批机器系由本校教授钟士模先生在美时,商承麻省理工大学电机系主任 Dr. H. L. Hazen 捐赠者”。[④] 对这一时期电机工程学系的科研设备情况,

---

① 陆建勋(1951 届):《五十年前清华电机系学习回忆》,见陈旭:《往事 真情 厚望:清华大学电子工程系建系五十周年纪念文集》,137 页。

② 清华大学电机系:《清华电机系七十周年系庆纪念集》,59 页。

③ 清华大学电机系:《清华电机系七十周年系庆纪念集》,59 页。

④ 冯友兰:《解放期中之清华》,见清华大学校史研究室:《清华大学史料选编》,第 4 卷,87 页。

据张克潜(1953届)介绍:“当时电机系电讯组设在电机馆三楼,楼顶上架着几副短波天线……北面的一间大屋子是无线电实验室,里边有220伏和110伏的交流电源(美国仪器都是110伏的),还有高低压直流电源,那时叫B电源和A电源。南面的一间大屋子是电报电话实验室,主要设备是一台步进式自动电话交换机。中间是工作室和材料库。工作室负责制做实验板,就是在一个木盒上装上电子管座和焊上必要的元器件供学生实验用,材料库里有许多孟先生和常先生从美国带回来的和定购来的美国器材,包括最先进的GR的测试仪器、磁控管、速调管、大功率发射管和很好的音频输出变压器等。其他是讲师和助教的办公室。……在二楼还有系图书馆,里面电力和电讯的书籍杂志应有尽有。”①至1951年6月时,电机工程学系设有高电压、交流电机、直流电机、电磁测量、无线电原理、有线电、实用无线电等7个实验室。

仪器设备的增添为科研工作的开展提供了良好条件,并取得了一定成果。如唐统一介绍:“1949年以后,系主任章名涛教授建议我向电磁测量领域发展,所以我一直讲授电磁测量和电工基础课程,开展科研工作,建立并领导电磁测量科研组。那时我国电力科学研究院张叔涵先生刚由苏联回国,带回不少苏联计量研究院研究成果的缩微胶片,通过交流,我们也得以在理论上提高并系统化;扩展了知识面,培养了科研梯队。后来又和我国计量研究院合作,并参加仪器仪表和计量学会的学术活动,从而扩大了清华大学在这一领域中的影响。我们的研究成果得到了公认和肯定。”②这一时期,电机系还与一些企业及政府机关等开展合作,如“电机系和北京市企业公司进行一件有意义的技术合作——制造电表。电表是比较精密的仪器,在我们的工业上有很大需要而又十分缺乏。要解决这一问题也就是理论联系实际的一个好机会,因此电力机械教研组承担了这一次合作,北京市企业公司因为技术上有了依靠,也就将制造电表列为今年生产中的重要项目,这是电表制造在华北的萌芽(东北也有一些基础)”③。

---

① 张克潜(1953届):《回首半个世纪前的一串脚印——清华无线电系建系前后》,见陈旭:《往事 真情 厚望:清华大学电子工程系建系五十周年纪念文集》,50~51页。

② 《情系清华:清华电机系50·51级毕业五十周年纪念集》,31页。

③ 《本校各系与政府机关团体合作情形——《人民清华》综合报道》(1951年1月16日),见清华大学校史研究室:《清华大学史料选编》,第5卷下册,654页。

1950年至1951年间,“电机工程学系接受中央邮电部的委托,进行电讯网络的研究”①,并于1951年3月由邮电部电信科学研究所、清华大学合设电讯网络研究室②,主任为闵乃大③。

1956年,电机系“系主任章名涛教授参加了12年科学技术发展规划的制定。回校之后,他立即和各教研组的主要教师研究确定了电机工程方面的两个主攻方向:一是针对大电力系统中高压输电及主要设备的制造问题;二是有关工业企业电气化和远距离控制问题。这两个科研方向的确定对电机系当时和以后的发展起了很大作用。当时成立了电机工程科学研究工作委员会,是全校十个科学研究工作委员会之一。在苏联专家奥梅里钦柯的关心下,由钟士模教授和郑维敏教授共同研制的‘脉冲宽度电子调节器’被苏联专家认定达到了世界水平”④。

解放后,清华电机系“在国家经费支持下,广大教职工还投入很大力量建设和充实了不少实验室,添置不少仪器设备,如1957年建成了新的高电压实验室,建有工频交流电压50万伏和冲击电压100万伏试验设备的实验大厅,这些对开展科研和提高教学水平起了积极的作用”⑤。

图6-16 高压实验室(1961年)⑥

① 叶企孙:《一年以来的清华》(1950年5月—1951年4月),见清华大学校史研究室:《清华大学史料选编》,第5卷上册,26~27页。

② 《邮电部电信科学研究所、清华大学合设电讯网络研究室合约》(1951年3月),清华大学档案,全宗号2,目录号校1,案卷号51016。

③ 清华大学电机系:《清华电机系七十周年系庆纪念集》,54页。

④ 方惠坚、张思敬:《清华大学志》,下册,101~102页。

⑤ 清华大学电机系:《清华电机系七十周年系庆纪念集》,54页。

⑥ 清华大学档案馆提供。

这一时期,电机系的师生除参与大剧院、密云水库的设计工作外,还主要承担了如下几项重大科研及生产任务:

综合电工厂:1958 年夏,“电机系开办了电工厂,最早的产品是 1.7 千瓦的电动机。电工厂曾发展到 4 个车间一百多人,并吸收学生劳动锻炼,艾维超、王遵华、陈丕璋、翁樟、王仲鸿、周汝潢先后担任过正、副厂长。不久,电磁场模拟装置以及有 1800 个接点的网络模拟台相继建成,在教学科研中起了很好的作用。”[①]主要表现为:“(1)装备了一些重要的科学研究基地:在师生及电工厂职工的努力下,电工厂已经为交流计算台制出了精密度要求极高的 2800 个电磁元件、5000 多个机械零件、20 余套电子设备,并进行了安装调整,投入运行。此外,还制造了模拟发电机和线路模拟用的电感元件和电容器,使原定 1962 年建成的动态模拟实验室提前三年于 1959 年基本建成。电工厂还为振荡回路实验室制造了电抗器、变压器等重要元件,使这个实验室的第一期工程能够快速完成。(2)电工厂发挥了中间工厂的作用,生产了多种新产品:电工厂的电机车间除了能生产 75 千瓦以下的感应电动机和 3.3 千瓦直流机等一般产品外,在师生的参加下,还制造出了用硒整流器自激的 48 千瓦同步发电机,高速、中频电机及其他多种具有一定水平的特殊电机和微型电机。另外还生产了大电流变压器等其他特殊产品。电器车间也生产了环形铁心磁放大器、30 千伏安铁磁稳压器、舞台控制调光器、微型电器等先进水平的电器。其他如高压车间制成了一台大直径的大铝球、20 万伏的电容器。电子仪器车间亦生产了许多电子仪器,并掌握了检修示波器振子等的复杂工艺。(3)培养了又红又专的干部:全系学生按计划来厂参加生产劳动,获得了政治思想、生产管理、劳动技能的全面锻炼,教学质量大大提高,例如工业企业电气化专业三年级学生,参加了一段电机生产后,在学电机学时,能够抓住主要问题,并在该课程设计中结合生产需要,设计并制成了双速电动机。”[②]1960 年,经校务会议通过,电机系电工厂的铸铝工段、电工仪器车间穷棒子突击队、保尔冲剪突击队、高压工作队、电机工作队、电网工作队、企 0 班、企 1 班、高 4 班、发 0 班,获得技术革新及科学研究先进集体称

---

① 清华大学电机系:《清华电机系七十周年系庆纪念集》,58 页。

② 《清华大学一览》,1959 年。

号,另有50人(教师10人、职工20人、学生20人)获得“技术革新及科学研究积极分子”称号①。

图6-17　电机系电工厂职工大胆革新技术,将原一次只能加工一个电机底座的刨床做改进后,变为一次可加工10个,提高效率10多倍②

试验电厂:1958年7月24日,清华大学动工兴建2000千瓦试验电厂③,电机系参与了“试验电厂的设计、安装及运行工作”④,除使本校的用电得以保障外,“同时也支援了北京电力系统。先后有十三个国家的外宾和国内各厂矿、企业、兄弟院校等一万三千多人来厂参观,印发资料和小册子4200套”⑤。此外,试验电厂和综合电工厂不仅是生产单位,更是学校的一个三联基地,先后接受了许多学生来厂进行结合教学的各项活动,学生在这里得到了从设计、施工、安装、调试、改装、试验、运行的实际锻炼,同时也开展了科学研究活动,如1958年9月24日,清华大学第一台200周波交流计算台就由电机工程系制造成功⑥。

内过电压模拟装置:“‘内过电压模拟装置’是研究电力系统内过电

① 《清华公报》,第71期,1960年6月10日。

② 《清华大学一览》,1960年。

③ 《清华大学一览》,1959年。

④ 《获得先进集体称号的班级和团体的事迹简介》,载《新清华》,第423期,1959年3月28日。

⑤ 《清华大学一览》,1959年。

⑥ 《清华大学一览》,1959年。

图 6-18　试验电厂在运行①

图 6-19　1958 年电机系研制成功的交流计算台②

压现象的重要试验工具,在高压技术中它的发展历史还不是很长,很多问题正在进行研究。1958 年底在党的教育方针鼓舞下,电机工程系高压教研组开始了这种装置的试制工作,当时资料十分缺乏,困难重重,经过师生的努力,学习了苏联的先进经验,终于制成了这一装置。它的特点是采

① 《清华大学一览》,1959 年。

② 清华大学电机系:《清华电机系七十周年系庆纪念集》,56 页。

用了国产的铁淦氧材料来做线路模拟的元件,大大节约了铜线,并把工作频率升高一倍,使现象可以重复发生,工作大为简化。”[①]1959 年,电机工程系“五年级学生已在装置上进行江南系统的内过电压研究”[②]。

振荡回路第一期工程建成:“电机工程系电器教研组建立了一座小型的振荡回路试验室。振荡回路是进行高压电器的开断容量试验的不可少的工具,它的建立将推动高压电器的教学、科学研究的开展。电器专业1960 届应届毕业班的学生参加了这个试验基地的设计和建立工作,今天他们与北京开关厂合作的少油断路器的毕业设计,正在利用这个基地进行新设计的灭弧室的试验研究,以确定性能优良的断路器的结构。这个试验室还为高压电器的教学提供了良好的条件,学生们可以在这里进行高压电弧的试验研究,这对教学质量的提高是有力的保证。”[③]

新型悬式绝缘子的研究:在广泛收集资料、征求意见及一系列试验的基础上,清华电机工程系高压教研组与西安电瓷研究所、西安电瓷厂合作,试制成功了 X2-8.5 型悬式绝缘子,“它的抗电破坏强度比旧型∏8.5 高很多,而结构高度反比∏8.5 小,重量亦比∏8.5 轻。据初步估算,如用于 65 万伏输电线杆塔上,共需绝缘子 23~25 个,约可减轻杆塔载重 600 公斤,降低杆塔高度 1.5 米”[④]。

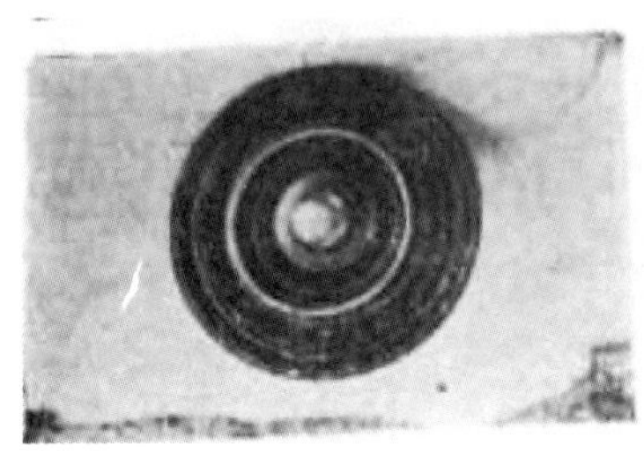

图 6-20　新型悬式绝缘子[⑤]

植物油浸渍的高压电容器试制成功:“1959 年电机工程系高压工程

① 《清华大学一览》,1959 年。
② 《清华大学一览》,1959 年。
③ 《清华大学一览》,1959 年。
④ 《清华大学一览》,1959 年。
⑤ 《清华大学一览》,1959 年。

教研组部分教师和学生与该系电工厂高压车间研究并试制成功了用植物油变压器油浸渍的纸质 20 万伏 0.4 微法冲击高压电容器。这种电容器比用变压器油浸渍的同容量电容器体积缩小了约 30%,成本降低约 25%。”①在当时,“为了试制这种新产品,高压教研组的教师和学生曾在南苑榨油厂的协助下,研究了植物油的精炼工艺,并精炼出多种植物油,对它们进行了电气性能的比较,最后选出一种合适的油类用以试制电容器,并对此种电容器的电气性能进行了较全面的试验研究,结果说明特种植物油浸渍的高压电容器能完全满足技术性能的指标要求”②。

电力系统动态模拟实验室:动态模拟实验室对开展电力系统的研究具有重要意义,“它利用物理模拟原则来模拟电力系统。许多先进的技术和先进理论的应用,都需要利用它来研究。它和交流计算台的配合,是组成电力系统研究的基地”③,“1960 年‘电力系统动态模拟实验室’建成运行,这在当时世界上也是少有的。1961 年研制了双水内冷发电机,在当时技术上是领先的。电工厂在试制交流台、模拟发电机和双水内冷发电机等过程中,都发挥了很大的作用”④。此外,“电机系利用动态模拟装置和

图 6-21 1965 年孙绍先教授(站立者,时任该室主任)在新建的动模实验室指导工作⑤

---

① 《清华大学一览》,1959 年。

② 《清华大学一览》,1959 年。

③ 《清华大学一览》,1959 年。

④ 清华大学电机系:《清华电机系七十周年系庆纪念集》,58 页。

⑤ 史际平、杨嘉实、陶中源等:《家在清华》,218 页。

交流台,对华东、华北、东北等电力系统的规划设计及运行进行了模拟实验研究;还研究了单相重合闸、相复励调节器、三相不对称负荷对运行的影响,长距离输电的稳定性等;在电机方面开展了电机过渡过程的研究;在高压方面开展了染污绝缘子、高强度绝缘子和为东北电网进行的多项高压开关增容的研究;在自动化方面开展了首钢小型轧机自动控制的研究,以及继程控铣床研制之后,继续与机械系合作,进行其他程控机床的研究。这一阶段起电机系开始加强科研工作"①。

六、政治活动

1948年12月,清华园解放,电机系师生积极响应党的号召,参加到迎接北平市及全国解放的宣传工作队伍之中。杨勤明回忆:"(12月23日)晚间,亦榴找我,望我加入一个组织——中国新民主主义青年联盟,它成立于'一二·一'事件后,其宗旨是'团结民主青年开展民主运动,争取中国的独立,和平民主,为实现新民主主义而奋斗'。……(12月29日)今天本应开始复课,但在下午,解放军文化工作团荣高棠与光未然两位先生来校演讲:北平很快就会解放,希望同学们进城去,协助解放军做宣传工作。……电一在校五十九人,组成一个中队,选出中队负责人,我担任学习干事。"②陈伯铨也回忆:"1948年,心理系的刘天祜同学介绍我参加了共产党的地下外围组织'新民主主义青年联盟'。当年年底解放军包围了北京城,组织上派我去城郊外的海淀区配合部队做瓦解国民党士兵斗志的工作,即动员国民党士兵在城内的家属,进城去叫回他们的儿子或丈夫逃走、战场上投降或打仗时朝天开枪等。"③另外,该年电机系吴景新(一年级)、张厚琤(二年级)、沈武锟(二年级)、张作元(二年级)、胡长安(二年级)、唐释(二年级)、詹仁基(三年级)、王子乐(三年级)、张光辉(三年级)等也都离校参加了革命工作④。

---

① 清华大学电机系:《清华电机系七十周年系庆纪念集》,58页。

② 杨勤明:《60年前的清华园日记——清华园解放前后》,见《轻舟已过万重山:清华大学电机系一九五二级》,169页。

③ 陈伯铨:《回顾一生》,见《轻舟已过万重山:清华大学电机系一九五二级》,19页。

④ 《清华大学1948学年度第二学期参加南下工作团准保学籍至1949学年终逾期仍未返校学生名单》,清华大学档案,全宗号2,目录号校3,案卷号078。

清华园解放后,“清华南北二系地下党组织立即打通内部关系,1949年1月,在明斋117室召开了电机系51级第一次盟内部公开的会议,出席的盟员有20余人”①。为加强对革命知识的了解,当时“明斋117室的电机系同学一天一夜之内油印了毛泽东的《新民主主义论》数百册,供大家学习”②。此外,电机系学生还积极协助接管国民党旧政权的工作,如汪茂光当时被派往十二区,“先做兑换金圆券,收容国民党各部队的散兵游勇和摧毁伪保甲制度等一揽子工作”③,一个月后“又被分配到北平市总工会十二区办事处,担任店员工作组副组长”④。1949年1月30日北平解放后,清华学生积极进行党的政策宣传工作,“电50级和文法学院组成一个大队,正副大队长为谭重安(航空系)、李淑平。电51级和理学院合组一个大队,住在汇文中学。正副大队长是陶炳伦(化学系)、李维统、陈望祥、郭道晖为大队委;蒋企英、郑甲多为中队长”⑤。1949年2月3日,北平举行解放军入城式,电机系一部分学生在前门楼前欢迎解放军⑥。

1949年2月,清华大学“地下党在青年学生中的外围组织合并为‘新民主主义青年联盟’,并在群众中公开。电机系的盟员很多,有的班大部分人都是”⑦。3月,“电机系学生党员组成清华党总支第一分支部,有党员30余人,为全校各系中党员最多的。第一任支书为李淑平,副书记郭道晖;第二任支书为李维统。此前,陈望祥任全校青年团筹委会党组成员。3月20日,清华新民主主义青年团总支部成立。全校举行新青联盟员集体转团和新团员宣誓大会。50、51级分别成立团分支部”⑧。

1949年6月,清华地下党组织“正式向全校公开,在二校门前公布了

---

① 《情系清华:清华电机系50·51级毕业五十周年纪念集》,54页。

② 清华大学电机系:《清华电机系七十周年系庆纪念集》,52页。

③ 汪茂光:《我走过的人生道路》,见《轻舟已过万重山:清华大学电机系一九五二级》,101页。

④ 汪茂光:《我走过的人生道路》,见《轻舟已过万重山:清华大学电机系一九五二级》,101页。

⑤ 《情系清华:清华电机系50·51级毕业五十周年纪念集》,58页。

⑥ 清华大学电机系:《清华电机系七十周年系庆纪念集》,52页。

⑦ 清华大学电机系:《清华电机系七十周年系庆纪念集》,53页。

⑧ 清华大学电机系:《清华电机系七十周年系庆纪念集》,52页。

图 6-22　1949 年 2 月 3 日中国人民解放军举行进入北平正式入城式。电机系一年级(电一中队)在前门大街热烈欢迎解放军(前排戴圆形毛线帽的是凌瑞骥)①

图 6-23　1949 年 2 月,清华大学电机系学生到育英中学宣传北平解放后的新社会形势②

全校 185 名党员的名单,电机系的党员有 35 名,是各系中最多的"③。同月 27 日,"清华党组织公开活动。电机系党支部也于这时公开活动,清华的党团组织从此由地下走到地上"④。该年暑期,电机系学生"听取中央

① 凌瑞骥(1952 电机):《清华党组织是怎样从秘密状态走向公开的》,载《校友文稿资料选编》,第 12 辑。

② 清华大学校史馆提供。

③ 清华大学电机系:《清华电机系七十周年系庆纪念集》,52 页。

④ 《情系清华:清华电机系 50・51 级毕业五十周年纪念集》,54 页。

领导人彭真、薄一波、罗瑞卿、胡乔木等同志宣讲社会发展史、新民主主义论和党的建设等问题,学习了毛主席在‘七一’刚发表的《论人民民主专政》。少数党团骨干还参加了中学生暑期学园工作”①。暑假后,北京市委组织部通知:“为了实施第一个五年建设计划的需要,调入北京城区参加工作的各大学学生干部,原为理工科大学二年级以上的一律回到原校复学;凡原为一年级学生和文法科大学的学生则留下来继续工作”②。清华电机系学生“回校后,一批原地下盟员纷纷被批准入党。顾廉楚、朱镕基、梁新国等同学先后分别当了50/51级总干事”③。1949年10月,电机系师生与全校师生一起参加了国庆大典等活动。当时,清华大学进城游行集会队伍“由工学院电机系、机械系打头,其次是理学院、文学院、法学院、农学院等”④。

1949年,电机系李馨树(一年级)、褚斌(一年级)、李代厚(二年级)、张明义(二年级)参加了北平市区保工作⑤,“陈明廉、陈述等随军南下工作”⑥。此外,“电50级陈绍炘、阮跃民、姚伦泽、雷渊超和赵以翔等同学先后于1949年春、秋参加了人民海军”⑦;“1950年又有电51级常振铮、陆建勋、张盖凡、陈业粒、周盘祥、吴治衡6位同学自愿报名到海军学校当教师。他们都是班上学习优秀的学生,为了保卫祖国,他们奋勇当先,后来都成为造诣很高的教授。陆建勋还当选为工程院院士,常振铮当了中央广播学院院长。”⑧

对于当时电53班学生积极的爱国行动,钱家骊(1953)回忆:“入学时,班上只有3名中国共产党党员,他们是林英、董文达和刘迺泉。新民主主义青年团团员也不多,不会超过25%。毕业时,则绝大多数都是党团员

① 《情系清华:清华电机系50·51级毕业五十周年纪念集》,59页。

② 汪茂光:《我走过的人生道路》,见《轻舟已过万重山:清华大学电机系一九五二级》,101页。

③ 《情系清华:清华电机系50·51级毕业五十周年纪念集》,59页。

④ 焦雄华(1952电机):《忆60年前国庆》,载《校友文稿资料选编》,第15辑。

⑤ 《清华大学1948学年度第二学期高校参加革命工作准保留学籍至1949学年逾期仍未返校学生名单》,清华大学档案,全宗号2,目录号校3,案卷号078。

⑥ 《情系清华:清华电机系50·51级毕业五十周年纪念集》,59~60页。

⑦ 《情系清华:清华电机系50·51级毕业五十周年纪念集》,59~60页。

⑧ 《情系清华:清华电机系50·51级毕业五十周年纪念集》,59~60页。

图 6-24 电 51 级欢送参军 6 同学①

了。1950 年底,在抗美援朝运动中,我班曾分别到石景山钢铁厂、石景山发电厂、丰台黄土岗村和天桥等地参加宣传。1951 年暑假,部分同学在北京基建工地打工,为志愿军捐献飞机大炮。班上一些团员去京郊农村建立新民主主义青年团。1950 年底到 1951 年中,同学们响应号召,积极参军参干。我班先后有楼英崑、陈书鹄、田尧、程穆、吴辅仁、袁曾慰、程建宁、周曾德、周幼威、彭文怡、马文彬、马启平、张德江、张元良等 14 名同学光荣加入中国人民解放军。"②

1951 年,"电 51 届组织了强大的竞选团,为朱镕基竞选,继上届凌瑞骥(电 52)之后,朱镕基当选为学生会主席。他们在组织全校同学积极参加建国初期各项政治运动中起了重要作用"③。1953 年清华大学建立"双肩挑"政治辅导员制度,电机系刘迺泉、吕林、杨吟梅、唐泽圣、张芳榴、张慕葏等被选为首批政治辅导员,经过学生工作的锻炼,后来他们均成为了政治和业务骨干。

从 20 世纪 50 年代中后期开始,电机系师生经历了一系列的政治运

① 《情系清华:清华电机系 50 · 51 级毕业五十周年纪念集》,60 页。

② 钱家骊(1953):《我们的电 53 班/无 53 班》,载《清华校友通讯》,复 47 期。

③ 《情系清华:清华电机系 50 · 51 级毕业五十周年纪念集》,59 页。

动,在此过程中,也走过了一些曲折的道路。如1955年暑假,“电机系教工学生参加了‘肃清一切暗藏的反革命分子的学习活动’(简称‘肃反’)。在运动中,揭发批判了反革命活动,人们受到教育,但也伤了些人,所幸后果不严重。”①1957年大鸣大放,“清华大学第一张大字报就出自电机系,当时不少引人注目的大字报也来自电机系。……经过大字报、大小斗争会的揭发批判,最后定下全系右派分子共计53人,占全校右派人数1/10,其中教工11人,学生42人,并分别给他们党籍、团籍和行政处分,个别人受到更严厉的处理。电机系成为清华大学三个‘烂掉’的单位之一。电机系党总支书记、团总支和一些政治骨干被定为右派分子”②。

1958年3月,“在全校师生中开展了‘反浪费、反保守’的双反运动,很快就引向了揭露师生中种种个人主义表现,批判资产阶级思想,护送‘西瓜’(即提意见,开展批评),开展了‘插红旗、拔白旗’的活动。系主任章名涛教授当时被重点批判,大字报铺天盖地。与此同时,电机系师生参加了大跃进、大炼钢铁等运动。在大跃进的日子里,教师学生经常日夜奋战,影响了正常教学秩序。同时,由于受‘左’的思想指导,政治问题、思想问题和学术问题的界限又常被混淆,一些教师被扣上‘资产阶级专家’、‘走白专道路’的帽子加以批判,甚至批判了被称为电机工程‘老祖宗’的麦克斯韦方程组。”③对于当时的情形,据蔡宣三(1950电机)后来回忆:“‘反右’以后,1958年,学校拔‘白旗’。先生(按:即章名涛)是全系的大白旗,这不会令人感到意外。不幸的我,也沦为电器教研室的白旗(当然,和先生比,还只能算小白旗)。那时,主要是用大字报的形式拔旗,许多是不实之词,‘白旗’也无权申辩。”④

1962年3月,周恩来总理在广州召开的全国科学技术会议上做了《论知识分子问题》的报告,他指出:“各级领导要以老老实实、实事求是的态度,承认错误,改正错误,有则改之,无则加勉。过去对同志们批评错了的、多了的、过了的,应该道歉。……凡是党和政府方面犯的错误都要改

---

① 清华大学电机系:《清华电机系七十周年系庆纪念集》,56页。

② 清华大学电机系:《清华电机系七十周年系庆纪念集》,56页。

③ 清华大学电机系:《清华电机系七十周年系庆纪念集》,57页。

④ 蔡宣三(1950电机):《我们的心是相通的——纪念章名涛教授诞辰100周年》,载《清华校友通讯》,复55期。

正。改要有实际行动。”[①]受周恩来总理的嘱托，陈毅在这次会议上还做了为知识分子“脱帽加冕”的讲话，提出知识分子“是人民的科学家、社会主义的科学家、无产阶级的科学家，是革命的知识分子，应该取消资产阶级知识分子的帽子”[②]。对周恩来总理等领导人在全国科学技术会议的讲话，清华大学及时进行了传达，并贯彻以切实的行动。据蔡宣三(1950电机)回忆：“1962年，广州会议后，根据上级指示，清华组织教授、副教授每周一次政治学习，先是‘吐瓜子’，提倡‘不抓辫子，不打棍子，不扣帽子’，简称‘神仙会’。我们系的‘神仙会’照例是在章先生家开……记得先生吐瓜子时，说过这样一段话，大意是：政治气氛给人的压力太大，使人感到犹如笼屉里的馒头，透不过气来，希望给知识分子一个轻松宽容的环境，等等。”[③]由上述可见，当时的政治气氛紧张，知识分子压力很大，对电机工程系教职员工以及系里教学科研的发展，都造成了不利的影响。

---

① 周恩来：《论知识分子问题》(1962年3月2日)，http://www.people.com.cn/GB/34948/34968/2619875.html，2012-03-14。

② 《全国科学技术会议》(1962年3月2日—26日)，http://dangshi.people.com.cn/GB/165617/166496/168117/10012186.html，2012-03-14。

③ 蔡宣三(1950电机)：《我们的心是相通的——纪念章名涛教授诞辰100周年》，载《清华校友通讯》，复55期。

7

“文革”时期的清华大学电机工程系

1966年5月4日至26日，中共中央政治局扩大会议在北京举行，并于5月16日通过了《中国共产党中央委员会通知》，即《五一六通知》，其中提出：“全党必须遵照毛泽东同志的指示，高举无产阶级文化革命的大旗，彻底揭露那批反党反社会主义的所谓‘学术权威’的资产阶级反动立场，彻底批判学术界、教育界、新闻界、文艺界、出版界的资产阶级反动思想，夺取在这些文化领域中的领导权”[①]。自此，“文化大革命”全面展开[②]。这一时期，清华大学成为重灾区，电机系的教学与科研也遭受了很大的破坏。

1966年6月初，电机工程系与其他系一样，被迫停课和停止招生。1968年4月23日，清华大学“井冈山兵团总部”（简称“团派”）和“四一四总部”（简称“四派”）发生了严重的武斗。当时，“电机系高压实验室成为武斗据点，电机馆也展开了一场长矛攻防战。在科学馆，电机系一学生中弹身亡。科学馆顶楼被烧。此时，大批教师学生纷纷逃离学校”[③]。1968年7月27日，中央派工人、解放军宣传队进驻清华大学，“一方面制止了武斗，稳定了局势，另一方面全面接管了校、系领导权。”[④]那时，到校外避难的教师陆续返校，但不久又遭到了清理，如“全校在大礼堂前召开了五次万人大会批斗蒋南翔等学校领导和一些教师。电机系原党总支书记王遵华莫名其妙地在万人大会上被批斗；原系主任章名涛被定为反动学术

① 《中共中央通知》（1966年5月16日），见陈大白：《北京高等教育文献资料选编（1949—1976）》，878页。

② 陈矩弘：《“文化大革命”时期福建教育革命研究》，15页，福建师范大学硕士学位论文，2004。

③ 清华大学电机系：《清华电机系七十周年系庆纪念集》，59页。

④ 清华大学电机工程与应用电子技术系，http://www.eea.tsinghua.edu.cn/publish/eea/1359/index.html，检索日期：2012-10-14。

权威,屡遭批斗。这些对广大干部、教师所造成的精神创伤难以估量。从1969年2月到4月,又进行了开门整党即工宣队和群众整党,党员人人过关,只有被认为检讨'深刻'才能过关。高景德(原校党委常委)也在此时被强制劝退出党”[①]。另外,电机系其他一些教师也受到了伤害,如蔡宣三(1950电机)在当时“被编入'教授学习班',扫厕所,交代问题”[②];施能民(1958电机)“作为'牛鬼蛇神'第一批被下放到福建省偏僻的山区接受贫下中农的再教育。一介书生披星戴月耕耘在田间地头,但工分不到普通社员的一半”[③]。自1969年5月起,清华大学全校3000多名教职工陆续被送往江西鲤鱼洲农场进行劳动改造,电机系大多数教师去了农场,参加生产劳动,部分教师染上了血吸虫病,身体受到了严重的伤害[④]。

1970年6月27日,中共中央批示了《关于北京大学、清华大学招生(试点)的请示报告》。“从1970年至1976年电机系共招收六届'工农兵学员'917名,每届约150名。还招收了非洲国家的3名留学生。招生专业为电力系统及其自动化、电机、高电压工程”[⑤]。学习内容包括:“遵照毛主席'以学为主,兼学别样,即不但学文,也要学工、学农、学军,也要批判资产阶级'的教导,紧密结合三大革命运动实践,设置:以毛主席著作为基本教材的政治课;实行教学、科研、生产三结合的业务课;以备战为内容的军事体育课。文、理、工各科都要参加生产劳动”[⑥]。但由于“学生文化程度参差不齐,有的只有小学文化程度,给教学带来极大困难”[⑦]。此外,1975年清华大学还成立了业余大学,设有普通电工等专业,“学制分为半

---

① 清华大学电机系:《清华电机系七十周年系庆纪念集》,60页。

② 蔡宣三(1950电机):《我们的心是相通的——纪念章名涛教授诞辰100周年》,载《清华校友通讯》,复55期。

③ 蔡宣三(1950电机):《我们的心是相通的——纪念章名涛教授诞辰100周年》,载《清华校友通讯》,复55期。

④ 清华大学电机系:《清华电机系七十周年系庆纪念集》,60页。

⑤ 清华大学电机工程与应用电子技术系,http://www.eea.tsinghua.edu.cn/publish/eea/1359/index.html,检索日期:2012-10-14。

⑥ 《中共中央关于北京大学、清华大学招生(试点)的请示报告的批示》(1970年6月27日),见陈大白:《北京高等教育文献资料选编(1949—1976)》,934页。

⑦ 清华大学电机工程与应用电子技术系,http://www.eea.tsinghua.edu.cn/publish/eea/1359/index.html,检索日期:2012-10-14。

年、一年或两年不等,每周学习两个晚上一个下午”[①]。1970—1976 年清华电机系录取学生人数分布如图 7-1 所示。

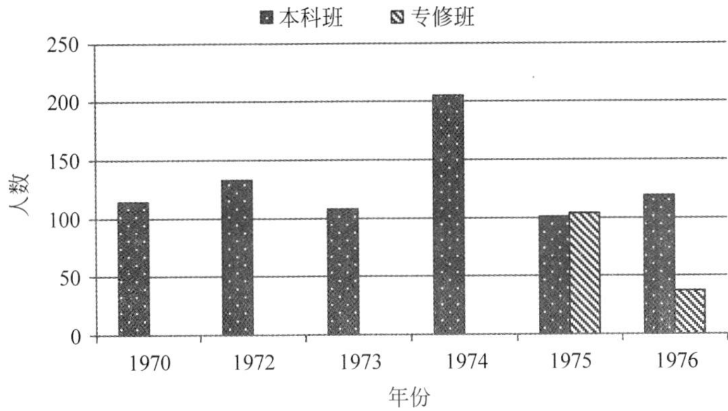

图 7-1 1970—1976 年清华大学电机系录取学生人数分布图

(资料来源:清华大学电机系:《清华电机系七十周年系庆纪念集》,78 页)

1970 年 8 月,清华大学“将原动力机械系的锅炉、燃气轮机等专业与原电机工程系的电机、发电、高压等专业合并成立电力工程系;将原电机工程系的电器、工业企业自动化专业与原动力机械系热能动力装置专业中的热力设备自动化专门化及热工测量专业等合并成立工业自动化系”[②]。而“这一变化一直受到质疑。电力系的革命委员会和中共党总支委员会绝大部分为工宣队员组成。他们文化程度低、也不懂教育,更严重的是他们直接受迟群的亲自指挥,使电机系遭受一场苦难”[③]。“1970 年,电机系的自动装置教研组、电子学教研组和工业企业电气化教研组全部教师、实验员调入新成立的自动化系,其中自动装置教研组大部分教师在可控硅元件车间从事生产、教学和科研工作,这时部分教师已离校流失。1978 年可控硅元件车间解散,剩下的一部分教师转入自动化系新成立的

① 金富军:《“文化大革命”期间的清华大学》,http://xs.tsinghua.edu.cn/docinfo/board/boarddetail.jsp?columnId=00301&parentColumnId=003&itemSeq=5759,2009-04-28/2011-12-10。

② 金富军:《“文化大革命”期间的清华大学》,http://xs.tsinghua.edu.cn/docinfo/board/boarddetail.jsp?columnId=00301&parentColumnId=003&itemSeq=5759,2009-04-28/2011-12-10。

③ 清华大学电机系:《清华电机系七十周年系庆纪念集》,60 页。

信息处理教研组”①。

1971年4月15日—7月31日，全国教育工作会议在北京举行，会议提出“教育必须突出无产阶级政治，用政治统帅业务，把转变学生的思想放在首位。要坚持以学为主的原则，上好政治课和社会主义文化课，保证教学时间和质量。要把学文和兼学别样结合起来，坚持理论和实践的统一。工农兵学员在学习过程中仍要参加实践，在实践的基础上着重向理论方面学习。要重视基础理论课教学。反对单纯学理论和轻视理论学习的两种偏向”②。1972年，“何东昌主持学校教改组工作后，着手整顿教学秩序，修订教学计划，对1970年入学的工农兵学员中文化程度低的学员集中补习数学等基础课，对1972年入学的学员试行半年预科以补习文化基础，并增加系统理论教学学时”③。1973年，清华大学“制定关于安排‘以学为主，兼学别样’的试行意见，规定3年半共182周，教学活动（学文、学工）142周，占68%”④，具体如表7-1所示。

表7-1　1973年教学计划各类活动安排

	周数	百分比(%)	一年级	二年级	三年级	第七学期
教学活动（包括学工）	142	78	41周	38周	40周	23周
学农	4	2.2	1		3	
学军（包括拉练、民兵教育）	3	1.7		3		
战备施工	2	1.1		2		
入学教育、期中和毕业总结	3	1.7	1	1		1
建校劳动	2	1.1	1		1	
机动	7	3.8	2	2	2	1
节假日	19	10.4	6	6	6	1
总计	182	100	52	52	52	26

（资料来源：方惠坚、张思敬：《清华大学志》，上册，120页）

① 蔡宣三（1950电机）、钱家骊（1953电机）：《清华大学电器教研组的一段历史》，载《校友文稿资料选编》，第13辑。

② 《全国教育工作会议纪要》（1971年8月13日中共中央批准），见陈大白：《北京高等教育文献资料选编（1949—1976）》，965页。

③ 方惠坚、张思敬：《清华大学志》，上册，119页。

④ 方惠坚、张思敬：《清华大学志》，上册，119页。

但这一时期，加强基础理论课教学的措施“被视为‘右倾回潮’的表现。1973 年 10 月到 1974 年 1 月开展了‘反击修正主义回潮’的运动（当时称为‘三个月运动’），上揪‘代表人物’，把矛头指向周总理，下扫‘社会基础’，对何东昌、艾知生、滕藤等校有关领导进行批斗，下放劳动。运动中，电力工程系燃气轮教研组和高压教研组是全校的重点单位，派工农兵学员进驻。高压教研组 7 位教师因说了一些‘不合时宜’的话，被打小报告而受重点批判，被称为‘裴多菲俱乐部’（1956 年波匈事件中匈牙利的著名组织）。电力工程系中被列为校、系和教研组批判重点的共 23 人，其中有 3 人被定为敌我矛盾，在各种会议上、大字报上被批判的教师就更无法统计了”①。同时，“‘连队办学’是这一时期的重要特点。‘三个月运动’后，把教师和学生按专业建立了工宣队、教师、学生三结合的专业领导小组。解散了电工基础、电工学等基础课教研组，教师分散到各专业。教学上由几个教师负责一个班，承担由基础课到专业课的全部教学任务。接着又提出了工农兵学员‘上管改’的口号，即工农兵学员‘上大学、管大学、用毛泽东思想改造大学’；随后又开展了‘开门办学’，教师、学员组成小分队，分赴各地工厂。例如，高压专业就先后分布在沈阳高压开关厂、北京开关厂、北京互感器厂和天津电业局等地。教师白天上课，晚上又常成为批判的对象”②。1966—1978 年电机系留校、分配、引进和调入教职员名单见表 7-2。

表 7-2 1966—1978 年留校、分配、引进和调入电机系教职员名单

教 师	周双喜	杨振宜	王永县	李国柱	崔文进	陈 刚	王学恭	陈书君	童陆园	关志成
	徐国攻	杨学昌	杨心泉	李福祺	曹家喆	黄立培	邱阿瑞	瞿文龙	宫兴林	苏鹏声
	黄斐梨	王赞基	王树民	陆文娟	侯国屏	李志康	徐福媛	王建生	赵莼善	曹建中
	姜瑞宝	张贵生	高上凯	胡广书	王家森	唐 英	郁士瀛	邵会华	林 亨	张志广
	陈利建	沈永林	唐应武	唐庆玉	叶大田	卢瑞英	王士敏	刘廷文	尹传平	汪晓光
	王悦敏	杜彦从	齐秋根	夏志莹	高玉明	韩 旻	李芙英	张淑芝	王宝玲	窦玉芹
	孙天和	郑金龙	李凤玲	何俊英	朱守真	赵国虹	张可聪	金显贺	蔡芝凤	张 孝
	金生阁	胡玉华	曹桂莲	杨学正	安 英	胡宝振	王叶滔	生 洁	王建强	徐凤兰

① 清华大学电机系：《清华电机系七十周年系庆纪念集》，60 页。

② 清华大学电机系：《清华电机系七十周年系庆纪念集》，60~61 页。

续表

实验员 职　员 职　工	刘秀华	王玉清	郝秀荣	侯明显	马颖琦	陈伯京	马贵月	程玉田	冉凡英	奎丽荣
	李莲子	丌立荣	孙月娜	程　明	郑振华	高秀芳	李砚芳	常建荣	谢　兵	李　风
	袁文玉	金丽英	李国富	郑竹茵	丁福祥	贾小齐	康友仁	刘曙祥	董国成	熊月堂
	吴政新	何孔华	余本杰	储　华	沈美云	陶　甄	李慎龄	杨淑云	孙启元	崔国文
	杨淑琴	徐建一	魏瑞玲	阎秀峰	肖瑞华					

(资料来源:清华大学电机系:《清华电机系七十周年系庆纪念集》,76页)

尽管这一时期电机系的教师们身处逆境,但仍致力于教学科研工作之中,“他们从学生的实际出发,编写了许多教材,研究教学方法,尽力使学生掌握更多的知识。因此,绝大多数学生经过努力,取得了相当大的进步。后来不少毕业生成长为一些部门的领导或骨干,为国家建设做出了重要贡献,有少数人还取得了国内外硕士或博士学位,在学术上也有了一定造诣。他们很多人在当时和以后与教师们都一直保持着亲密的关系。此外,许多教师仍潜心钻研业务,开展学术研究,如高景德、郭永基等从江西、青海、山西等地电力系统中的实际问题出发,在理论上做了深入的研究,有了新的创见,写出了《串联电容引起的电动机自激》的专著,解决了重要的技术问题。此书已被评为优秀著作,并在国内外发行。电机教研组还进行了异步电机同步化,特殊电机与节能技术方面的研究;发电教研组对北京、湖北、山西、东北东部、大庆和江西等电力系统中的运行稳定性,传输能力和电压质量等问题进行了研究,探索了计算机在电力系统中的应用,派教师进藏支援了羊八井地热电站;高压教研组开展了高压开关增容、新型高压熔断器,五十万伏精密直流高压分压器和静电电压表,白山地下电站防雷模拟以及东北、华北、华东首批五十万伏变电站防雷模拟和为国防部门研制的大功率脉冲装置等。正是在广大教师的不懈努力下,电机系科研工作仍取得了的一些进展,为改革开放后的更快发展奠定了基础”①。

① 清华大学电机系:《清华电机系七十周年系庆纪念集》,61页。

8

1977—2001年清华大学电机工程系的振兴

十年"文革"动乱,给中国社会的建设和发展带来了严重破坏。"文革"结束后,各项工作的重心开始转移到经济建设上来,迫切需要大量科技人才。伴随着改革开放,中国电力电工行业迎来了全新的发展机会,急需引进吸收大量国外先进技术。清华电机工程系由此进入了加快振兴发展的新时期,在一批学术造诣高的教授的引领和积极探索下,在师资队伍建设、教学、科研及人才培养等多个方面,根据国家建设、社会发展需求,以及本学科国际前沿的最新发展动态等,及时做出调整,开始有组织、成规模地与国内外企业开展深入的科技合作,在解决产业发展所需的技术和工程问题的同时,凝练科学问题,引领学科发展,培养高水平人才,取得了可喜成绩,在发展速度、规模和质量上,都呈现出欣欣向荣的景象。

一、历史沿革

1977年,党和国家开始拨乱反正,清华大学的教学、科研等各项工作逐步恢复。根据国家发展及学校学科调整的需要,电机工程系基层单位的结构以及名称等均发生了较大变化。如1978年11月,"原动力系的有关专业和教研组离开电力工程系,另组成热能工程系。电力系恢复了电机、发电、高电压、基本电工和电工学等五个教研组的建制"。[①] 次年,电工学教研组又改名为"应用电子学及电工学教研组"[②]。1979年,教育部直属工科重点院校专业调整会议确定了清华大学设置的专业,其中包括电力系统及其自动化(原发电厂及电力系统专业)、高电压技术及设备、电机,均为五年制[③]。1980年10月,清华大学校长工作会议通过:"考虑到

① 清华大学电机系:《清华电机系七十周年系庆纪念集》,62页。

② 清华大学电机系:《清华电机系七十周年系庆纪念集》,64页。

③ 《清华公报》,第9期,1979年8月20日。

电力工程系的历史状况和目前专业设置的现实,以及今后的发展,确定将电力工程系恢复原电机工程系的名称。"①

图 8-1　电机工程系系牌②

这一时期,"电工学教研组的教师在面向全校非电类专业做好电工技术和电子技术课程教学的基础上,积极探索在生物医学工程领域开展科研并培养研究生,筹办新专业。"③1979 年,电机工程系创建生物医学工程学科,并于当年开始招收硕士研究生;1982 年,该专业正式获得批准,开始招收本科生④。1984—1985 学年度,电机系的专业设有电力系统及其自动化、高电压技术及设备、电机、生物医学工程与仪器,教研组包括有电力系统及其自动化、高电压技术、应用电子学及电工学、电机、基本电工⑤。

根据电机系的学科发展以及社会需求,1989 年 3 月 16 日,经校务会议通过,电机工程系改名为电机工程与应用电子技术系⑥,简称电机系,韩

① 《清华公报》,第 31 期,1980 年 10 月 15 日。

② 清华大学电机系:《清华电机系七十周年系庆纪念集》,62 页。

③ 清华大学电机系:《清华电机系七十周年系庆纪念集》,64 页。

④ 《清华大学医学院——生物医学工程》,http://www.tsinghua.edu.cn/publish/med/3143/index.html,检索日期:2011-10-28。

⑤ 《清华大学一览》,1984—1985 年。

⑥ 《清华公报》,第 147 期,1989 年 3 月 17 日。

英铎任主任①。同时,“一方面,随着科学技术的迅速发展,电子、计算机、信息技术等新兴学科对传统电工学科的交叉渗透,使电工学科各个专业具有更广泛的共同基础,并且专业界限变得模糊;另一方面,随着社会主义市场经济的发展,用人单位也需要具有更宽专业口径的高层次电工学科人才。为此,自 20 世纪 80 年代初开始,电机系就不断进行专业改造,并于 1989 年正式将原电力系统自动化、高电压技术、电机三个专业合并为一个宽口径的电气工程及其自动化专业”②。

图 8-2　电机工程与应用电子技术系系牌③

1993 年 8 月,清华大学暑期党政干部会上提出,“到 2011 年,清华大学建校 100 周年时,争取把清华大学建设成为世界一流的、具有中国特色的社会主义大学”④,并相继制定了《清华大学“211 工程”的整体规划报告》⑤、《清华大学“九五”事业发展规划》⑥等,要求加强学科建设。1995 年,电机系“开始研究制定‘九五’学科发展规划”⑦,并凭借着有一支即便

① 《清华公报》,第 147 期,1989 年 3 月 17 日。

② 清华大学电机工程与应用电子技术系,http://www.eea.tsinghua.edu.cn/publish/eea/1359/index.html。

③ 清华大学电机系:《清华电机系七十周年系庆纪念集》,62 页。

④ 方惠坚、张思敬:《清华大学志》,下册,845 页。

⑤ 清华大学校史研究室:《清华大学一百年》,457~458 页。

⑥ 方惠坚、张思敬:《清华大学志》,下册,847~848 页。

⑦ 清华大学电机系:《清华电机系七十周年系庆纪念集》,69 页。

发生了很多政治运动以及“文化大革命”，也始终没有停止搞科研、谋划学科发展、研究教育教学方法的高水平教师队伍，如此，该年“电机系电工学科点在全国综合评估中，在学科建设、人才培养、科学研究和综合水平等各个分项的成绩均名列全国第一名”①。1996 年，“电机系电工学科点被国务院学位委员会宣布为全国首批按一级学科授权的试点单位”之一②。此外，1996 年“在完善‘九五’学科发展规划的基础上，电机系领导核心组织了‘211 工程’建设项目可行性报告的论证，提出了《扩建‘电力系统及大型发电设备安全控制与仿真’研究实验平台》的建设方案，把电力系统及其自动化、电力电子技术、电气设备在线检测和故障诊断等学科方向作为建设的重点。随后，该可行性报告获得了学校的批准。作为能源工程学科群‘211 工程’重点建设项目的主要部分，国家与学校实际共投入 520 万元，电机系自筹 170 万元作为配套，进行建设”③。在 1997 年进行的全国学科调整中，“‘电工’一级学科改名为‘电气工程’，下属的五个二级学科的名称分别调整为‘电机与电器’、‘电力系统及其自动化’、‘高电压与绝缘技术’、‘电力电子与电力传动’、‘电工理论与新技术’；‘生物医学工程与仪器’学科改名为‘生物医学工程’，并上升为一级学科。”④

2001 年，“全国再次按二级学科申报重点学科点，电机系的‘电力系统及其自动化’、‘高电压与绝缘技术’、‘电机与电器’、‘电工理论与新技术’再次被评为重点学科点，而且‘生物医学工程’学科点也榜上有名。”⑤同年 12 月，生物医学工程专业和学科点由电机系改划入医学院。

二、师资队伍

改革开放以来，为促进教学、科研工作开展，电机系加强了教职工队伍的建设，1978 年晋升高级专业技术职称教师 2 名；1979 年晋升高级专业技术职称教师 25 名、中级职称教工 50 名、初级职称人员 50 名；1980 年

---

① 方惠坚、张思敬：《清华大学志》，下册，92 页。

② 方惠坚、张思敬：《清华大学志》，下册，92 页。

③ 清华大学电机系：《清华电机系七十周年系庆纪念集》，69 页。

④ 清华大学电机系：《清华电机系七十周年系庆纪念集》，64 页。

⑤ 清华大学电机系：《清华电机系七十周年系庆纪念集》，64 页。

晋升高级专业技术职称教师4名、初级职称人员1名①。1981年,“电机系共有教职工281名,其中教授11名,副教授34名,讲师70名,助教57名,教辅人员和职工约109名”②;“高景德、黄眉、王宗淦、孙绍先、杨津基、王先冲、唐统一、肖达川等教授”当选国内首批博士生指导教师③。在短短的几年内,电机系很快就形成了一支力量雄厚的师资队伍。如高景德教授是“我国第一位在原苏联获得博士学位的学者”④,同时也是“清华大学唯一的一位跨电机与电力系统两个二级学科的博士生指导教师”⑤,曾多次荣获国际、国家级科研和教学成果奖⑥,特别是在他担任清华大学副校长和校长期间,在他的“倡议和主持下,清华成立了研究生院和继续教育学院,并在研究生招生、培养及管理等方面进行了系统性的改革,使在校硕士和博士研究生的数量在短短几年内,就由五、六百人增加到了近三千人,培养规模大幅度提高;同时,清华大学逐步探索并积累了一套多模式培养研究生的途径,使学校进入了成批培养高层次人才的新阶段。”⑦

20世纪80年代中期,电机系采取了多种方法补充、加强师资队伍建设,如“电机系自己培养的1990年以前毕业的优秀博士中,有10多名留校任教;从美国、日本、俄罗斯、法国、德国、比利时等国家获得博士学位的一些中青年博士也加入了电机系教师队伍,这在清华大学各院系中具有明显优势”⑧。此外,1985年11月,建设在电机系的电工博士后流动站获得国家批准⑨。“电工博士后流动站与一些大型国有企业建立了很好的科研及人才培养合作关系,不长的时间,就涌现出一批学术水平高、工作表现突出的博士后,充实了电机系的中、青年教师队伍,成为了科研的骨

① 《清华公报》,1979—1980年。
② 方惠坚、张思敬:《清华大学志》,下册,95页。
③ 清华大学电机系:《清华电机系七十周年系庆纪念集》,70页。
④ 方惠坚:《高景德纪念文集》,3页,北京,清华大学出版社,1999。
⑤ 方惠坚:《高景德纪念文集》,3页。
⑥ 方惠坚:《高景德纪念文集》,4页。
⑦ 方惠坚:《高景德纪念文集》,4~6页。
⑧ 清华大学电机系:《清华电机系七十周年系庆纪念集》,70页。
⑨ 方惠坚、张思敬:《清华大学志》,下册,104页。

图 8-3　1981 年校庆，电机系老教授、老学友合影。前排左起为章名涛、马大猷、高景德、常迥；右二起为王宗淦、程式；二排左边起为黄眉、范崇武、孙绍先、王先冲等①

干力量"②。1981—1997 年，电机系教职工人数变化情况如图 8-4 所示；1979—2001 年，电机系留校、分配、引进和调入的教职工名单，见表 8-1 和表 8-2。

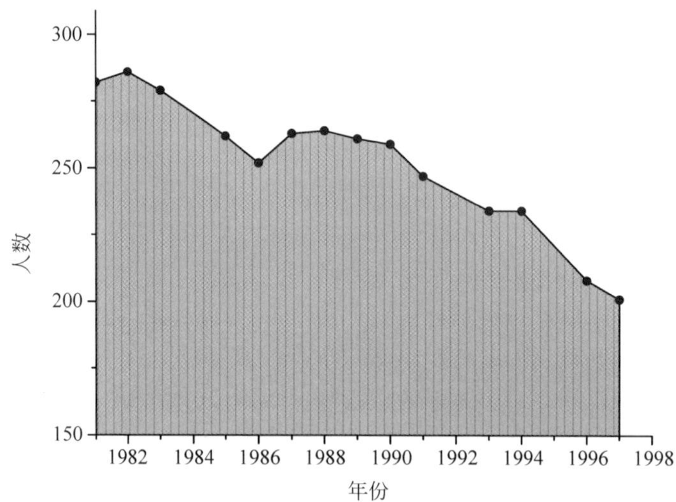

图 8-4　1981—1997 年电机系教职工人数变化曲线
(资料来源：1981—1997 年清华大学教职工统计资料，清华大学档案，全宗号，目录号 259，案卷号略)

① 清华大学电机系：《清华电机系七十周年系庆纪念集》，17 页。
② 方惠坚、张思敬：《清华大学志》，下册，104 页。

表 8-1　1979—1990 年留校、分配、引进和调入电机系的教职员名单

教师	张菊鹏	黄慎仪	何丽静	张族玲	张贵媛	李鸿庆	刘明哲	郭艾芳
	张唯真	杨孟琢	刘元元	夏仁平	王心丰	倪以信	刁颐民	费仁言
	王祥珩	王 佳	牛梦菊	赵 伟	王 平	王孙禺	王西生	杨 镭
	刘秀成	何 青	刘生义	安玉忠	苏 微	张立群	汪晓东	周 勤
	郑京生	张伯明	赵学东	陈基和	郝小欣	刘建政	王小波	吴绿林
	盛新富	杨先庆	韩可都	韦大同	翁 力	王 琳	卢 健	姜新建
	丁青青	郑志翔	孙元章	白 净	丁海曙	容观澳	王广志	白秀庭
	宋建宁	王百宽	赵 松	董 浩	李文平	朱 强	孙国胜	王永强
	杨 健	张智刚	夏 清	刘卫东	柴建云	曹立宇	王新新	梁曦东
	熊金虎	尹亚男	张贵新	赵铁滨	闵 勇	栾记源	郭 恒	李永东
	冯治鸿	张 学	郑汉楚	郝逢年	徐东民	杨建国		
实验员 职 员 职 工	闵家兰	吴庭奎	曹 宇	田 军	王辩琴	孙文达	陈永亭	蔡永生
	李雪冰	王德延	刘 森	季 风	王 为	邢广军	董甲瑞	张丕进
	潘 苓	刘文武	梁作清	孙劲松	王英珍	向春秀	傅常服	慕 萍
	刘爱华	孙艳栋	李荣军	李聪河	孙晓瑛	邹 鸣	张司政	丁 辉
	林 榕	张习郑	魏 民	崔 灵	张 薇	王 瑛		

（资料来源：清华大学电机系：《清华电机系七十周年系庆纪念集》，76 页）

表 8-2　1991—2001 年留校、分配、引进和调入电机系的教职员名单

教师	段玉生	富耀宗	王春风	唐全利	赵争鸣	张中华	袁 斌	王云华
	时恒平	黄瑜珑	陈 猛	王艳丹	陈建业	宋海丽	李国杰	周新胜
	李天亮	唐 旭	晏子飞	陈 莲	曹江涛	高小榕	吕鸿莉	王忠东
	汤存燕	何金良	李 克	郭小明	朱小梅	苏红娟	刘志林	张永红
	邓佑满	赵志宏	李庆民	周小强	王德增	宫 琴	吕俊银	唐长青
	胡 琳	刘 可	李 勇	王 健	卢海惟	刘 萍	杜 民	赵晓松
	王松岩	蒋晓华	胡振山	曹海翔	蓝 宁	吕文哲	袁建生	丁仁杰
	刘文华	姜齐荣	于庆广	梁 旭	曲荣海	孙旭东	刁勤华	郭静波
	孙宏斌	宋向东	黎 雄	张传利	梅生伟	董新洲	康重庆	张毅威
	王黎明	陈水明	刘 虹	朱桂萍	王卫舟	于 波	焦连伟	曾 嵘
	刘丛伟	高胜友	周远翔	徐 政	于歆杰	孟 朔	王善铭	程 林
	沈 瑜	郑竞宏	郭志刚	胡秉谊	许 宁	邹 军	杨得刚	刘瑛岩
	关永刚							
实验员 职 员 职 工	徐 云	张 颖	董 鸿	郭 松	李 胜	祁 硕	董振玲	袁 炜
	郭 欣	刘 艳	朱 红	郑中华	周 红	吕 庚	刘 坤	赵 莹
	段燕梅	李铁文	贾玉荣					

（资料来源：清华大学电机系：《清华电机系七十周年系庆纪念集》，76 页）

经过不懈努力，到20世纪末，电机系师资队伍初步形成了力量雄厚且结构较为合理的局面，其中，既有学术造诣深厚的老一辈知名学者，也有一批年富力强的中青年教师。1979—1997年，电机工程系师资队伍结构如图8-5所示。

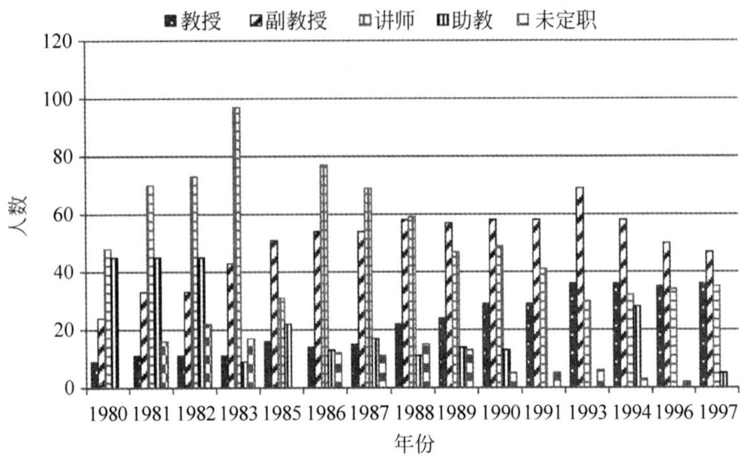

图8-5 1980—1997年清华大学电机系教师的组成结构
(资料来源：1980—1997年清华大学教职工统计资料，清华大学档案，全宗号，目录号259，案卷号略)

1998年以后，清华进一步加大投入，积极引进国内外知名学者来校任教，同时注重提升高级职称教师的比例。据统计[①]：电机系1998年批准晋升高级专业技术职务人员14名、中级11名、初级10名；1999年，批准晋升高级专业技术职务人员15名；2000年，批准晋升高级专业技术职务人员11名、中级8名、初级4名；2001年，批准晋升高级专业技术职务人员10名、中级10名、初级3名。

表8-3 1979—2001年电机系教职工部分获奖名单

序号	获奖人(团队)	获奖名称	获奖时间
1	高压开关教学小组、电工实验室	清华大学先进集体	1979年
2	杨成才	清华大学先进工作者	1979年
3	王鸿明等22人	清华大学教学工作优良人员	1980年

① 《清华公报》，1998—2010年。

续表

序号	获奖人(团队)	获奖名称	获奖时间
4	电路分系教学组及计算机室	清华大学先进集体	1980年
5	杨津基、江缉光	清华大学先进工作者	1980年
6	王叶滔、张济世、邵会华、韩毅、王维俭、张节容、黄炜纲、韩旻	清华大学科研工作优良人员	1980年
7	张宝霖、卢强、张仁豫、马信山、张麟征、姜建国、阎俊卿	清华大学研究生教学工作优良人员	1980年
8	动态模拟实验室，基本电工电路理论自动化教学小组	清华大学先进集体	1982年
9	杨福生、侯明显、李凤玲	清华大学先进工作者	1982年
10	发电教研组微处理机应用组，脉冲超声多普勒血流仪科研组	清华大学先进集体	1983年
11	陈秉中、魏瑞玲、阎俊卿	清华大学先进工作者	1983年
12	崔国文等7人	清华大学工会积极分子	1983年
13	肖瑞华、李隆年、李英文、崔文进、李承仪、杨淑云、王建生	清华大学工会积极分子	1985年
14	微循环科研小组、电路教学小组	清华大学先进集体	1985年
15	李凤玲、张仁豫、陈允康	清华大学先进工作者	1985年
16	王先冲、杨福生	清华大学教学工作优秀一等奖	1985年
17	肖达川	清华大学教学工作优秀奖二等奖	1985年
18	张宝霖	清华大学教学改革成果奖二等奖	1985年
19	王鸿明	清华大学教学工作优秀奖三等奖	1985年
20	《电机学》教学小组(黄斐梨等)、朱泽煌、《应用电子学》教学实验(张唯真等)	清华大学教学改革成果奖三等奖	1985年
21	王先冲	北京市高教系统教书育人、服务育人先进个人	1985年
22	邓泰林	1986年市委决定予以表扬的共产党员	1986年

续表

序号	获奖人(团队)	获奖名称	获奖时间
23	电机工程系仪3应用电子学课程教学小组，基本电工实验室	清华大学教职工先进集体	1986年
24	朱德恒、邓泰林、沈美云	清华大学先进工作者	1986年
25	王维俭	清华大学教学工作优秀奖一等奖	1986年
26	电磁场教学实验改革小组(电机工程系 王先冲、王建生、宫莲、王平、马信山)	清华大学教学改革成果奖一等奖	1986年
27	张唯真，杨福生	清华大学教学工作优秀奖二等奖	1986年
28	精密仪器与机械学系83级《应用电子学与电工学》课程改革小组(电机工程系 周礼杲 唐英等)、《电机量测》课程及实验小组(电机工程系 徐伯雄 窦玉琴 陈宜林)	清华大学教学改革成果奖二等奖	1986年
29	邓泰林	北京市高等学校实验室先进个人	1986年
30	基本电工实验室	清华大学实验室工作先进集体	1986年
31	邓泰林、钟长华(女)、沈飞英	清华大学实验室工作先进个人	1986年
32	朱东起、陈刚、韩可都	清华大学教职工先进工作者	1987年
33	周荣光	清华大学教学工作优秀奖一等奖	1987年
34	吉嘉琴、陆文娟、胡广书	清华大学教学工作优秀奖二等奖	1987年
35	金启玫	清华大学班主任工作优秀奖	1987年
36	电力系统及其自动化教研组	清华大学继续教育工作先进单位	1987年
37	电机工程系全国电力设计院院长总工研修班教学组	清华大学1987年教职工先进集体	1988年

续表

序号	获奖人(团队)	获奖名称	获奖时间
38	薛家麒、朱守珍、胡广书	清华大学 1987 年先进工作者	1988 年
39	白秀庭	清华大学 1987 年教学工作优秀奖一等奖	1988 年
40	《电路原理》课程改革组,"应用电子学"选修实验(李鸿庆、钟长华、刘文武),电力系统实验师改革组,高压实验课改革组	清华大学 1987 年教学改革成果奖二等奖	1988 年
41	陈刚	清华大学"一二·九"青年教师奖	1988 年
42	倪以信、窦玉琴、马颖琦	清华大学 1988 年教职工先进工作者	1989 年
43	电机系本科教学管理(倪以信、王伯翰、陈刚等);电路原理课程建设(江缉光、陈允康、陆文娟等);信号处理课程教学(宗孔德、胡广书);金显贺—班主任工作优秀;专业实践教学改革(黄慎仪、邓泰林、秦荃华);刘明哲—班主任工作优秀;张贵媛—教学工作优秀;研究生教学管理(胡广书、阎俊卿、王英珍);论文博士培养工作优秀(钱家骊、杨津基、江缉光)	清华大学 1988、1989 年教学工作优秀成果二等奖	1990 年
44	王祥珩	清华大学教育工作优秀奖	1991 年
45	王赞基	清华大学 1991 年先进工作者	1992 年
46	在培养高水平人才方面的探索(白净)	北京市高校优秀教学成果奖一等奖	1993 年
47	谈克雄、孙元章、王广志	清华大学 1992 年教职工先进工作者	1993 年
48	王鸿明	1993 年北京市优秀教师	1993 年
49	王赞基	中国电机工程学会"电机工程优秀科技工作者"	1993 年

续表

序号	获奖人(团队)	获奖名称	获奖时间
50	“电路原理”教学组、“电工技术与电子技术”课程组	清华大学1993年教职工先进集体	1994年
51	生医专业教学改革及教学管理(唐庆玉、梁毓厚、王云华)	清华大学1992年、1993年本科生教学工作优秀成果奖一等奖	1994年
52	周双喜	清华大学优秀党建与思想政治工作者	1994年
53	王祥珩	国务院颁发政府特殊津贴	1994年
54	李慎岭	北京市优秀教育工作者	1995年
55	郭永基	北京市“爱国立功”竞赛标兵	1995年
56	电机工程与应用电子技术系工会委员会	北京市教育工会先进工会集体	1995年
57	崔国文	北京市教育工会优秀工会工作者	1995年
58	唐庆玉、王树民、赵伟	清华大学1994年教职工先进工作者	1995年
59	王赞基	国务院颁发政府特殊津贴	1995年
60	马信山、白净	清华大学1995年教职工先进工作者	1996年
61	电气工程及其自动化专业建设(姜建国、王伯翰、崔文进)	清华大学1994年、1995年教学工作优秀及优秀教学成果奖一等奖	1996年
62	高景德	1996年孺子牛金球奖“杰出奖”	1996年
63	关志成	1996年有突出贡献的中青年专家	1996年
64	赵伟	清华大学1996年“学术新人奖”	1996年
65	面向国民经济建设主战场 培养高质量电工学科高层次人才(高景德、韩英铎、卢强、张仁豫、肖达川)	全国高校国家级教学成果奖特等奖；北京市教学成果奖一等奖	1997年

续表

序号	获奖人(团队)	获奖名称	获奖时间
66	电气工程及自动化专业的建设(姜建国、王伯翰、崔文进)	全国高校国家级教学成果奖二等奖;北京市教学成果奖一等奖	1997年
67	持续有效办好高层次继续教育(陈寿孙、郭永基、周双喜、杨钺等)	北京市教学成果奖二等奖	1997年
68	电工技术与电子技术课程改革与建设(高上凯、王鸿明、何丽静、王家森、王士敏)	北京市教学成果奖二等奖	1997年
69	曹建中	北京市优秀教师	1997年
70	梁曦东	清华大学1997年度学术新人奖	1997年
71	孙旭东	清华大学1997年"青年教师教学优秀奖"	1997年
72	姜建国、张济世	清华大学1996年度先进工作者	1997年
73	朱守真	北京市德育工作先进个人	1998年
74	有机外绝缘课题组	清华大学1997年度先进集体	1998年
75	何丽静、王仲鸿	清华大学1997年度先进工作者	1998年
76	吴维韩	清华大学1997年度"老有所为"先进个人	1998年
77	数字信号处理课程的建设(胡广书)	清华大学1996年、1997年教学工作优秀及优秀教学成果一等奖	1998年
78	孙晓瑛	1998年度"清华之友——优秀实验技术人员"	1999年
79	夏清、刘卫东	清华大学1998年度先进工作者	1999年
80	夏清	清华大学1999年学术新人奖	1999年
81	邓佑满	第五届"茅以升北京青年科技奖"	1999年

续表

序号	获奖人(团队)	获奖名称	获奖时间
82	张仁豫	1999 年度何梁何利基金科学与技术进步奖	1999 年
83	王赞基	1999 年宝钢教育基金优秀教师奖；清华大学优秀党员	1999 年
84	孙晓英	1998 年度“清华之友——优秀实验技术人员”	1999 年
85	电机系 2 名	清华大学 1998 年度先进工作者	1999 年
86	朱守真、夏清	清华大学 1999 年教职工先进工作者	2000 年
87	赵争鸣	清华大学 2000 年度“学术新人奖”	2000 年
88	电力电子与电机系统研究所	清华大学 2000 年教职工先进集体	2001 年
89	谈克雄、高上凯	清华大学 2000 年教职工先进工作者	2001 年
90	袁建生	清华大学 2001 年“学术新人奖”	2001 年

(资料来源：《清华公报》，1979—2001 年；《清华大学一览》，1985—1996 年；《清华大学年鉴》，1998—2001 年；清华大学电机工程与应用电子技术系资料)

图 8-6　国家级教学名师奖获得者、电机系教授孙宏斌在指导学生[①]

① 《三尺讲台演绎的精彩——记国家级教学名师奖获得者、电机系教授孙宏斌》，http://news.tsinghua.edu.cn,2009-09-21/2012-08-14。

三、课程设置

电机系不断根据科技发展的新形势、新特点，以及电气工程行业对高端人才能力素质的新需求，及时对本科生课程教学等进行相应调整，即“根据电子技术、计算机和信息技术学科的迅速发展，以及广泛渗透到电气工程学科的各个领域的实际需要，自 20 世纪 80 年代初起，就将上述学科的若干课程引入到电气工程学科本科生的课程教学中去”①。此外，1982 年，电机系设立了生物医学工程与仪器专业，并针对其专业特点及人才需求，“先后开设出生物医学测量与传感器、医用电子仪器、微计算机在生物医学中的应用、信号与系统、数字信号处理、随机信号分析、医学模式识别、人体运动信号检测、工程生理学、医学图像处理等 10 多门专业基础课和专业课。”②

1989 年，针对传统的专业面过窄、学生掌握知识面受限的问题，电机系“在全国率先将原电力系统及其自动化、高电压技术、电机三个专业合并为宽口径的‘电气工程及其自动化’专业，实现了一个系办一个专业”③。与此相适应，电机系在课程设置上也同步进行了较大调整，如，“除全校统一的人文社会科学、外语、数理化三类公共基础课外，电气工程及其自动化专业的专业基础课还包括三类：一是电工技术基础课，有电路原理、电磁场、电磁测量、电机学、自动控制原理、可靠性原理、现代电磁检测等课程；二是电子技术基础课，具体有电子技术与计算机、信号分析两个系列的多门新增课程；三是机械类基础课程，有工程制图与机械设计、工程力学、金属工艺实习等。电机系对专业课程的设置，采取的是两段式结构，覆盖了原三个专业更宽广的领域。其中，第一段有 6 门公共专业课，即电力系统稳态分析、电力系统暂态分析、电力传动与控制、电力电子技术、电绝缘及测试技术、电器原理与应用；第二段为原三个专业的各以工程设计和以实验测试为主的 2 门课程。此外，还有一组以扩大专业知

---

① 方惠坚、张思敬：《清华大学志》，下册，98 页。

② 清华大学电机系：《清华电机系七十周年系庆纪念集》，64 页。

③ 陈刚等：《电气工程及其自动化专业建设》，见《行胜于言——清华大学改革与发展纪实》编写组：《行胜于言——清华大学改革与发展纪实》，58 页，北京，清华大学出版社，2011。

识面和介绍学科新技术、学术新进展为主的任选课程。毕业设计的时间为一个学期。”①同时,为配合专业改革的需要,按照学校的统一调整,电机系也撤销了教研组,均改为研究所建制。随后,电机系电气工程及其自动化专业的教学,按照课程设置内容分成了‘计算机类’、‘信号与控制类’、‘电磁场类’、‘电力系统分析与控制类’、‘电机与电力电子类’、‘高电压工程类’、‘实践类’等7个教学课组,由主管教学的副系主任和系业务办公室直接管理,且在教学业务上,接受系教学指导委员会的指导。”②这一时期,“电机系本科教学的一个突出特点,是学生在学习过程中能较早地参加科研实践活动。多数学生在大学三年级时,就已进入科研组去参与科研基础能力实践训练。本科生的毕业设计,绝大多数是结合教师承接的科研项目开展的。学生业余科技活动也搞得十分活跃。学生科技协会组织低年级学生开展科技培训和实践活动,组织高年级学生参加一些科技开发工作。系里派教师担任学生课外科技活动的辅导员。电机系学生在历年学生业余科技活动成果评比中名列前茅。”③

此外,“电机系不但承担了电子、计算机、自动化、电机等电类系20多个行政班的《电路原理》课程教学任务,还承担了机械、精仪、汽车、力学、热能、工物、化工等系每年50多个行政班的《电工技术与电子技术》的教学任务。”④1992年,电机系“在承担本系单片机、微机硬件教学的基础上,正式成立了微机硬件教学组,由此,逐步承担起全校非电类系的微机硬件技术基础类课程的教学任务,一直发展到现在每年都有50多个班的学生选修该课程”⑤;同时,电机系“还承担了工物系的《信号与系统》、自动化系的《电机与电力拖动基础》等课程”⑥,“成为清华大学面向全校开课的大系之一”⑦。

1993年,根据学校教育改革的要求,电机系对其教学计划又进行了全面修订,电气工程及其自动化专业教学进程计划,如表8-4所示。

---

① 方惠坚、张思敬:《清华大学志》,下册,98页。
② 清华大学电机系:《清华电机系七十周年系庆纪念集》,63~64页。
③ 方惠坚、张思敬:《清华大学志》,下册,98页。
④ 清华大学电机系:《清华电机系七十周年系庆纪念集》,65页。
⑤ 清华大学电机系:《清华电机系七十周年系庆纪念集》,65页。
⑥ 清华大学电机系:《清华电机系七十周年系庆纪念集》,65页。
⑦ 清华大学电机系:《清华电机系七十周年系庆纪念集》,65页。

表8-4 电气工程及其自动化专业教学进程计划(1993年修订)

课程编号	课程名称	学分数	总学时	各学期课内周学时分配								
				一	二	三	四	五	六	七	八	九
	校定必修课											
062B0101-2	中国革命史	4	64	2	2							
062B0201	当代资本主义	2	32					2				
062B0202	中国社会主义建设	2	32					2				
062B0301-2	马克思主义哲学原理	4	64							2	2	
064B0101-4	英语	16	256	4	4	4	4					
054B0501	法律基础	2	32		2							
209B0001	军事理论	2	32	2								
072B0001-6	体育	6	192	2	2	2	2	2	2			
044B0102	普通化学	4	56	3.5								
043B0211,23	普通物理	9	144		5	4						
043B0311-2	普通物理实验	5	80			2.5	2.5					
042B0001-2	微积分	12	192	6	6							
042B0005	线性代数	4	56			3.5						
	系定必修课											
042B0012	场论与复变函数	3	48				3					
042B0011	概率与数理统计	3	48						3			
042B0014	计算方法	4	56							3.5		
013B0113-4	工程制图与机械基础	8	128	4	4							
033B0608	工程力学	4	64					4				
054B0601	技术经济概论	2	32								2	
151B0101	金工实习	3						16天				
022B2201	FORTRAN语言	2	32	2								
022B1225.27	电路原理	8	128			4	4					

续表

课程编号	课程名称	学分数	总学时	各学期课内周学时分配								
				一	二	三	四	五	六	七	八	九
022B1221. 23	电磁测量	4	64			1	3					
022B1217	电磁场	4	64					4				
022B0667. 69	电机学	7	112					3	4			
025B0202	模拟电子技术基础	6	88				5. 5					
025B0201	数字电子技术基础	6	88					5. 5				
022B2303	微机原理与应用	4	64						4			
022B2205	软件技术基础	4	56								3. 5	
022B1219	信号与系统	3	48						3			
022B0231	自动控制原理	4	64							4		
限定性选修课		23	352					2	5	9	6	
任选课		23	200								8	15
人文社科限选		8	128		2	2	2		2			
夏季学期		17	19 周									
毕业设计		20	20 周									
总计		242	3096	26	27	23	26	22	25	18	21	15

(1) 夏季学期安排

学年	内容	周数	学分	备注
1	军训	4	2	
2	电子工艺实习	2	2	
	公益劳动	1	1	
	计算机实践	2	2	
3	认识实习	1	1	
	电子专题实践	3	3	
	热工学	1	1	
4	生产实习	5	5	

（2）限定性选修课

分组	序号	课程编号	课程名称	总学时	学期分配	周学时	学分
A	1	064B0107-8	科技英语(1)(2)	64	5,6	2,2	4
	2	064B0659-60	英美文学(1)(2)	64	5,6	2,2	4
	3		第二外语(1)(2)	128	5,6	4,4	8
	4	064B0507-8	俄语提高班(1)(2)	64	5,6	2,2	4
	5	064B0207-8	日语提高班(1)(2)	64	5,6	2,2	4
	6	064B0111-2	英语六级阅读(1)(2)	64	5,6	2,2	4
	7	064B0113-4	英语六级后(1)(2)	64	5,6	2,2	4
B	1		人文社会科学	128	2,3,4,6	2,2,2,2	4
C	1	022B2207	优化原理	48	7	3	3
	2	022B0233	可靠性原理	48	7	3	3
	3	022B0671	随机信号分析	48	7	3	3
	4	022B0445	现代电磁测量	48	7	3	3
D	1	022B0201	电力系统稳态分析	48	6	3	3
	2	022B0203	电力系统暂态分析	48	7	3	3
	3	022B0673	电力电子技术	48	7	3	3
	4	022B0661	电力传动与控制	56	8	3.5	4
	5	022B0401	电绝缘及测试技术	48	7	3	3
	6	022B0405	电器原理及应用	40	8	2.5	3

说明：① A、C 组，每人每组必选一门；
② B 组共四类，每人每类必修一门；
③ D 组为专业选修课，每人选修五门；
④ 对 C、D 组课程允许超额选修，学分计入任选课学分。

（3）方向任选课组

分组	序号	课程编号	课程名称	总学时	学期分配	周学时	学分
A	1	022B0209	电力系统继电保护	48	8	3	3
	2	022B0247	电力系统自动装置	32	9	2	2
	3	022B0207	发电厂工程	48	9	3	3
	4	022B0211	发电系统实验	32	9	2	2
	5	022B0213	继电保护设计	16	9	1	1
B	1	022B0421	电场数值分析及应用	48	9	3	3
	2	022B0409	过电压及其防护	48	8	3	3
	3	022B0451	绝缘诊断技术	48	8	3	3
	4	022B0403	现代试验技术专题	64	9	4	4

续表

分组	序号	课程编号	课程名称	总学时	学期分配	周学时	学分
C	1	022B0601	电机设计(1)	64	9	4	4
	2	022B0609	电机电磁场	64	9	2.5	3
	3	022B0605	电机过渡过程	40	9	2.5	3
	4	022B0613	电机量测	32	9	2	2
	5	022B0611	电机控制系统	40	9	2.5	3
D	1	022B0605	电机过渡过程	40	9	2.5	3
	2	022B1001	电力电子系统的微机控制	32	9	2	2
	3	022B1003	电力电子系统的建模与仿真	32	8	2	2
	4	022B1005	现代变流技术	32	8	2	2
	5	022B0611	电机控制系统	40	9	2.5	3

说明：A、B、C、D 组，每人必须选其中一组的四门课程，并任选一门其他组课程；
A 组为电力系统及其自动化方向；
B 组为高电压技术及其信息处理方向；
C 组为电机及其控制方向；
D 组为电力电子技术方向。

(4)任选课

序号	课程编号	课程名称	总学时	学期分配	周学时	学分	备注
1	022B2213,15	英语听力训练	64	1,2	2,2	4	
2	022B9005-6	专业英语	64	7,8	2,2	4	
3	022B2223	科技英语听力与写作	40	7	2.5	2	
4	022B0443	物理与技术的新发展(英语)	40	8	2.5	2	
5	022B0235	最优控制原理与应用(英语)	32	9	2	2	
6	022B2219,17	计算机语言(C,PASCAL)	48	6	3	3	
7	022B2221	计算机辅助绘图	48	8	3	3	
8	022B0227	通讯与信息技术	48	9	3	3	
9	022B0821	医学模式识别	48	8	3	3	
10	022B0677	新能源利用	40	9	2.5	2	

续表

序号	课程编号	课程名称	总学时	学期分配	周学时	学分	备注
11	022B0101	文献检索	16	9	1	1	
12	022B0242	电力系统调度自动化与经济运行	32	9	2	2	
13	022B2231	现代电工技术讲座	32	8	2	2	
14	022B0205	电力系统动态学	32	9	2	2	
15	022B0419	电气工程中的数理统计	32	9	2	2	
16	022B0425	强电流脉冲放电技术	32	9	2	2	
17	022B0663	机辅电机优化设计	32	9	2	2	
18	022B0621	电机技术的新发展	32	9	2	2	
19	022B2229	电磁兼容性原理	32	9	2	2	
20	022B0615	微电机	32	8	2	2	
21	033B0525	工程动力学	48	8	3	3	
22	022B2227	计算机文化基础	16	8	4	4	
23	023B0417	激光与激光技术	64	8	4	4	
24	022B0603	电机设计(2)	32	9	2	2	

说明:①每人至少选 22 学分,在限定性选修课 C、D 组和方向任选课组中超过规定选修学分数,可计入任选课学分;②连续两年达不到开课人数的任选课将自动从教学计划中删除。

(资料来源:方惠坚、张思敬:《清华大学志》,上册,129~133 页)

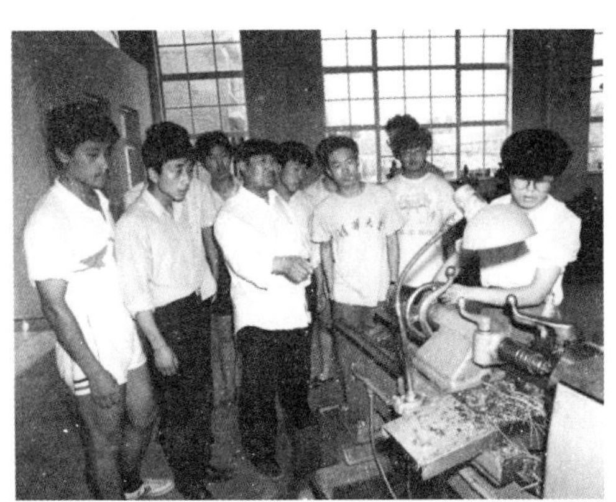

图 8-7 1991 年电机系学生在北京微电机厂考察①

① 清华大学档案馆提供。

在研究生课程方面，这一时期“电工学科开出的学位课及其学分（括号内数字）如下：电路分析（4）、电磁场数值计算（4）、数字信号处理（4）、高等电力网络分析（3）、随机信号的统计处理（4）、动态电力系统（3）、气体放电（3）、电磁暂态的数值计算（3）、电磁测量选论（3）、现代电力电子学（4）、交流电机及其系统暂态（3）、一外专业阅读（1）、电工学科前沿讲座（2）。还有其他专业的选修课约 10 门”①。“生物医学工程与仪器学科开出的学位课程及其学分如下：生理系统仿真与建模（3）、数字信号处理（4）、现代信号处理（3）、随机信号的统计处理（4）、医学成像系统（3）、生物医学前沿动态讲座（1）。还有其他任选的专业课程 3 门”②。

图 8-8 “电气工程及其自动化专业建设”获国家教学成果二等奖③

四、人才培养

1977 年恢复高考那年，“电机系招收了电工师资班一个班，于 1978 年 3 月初入学，学制为四年半。1978 年秋季起，电机系的电力系统、电机、高电压专业开始招收本科生，其中，电力系统及其自动化专业招收 2 个班，电机、高电压专业各招 1 个班，每班约 30 名，共 120 多名，学制为五年。”④

① 方惠坚、张思敬：《清华大学志》，下册，100 页。
② 方惠坚、张思敬：《清华大学志》，下册，100 页。
③ 清华大学电机系：《清华电机系七十周年系庆纪念集》，86 页。
④ 清华大学电机系：《清华电机系七十周年系庆纪念集》，63 页。

同时，“1978 年全国恢复研究生招生制度，电机系当年就招收了研究生 22 名。”[①]1979 年 7 月，校务会议通过了《关于五年制教学计划若干问题的规定》，“从一九七九届开始，实行本科五年制。一九七八届原四年半的学制也改为了五年制。一九七七届仍为四年半学制。（个别专业学制可另行规定）。”[②]该年，电力工程系拟定了未来几年的本科招生人数计划方案，包括：电力系统及其自动化 2 个班、电机 1 个班、高电压技术及设备 1 个班[③]。

图 8-9　1980 年 12 月电机系研究生毕业纪念
（“文革”后恢复了研究生教育，1980 年第一次有了硕士毕业生）[④]

1982 年，改革开放后清华电机系培养的第一批本科生毕业，曾经的坎坷历程，使这批学生对学校及社会有着更强烈的责任感和使命感，他们中的不少人，在后来的工作岗位上做出了突出成绩。正如王孙禺（1977 级）所言：“1982 年，我们 77 级毕业了。我们给学校留下的纪念，是主楼前一块石头台阶，上面刻着‘1977 级 1017 名同学，1982 年’。这个创意，反映了我们 77 级同学永远甘做铺路石的愿望和决心，让一批一批的清华学子从我们身上踏过去，天天上台阶，天天有进步。……77 级是承上启下的一代，这是一个人才辈出的时代。20 多年过去了，我们当中有人已经很有出

① 清华大学电机系：《清华电机系七十周年系庆纪念集》，64 页。
② 《清华公报》，第 10 期，1979 年 9 月 3 日。
③ 《清华公报》，第 9 期，1979 年 8 月 20 日。
④ 清华大学电机工程与应用电子技术系，http://www.eea.tsinghua.edu.cn/publish/eea/1362/index.html。

息，很有成就；也有很多人依然在默默地耕耘，依然默默地甘当台阶。大家都在努力。我们要做的，仍然是，做事要做好每一件事，不管大事小事，有困难带头去干，有责任主动担当，还要能忍辱负重。人民培养了我们，给了我们机会、给了我们时间、给了我们所有能给的条件。即使我们今天进入了市场经济，进入了'知识经济'时代，但是作为一种资源的知识、能力，仍然属于党和人民。我们还是老老实实地把自己的一切，'还给'国家和人民。"①

图 8-10　1981 年全校先进集体和三好学生合影
（前排蹲坐左 4 为赵伟，站立第 1 排右 3 为王孙禺）②

1979 年，电机系创建了生物医学工程专业，并于当年就招收了硕士研究生。1981 年，"生物医学工程与仪器"学科点获得了硕士学位授予权③。同时，电机系的电机、电力系统及其自动化、高电压工程、理论电工等二级学科点获得了国务院首批博士学位授予权和首批硕士学位授予权④。之后，"1982 年，电机系设立了'生物医学工程与仪器'专业并获得批准，1983 年起，每年招生一个班，30 多名学生。"⑤

为加强学生的思想政治教育，改革开放后，电机系设有学生政治辅导员制度，如 1982—1983 年度第二学期，有李凤玲、何俊英、金显贺、卢瑞

① 王孙禺（1977 级）：《把一切还给国家和人民》，载《清华校友通讯》，复 50 期。
② 王孙禺教授提供。
③ 清华大学电机系：《清华电机系七十周年系庆纪念集》，64 页。
④ 《清华公报》，第 52 期，1982 年 4 月 2 日。
⑤ 清华大学电机系：《清华电机系七十周年系庆纪念集》，64 页。

图 8-11　清华电机系 1982 届毕业生合影，他们是恢复高考后的首届毕业生①

图 8-12　电师 7 班毕业生获教育部高等工科院校优秀毕业设计②

英、赵伟、王孙禺、汪晓东、张立群、韦大同、韩可都、周良洛等担任学生政治辅导员③。另外，电机系还设有年级主任、班主任等。

① 清华大学电机系：《清华电机系七十周年系庆纪念集》，27 页。

② 王孙禺教授提供。

③ 《清华公报》，第 74 期，1983 年 3 月 28 日。

1986年，电机系的“生物医学工程与仪器”学科点获得了博士学位授予权①。1989年，电机系的“电力系统及其自动化”“电机及其控制”“高电压技术”“理论电工”4个博士点被评为全国重点学科点，并且名列全国同类学科点的第一名②。1991年，“电力电子技术”学科点，获得了硕士学位授予权③。同年，“国家教委首次表彰在工作中做出突出贡献的695名中国博士学位、硕士学位获得者中，电机系培养的博士学位获得者倪以信、关志成、王祥珩、罗飞路、戴先中、张伯明，以及硕士学位获得者李凤玲等榜上有名。”④1996年，“电机系成为国家首批一级学科博士学位授权的试点单位”⑤。同年，电机系的电力电子技术学科点获得了博士学位授予权⑥。1997年，电机系的“研究生入学人数达到150多名，首次与本科生招生人数持平。”⑦1981—2001年，电机系的本科生、研究生毕业人数分布，如图8-13所示。

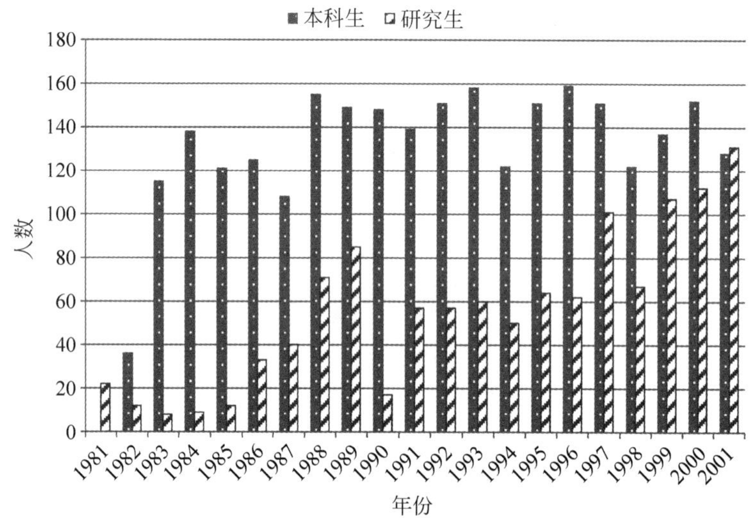

图8-13　1981—2001年电机系本科生、研究生毕业人数分布图

（资料来源：清华大学电机系：《清华电机系七十周年系庆纪念集》，78~79页）

① 清华大学电机系：《清华电机系七十周年系庆纪念集》，64页。

② 清华大学电机系：《清华电机系七十周年系庆纪念集》，64页。

③ 清华大学电机系：《清华电机系七十周年系庆纪念集》，64页。

④ 清华大学电机系：《清华电机系七十周年系庆纪念集》，64页。

⑤ 《电机系概况》，《新清华》，zk2007.3，2007年4月24日。

⑥ 清华大学电机系：《清华电机系七十周年系庆纪念集》，64页。

⑦ 方惠坚、张思敬：《清华大学志》，下册，92页。

倪以信
罗飞路

关志成

王祥珩

张伯明

戴先中

李凤玲

图 8-14　全国首批受表彰做出突出贡献的电机系博士和硕士①

1998 年,电机系根据学校的总体规划,开始实施本硕统筹培养,即“本科专业实行分阶段、有统筹的培养模式,即大约一半的本科生,用四年左右的时间完成本科阶段的学习,然后直接进入研究生学习阶段,用两年至两年半的时间,完成硕士学位阶段的学习,或四年至四年半的时间,完成博士学位阶段的学习。没有直接进入本专业研究生阶段学习的学生,可以用四年时间完成本科学业毕业,或者用五年时间完成本科双学位毕业,或者到外专业、其他高校或研究院所攻读研究生学位。”②

2001 年 12 月,学校做出调整,生物医学工程专业离开电机系,划归医学院所属。“自 1983 年以来,电机系的生物医学工程专业每年招收一个班的学生。1998 年从电机系入学的生物医学工程专业学生,2002 年夏季仍从电机系毕业,成为电机系该专业的最后一届毕业生。”③

① 清华大学电机系:《清华电机系七十周年系庆纪念集》,30 页。
② 清华大学电机系:《清华电机系七十周年系庆纪念集》,63 页。
③ 《电机工程与应用电子技术系:2002—2006 概览》,46 页,北京,出版者不详。

图 8-15　电机系电力系统及其自动化专业 1992 届毕业生合影①

此外,电机系 1996 年“在总结博士生培养经验过程中,提出了‘工科博士生的培养既要“立地”也要“顶天”’的思想。‘立地’,就是要面向经济建设主战场,‘顶天’,就是要出高水平的博士论文和高水平的博士毕业生。这个思想,得到学校领导和有关方面的充分肯定。”②1997 年,“电机系的《面向国民经济建设主战场　培养高质量电工学科高层次人才》荣获了全国第一个、当年唯一的国家级教学成果特等奖(注:1997 年之前的国家教学成果奖是教育部级别的,不是真正意义上的“国家级”奖励)、北京市教学成果一等奖,主要获奖人是高景德、韩英铎、卢强、张仁豫、肖达川,有关经验,先后在《中国高等教育》《教学与教材研究》《学位与研究生教育》等刊物上刊登。”③1999 年和 2000 年,电机系博士生程志光的“电力变压器电磁场分析与验证”(陈丕璋、马信山共同指导)、涂愈明的“超高压变压器油流静电带电的计算模型及实验研究”(肖达川、江缉光共同指导),先后获评为全国百篇优秀博士论文④。

电机系的研究生工作,也具有良好的工作传统,注重将育人有机地融

① 清华大学电机系:《清华电机系七十周年系庆纪念集》,27 页。

② 清华大学电机系:《清华电机系七十周年系庆纪念集》,64~65 页。

③ 清华大学电机系:《清华电机系七十周年系庆纪念集》,64~65 页。

④ 清华大学电机系:《清华电机系七十周年系庆纪念集》,64 页。

图 8-16　“面向国民经济建设主战场，培养高质量电工学科高层次人才”获国家教学成果特等奖①

入丰富多彩的学生活动之中，并努力为有各种兴趣爱好的学生创造更好的陶冶情操、培养技能、提高鉴赏水平的条件和可能性，取得了良好成效，并获得了学生的普遍认可，具体在学生干部培养、学生集体建设、学生个人多方面素质训练等方面均取得了优异成绩，不少学生多次获得了国家级、北京市级以及校一级的各种奖励。1979—2001 年，电机系学生部分获奖名单见表 8-5。

表 8-5　1979—2001 年电机系学生部分获奖名单

序号	获奖人(班级)	获奖名称	获奖时间
1	邹守宝	清华大学优秀本科毕业生	1979 年
2	电工师资七班	清华大学 1979 年度先进集体	1979 年
3	李志华、斐远航、吕桂宝、苏微、沈维聪、田晓光	清华大学 1979 年度三好学生	1979 年
4	李志华	清华大学优秀毕业生	1980 年
5	电工师资七班	清华大学 1981 年度先进集体	1981 年

① 清华大学电机系：《清华电机系七十周年系庆纪念集》，86 页。

续表

序号	获奖人(班级)	获奖名称	获奖时间
6	发九二班	清华大学 1981—1982 年度班级先进集体	1982 年
7	王百宽等 15 人	清华大学三好学生	1982 年
8	顾立基	清华大学 1977 级优秀本科毕业生	1982 年
9	苏微、王孙禺、王丽(指导教师梁毓厚、叶大田)	获教育部高等工科院校优秀毕业设计(1977 级)	1982 年
10	电〇班团支部	清华大学先进团支部	1983 年
11	电 1 班团支部	清华大学通报表扬的团支部	1983 年
12	方洪斌等 15 人	清华大学优秀共青团员	1983 年
13	发九二班	清华大学 1982—1983 年度学生班级先进集体	1983 年
14	白金霞、陈霖、邴旭卫、王锦辉、梁曦东、姚旭升、郭梁、王小平	清华大学三好学生	1983 年
15	王晓涛、田晓光、谌志豪	清华大学 1983 届优秀本科毕业生	1983 年
16	倪以信	清华大学 1984—1985 年度优秀博士生	1985 年
17	生医 4 班	清华大学 1984—1985 年度学生班级先进集体	1985 年
18	王小平等 10 人	清华大学三好学生	1985 年
19	魏勤华、刘京娟、胡林之	清华大学 1985 届优秀本科毕业生	1985 年
20	生医 4 班	清华大学 1985—1986 年度先进集体	1986 年
21	陈凯	清华大学三好学生标兵	1986 年
22	齐联等 11 人	清华大学三好学生	1986 年
23	王小平、周红、韩平	清华大学 1986 届优秀本科毕业生	1986 年
24	电 4 班	清华大学 1986—1987 年度先进集体	1987 年
25	毕晓阳等 12 人	清华大学校级三好学生	1987 年
26	徐景海	清华大学 1987 届优秀本科毕业生	1987 年
27	梁曦东(研究生)、罗本东、金学成、李国华	清华大学“一二·九”奖学金	1988 年
28	生医 5 班	清华大学 1987—1988 学年度学生班级先进集体	1988 年
29	汤和松等 9 人	清华大学三好学生	1988 年

续表

序号	获奖人(班级)	获奖名称	获奖时间
30	王颖等 5 人	清华大学“优秀学生奖学金”一等奖	1988 年
31	蒋蕤、陈凯、田铁勇	清华大学 1988 届优秀毕业生	1988 年
32	于军	清华大学特等奖学金	1990 年
33	姜威、金学成、齐联	清华大学 1990 届优秀本科毕业生	1990 年
34	生医 8 班、生医 6 班	清华大学 1989—1990 学年度先进班集体	1991 年
35	王忠东、李勇、于军	清华大学 1991 届优秀本科毕业生	1991 年
36	祁锦毅	清华大学特等奖学金	1992 年
37	宋长宏、刁勤华、黄从利	清华大学 1992 届优秀本科毕业生	1992 年
38	王赞基、吴壬华	清华大学 1989、1990 年优秀博士生	1992 年
39	周卫东、祁锦毅	北京市三好学生	1993 年
40	电 02 班	北京市先进集体	1993 年
41	电 02 班团支部	首都高校“先锋杯”优秀团支部	1993 年
42	电 02 班	清华大学 1991—1992 学年度先进班集体	1993 年
43	生医 8*、电 92、电 02*、电 14 等班	清华大学优良学风班(带＊的班级是复审合格班)	1993 年
44	黎雄、周卫东、祁锦毅、贲金锋	清华大学 1993 届优秀本科、专科毕业生	1993 年
45	电研 1 班 电 02 班	北京市先进集体	1993 年
46	东伟(电 93)	北京市三好学生	1993 年
47	电 02 班	清华大学 1992—1993 学年度先进班集体	1994 年
48	电 02* 电 14* 电 12 生医 0 电 24 等班	清华大学 1992—1993 学年度优良学风班(有“＊”者为通过复审列入名单的班级)	1994 年
49	东伟、王超、彭喜明、孙宇航	清华大学 1994 届本、专科毕业班优秀毕业生	1994 年
50	王云华	清华大学 1993—1994 学年度优秀博士毕业生	1994 年
51	生医 1、电 24、电 34、电 14 等班	清华大学 1993—1994 学年度优良学风班	1995 年
52	电 21 班	清华大学学风建设进步显著班	1995 年

续表

序号	获奖人(班级)	获奖名称	获奖时间
53	电02班	清华大学1995届本科、专科毕业班先进集体	1995年
54	赵志勇、曾嵘、陆武	清华大学优秀本科毕业生	1995年
55	何青	清华大学1994—1995学年度优秀硕士毕业生	1995年
56	林建武	清华大学1994—1995学年度特等奖学金	1995年
57	电34	清华大学1994—1996学年度先进班集体	1996年
58	电34、电21、电43、生医1等班	清华大学1994—1995学年度优良学风班	1996年
59	生医2班	清华大学学风建设进步显著班	1996年
60	生医1班	清华大学1996届本科毕业班先进集体	1996年
61	谭西梅、翁海清、吴蓉晖	清华大学优秀本科毕业生	1996年
62	邓佑满(导师：相年德)	清华大学优秀博士毕业生	1996年
63	电研五班	清华大学1995—1996学年度研究生先进班集体	1996年
64	电31、生医4班	清华大学1995—1996学年度优良学风班	1997年
65	马伟明	清华大学1996—1997学年度优秀博士毕业生	1997年
66	陈文晖	清华大学优秀硕士毕业生	1997年
67	陈杰、赵继江	清华大学1997届优秀本科毕业生	1997年
68	李永东、王培勇	清华大学1997年优秀博士后	1997年
69	雷健生	清华大学1996—1997学年度特等奖学金	1997年
70	电博6班	清华大学1996—1997学年度研究生先进班集体	1997年
71	电博6	1996—1997学年度市级先进班集体	1997年
72	雷健生、朱磊、潘哲龙、钱骅	清华大学1998届优秀本科毕业生	1998年
73	林健武、倚鹏	清华大学优秀硕士毕业生	1998年
74	电41班	1997—1998学年度市级先进班集体	1998年

续表

序号	获奖人(班级)	获奖名称	获奖时间
75	电博8班	清华大学1998—1999学年度研究生校级先进班集体	1999年
76	王乔晨、王文聪、何立汉	清华大学1999届本科生毕业班优秀毕业生	1999年
77	曾嵘	清华大学1998—1999学年度优秀博士毕业生	1999年
78	李晓娟、陈杰	清华大学优秀硕士毕业生	1999年
79	任晓娟、陆超、徐升、韩光、孙凯、宋婷、李熊	清华大学2000届本科生毕业班优秀毕业生	2000年
80	龙英	清华大学2000届优秀博士毕业生	2000年
81	黄强	清华大学1999—2000学年度特等奖学金	2000年
82	王绍武、于歆杰、洪波	清华大学2001年优秀博士毕业生	2001年
83	孙勇	清华大学2001年优秀硕士毕业生	2001年
84	黄强、羌铁枫、刘晨光	清华大学2001届优秀毕业生	2001年

(资料来源:《清华公报》,1979—2001年;《清华大学一览》,1985—1996年;《清华大学年鉴》,1998—2001年;清华大学电机工程与应用电子技术系资料)

为给学生的全面发展营造更优越的外部条件,近年来,电机系还接受了国内外其他多家单位或著名校友的资助和捐赠等,设立了多种奖助学金,如“清华之友-东方意德奖助学金”“清华校友-吴中习励学金”“清华之友-长园集团奖学金”“清华之友-富士电机奖学金”“清华之友-中国石油奖学金”“清华之友-IBM奖学金”“清华之友-东方电气奖学金”“清华校友—康世恩专项奖学金”等;电机系还自行设立了社工、科技、文艺、实践等多个单项奖学金项目,对全面发展,或某一方面有突出表现的学生都给予鼓励和奖励。

改革开放后,国家将工作重点转移到经济建设主战场,急需大量掌握计算机、自动化、电力电子等新技术的人才,而“文革”期间10余年没有招生,造成企业工程技术队伍断档。针对这种形势,清华电机系率先采取办总工程师培训班、研究生课程进修班、工程硕士班等一系列重要举措,培训电力、电工企业现有的技术骨干,并与校继续教育学院、夜大学等合作开办大专班,培养企业急需的新技术人才,形成了新形势下特色突出的成

(a) 左侧为获得全国首批百篇优秀博士论文奖（1999年）的程志光博士，右侧为导师马信山教授

(b) 左起第六人为获得全国第二批百篇优秀博士论文奖（2000年）的涂愈明博士，第七人为导师肖达川教授，另一位导师是江缉光教授

图 8-17　获得全国优秀博士论文奖的博士[①]

人教育体系。如 1985 年,电机系“与夜大部合作开办了‘电气工程及应用电子技术’专业三年制成人脱产大专班”[②],至 2000 年,共计招收学生 900 多名[③]。同年,“受水利电力部的委托,电机系连续举办了五期电力设计院院长、总工程师研修班,共有 168 名学员参加了学习”[④]。开设了电力系统最优化、电力系统可靠性、电力企业管理等新课程,并请电力部门电力系统化、环境评估等专家做专题报告,及时地为学员开阔了眼界,更新了知识,拓宽了知识结构。从 1988 年起,电机系“连续开办了 4 期电力系统调度员研讨班,以及电力系统调度科长研讨班 1 期,共有 130 人参加了学习”[⑤]。1991 年,电机系“受多家企事业单位的委托,从普通高考学生中招收了‘电气工程及应用电子技术’专业的两年制大专班”[⑥]。1996 年,电机系在全国首次开始举办研究生课程进修班,从电力系统在职技术人员中招收学员,至 2002 年,“共举办了 11 个班,学员 370 多名。每期学习一

① 清华大学电机系:《清华电机系七十周年系庆纪念集》,30 页。

② 《我们一起走过——电机系成人教育 20 年回顾》,http://news.tsinghua.edu.cn,2005-05-17/2012-08-14。

③ 清华大学电机系:《清华电机系八十周年纪念文集》,246~248 页。

④ 《我们一起走过——电机系成人教育 20 年回顾》,http://news.tsinghua.edu.cn,2005-05-17/2012-08-14。

⑤ 《我们一起走过——电机系成人教育 20 年回顾》,http://news.tsinghua.edu.cn,2005-05-17/2012-08-14。

⑥ 《我们一起走过——电机系成人教育 20 年回顾》,http://news.tsinghua.edu.cn,2005-05-17/2012-08-14。

年，研究生课程进修班的课程设置和教学内容，均严格按照清华大学为工程硕士培养制定和多次修订的培养方案执行。研究生课程进修班的大部分学生，在学习过程中或结业后都参加了研究生入学考试，成绩合格后，直接进入工程硕士论文工作。”[①]1999 年，电机系“从参加全国成人高考的学生中招收了‘电子技术’专业的三年制高中起点成人脱产大专班”[②]。2000 年，“又从专科生中招收了‘电气工程及自动化’专业、两年制成人脱产专升本班”[③]。通过多年的不懈努力，清华大学电机系开展的成人教育工作，共培养了几千名工程技术人员，他们在国家的经济建设及电气工程领域发挥了重要作用，也密切了电机系与电力企业部门的关系。

图 8-18　电机系工硕 053 班[④]

五、科研设施及成果

改革开放后，电机系在国家和学校的大力支持下，根据学科发展、国家经济发展及研究生培养等的需要，瞄准国际科技前沿，增设了一批实验

① 《我们一起走过——电机系成人教育 20 年回顾》，http://news. tsinghua. edu. cn，2005-05-17/2012-08-14。

② 《我们一起走过——电机系成人教育 20 年回顾》，http://news. tsinghua. edu. cn，2005-05-17/2012-08-14。

③ 《我们一起走过——电机系成人教育 20 年回顾》，http://news. tsinghua. edu. cn，2005-05-17/2012-08-14。

④ 清华大学电机系资料。

室、研究所等基础设施，并使其在教学、人才培养和科研中发挥了重大作用。

(一)基础设施

改革开放后，清华大学部分实验室及仪器设备开始逐步增设。其中1979年电力工程系实验室情况如表8-6所示。另外还设立了电工研究所，其下设有电力系统研究室、电机研究室、高电压技术和气体放电研究室、理论电工研究室①。

表8-6 清华大学电力工程系实验室及其正、副主任名单(1979年)

	主任	副主任
电力系统实验室	郭叔英	韩毅
高压实验室	王昌长	徐光宝
电机实验室	郑逢时	
基本电工实验室	陆瑶海	邓泰林
电工计量室	陆瑶海(兼)	
气体放电实验室	王克超	
应用电子学及电工学实验室	钟长华	梁毓厚

(资料来源：《清华公报》第13期，1979年10月9日)

1982年，电机系生物医学工程与仪器专业设立，同年10月7日，校长工作会议讨论决定成立近代生物学及生物医学工程研究所，下设生物物理、生物化学、生物医学电子学三个研究室，任命陆祖荫为所长，周昕、周礼杲为副所长②。此外，这一时期在电机系生物医学工程和仪器专业还建成了微机在生物医学工程中的应用、数字信号处理、电生理学、工程生理学等实验室③。

1989年，经国家计委批准，依托清华大学电机系和热能系，开始建立“电力系统及大型发电设备安全控制和仿真”国家重点实验室④。1992年

① 《清华大学一览》，1984—1985年。

② 《清华公报》，第67期，1982年12月30日。

③ 清华大学电机系：《清华电机系七十周年系庆纪念集》，66页。

④ 《电机工程与应用电子技术系：2002—2006概览》，17页。

12月31日,经校务会议讨论决定,“成立微机硬件及应用实验室,归属电机工程与应用电子技术系”[①],并“将电机工程与应用电子技术系人体运动信息检测实验室和应用电工学及电子学实验室中有关生物医学工程与仪器的部分合并,改名为生物工程与仪器实验室”[②]。1993年3月4日,经校务会议讨论通过,“决定将近代生物学与生物医学工程研究所撤销,成立生物医学工程研究所和生物科学与技术研究所”(由赵南明担任所长)[③]。1994年,“基本电工实验室”和“应用电子学与电工学实验室”荣获“清华大学一类实验室”称号[④]。

1995年,“电力系统及大型发电设备安全控制和仿真”国家重点实验室正式开放运行[⑤]。1998年,国家重点实验室又由原来有5个分室调整为“电力系统辨识、监测及控制”“电力系统分析、仿真和调度自动化”“柔性交流输电”“电力电子及电机控制”“在线检测及故障诊断”“热力系统控制”“火电厂仿真”等7个分室[⑥]。1999年,电机系“与自动化系、核研院、微电子所等单位共同建立了‘电力电子工程研究中心’”[⑦]。同年,“电机工程系废除了1953年开始的教研室组织体制,建立了6个研究所:包括电力系统、柔性输配电系统、高电压与绝缘技术、电力电子与电机系统、电工新技术、生物医学工程等研究所。”[⑧]2000年,“清华大学决定成立‘电工电子实验中心’,电机系的‘基本电工实验室’、‘应用电子学与电工学实验室’的主要部分并入该中心。‘电工电子实验中心’挂靠信息技术学院,地点设在西主楼三区和四区的一部分。电路原理、电工技术与电子技术、微机硬件基础三个教学组,仍保持为电机系相对独立的教研单位。”[⑨]

① 《清华公报》,第185期,1993年1月17日。

② 《清华公报》,第185期,1993年1月17日。

③ 《清华公报》,第186期,1993年4月20日。

④ 清华大学电机系:《清华电机系七十周年系庆纪念集》,65页。

⑤ 卢强、韩英铎、刘卫东、梅生伟:《电力系统及发电设备安全控制和仿真国家重点实验室》,载《中国基础科学》,2004年第5期,22页。

⑥ 清华大学电机系:《清华电机系七十周年系庆纪念集》,70页。

⑦ 清华大学电机工程与应用电子技术系,http://www.eea.tsinghua.edu.cn/publish/eea/1359/index.html。

⑧ 《建系史略》,见《情系清华:清华电机系50·51级毕业五十周年纪念集》,19页。

⑨ 清华大学电机系:《清华电机系七十周年系庆纪念集》,65页。

(二)研究成果

改革开放以来,电机系紧密结合国家经济建设的需要及自身特色,开展了一系列基础研究和重大工程技术研究工作,其主要研究方向为“电力系统分析与控制、电力系统运筹学、电站自动化、柔性交流输电、过电压和绝缘配合、有机外绝缘、电气设备在线监测与故障诊断、高压电器、气体放电与等离子、电机分析与控制、电机电子系统、电力电子技术、电磁场理论与应用、电路理论及其应用、谐波治理与无功补偿、生理系统建模与仿真、医学超声和图像、人体运动医学、康复工程、微机在生物医学工程中的应用等”①。具体而言,取得的部分重大科技成果包括:

20 世纪八九十年代,“高景德、卢强与发电、电机教研组几位教授,先后指导一批博士研究生在电机和电力系统动态分析领域开展深入研究,提出了多种在线辨识测算电机参数新方法以及改善参数辨识收敛性的新措施,建立了更为精确的电机多回路数学模型,提出了电力系统故障暂态全过程数字仿真多种数模衔接的新方法,等等。这些理论研究成果,形成了比较完整的学术体系,出版了多部学术专著,获得了 1988 年国家自然科学二等奖”②。王先冲教授领导的科研组,在低频电磁场三维边值问题的理论及分析方法领域开展深入研究,发展了电磁场广义能量概念,研究成果被电机专业应用于永磁式电动机和永磁式同步发电机的优化设计,1991 年荣获了国家自然科学四等奖③。“高压教研组张仁豫、薛家麒等教授长期展开沿染污介质表面放电的研究,并且先后带领一批博士研究生开展了新型绝缘材料的跨学科基础研究和应用基础研究,研制出了 RTV 涂料和硅橡胶合成绝缘子,极大地提高了高电压外绝缘的耐污水平,减少了电力系统污闪事故,被电力部门列为防污闪的主要技术措施在全国推广应用,并创造了巨大的经济效益。有关成果,获得了 1993 年国家自然科学三等奖、1992 年国家科技进步三等奖、1997 年国家科技进步二等奖、2001 年国家科技进步二等奖。”④

---

① 方惠坚、张思敬:《清华大学志》,下册,102 页。

② 清华大学电机系:《清华电机系七十周年系庆纪念集》,66 页。

③ 清华大学电机系:《清华电机系七十周年系庆纪念集》,66 页。

④ 清华大学电机系:《清华电机系七十周年系庆纪念集》,66~67 页。

该时期电机系的主要研究成果还包括：陈丕璋教授等完成的“75kVA稀土钴永磁发电机”(1985 年)和“电机电磁场数值计算”(1988 年)；俞鑫昌等人完成的“电机节能风扇、风罩”(1985 年)；陈允康等人完成的“第二级大规模集成电路计算机辅助设计系统”(1988 年)；张伯明等完成的“东北电网实时状态估计”(1992 年)；顾永昌等人完成的“东北电网仿真系统”(1992 年)、韩英铎等完成的“多大区互联系统频率动态过程的分析及低频减载装置的整定”(1992 年)；李发海等完成的“2500kW 轧机主传动同步电机交交变频调速系统”(1995 年)等科研成果，先后荣获了国家科技进步二等奖。王仲鸿等完成的“多变量优化励磁控制系统”(1990 年)；宫莲等完成的“雷击发射塔分流模拟试验”(1989 年)；胡元德等完成

图 8-19　高景德院士与卢强院士讨论科研工作①

图 8-20　由高景德教授等完成的“电机与电力系统过渡过程分析和控制”成果，1987 年荣获国家自然科学二等奖②

① 清华大学电机系：《清华电机系七十周年系庆纪念集》，10 页。

② 清华大学校史馆提供。

的“YLT 低噪声 12 级系列 YDDL 系列低噪声双速三相异步电动机”（1992 年）；丁海曙等人完成的“HF-Ⅱ红外光点运动分析系统”；沈善德等完成的“大型汽轮机及调速系统在线参数辨识技术”（1995 年）、唐统一等完成的“供电系统谐波检测与治理”（1996 年）；沈善德等完成的“大型发电机稳定安全监视与无刷励磁检测系统”（1997 年）；张伟钹等完成的“全封闭组合电器绝缘配合的研究及应用”（1997 年）；容观澳等完成的“新型 CCD 摄像终点计时及判读系统”（1998 年）等科研成果，先后荣获了国家科技进步三等奖。沈以鸿等完成的“超声波普勒畜妊娠检查仪”（1988 年）、王仲鸿等完成的“并联柴油发电机组的电压、转速和均分功率的最优控制系统”（1992 年）等科研成果，也先后获得了国家发明四等奖。[①] 另外，以杨津基教授为首的一支老中青结合的教师队伍，长期坚持等离子物理和气体放电的基础性研究，取得了一批优秀的科研成果，在等离子焦点物理过程的理论和实验研究中，在国内唯一的喷气式 Z 箍缩装置上首次用激光干涉法多次观察到了箍缩现象；提出了 MC-PIC 理论；为国防科工委研制的 DPF-200 脉冲 X 射线源属国内首创，是在亚洲建成的第一个 DPF 中型装置。[②]

同时，电机系很多教师都积极将科研成果应用于课程教学和人才培养，部分电机系教师编写的学术著作或教材也获得了国家级的奖励，例如高景德、张麟征出版的专著《电机过渡过程的基本理论及分析方法》，荣获了 1983 年全国优秀科技图书一等奖、1988 年全国高校优秀教材奖；章名涛、俞鑫昌合著的《异步电机中谐波磁场的作用》一书，获得了 1984 年全国优秀科技图书二等奖；李发海、陈汤铭、郑逢时、张麟征、朱东起合编的《电机学》，获得了 1987 年全国优秀教材二等奖，1988 年国家机械委优秀教材二等奖；陈丕璋、严烈通、姚若萍合著的《电机电磁场理论与计算》一书，获得了 1988 年全国优秀科技图书一等奖；高景德、王祥珩、李发海合著的《交流电机及其系统的分析》一书，获得了 1995 年全国优秀科技图书一等奖；卢强、王仲鸿、韩英铎合著的《输电系统最优控制》一书，获得了全国优秀科技图书一等奖；杨福生编著的《电子技术（Ⅱ）》教材，获得了国家优秀教材奖等。[③]

---

① 清华大学电机系：《清华电机系七十周年系庆纪念集》，67 页。

② 清华大学电机系：《清华电机系七十周年系庆纪念集》，67 页。

③ 清华大学电机系：《清华电机系七十周年系庆纪念集》，67 页。

电机系教师既做基础性科学研究，也积极承担具有行业影响力的工程技术研发项目，各方面取得的可喜成果，在推动学科发展和教师队伍成长中起到相得益彰的作用。总体而言，20 世纪 90 年代中期以前，电机系的科研主要以承担横向项目为主①，当时，全系 90%以上的科研经费来自工业企业部门。当时，重大的横向科研项目（经费 100 万元以上的），主要分布在水电厂和变电站的仿真系统、电力系统调度自动化/能量管理系统（EMS）、调度员培训仿真系统（DTS）、变电站自动化、元宝山发电厂技术改造、黑龙江省东部电网安全稳定控制装置、电力市场、太阳能抽水和照明综合系统、配电网自动化等领域和方面。② 其中，1994 年，韩英铎、王仲鸿主持承担的与国家电力部、河南省电力局共同立项的重点项目"±20Mvar 电力系统新型静止无功发生器研制（ASVG）"，成为当时清华大学最大的横向科研课题之一，总经费达 1688 万元。该项目经过 5 年多的艰苦攻关，先后完成了±300kvar 和±20Mvar 静止无功发生器的研发，并将它们分别安装在郑州和洛阳。2000 年 6 月 27—28 日，所研制的 20Mvar ASVG 装置通过了国家电力公司组织的技术鉴定。③

这一时期，尽管横向科研项目占据了电机系科研的主要部分，但是基础研究和应用基础研究，仍然是推动电机系科研方向发展的动力④，如 1994 年，由高景德教授任首席专家，以"电力系统及发电设备安全控制与仿真"国家重点实验室为主体，电机系承担了国家基础性研究重大项目（攀登 B）《现代电能系统运行与控制的新理论与新技术》，该项目的经费就达到了 500 万元。该项目以现代电能系统（发电、输电、用电）的高效、安全优质运行、故障诊断和控制为主线而开展基础性研究，旨在为现代电能系统提供最新的应用理论和技术支撑。⑤

20 世纪 90 年代中期以后，电机系的科研结构有了很大改变，一方面，"211 工程"和"985"学科建设项目的实施，大大改善了高等学校的科研环境，增强了支持基础研究和应用基础研究的力度；另一方面，由于电机系积极争取并获得了一批国家自然科学基金和国家重大基础性研究基金项

① 清华大学电机系：《清华电机系七十周年系庆纪念集》，67 页。
② 清华大学电机系：《清华电机系七十周年系庆纪念集》，67 页。
③ 清华大学电机系：《清华电机系七十周年系庆纪念集》，67~68 页。
④ 清华大学电机系：《清华电机系七十周年系庆纪念集》，68 页。
⑤ 清华大学电机系：《清华电机系七十周年系庆纪念集》，68 页。

图 8-21　1988 年第二届国际电介质性能与应用会议（2nd ICPADM）在清华大学举行，与会者近 300 人，其中境外参会人员近 100 人，是当时清华校内召开的规模最大的国际会议之一。图为顾问委员会会议①

目的支持，有力地推动了电气工程领域基础研究和应用基础研究的不断深入，进而又增强了争取基础研究项目的实力。② 例如，1997 年，“211 工程”能源工程学科群电气工程学科建设项目正式启动。该项目由王赞基和刘卫东总体负责③，主要内容包括改造和扩建电力系统动态模拟实验室、构建电机系西主楼系网、建设电力电子技术研究开发环境、建设电气设备监测与故障诊断研究环境、购置高档公用测量仪器和电器设备等，经过全系教师的积极努力，电机系荣获了学校颁发的“211”建设 1997 年度优秀建设项目奖。④ 同时，在承担国家自然科学基金重点项目方面，1996 年，作为第二完成单位，电机系承担了“超高压输电系统中灵活交流输电（可控串补）技术”重点项目（1996—1999 年），项目负责人是王仲鸿教授。1997 年，电机系主持并承担了“大型发电机与变压器放电性等故障的在线监测与故障诊断”重点项目（1997—2000 年），经费达 170 万元，项目负责人是朱德恒教授。⑤

1998 年，国家开始实施重点基础研究发展规划（“973”计划），以卢强教授为首席科学家提出的“我国电力大系统灾变防治和经济运行的重大科学问题研究”项目首批获得批准，总经费为 3000 万元。该项目的主要

① 清华大学电机系：《清华电机系七十周年系庆纪念集》，44 页。
② 清华大学电机系：《清华电机系七十周年系庆纪念集》，68 页。
③ 清华大学电机系：《清华电机系七十周年系庆纪念集》，69 页。
④ 清华大学电机系：《清华电机系七十周年系庆纪念集》，69 页。
⑤ 清华大学电机系：《清华电机系七十周年系庆纪念集》，68 页。

研究内容,包括电力大系统的稳定性理论、非线性控制理论和优化调度理论、大型汽轮机组灾变防治和安全运行理论及实时仿真决策系统。①

图 8-22　国际电力系统及新技术研讨会全体与会者合影留念②

1999 年,电机系依托系学术委员会,动员全系教师参与制定和实施了“985”发展规划,并经过梳理和综合,提出了 2 个校重点项目和 4 个系重点项目。其中,2 个校重点项目分别是“电力系统安全检测与稳定控制的新理论与新方法”(基础性研究)和“大容量电力电子及柔性交流输电的理论和技术”(攻关项目);4 个系重点项目则分别是“高性能的电力电子与电机集成一体化”“等离子体与脉冲功率技术”“电磁环境技术”“电能质量(绿色电力)技术”。这些项目中,大多数是跨二级学科组织科研团队来联合攻关的。该学科建设规划经过系学术委员会讨论通过后,上报学校并得到了批准,获得支持的总经费达 2000 万元。③

2001 年,国家启动第二期“863”计划,电机系在电动汽车、风力发电等领域提出的科研项目,也获得了批准。同时,在国家重大电力、电工工程中,电机系承担了一批重要的攻关项目,如“±500kV 棒形悬式直流复合

① 清华大学电机系:《清华电机系七十周年系庆纪念集》,68 页。

② 清华大学电机系:《清华电机系七十周年系庆纪念集》,44 页。

③ 清华大学电机系:《清华电机系七十周年系庆纪念集》,69 页。

绝缘子技术条件的研究”“变频调速高效异步电机系列产品的开发与产业化”“三峡机组保护方案的研究”“高海拔区 750kV 输变电设备外绝缘选取方法及绝缘子选型的研究”“高海拔地区 750kV 输电线路导线结构优化设计以及提高线路输送功率的研究”“500kV 直流输电工程用交直流侧滤波器的研究”，等等。①

至 21 世纪初期，电机系承担“七五”“八五”“九五”“十五”国家科技攻关项目共 40 多项；国家自然科学基金课题 90 项左右，其中，重点基金课题 6 项，各部委科学基金课题 60 多项；还承担了直接为企业服务的横向科技合作项目 800 多项，其中课题经费超过 100 万元的有 30 多项。

1986—2001 年，电机系共获得国家级科技三大奖 26 项，省部级科技奖 100 多项，获得国家发明专利授权 60 多项。② 1986—2001 年电机系科研经费变化趋势如图 8-22 所示。

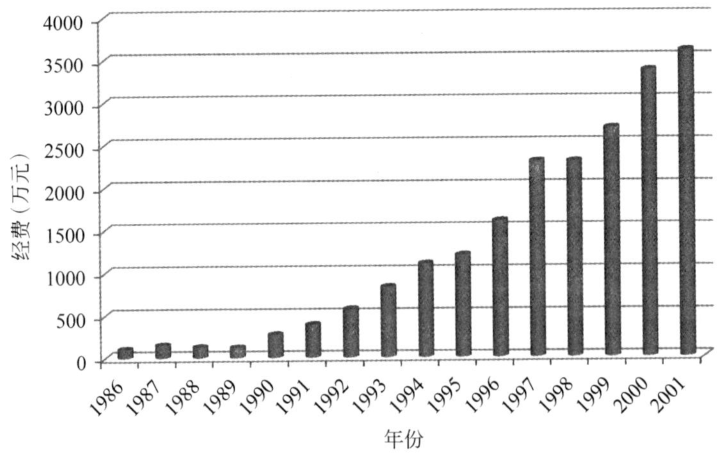

图 8-23　1986—2001 年电机系科研经费分布图

（资料来源：清华大学电机系：《清华电机系七十周年系庆纪念集》，66 页）

与此同时，电机系也加强了与电力、电工企业的密切联系，促进了电机系与企业的科技合作和科研成果的转化。

顺应着国家改革开放、经济建设的发展形势，清华电机系也大刀阔斧地开展了与国内外企业的科技合作和科技成果的转化。比如，这个时期，电机系与西门子公司、三菱电机、法国电力等国际企业在电力电子等领域

① 清华大学电机系：《清华电机系七十周年系庆纪念集》，68 页。

② 清华大学电机系：《清华电机系七十周年系庆纪念集》，66 页。

开展了科技合作；与平高电气、许继集团、保定天威等企业先后建立了联合研究所；还与河南电力局开展了先进无功补偿装置（ASVG/StatCom）的合作研发等，大大促进了电机系科技成果的转化。这些具有重要意义的校企合作及加速高校科研成果转化的举措，在校内都是率先提出并付诸实施的，并且产生了十分重要的影响。

图 8-24　高景德院士荣获第二届“孺子牛”金球奖证书及奖杯（1996 年）①

图 8-25　2001 年度，电机系黄炜纲等参与完成的“500kV 紧凑型输电线路关键技术及实验工程”项目获国家科技进步二等奖。图为昌平—房山紧凑型线路实景②

---

① 清华大学档案馆提供。

② 《清华校友通讯》，复 45 期；清华大学电机系：《清华电机系七十周年系庆纪念集》，106 页。

图 8-26 1011W 脉冲功率实验平台(国内高校输出功率最大的强流脉冲功率装置)①

表 8-7 1979—2001 年电机系部分科研成果获奖名单

序号	获奖人(团队)	获奖名称	获奖时间
1	110 千伏六氟化硫组合电器(协作完成)	北京市科技成果二等奖	1980 年
2	电机过渡过程的基本理论分析方法(上、下册)(高景德、张麟征)	全国优秀科技图书一等奖	1984 年
3	异步电机中谐波磁场的作用(章名涛、俞鑫昌)	全国优秀科技图书二等奖	1984 年
4	电机节能风扇风罩,电机工程系等	国家科学技术进步二等奖	1985 年
5	75 千伏安稀土钴永磁发动机,电机工程系等	国家科学技术进步二等奖	1985 年
6	断路器油的研制	水电部、核工业部、机械部、冶金部、中汽公司等科技成果二等奖	1985 年
7	大型发电机失磁异步运行的试验研究	水电部、核工业部、机械部、冶金部、中汽公司等科技成果四等奖	1985 年
8	MC-Ⅱ型微循环多参数综合监测系统的研制奖,电机工程系等	北京市科技成果奖、协作二等奖	1985 年
9	双速高效电机,电机工程系等	北京市科技成果奖、协作二等奖	1985 年

① 《新清华》,2007 年,电机系专刊。

续表

序号	获奖人(团队)	获奖名称	获奖时间
10	FJ-45型自校式0.1级直流高压分压器,电机工程系等	北京市科技成果奖、协作二等奖	1985年
11	ZRP型阻尼式两用电容分压器,电机系、热能系	国家教委科技进步二等奖	1986年
12	ZRP型阻尼式两用电容分压器,电机系等	北京市科技进步三等奖	1986年
13	MVR-1型微机电压无功综合控制装置,电机系等	北京市科技进步三等奖	1986年
14	MC-1型微循环多参数综合监测系统研究,电机系等	其他部委省市科技进步部甲级奖	1986年
15	三项扼流磁放大器整流电源的优化设计程序,电机	北京市科学技术进步三等奖	1987年
16	500kV高压静电电压表	北京市科学技术进步三等奖	1987年
17	电力系统状态估计中的多重坏数据估计辨识理论与方法	北京市科学技术进步学术奖	1987年
18	污染绝缘子在直流电压下的污闪条件分析	中国电机工程学会优秀论文奖	1987年
19	多线圈变压器线圈波过程计算(王赞基等)	国家机械委科技进步二等奖	1987年
20	电机过渡过程的基本理论及分析方法(编著者:高景德、张麟征,科学出版社)	国家级优秀教材	1987年
21	电机过渡过程的基本理论及分析方法(编著者:高景德、张麟征,科学出版社)	国家机械工业委员会部委级优秀教材	1987年
22	电机学(编著者:李发海、陈汤铭、郑逢时、张麟征、朱东起,科学出版社)	国家机械工业委员会部委级优秀教材;全国优秀教材二等奖	1987年
23	电机及电力系统过渡过程分析和控制(高景德、卢强、刘取、张麟征、郑逢时、郭永基、顾永昌、王仲鸿、倪以信、王祥珩、费仁言等)	国家自然科学二等奖	1988年
24	电机及电力系统过渡过程分析和控制(高景德、卢强、刘取、张麟征、郑逢时、郭永基、顾永昌、王仲鸿、倪以信、王祥珩、费仁言等)	国家教委科技进步一等奖	1988年

续表

序号	获奖人(团队)	获奖名称	获奖时间
25	等离子体焦点中物理过程的理论和实验研究	国家教委科技进步二等奖	1988 年
26	电机电磁场数值计算(陈丕璋、胡显承、严烈通、姚若萍、张济世等)	机械委科技进步二等奖	1988 年
27	大型水火联合电力系统经济调度的研究,电机系等	水电部科技进步二等奖	1988 年
28	直流永磁微电机及生产线,电机系等	北京市科技进步三等奖	1988 年
29	永磁直流盘式扁电机,电机系等	北京市星火三等奖	1988 年
30	电机电磁场理论与计算(陈丕璋、严烈通、姚若萍)	全国优秀科技图书一等奖	1988 年
31	倪以信	霍英东青年教师奖	1988 年
32	电机电磁场数值计算(陈丕璋、胡显承、严烈通、姚若萍、张济世等)	国家科技进步二等奖	1989 年
33	超声多普勒牲畜妊娠检诊仪,电机系等	国家发明四等奖	1989 年
34	35 千伏变电站微机保护监控综合系统,电机系等	国家教委科技进步一等奖	1989 年
35	超大规模集成电路布图设计中的通道布线研究,电机系等	国家教委科技进步二等奖	1989 年
36	高景德	全国高等院校科技工作先进工作者	1989 年
37	SF6 气体绝缘变压器,电机系等	国家教委科技进步三等奖	1989 年
38	雷击发射塔架分流模拟实验,电机系等	国家科学技术进步三等奖	1990 年
39	多变量优化励磁控制系统,电机系等	国家科学技术进步三等奖	1990 年
40	多变量优化励磁控制系统,电机系等	国家教委科学技术进步一等奖	1990 年
41	大型发电机励磁系统参数在线测试技术,电机系等	国家教委科学技术进步二等奖	1990 年
42	北京什刹海历史文化风景区保护开发规划,电机系等;60 兆周永磁式核磁共振波普仪永磁元件研制	国家教委科学技术进步三等奖	1990 年
43	雷击发射塔架分流模拟试验(宫莲、王树民、周国富等)	国防科工委科学技术进步一等奖	1990 年

续表

序号	获奖人(团队)	获奖名称	获奖时间
44	袖珍式SCD-2兽医用多普勒检测仪，电机系等	中国人民解放军总后勤部科技进步二等奖	1990年
45	低频电磁场三维边值问题的理论及分析方法研究(王先冲、陈丕璋、马信山、宫莲、江缉光、张济世、罗飞路、黄大陆、陈培元、王百宽等)	国家教委科学技术进步一等奖	1991年
46	低频电磁场三维边值问题的分析和计算方法的研究(王先冲、陈丕璋、马信山、宫莲、江缉光、张济世、罗飞路、黄大陆、陈培元、王百宽等)	国家自然科学四等奖	1991年
47	高压大电流合成试验设备，电机系等	国家重大技术装备成果一等奖	1991年
48	变压器线圈冲击电压分布及电场分布计算软件包(王赞基等)	国家教委科技进步二等奖	1991年
49	《电子技术》(电工学Ⅱ)，主编：杨福生，参编：张贵媛、王士敏、何丽静，高等教育出版社	国家优秀教材奖	1992年
50	并联柴油发电机组的电压、转速和均分功率的最优控制系统(王仲鸿、吴壬华、韩英铎、刘文华等)	国家发明奖四等奖	1993年
51	东北电网实时状态估计(张伯明、王世缨、相年德、邓佑满等)	国家科学技术进步二等奖	1993年
52	东北电网仿真系统(顾永昌、王心丰、李文平等)	国家科学技术进步二等奖	1993年
53	多大区互联系统频率动态过程的分析及低频减载装置的整定	国家科学技术进步二等奖	1993年
54	HF-Ⅱ红外光点运动分析系统(丁海曙、王广志、容观澳、丁辉等)	国家科学技术进步三等奖	1993年
55	高海拔外绝缘及电晕特性研究	国家科学技术进步三等奖	1993年
56	YLT低噪声12级系列YDDL系列低噪声双速三相异步电动机(胡元德、金启玫等)	国家级科学技术进步三等奖	1993年
57	输电网优化规划及软件包	国家教委科学技术进步一等奖	1993年
58	东北电网实时状态估计(张伯明、王世缨、相年德、邓佑满等)	国家教委科学技术进步一等奖	1993年

续表

序号	获奖人(团队)	获奖名称	获奖时间
59	东北电网仿真系统(顾永昌、王心丰、李文平等)	能源部科学技术进步一等奖	1993年
60	沿染污介质表面放电的研究(张仁豫、关志成、薛家麒、朱德恒、谈克雄等)	国家自然科学三等奖	1994年
61	沿染污介质表面放电的研究(张仁豫、关志成、薛家麒、朱德恒、谈克雄等)	国家教委科技进步一等奖	1994年
62	交流电机及其系统的分析(高景德、王祥珩、李发海)	全国优秀科技图书一等奖	1995年
63	2500kW轧机主传动同步电机交交变频调速系统(李发海等,合作单位冶金部自动化院)	国家科学技术进步二等奖	1996年
64	大型汽轮机及调速系统在线参数辨识技术(沈善德、朱守真等)	国家科学技术进步三等奖	1996年
65	同步电机阻尼磁链定向控制理论及其在大功率交交变频系统中的应用	国家教委科学技术进步一等奖	1996年
66	供电系统谐波检测与治理(唐统一、孙树勤、潘隐萱、戴先中、陆祖良、杨仁刚、李志康、徐福媛、王树民、赵学东、赵伟)	国家教委科学技术进步二等奖	1996年
67	供电系统谐波检测与治理(唐统一、孙树勤、潘隐萱、戴先中、陆祖良等)	国家科技进步奖三等奖	1996年
68	轨迹分析方法理论研究	电力工业部科技进步一等奖	1996年
69	大型发电机稳定安全监视与无刷励磁检测系统(沈善德、朱守真等)	国家科学技术进步奖三等奖	1997年
70	超高压合成绝缘子(张仁豫、薛家麒、梁曦东、李京、关志成、王黎明、卢颀明、石伟、邢广军,第二完成单位清华紫光集团)	国家科学技术进步奖二等奖	1997年
71	神经系统异常运动功能信息检测及综合定量分析(电机工程与应用电子技术系、工程力学系)	北京市科技进步二等奖	1998年
72	500kV紧凑型输电线路关键技术及实验工程(黄炜纲等,合作单位华北电力集团公司,中国电力科学研究院等)	国家科技进步二等奖	2001年

(资料来源:《清华公报》,1979—2001年;《清华大学一览》,1984—1996年;《清华大学年鉴》,1998—2001年;清华大学电机系资料;清华大学电机系:《清华电机系七十周年系庆纪念集》)

图 8-27 自 1997 年以来，清华大学电机系与三菱电机产业系统研究所开展长期科研合作；图为 1998 年三菱电机产业系统研究所所长与电机系主任签署协议后合影①

图 8-28 2000 年 9 月电机系主任王赞基访问美国 MIT 电机系，居中者为该系电磁与电子系统实验室主任——John G. Kassakian 教授②

---

① 清华大学电机系：《清华电机系七十周年系庆纪念集》，46 页。

② 清华大学电机系：《清华电机系七十周年系庆纪念集》，46 页。

图 8-29　张伯明教授(中)与团队成员进行讨论①

图 8-30　电机系获得的国家级、省部级奖励的部分证书②

① 《新清华》，第 1763 期。

② 清华大学电机系：《清华电机系七十周年系庆纪念集》，41 页。

9 跨入21世纪以来清华大学电机工程系的创新发展

进入21世纪以来，中国的电力电工行业逐渐打破改革开放初期以消化吸收国外先进技术为主的思维和行为范式，开始结合中国特点自主开展产业布局，提出全新的科学、技术和工程问题，进而对全球产生积极影响、发挥更大作用。清华大学电机系的学科建设，也在探索中积极做出调整，提出了能源互联网、新一代电力系统等新的学科发展方向，并基于与国内外电工电气生产企业、科研院所、重点大学、国际学术组织等的更多合作，倡导并实践了多种人才培养模式，开展科学研究和技术创新，对我国和国际电力电工行业发展起到基础性促进作用，国际影响力得到显著提升。本章从历史沿革、师资队伍、课程设置、人才培养、学科建设、科学设施及成果、公共服务、文化传承创新及国际交流合作等方面，总结梳理清华大学电机工程系2002—2021这20年来的探索、创新和发展。

一、历史沿革

(一)教学、科研机构的新增及变更

2003年3月20日，经清华大学校务会议讨论通过，"自动化系'热工计量室'与电机系'电工计量室'合并，建立'清华大学电工与热工计量实验室'(校、系管)，下设'电工计量室'和'热工计量室'两个分室，挂靠在电机系。"同年，"清华大学-阿尔斯通继电保护与控制研究中心在电机系成立"。

2002年以来，"随着科学技术的发展，电机系早已突破传统的学科范围，在电气工程的基础上，扩展到信息科学、计算机技术、电子技术、自动控制、系统工程、新能源应用、超导应用、生物医学工程等多个领域"①。

① 《清华大学年鉴》，2007年。

如2008年3月5日，“校务会议讨论通过，决定成立清华大学中国车用能源研究中心，简称车用能源中心，该中心为低碳能源实验室与核研院、热能系、汽车系和电机系等共同建设的非实体跨学科科研机构，挂靠低碳能源实验室”。[①]

2008年1月9日，经2007—2008学年度第11次校务会议通过，电机系与核研院、热能系等参与成立“清华大学低碳能源实验室”。

2008年4月3日，“校务会议讨论通过，决定成立清华大学电气工程实验教学中心”，挂靠在电机系[②]。

2014年1月，经系务会讨论通过，原“电工新技术研究所”改名“电气新技术研究所”[③]。

2014年清华大学电机系与北京市科委开展合作，成立了“绿色能源与电力安全北京市国际合作基地（中心）”。

2014年11月14日，为推动能源互联网的前沿研究和产业培育，清华大学校务会决定，电机系联合材料学院成立“清华大学能源互联网创新研究院”，挂靠在电机系具体负责建设和管理；并要求电机系汇聚学校多个能源学科的优势力量，积极探索能源互联网这一新兴的综合能源学科方向。2015年4月24日，清华大学能源互联网创新研究院在北京正式挂牌，清华大学副校长杨斌、中国电力科学研究院周孝信院士、国家能源局总经济师李冶、北京市海淀区书记隋振江共同为研究院揭牌。研究院成立学术委员会，由国内外德高望重的院士和学者等共17名专家组成；周孝信院士担任学术委员会主任。清华大学能源互联网创新研究院的首任院长，是时任电机系的系主任曾嵘教授，执行院长是赵伟教授，副院长有高峰博士和陈启鑫副教授。

2015年11月，四川省政府与清华大学宣布，联合成立清华四川能源互联网研究院。四川省政府、成都市政府、成都市天府新区政府联合出资，每年支持1亿元，连续5年，通过共建该研究院，共同推进四川省能源战略转型，汇聚能源研究人才，带动能源互联网技术和设备在四川省更多

① 《清华公报》，2008年。

② 《清华大学校务会议公告》，第380期。

③ 《电工新技术研究所更名》，《清华大学电机工程与应用电子技术系简报》，2014年第1期（总第86期）。

更有效的利用。该研究院在清华具体由电机系负责建设和管理。2016年3月，清华四川能源互联网研究院正式落户四川省成都市天府新区。研究院致力于发挥清华大学在电气、材料、热能、核能、水利、信息、环境、建筑等多学科交叉的综合优势，建设能源互联网领域的人才培养中心、科技创新中心，同时从能源互联网的创新解决方案、关键技术和产品研发、科技成果转化、科技企业投资和孵化、培训和咨询、检测认证服务等方面，积极推动能源互联网产业的发展。清华四川能源互联网研究院的首任院长，是时任电机系系主任曾嵘教授，常务副院长是高文胜教授，副院长是刘婉华和刘毅。2018年7月，经2017—2018学年度第33次校务会会议讨论通过，任命康重庆为电机工程与应用电子技术系主任；曾嵘不再担任电机工程与应用电子技术系主任职务。同时，康重庆接替曾嵘担任清华大学能源互联网创新研究院以及清华四川能源互联网研究院的院长。2021年5月，鲁宗相接替高文胜担任清华四川能源互联网研究院常务副院长。

2016年，电力系统国家重点实验室在青海大学成立了"太阳能发电与综合应用分室"；2019年，在四川省成都市成立了"清华大学能源互联网研究院能源互联网分室"，在新疆大学成立了"风光储分室"；2021年，又在太原理工大学成立了"综合能源系统分室"。

2017年8月28日，由55家理事单位组成的国家能源互联网产业及技术创新联盟（简称"联盟"）正式成立，理事长由清华大学副校长、中国工程院院士尤政担任，秘书长由清华大学能源互联网创新研究院执行院长赵伟担任，秘书处设立在清华大学能源互联网创新研究院。2017—2021年，联盟在国家能源局的指导下，每年都召开了国家能源互联网大会，总结我国能源互联网的政策先导、产业和技术创新、标准制定、新产品新技术应用示范等方面的经验和成果，并对发展趋势做出展望和预测。

2017年12月，清华大学（电机工程系）与中国电机工程学会签署合作框架协议，并成立了中国电机工程学会清华大学会员中心，为推动清华大学能源、电气等相关学科的双一流建设，在电气工程领域进一步促进产学研结合与技术创新，搭建了更宽广的科技交流与合作平台。[①]

---

① 《中国电机工程学会与清华大学签订合作框架协议并成立会员中心》，清华大学电机系资料。

2018 年 10 月 18 日,清华大学与香港大学以及英国帝国理工学院签署战略合作伙伴协议在清华大学举行。电机系主任康重庆教授和英国皇家工程院院士、帝国理工学院蒂姆·格林(Tim Green)教授分别代表双方学校签署了战略合作伙伴协议。这标志着清华电机系与世界一流大学英国帝国理工学院在能源电力领域的人才培养、人员互访以及科研深度合作将全面展开。

2018 年 11 月 14 日,中国电机工程学会能源互联网专业委员会正式成立,中国科学院院士、时任国网公司副总工程师陈维江为主任委员。该专委会的成立,致力于促进能源可持续发展,营造开放共享的能源互联网生态体系,推动能源互联网关键技术攻关、核心设备研发和标准体系建设、推广和应用。该专业委员会的秘书处单位由清华大学(电机系)和国网信通产业集团共同担任,具体设在清华电机系。

2019 年 3 月 1 日,“清华大学-国家电网新一代电力系统联合研究院”在国家电网有限公司总部正式签署合作协议。清华大学校长邱勇,国家电网公司董事长、党组书记寇伟,总经理、党组副书记辛保安等出席签字仪式。清华主管科研工作的副校长薛其坤院士、国家电网公司副总经理张智刚代表双方签署了合作协议。卢强院士、韩英铎院士,国家电网公司总经理助理等共同见证了签约。这标志着经过近 10 年对智能电网领域重大科技项目开展合作研究,以及在相关基础理论和重大科学技术关键问题上取得的成果,并结合在能源互联网领域的研究与深入思考,清华电机系与国家电网公司都已深刻地认识到,必须加快启动对基于更高比例新能源消纳的新一代电力系统重大科学和技术问题的研究。同年 11 月 8 日,清华大学-国家电网新一代电力系统联合研究院(简称“联合研究院”)揭牌仪式暨管理委员会第一次会议在清华大学举行。清华大学校党委书记陈旭,国家电网公司董事长、党组书记寇伟,共同为该联合研究院揭牌。随后,联合研究院召开了第一次管理委员会会议,审议通过了联合研究院的组织机构、运行管理章程及管委会成员名单。在联合研究院框架下,电机系将联合清华校内相关学科及院系,重点围绕能源转型战略、新一代电力系统的基础理论和技术体系、交叉领域颠覆性重大关键技术三个方向,与国家电网公司开展深度合作,全面推进产学研一体化,建立代表国家水平的创新联合体。

2019年3月24日,“清华大学-帝国理工学院智慧电力及能源系统联合研究中心”启动会暨签约仪式在英国伦敦帝国理工学院举行。清华大学副校长、中国科学院院士薛其坤与帝国理工学院校务委员会委员兼工学院院长、英国皇家工程院院士纳吉尔·布兰德(Nigel Brandon)代表双方签约。该联合研究中心的中方主任是清华电机系主任康重庆教授,英方主任为戈伦·斯兆伯克教授。这个联合研究中心的成立,显示出清华电机系与英国帝国理工学院在智慧能源电力领域的全面合作已进入实质性落实阶段。

(二)系党政班子及学术组织机构换届

2002—2021年这20年间,经清华大学校级相关机构和组织的审核批复,清华电机系的党委、行政班子、学术委员会和学位分委员会均按照相应的章程和规定有序地进行了换届。

电机系党委于2006年12月换届,系党委书记为赵伟;2010年1月换届,赵伟继续担任系党委书记;2013年5月换届,赵伟继续担任系党委书记;2016年7月换届,康重庆担任系党委书记;2018年10月,系党委书记调整为于歆杰;2020年12月换届,于歆杰继续担任系党委书记。

电机系的系行政班子于2004年7月换届,梁曦东继续担任系主任;2007年12月换届,闵勇担任系主任;2011年2月换届,闵勇继续担任系主任;2014年7月换届,曾嵘担任系主任;2017年7月换届,曾嵘继续担任系主任;2018年7月,系主任调整为康重庆;2020年7月换届,康重庆继续担任系主任。

电机系的学术委员会于2004年3月换届,主任为王赞基;2008年7月换届,主任为赵伟;2018年4月换届,主任为闵勇;2019年10月,主任调整为孙宏斌。

电气工程学位评定分委员会于2004年6月换届,主席为闵勇;2011年12月换届,主席为夏清;2019年11月换届,主席为沈沉。

此外,电机系于2016年4月成立了教学委员会,首届主任为肖曦;2019年11月换届,新一任主任是朱桂萍。

(三)实验教学中心建设

2008年,清华电机系成立了电气工程实验教学中心,该中心当年就获评为清华大学一级实验室、北京市高等学校实验教学示范中心和国家级实验教学示范中心建设单位；并先后于2011年、2012年通过了北京市高等学校实验教学示范中心、国家级实验教学示范中心的验收，2014年、2018年通过了清华大学一级实验室的复评。2019年10月，为更好地适应清华大学职工队伍改革的需要，并促进实验教学更好地发挥在人才培养中的作用，在广泛征集全系教职工意见和建议基础上，按照电机系二级机构的管理办法，电机系党政联席会讨论通过，决定成立电机系实验教学中心（简称“中心”）；同时，撤销了原有的电工学教学组和微机教学组。中心人员由电机系所有工程实验技术系列的教师和原电工学教学组、微机教学组的教师组成，毕大强研究员为中心主任，段玉生副教授和朱小梅高工为副主任。该实验教学中心的成立和运行，明晰了全系各个实验岗位的工作职责，促进了实验系列教师之间的交流与协作，加强了基础实验教学课程与技术基础、专业实验教学课程内容之间的衔接，优化了各类实验仪器设备及装置等资源的利用，即通过从顶层、全局进行的整合与优化设计，使全系实验教学的人员、设备、场所与实验教学内容等成为了一个有机的整体，有效地提升了电气工程实验教学的管理与技术水平。

（四）形成“一系两院”架构

2020年5月18日，学校批准电机系进入清华大学国家治理与全球治理研究院，成为该高端智库中的一个子单位。据此，清华电机系、清华大学能源互联网创新研究院、清华四川能源互联网研究院即“一系两院”，共同组建成立了“能源互联网智库研究中心”。该研究中心的主任由电机系夏清教授担任，北京院的副院长高峰和陈启鑫副院长、四川院的刘毅副院长共同担任研究中心副主任。该研究中心以能源互联网领域重大科学问题为研究方向，旨在为清华大学国家高端智库提供支持。

自2018年以来，“一系两院”一直定位于尽早建成我国能源互联网行业领域的重要智库单位之一。为此，“一系两院”组织结构建立起来后，每年都定期召开联合运行机制建设及优化的研讨会，着重解决如何提高效率、发挥各方优势、形成更强有力科研实力问题，至今，已经在能源互联网顶层设计、政策论证、战略研究、系统规划、工程设计等方面开展了大量研究工作。

二、师资队伍

进入21世纪,在学校人事制度改革建设相关政策的不断推动和激励下,清华电机系的教师队伍发生了很大变化,尤其是科研能力、国际交往能力、承担重要或重大科研项目以及组织承担相关学科国际会议和国际事务的能力等均明显提升;事业编制教师数量基本维持不变,但企业合同制科研人员以及博士后人员的数量有了较大增长;职称晋升情况总体良好;从国外引进优秀青年学者形势喜人;并且还聘请了多位国际、国内著名院士、教授及专家学者担任特聘研究员、讲席教授以及客座教授等。

(一)2002—2015年师资队伍及职称晋升

2002年,电机系被批准晋升高级专业技术职务人员10名、中级5名;2003年,晋升高级专业技术职务人员8名、中级8名;2004年,晋升高级专业技术职务人员8名、中级2名;2005年,晋升高级专业技术职务人员9名、中级3名、初级1名;2006年,晋升高级专业技术职务人员10名、中级3名;2007年,晋升高级专业技术职务人员10名、中级2名;2008年,晋升高级专业技术职务人员5名、中级1名、初级2名;2009年,晋升高级专业技术职务人员6名;2010年,晋升高级专业技术职务人员9名、中级3名。截至2010年底时,电机系共有事业编制的教职员工127人,其中教师91人,超过87%的教师拥有博士学位,超过34%的教师拥有半年以上的出国经历。

2011年,清华迈入新百年发展征程后,为助推世界一流电气工程学科建设,电机系在师资队伍建设上更注重对高级人才的聘用,以及对青年优秀人才的选拔和培养。如,2012年新聘副教授4名、高级工程师1名;2013年,引进青年教师3人,晋升教授2人、副教授4人;2014年,引进青年教师2人,晋升副教授3人、高工1人;2015年,新引进国内杰青1人、国外青年千人1人,引进青年教师2人,晋升教授1人、副教授2人、高工1人。截至2015年底,电机系在编教职工128人,共有教授、研究员34人,副教授、副研究员52人,高级工程师、高级实验师11人。2012—2015年电机系教师人数见表9-1。

表 9-1　2012—2015 年电机系教师人数(按职称分类)统计表

	教师	正高级			副高级			中级		
	合计	教授	研究员	合计	副教授	副研究员	合计	讲师	助研	合计
2012	95	29	3	32	34	14	48	1	14	15
2013	96	29	2	31	36	12	48	1	16	17
2014	95	31	2	33	34	17	51	0	11	11
2015	98	33	2	35	36	17	53	0	10	10

(二)校人事制度改革下电机系师资队伍的变化

为建设世界一流大学，进一步提升师资队伍水平，清华大学于 2012 年决定全面推进教师人事制度改革；2013 年 4 月，印发了《清华大学关于深化人事制度改革、加强教师队伍建设的若干意见》；2014 年 4 月，公布了《清华大学深化人事制度改革、加强教师队伍建设实施细则(试行)》。2015 年 12 月，《电机系人事制度改革与教师聘任管理办法》获得学校批准，教师人事制度改革开始实施。

此次校人事制度的改革，涉及全体教师，学校出台了 3 项重要措施：1)教师分系列，2)建立教学科研系列准聘长聘制度，3)教师薪酬体系改革。

按照学校出台的人事制度改革办法，根据职责的不同，设置教学科研系列(简称“教研系列”)、研究系列和教学系列教师。不同系列的教师，职业发展路径不同。其中，教研系列的教师，需要同时从事人才培养与科学研究工作；研究系列的教师，其工作重点是科研，要在研究团队中承担科研工作、发挥作用；而教学系列的教师，则侧重从事基础课教学及教学研究工作。此外，部分高年资教师可以选择不进入系列。

对教研系列的教师而言，除有助理教授、副教授和教授的职级区分外，还设立了准聘和长聘制度。青年教师一般以准聘助理教授身份入职，择机申请晋升为准聘副教授，一般于入职 6 年后进行长聘考核，考核注重长聘教授会的审核，并结合考虑国际同行评审的意见，通过了考核的教师，签订无固定期限聘用合同，成为长聘副教授，再过若干年，可申请晋升教授；而未能通过长聘考核的教师，要办理离职手续，或调整、调离到非一线教师的其他类别的岗位去工作。学校对所聘教师实施准聘和长聘制度的目的,是进一步优选有学术志趣和学术潜力的师资,并且明确引导教师从事长周期、基础性和前沿性的研究。

对不同系列的教师,学校采用不同的保障和激励措施。其中,对教研系列的教师,实行协议工资制,限制其从科研项目取酬的额度,弱化项目导向,强化学术导向;而对研究系列和教学系列的教师,则实行岗位绩效工资制。

到 2016 年底,清华所有在岗的教师完成从过去评聘制度到分系列评聘制度的过渡,教研系列的教师,开始实行准聘和长聘制度。

2018 年 7 月,中办国办发布《关于深化项目评审、人才评价、机构评估改革的意见》,同年 11 月,教育部办公厅印发了《关于开展清理“唯论文、唯职称、唯学历、唯奖项”专项行动的通知》。清华电机系也相应地首批对教师聘任管理办法中有个学术成果数量的描述方式进行了调整,并于 2019 年 12 月成为全校修订教师聘任管理办法的院系之一。

2018 年 10 月,学校发布《清华大学关于深化人事制度改革加强职工队伍建设的若干意见》,开始进行职工(含工程系列、实验室系列以及职员系列人员)的人事制度改革。2019 年 10 月,《电机系职工队伍人事制度改革设岗方案》获学校批准,12 月完成了现有职工人员的聘岗工作。自 2020 年 1 月起,以岗位说明书或岗位备案表为依据进行职工聘任。通过职工人事制度改革,电机系要建立起一套与建设国际领先的电气工程学科相适应的职工队伍人事管理的体制机制,并随之建设一支专业化、职业化的高水平、高质量、国际化的职工队伍。

2016—2021 年,电机系教职工分系列晋升职称的情况,具体为:2016 年,教研系列长聘教授 1 名(党智敏[新引进]),教研系列长聘副教授 2 名(于歆杰、程林),准聘副教授 3 名(林今、张宁、李琦[新引进]);2017 年,聘任教研系列长聘教授 1 名(于歆杰),研究系列研究员 1 名(高文胜),教研系列长聘副教授 2 名(郭庆来、陆超),教研系列准聘副教授 1 名(钟海旺、易陈谊[新引进]),研究系列副研究员 1 名(张春朋),实验系列高级工程师 1 名(王彬),研究系列助理研究员 3 名(陈凯楠[新引进]、李笑倩[新引进]、薛小代[新引进]);2018 年,聘任教研系列长聘教授 1 名(谢小荣),研究系列研究员 1 名(王善铭),教学系列教授 1 名(朱桂萍),教研系列长聘副教授 2 名(杨颖、陈启鑫),教研系列准聘副教授 3 名(魏韡、赵彪、查俊伟[国内引进]),研究系列副研究员 2 名(王珅、黄少伟),事编六级职员 1 名(董嘉佳),研究系列助理研究员 1 名(张灵[新引进]);2019 年,聘任教研系列长聘教授 2 名(程林,张波),研究系列研究员 2 名(陈颖、慈松[新引进]),教研系列长聘副教授 3 名(孙凯、宋强、鲁宗相),研究系列副研究员 1 名(魏应冬),事编六级职员 1 名(段锐);2020 年,聘任教研系列长聘教授1 名(郭庆来),研究系列研究员 1 名(袁立强),正高级工程师1 名(毕大强),教研系列长聘副教授1 名(胡泽春),研究系列副研究员 2 名(张树卿、王彬[转系列]),教研系列助理教授 2 名(吴锦鹏[新引进]、姬世奇[新引进]),高级工程师 1 名(李臻);2021 年,聘任教研系列长聘教授1 名(陆超),研究系列研究员 1 名(胡伟),教研系列长聘副教授 1 名(李琦),研究系列副研究员 1 名(薛小代),教研系列准聘副教授 3 名(付洋洋、姬世奇、吴锦鹏)。

应特别提及的是,按照国家的相关规定,2018 年 10 月,清华电机系的中国科学院院士卢强和中国工程院院士韩英铎荣休。卢强院士和韩英铎院士是电机系教师的杰出代表,他们为电机系的人才培养、科学研究、学科建设等付出了很多辛劳,做出了非常重要的贡献。他们尽管已荣休,但仍然还在以多种方式支持并指导着系里多方面工作的开展。

按学校人事制度改革的部署,电机系陆续成立了 11 个科研团队,旨在围绕电气工程学科的国际学术前沿、国家重大需求和行业关键技术,以科研团队的组织方式,承担重大基础研究课题和技术开发项目,注重学科的交叉与融合,做出具有引领性的科研成果,引领学术发展、技术创新,推动行业进步。2016 年,电机系第一批设立了 8 个科研团队,2019 年又新增了 3 个科研团队。截至 2021 年底,这 11 个科研团队及其负责人为:1)大容量电力电子与新型电力传输(赵争鸣),2)电磁检测与设备性能安全评估(黄松岭),3)电力系统保护(董新洲),4)复杂能源网络能量管理与运行调控(孙宏斌),5)交直流互联电网态势感知与装备技术(陆超),6)能源市场与规划运营(夏清),7)气体放电等离子体及应用(王新新),8)先进电能变换与电气化交通系统(李永东),9)现代电力能源系统安全控制与高效运行(梅生伟),10)新能源电力系统动态分析与运行(闵勇),11)先进电磁材料及系统(何金良)。

学校人事制度改革完全到位后,根据改革过程中发现的问题和新的变化等，为帮助青年教师健康成长，2021 年 4 月，电机系在学校率先设立了青年教师职业发展导师（Mentor）制度，即为每一位处在第一个聘期的青年教师邀请职业发展导师。一般安排 2~3 名导师为 1 位青年教师的职业发展组成导师组，其中 1 名为专家导引型导师，另 1 名是同辈助力型导师，且还可根据实际需要，从海外高校或国内相关行业等邀请 1 位专家担任行业支持型导师。

截至 2021 年底，电机系教师总数为 103 人，其中教研系列 47 人，研究系列 35 人，教学系列 3 人，未入系列 18 人；按照职称分布，正高 44 人，副高 56 人，中级 4 人。截至 2021 年底，清华电机系事业编制教职工名单，见表 9-2。

表 9-2　电机系（事编）教职员工名单（截至 2021 年底）

	夏　清	闵　勇	董新洲	宋永华	梅生伟	孙宏斌	康重庆	沈　沉
	吴文传	慈　松	程　林	陈　颖	郭庆来	胡　伟	刘建政	沈　瑜
	郑竞宏	徐　飞	鲁宗相	刘　锋	王　宾	施慎行	胡泽春	张雪敏
	乔　颖	陈启鑫	陈　磊	薛小代	黄少伟	王　彬	陈来军	魏　韡
	林　今	张　宁	钟海旺	刘文华	姜齐荣	谢小荣	陆　超	于庆广
	宋　强	袁志昌	张春朋	赵　彪	魏应冬	张树卿	李笑倩	王新新
教　师	刘卫东	梁曦东	张贵新	何金良	周远翔	陈水明	王善祥	邹晓兵
	党智敏	高文胜	张　波	盛新富	黄瑜珑	刘瑛岩	胡　军	杨　颖
	余占清	罗海云	庄池杰	李　琦	付洋洋	张　灵	赵争鸣	李永东
	蒋晓华	柴建云	肖　曦	王善铭	袁立强	姜新建	孙宇光	孙旭东
	孙　凯	桂　林	郑泽东	陆海峰	许　烈	张品佳	王　奎	姬世奇
	陈凯楠	赵　伟	袁建生	郭静波	黄松岭	邹　军	于歆杰	朱桂萍
	丁青青	汪芙平	王　珅	易陈谊	吴锦鹏	段玉生	王艳丹	
实验员	梁　旭	孙艳栋	高胜友	王　鹏	毕大强	刘文武	邢广军	董甲瑞
职　员	崔爱芳	周　红	刘　艳	郝　丽	李　臻	朱小梅	贾玉荣	齐　硕
职　工	段艳梅	段　锐	董嘉佳	梁晶晶	董振玲	李铁文		

除事编教职工之外，按清华大学现行人事制度，电机系还以合同制方式聘用了不少工作人员，参与承担着电机系的党务、教务、科研管理、学生事务、行政管理、保密、对外交流、校友联络、宣传等方面的工作。截至 2021 年底，在电机系党务及行政管理部分聘用的工作人员有：张杰、骆娇、刘琳、周俊瑜、张金丹、周浔、韩丽英、齐鼎华、路萍、秦惠军、杨蓉蓉 11 人。

为充实师资队伍，培养优秀人才，清华电机系还积极吸引博士后研究人员参加科研工作。如，2012年，清华电机系博士后人员进站13人；2013年进站18人；2014年进站11人；2015年进站12人；2016年进站11人；2017年进站18人；2019年进站27人；2020年进站30人；2021年进站35人。

而且，按清华大学现行的人事制度，事业编制的教师，可以根据承担科研等工作的需要，利用自己所争取到的科研项目经费，按照学校人事相关管理规定，履行合同制人事聘用手续，自行聘用工程师、科研助手或科研事务助理，等等。近年来，清华电机系事业编制教师承担的科研项目，一直在呈快速增长态势，而为了完成这些项目任务，伴随有大量的科研辅助工作、软件编程、项目经费管理，报账、项目投标、项目文件管理、课题组日常事务处理等工作。有鉴于此，清华电机系事业编制的老师，也聘用了不少工程师和科研助理等。截至2021年底，电机系事业编教师聘用的工程师和科研助理共有270名。

(三)师资队伍水平不断提高

2002—2021年，伴随着教育教学改革、学科建设的发展，承担电气工程领域国家、国际和企业重大、关键科技项目的历练，清华电机系的师资水平逐渐提高，多位教师获得国内人才奖励和人才称号。

这一时期，电机系教师获得多项国家、部委和地区颁发的个人科技奖，包括2010年张伯明获何梁何利奖，孙宏斌获茅以升科技奖-北京青年科技奖；2011年夏清获“全国优秀科技工作者”称号，2019年陆超获中国青年科技奖；2020年董新洲获第二届全国创新争先奖，宋永华获何梁何利奖，郭庆来获第16届中国青年科技奖特别奖，2021年李永东获中国电气节能30年杰出贡献奖。

在中国电机工程学会评选的各种人物奖中，2013年王祥珩、2015年张伯明分别获顾毓琇电机工程奖；2014年张伯明，2017年董新洲、孙宏斌，2018年康重庆，2019年何金良，2020年曾嵘，2021年吴文传分别获中国电力科学技术杰出贡献奖；2018年王祥珩、张伯明、董新洲、梁曦东，2021年何金良、康重庆分别当选中国电机工程学会会士。2021年李永东当选中国电工技术学会首届会士。

我国于1990年起执行政府特殊津贴制度,这是对高层次专业技术人才和高技能人才的一种奖励制度。2002年以来,电机系梁曦东(2002)、梅生伟(2012)、闵勇(2014)、孙宏斌(2014)、何金良(2016)、董新洲(2019)年获得该津贴。

通常被提及的国家级人才称号,包括"四大四小"共8种,教育部长江学者特聘教授、中组部特支计划领军人才、中组部千人计划(或教育部长江学者讲席计划、科技部火炬计划)和国家自然科学基金委杰出青年基金为"四大",教育部青年长江学者、中组部青年拔尖人才、中组部青年"千人计划"(或基金委优青海外计划)和国家自然科学基金委优秀青年基金为"四小"。随着我国高等教育整体实力的提升,提出"破五唯",即破除在人才评价过程中唯论文、唯帽子、唯职称、唯学历、唯奖项,高校和教师对人才称号的追逐正在降温。但无论如何,获得人才称号,从某个视角看,仍是对教师学术水平的一种认可。

2002—2021年,电机系获得"长江学者"特聘教授称号的教师有梅生伟(2009)、何金良(2009)、孙宏斌(2011)、曾嵘(2017)、陆超(2020);获得"万人计划"支持的教师有孙宏斌(2016)、康重庆(2016)、曾嵘(2018)、吴文传(2019);获得"千人计划"支持的教师有宋永华(2009),慈松(2021);获得"国家杰出青年基金项目"支持的教师有何金良(2004)、梅生伟(2005)、孙宏斌(2010)、曾嵘(2013)、康重庆(2013)、党智敏(2014)、吴文传(2017)、谢小荣(2019)、胡军2021;获得"长江学者奖励计划青年学者"称号的教师有陆超(2017)、郭庆来(2018)、陈来军(2019)、郑泽东(2020)、杨颖(2020)、林今(2020)、张宁(2020);获得"国家青年拔尖人才计划"支持的教师有陈启鑫(2018)、胡泽春(2019)、罗海云(2021);获得"青年千人计划"支持的教师有张品佳(2015)、易陈谊(2017)、李琦(2018)、吴锦鹏(2020)、付洋洋(2020)、姬世奇(2020);获得"国家优秀青年基金"项目支持的教师有谢小荣(2013)、张波(2014)、郭庆来(2015)、陈启鑫(2016)、杨颖(2017)、张品佳(2018)、陈磊(2019)、余占清(2019)、李琦(2019)、陈磊(2020)、庄池杰(2020)、钟海旺(2021)。

教育部在世纪交替之际,推出了"跨世纪/新世纪优秀人才支持计划",并持续到2014年,鼓励优秀青年学术带头人开展教学改革和创新性科学研究。电机系入选该支持计划的教师,有袁建生(2002)、周远翔

（2004）、孙宏斌（2005）、曾嵘（2005）、刘文华（2006）、康重庆（2007）、姜齐荣（2007）、党智敏（2007）、沈沉（2009）、吴文传（2011）、于歆杰（2012）、肖曦（2013）。

此外，霍英东教育基金会设立有高校青年教师科研基金，电机系教师罗海云（2014）、陈启鑫（2016）得到支持；北京市科委组织实施的科技人才培养计划“北京市科技新星”，电机系于歆杰（2006）、陈启鑫（2015）、林今（2019）等老师得到支持；中国科协开展的青年人才托举工程，电机系张宁（2016）、钟海旺（2018）、张灵（2019）、赵彪（2020）、李笑倩（2020）等年轻教师得到支持。

清华大学于1994年起设立“学术新人奖”，以选拔和培养学术带头人和学术骨干，为学校青年教师的最高学术荣誉，每年奖励10名左右教师。2002年以来，电机系孙宏斌（2005）、康重庆（2007）和张品佳（2019）获得过此奖项。

2002年以来，电机系还聘任或续聘了周孝信、顾国彪、严陆光、赵希正、杨奇逊、余贻鑫、唐任远、陈清泉、沈国荣、马伟明、郭剑波、李凤玲、李立浧、程时杰、张钟华、宋永华、雷清泉、陈维江、舒印彪、袁懋振等任兼职教授或双聘教授。

图9-1　2015年12月1日，电机系在主楼接待厅召开人事制度改革启动仪式①

① 《电机系人事制度改革正式启动》，《清华大学电机工程与应用电子技术系简报》，2015年第4期（总第93期）。

2002—2021年间，清华电机系教职工在教学、科研、管理及党务等工作中取得了优异的成绩，获得了多项各类奖励，部分获奖名单，参见表9-3。

表9-3 2002—2021年电机系教职工部分获奖名单

序号	获奖人(团队)	获奖名称	获奖时间
1	朱小梅、王赞基	清华大学2001年度先进工作者	2002年
2	《信号处理》课程教学	清华大学2002年教学优秀成果奖一等奖	2002年
3	《电力系统继电保护》课教学	清华大学2002年教学优秀成果奖二等奖	2002年
4	“电路原理”教学组	清华大学2002年度先进集体	2003年
5	曾嵘、康重庆	清华大学2002年先进工作者	2003年
6	奎丽荣(电工电子学实验教学中心)	清华大学2001—2002年清华之友——优秀实验技术人员	2003年
7	陆文娟、王祥珩、王赞基、梅生伟	清华大学教书育人奖	2003年
8	电工学教学组	清华大学2003年度教职工先进集体	2004年
9	卢强、邱阿瑞	清华大学2003年度教职工先进工作者	2004年
10	王仲鸿	清华大学2003年度“老有所为”先进个人	2004年
11	电力系统本科系列课程的教改及大型数字化实验基地建设	清华大学2004年教学优秀成果奖一等奖	2004年
12	《电路原理》课程建设；电工与电子技术课程教学改革	清华大学2004年教学优秀成果奖二等奖	2004年
13	王赞基	北京市2004年度优秀教育工作者；清华大学2004年度先进工作者	2005年
14	吴维韩	清华大学2005年度“老有所为”先进个人	2005年
15	王祥珩	清华大学优秀共产党员	2005年
16	孙宏斌	清华大学2004年度先进工作者；清华大学2004年青年教师教学优秀奖	2005年
17	曹海翔	清华大学林枫辅导员奖	2006年

续表

序号	获奖人(团队)	获奖名称	获奖时间
18	刘树、肖峰、许树楷	清华大学"一二·九"辅导员奖	2006 年
19	孙宏斌	清华大学 2005 年度学术新人奖	2006 年
20	刘瑛岩	清华大学 2005 年度青年教师教学优秀奖	2006 年
21	电机工程与应用电子技术系团委	北京市"五四"红旗团委	2007 年
22	陆文娟	2006 年宝钢教育基金优秀教师奖获得者	2007 年
23	刘秀成	清华大学 2006 年度先进工作者	2007 年
24	王祥珩	清华大学 2006 年度"老有所为"先进个人	2007 年
25	于歆杰	清华大学 2006 年青年教师教学优秀奖	2007 年
26	鲁宗相	清华大学林枫辅导员奖	2007 年
27	乔嘉赓、吴姗姗、郑智	清华大学一二·九辅导员奖	2007 年
28	电路原理和电路实验教学组	清华大学 2007 年度先进集体	2008 年
29	张伯明、何金良	清华大学 2007 年度先进工作者	2008 年
30	康重庆	清华大学 2007 年度"学术新人奖"	2008 年
31	朱桂萍	清华大学 2007 年度"青年教师教学优秀奖"	2008 年
32	发挥实验中心资源优势——建设探究式学研并进人才培养环境(电子系、自动化系、电机系：任勇、唐光荣、高文焕、段玉生、张丕进)；《电路原理》课程教学队伍建设与教学内容改革(陆文娟、朱桂萍、于歆杰、刘秀成、沈瑜)；《高等电力网络分析》研究生学位课重基础研究型教学方法(张伯明)	清华大学 2008 年教学成果一等奖	2008 年
33	《电机学》课程教学内容体系建设(孙旭东、王善铭)	清华大学 2008 年教学成果二等奖	2008 年
34	丁青青	北京奥运会、残奥会清华大学先进个人	2008 年
35	电工学课程教学组	清华大学 2008 年度先进集体	2009 年

续表

序号	获奖人(团队)	获奖名称	获奖时间
36	卢强、曹海翔	清华大学2008年度先进工作者	2009年
37	沈沉	清华大学2008年度“青年教师教学优秀奖”	2009年
38	董博	国庆60周年庆祝工作清华大学先进个人	2009年
39	夏清	清华大学2009年度先进工作者、全国优秀科技工作者	2010年
40	鲁宗相	清华大学2009年度青年教师教学优秀奖	2010年
41	依托行业背景,建设有电气工程特色的拔尖创新人才培养体系(康重庆、于歆杰、于庆广、曹海翔、董嘉佳);《电力电子与电机集成系统》研究生双语专业课程建设(赵争鸣、袁立强)	清华大学2010年教学成果奖一等奖	2010年
42	刘瑛岩	清华大学百年校庆工作先进个人	2011年
43	电力系统研究所	清华大学2010年度先进集体	2011年
44	徐国政	清华大学2010年度先进个人	2011年
45	王祥珩	清华大学2011年度“老有所为”先进个人	2011年
46	吴文传	2011年度中国电机工程杰出青年工程师奖	2011年
47	王善铭	清华大学2011年度“青年教师教学优秀奖”	2012年
48	电工新技术研究所党支部	清华大学创先争优先进党支部	2012年
49	郭静波	清华大学优秀教工党支部书记	2012年
50	何金良	清华大学先进个人	2012年
51	郑泽东	2011—2012学年度林枫辅导员奖	2012年
52	张杰	清华大学2011—2012学年度毕业生就业工作先进个人	2012年
53	王德延	北京市“万名孝星”	2012年
54	高压研究所	清华大学先进集体	2012年
55	电机系	清华大学2012年度优秀分工会	2012年

续表

序号	获奖人（团队）	获奖名称	获奖时间
56	电力系统研究所工会小组，电工新技术研究所工会小组	清华大学2012年度先进工会小组	2012年
57	刘瑛岩、刘文武、蔡永生、刘艳	清华大学2012年度工会积极分子	2012年
58	陈启鑫	世界杰出青年创新家（MIT Technology Review, 35 Top Innovators under 35（TR 35））荣誉称号	2012年
59	曾嵘	茅以升北京青年科技奖	2012年
60	电机系	清华大学2011—2012学年度毕业生就业工作先进集体综合奖	2012年
61	郑泽东、祁硕、郝丽	2011—2012学年度节能奖教金	2012年
62	电机系	2012—2013学年度清华大学毕业生就业工作先进集体综合奖	2013年
63	郭庆来	清华大学2012年度青年教师教学优秀奖	2013年
64	牛犇	2012—2013学年度林枫辅导员奖	2013年
65	陈启鑫	2012—2013学年度清华大学毕业生就业工作先进个人	2013年
66	桂林、王德延、骆娇	2012—2013年度节能奖教金	2013年
67	王祥珩	2013年度顾毓琇电机工程奖	2013年
68	于歆杰	宝钢优秀教师奖	2013年
69	郭庆来	清华大学青年教师教学优秀奖	2013年
70	于庆广、胡泽春	清华大学优秀班（级）主任	2013年
71	汪芙平、陆海峰	清华大学第五届青年教师教学大赛二等奖	2013年
72	康重庆	研究生“良师益友”	2014年
73	刘瑛岩	清华大学第五届“清韵烛光·我最喜爱的教师”称号	2014年
74	胡伟	清华大学2013年度青年教师教学优秀奖	2014年
75	乔颖、许烈	清华大学优秀班（级）主任	2014年
76	骆娇	2013—2014学年度“一二·九”学生工作助理	2014年
77	王家福	清华大学2013—2014学年度毕业生就业工作先进个人	2014年

续表

序号	获奖人(团队)	获奖名称	获奖时间
78	李臻、蔡永生、董嘉佳	2013—2014年度节能奖教金	2014年
79	张伯明	2013年度中国电力科学技术杰出贡献奖	2014年
80	肖曦	中国电工技术学会“电工行业正泰科技成就奖”	2014年
81	张伯明	2015年顾毓琇电机工程奖	2015年
82	黄松岭	中国发明协会第九届“发明创业奖·人物奖”特等奖	2015年
83	郭庆来	第18届茅以升北京青年科技奖	2015年
84	王宾	2015年中国电力优秀青年工程师奖	2015年
85	袁立强	清华大学2014年度青年教师教学优秀奖	2015年
86	电路原理教学组	2014年度清华大学先进集体	2015年
87	赵争鸣	2014年度清华大学先进工作者	2015年
88	电机系	清华大学2014—2015学年度毕业生就业工作先进集体综合奖	2015年
89	郑泽东	清华大学2014—2015学年度毕业生就业工作先进个人	2015年
90	王鹏、于歆杰、慕萍	2014—2015年度节能奖教金	2015年
91	于歆杰	第十二届北京市高等学校教学名师奖	2016年
92	何金良	鲁道夫·海因里希·戈尔德(Rudolf Heinrich Golde)奖	2016年
93	电力系统研究所	2015年度清华大学先进集体	2016年
94	何金良、毕大强	2015年度清华大学先进工作者	2016年
95	何金良	美国电气电子工程师协会赫尔曼·霍尔珀林电力传输和配电奖	2017年
96	杨颖	北京高校第十届青年教师教学基本功比赛一等奖	2017年
97	李泽元(Fred C. Lee)	第四届中国电源学会科学技术杰出贡献奖	2017年
98	孙凯	第四届中国电源学会科学技术青年奖	2017年

续表

序号	获奖人(团队)	获奖名称	获奖时间
99	郑泽东	2017年“中达青年学者”	2017年
100	董新洲、孙宏斌	中国电力科学技术杰出贡献奖	2017年
101	王祥珩	顾毓琇电机工程奖	2018年
102	电机系	校2017年度信息工作先进单位	2018年
103	高文胜	成都市“五一劳动奖章”	2018年
104	于歆杰	清华大学第十六届“良师益友”	2018年
105	郭庆来	2017年度“长江学者奖励计划”	2018年
106	曾嵘	IEEE电磁兼容学会技术成就奖	2018年
107	于歆杰	电磁发射技术杰出贡献PeterMark奖章	2018年
108	肖曦	2018年“中达学者”奖	2018年
109	张品佳	IEEE工业应用学会青年杰出成就奖	2018年
110	何金良	IEEE赫尔曼·霍尔珀林电力传输和配电奖	2018年
111	张波	第34届雷电防护国际会议科学委员会奖	2018年
112	李琦	IEEE Caixin Sun and Stan Grzybowski青年学者成就奖	2018年
113	康重庆	中国电力科学技术杰出贡献奖	2018年
114	陆超	中国电力优秀科技工作者奖	2018年
115	郭庆来	中国电力优秀青年科技人才奖	2018年
116	钟海旺	中国能源研究会优秀青年能源科技工作者奖	2018年
117	电机系	清华大学2017—2018学年度就业工作“先进集体职业辅导奖”	2018年
118	张宁	清华大学2017—2018学年度就业工作先进个人	2018年
119	董新洲	享受国务院政府特殊津贴	2019年
120	赵争鸣	电工行业-正泰科技奖科技成就奖	2019年
121	李永东，程林	电工行业-正泰科技奖科技创新奖	2019年
122	李永东领衔的科研团队	中国自动化领域2018年度团队奖	2019年

续表

序号	获奖人(团队)	获奖名称	获奖时间
123	陆超	中国青年科技奖	2019年
124	电机系	校“文书档案、教学档案、学生档案工作先进单位”	2019年
125	电气新技术研究所党支部	清华大学先进党支部	2019年
126	陆超	清华大学优秀共产党员	2019年
127	丁青青、余占清	清华大学优秀党建与思想政治工作者	2019年
128	周远翔	中央宣传部授予“最美支边人物”称号	2019年
129	段玉生、康重庆、于歆杰	清华大学2018年度教学优秀奖	2019年
130	梁曦东	国际电工委员会IEC1906奖	2019年
131	何金良	中国电力科学技术杰出贡献奖	2019年
132	于歆杰、谢小荣	中国电力优秀科技工作者奖	2019年
133	张宁	中国电力优秀青年科技人才奖	2019年
134	朱桂萍	北京市教学名师奖	2019年
135	电路原理课程教学团队(于歆杰、朱桂萍、赵伟、黄松岭、丁青青、杨颖、刘瑛岩、谢小荣)	2019年度“北京高校优秀本科育人团队”	2020年
136	电机系	清华大学2019年“基层党建特色工作、教职工党支部调研课题、特色活动‘优秀组织奖’”“宣传思想工作先进集体”“清华大学国际合作与交流暨港澳台工作先进集体”“2018—2019学年毕业生就业工作先进集体”	2020年
137	刘琳	清华大学“2019年度优秀组织员”	2020年
138	张金丹	清华大学“2019年度清华大学宣传思想工作先进个人”	2020年
139	董新洲	第二届全国创新争先奖	2020年
140	丁青青(为新疆大学学生网络视频讲授电路原理课程)	清华大学2020春季学期在线教学个人特别奖	2020年
141	谢小荣	2020年“中达学者”奖	2020年
142	张品佳	清华大学2019年度学术新人奖	2020年

续表

序号	获奖人(团队)	获奖名称	获奖时间
143	电机系党委	清华大学第二批党建标杆单位	2020 年
144	曾嵘	中国电力科学技术杰出贡献奖	2020 年
145	王宾	中国电力优秀科技工作者奖	2020 年
146	郭庆来	第 16 届中国青年科技奖	2020 年
147	电机系	清华大学就业工作先进集体综合奖	2020 年
148	宋永华	何梁何利基金科学与技术进步奖	2020 年
149	孙宏斌	首届能源互联网先驱奖	2020 年
150	沈沉	清华大学第十七届“良师益友”	2020 年
151	钟海旺	清华大学就业工作先进个人	2020 年
152	电机系电气工程博士生流动站(5 年一评)	全国优秀博士后流动站	2020 年
153	康重庆	清华大学国际合作与交流暨港澳台工作先进个人	2020 年
154	李永东	“中国电气节能 30 年”杰出贡献奖	2020 年
155	电机系党委	清华大学基层党建特色工作、教职工党支部调研课题和特色活动“优秀组织奖”	2020 年
156	谢小平	清华大学 2019 年度“老有所为”先进个人	2020 年
157	康重庆	IEEE PES Roy Billinton 电力系统可靠性奖	2021 年
158	张品佳	2021 年“中达青年学者奖”奖	2021 年
159	高电压技术研究所党支部	清华大学先进党支部	2021 年
160	罗海云	清华大学优秀共产党员	2021 年
161	于歆杰、王善铭、陆海峰(支部书记)	清华大学优秀党建与思想政治工作者	2021 年
162	于歆杰	中国电工技术学会 20201 年度优秀学会工作者	2021 年
163	电路原理课程及教学团队(于歆杰、朱桂萍、赵伟、黄松岭、丁青青、杨颖、刘瑛岩、谢小荣)	清华大学 2021 年普通本科教育课程思政示范课程及教学团队	2021 年
164	梁曦东	清华大学新百年教学成就奖	2021 年

续表

序号	获奖人(团队)	获奖名称	获奖时间
165	康重庆	北京市教学名师奖	2021年
166	朱桂萍	北京高校第十二届青年教师教学基本功比赛优秀指导教师	2021年
167	电机系2020年春季和秋季全体授课教师(在线教学和融合式教学团队)	2020年清华大学先进集体	2021年
168	张灵	清华大学2020年度优秀班主任	2021年
169	康重庆	英国工程技术学会(IET)2021年成就奖章	2021年
170	王奎	中国电源学会科学技术奖优秀青年奖	2021年
171	电机系	清华大学2020年度征兵工作银奖	2021年
172	吴文传	中国电力科学技术杰出贡献奖	2021年
173	赵彪	中国电力优秀青年科技人才奖	2021年
174	朱桂萍	第三届全国高校混合式教学设计创新大赛一等奖	2021年

(资料来源:《清华大学年鉴》,2002—2021年;清华大学电机工程与应用电子技术系资料、信息简报)

三、课程设置

(一)本科生培养计划中的课程设置及不断调整优化

进入21世纪后,电机系根据学校实施的"通识教育基础上的宽口径专业教育",以及培养"高素质、高层次、多样化、创造性"拔尖创新人才的总体目标①,不断探索新的教学模式,"确立了培养掌握电工、电子、信息、控制与计算机应用技术专业知识,具有宽广的人文社会科学、经济管理等社会科学知识,具有较强的创新能力,能够承担相关专业领域的科研与开发和技术经济管理的高层次、高素质人才的培养目标,采取了适当压缩计算机和外语类课程学时、加强专业基础与专业选修课、建立横向和纵向课

① 梁曦东等:《清华大学电气工程高等教育的几点回顾》,见中国电气工程高等教育100周年纪念委员会:《百年回眸——中国电气工程高等教育100周年》,141~142页。

组等改革和调整措施。"①上述教学指导思想，在 2007 年新修订的电机系培养方案中得到了很好体现，如"电机系本科总学分 175，除去夏季学期实践环节 17 学分和综合论文训练 15 学分外，春、秋季学期课程总学分 143，其中的人文社会科学类课程(35 学分)和自然科学基础课程(38 学分)，均属于公共基础课"②。同时，"在系里可调控的 70 个学分中"，"设立了 12 门技术基础课(工程图学基础、电路原理、电磁场、微机原理与应用、计算机程序设计基础、数字电子技术基础、模拟电子技术基础、信号与系统、自动控制原理等)，共计 34 学分"；"几乎每个二级学科均开设一门必修的专业基础课：电力系统分析、电机学、高电压工程、电力电子技术，共计 16 学分。要求学生通过学习一门专业基础课，掌握一个二级学科知识的主要内容、专业特点，研究分析问题的特点与方法"；"剩余的 20 学分，为专业选修课，要求学生在电路、信号与控制、电力系统、高电压、电机与电力电子和计算机等课组开设的 44 门课程中进行选修。"③2007 年电气工程及其自动化专业的教学计划，具体见表 9-4。

表 9-4 电机工程与应用电子技术系电气工程及其自动化专业教学计划(2007 年)

第一学年				
课程编号	课程名称	学分	周学时	说明及主要先修课
12090043	军事理论与技能训练	3	3	
秋季学期				
课程编号	课程名称	学分	周学时	说明及主要先修课
10720011	体育(1)	1	2	
10420743	微积分(1)	3	3	
10420684	几何与代数(1)	4	4	
20130412	工程图学基础	2	2	
10610183	思想道德修养与法律基础	3	2	

① 梁曦东等：《清华大学电气工程高等教育的几点回顾》，见中国电气工程高等教育 100 周年纪念委员会：《百年回眸——中国电气工程高等教育 100 周年》，142 页。

② 梁曦东等：《清华大学电气工程高等教育的几点回顾》，见中国电气工程高等教育 100 周年纪念委员会：《百年回眸——中国电气工程高等教育 100 周年》，142 页。

③ 梁曦东等：《清华大学电气工程高等教育的几点回顾》，见中国电气工程高等教育 100 周年纪念委员会：《百年回眸——中国电气工程高等教育 100 周年》，142 页。

续表

第一学年				
课程编号	课程名称	学分	周学时	说明及主要先修课
10440012	大学化学 B*	2	2	
10450012	现代生物学导论*	2	2	
10440111	大学化学实验 B*	1	1	
20740042	计算机文化基础	2	1	
10640532	英语(1)	2	2	
	文化素质选修课	2	2	
	合计:	2	2	
春季学期				
课程编号	课程名称	学分	周学时	说明及主要先修课
10720021	体育(2)	1	2	
10610193	中国近现代史纲要	3	2	
10420692	微积分(3)	4	4	先修微积分(1)
10420692	几何与代数(2)	2	2	先修几何与代数(1)
10430484	大学物理 B(1)	4	4	
20220174	电路原理 A(1)	4	4	
20220162	电路原理实验	2(1)	2(1)	
30220382	计算机程序设计基础	2	2	
10450021	现代生物学导论实验*	1	1	
10640682	英语(2)	2	2	
	合计:	23	23	
夏季学期				
课程编号	课程名称	学分	周学时	说明及主要先修课
21510082	金工实习 C(集中)	2		2周
30220372	软件编程项目训练	2		2周
	合计:	4		
第二学年				
秋季学期				
课程编号	课程名称	学分	周学时	说明及主要先修课
10720031	体育(3)	1	2	

续表

第二学年				
课程编号	课程名称	学分	周学时	说明及主要先修课
10610204	马克思主义基本原理	4	3	
10420753	微积分(2)	3	3	先修微积分(1)
10430494	大学物理 B(2)	4	4	
10430782	物理实验 A(1)	2	2	先修大学物理
20220332	电路原理 A(2)	2	2	先修电路原理 A(1)
20220162	电路原理实验	2(1)	2(1)	
20250064	模拟电子技术基础	4	4	先修电路原理 A(1)
21550022	电子电路实验	2(1)	3	跨学期课程
	合计:	22	24	
春季学期				
课程编号	课程名称	学分	周学时	说明及主要先修课
10720041	体育(4)	1	2	
10420854	数学实验	4	4	
10430811	物理实验 B(2)	1	1	先修物理实验(1)
30220334	电机学	4	4	先修电路原理
30220351	电机学实验	1	1	
40220653	信号与系统	3	3	先修电路原理
20250103	数字电子技术基础	3	3	先修电路原理
	工程数学方法	2	2	先修微积分、代数
10610214	毛泽东思想、邓小平理论和“三个代表”重要思想概论	4	3	
20110022	电子电路实验	2(1)	3	跨学期课程
	合计:	24	26	
夏季学期				
课程编号	课程名称	学分	周学时	说明及主要先修课
40250082	电子技术课程设计	2		2 周
22650022	电子工艺实习(集中)	2		2 周
	专业导入课	1		1 周
	合计:	5		

续表

第三学年				
课程编号	课程名称	学分	周学时	说明及主要先修课
第三学年				
秋季学期				
课程编号	课程名称	学分	周学时	说明及主要先修课
10720110	体育专项(1)	1	2	
20220353	电磁场	3	3	先修电路原理和普通物理
20220124	微机原理与应用	4	4	先修数字电路
30220143	电力电子技术基础	3	3	电路原理、电子学、电机学
30220343	自动控制原理	3	3	先修电路原理
	专业课	2	2	
	文化素质选修课	4	4	
	合计:	21	22	
春季学期				
课程编号	课程名称	学分	周学时	说明及主要先修课
10720120	体育专项(2)	1	2	
40220723	电力系统分析	4	4	先修电路、电机学
30220323	高电压工程	3	3	
10420243	随机数学方法	3	3	
40220732	电力传动与控制	2	2	电机学、自动控制原理
	专业课	6	6	
	文化素质选修课	2	2	
	合计:	21	22	
夏季学期				
课程编号	课程名称	学分	周学时	说明及主要先修课
40220562	电子专题实践	2	2周	
40220353	生产实习	3	3周	
	合计:	5		

续表

第四学年				
秋季学期				
课程编号	课程名称	学分	周学时	说明及主要先修课
20310323	工程力学 B	3	3	先修微积分
10720130	体育专项(3)	1	2	
	专业课	7	7	
	文化素质选修课	5	5	见全校选课手册
	合计：	16	17	
春季学期				
课程编号	课程名称	学分	周学时	说明及主要先修课
10720140	体育专项(4)		2	
40220590	综合论文训练	15	18 周	
	合计：	15		

注：标“ * ”课程，必修≥2 学分。

(资料来源：清华大学教务处：《清华大学本科指导性教学计划》，167~170 页，2007)

清华百年校庆后，在新的历史环境下，电机系又根据新的人才培养需求，积极对课程教学内容等进行了调整。2012 年 7 月，电机系组织召开了教学研讨会，围绕“985”三期电机系教学项目、研究生培养新类型等教学热点事件、特色课程教学的经验交流、改善本科生学风和研究生培养等专题，就开展高水平实践教学、培育国际化电气工程课程体系的措施、本科生学风问题的产生根源和解决办法、研究生尤其是博士生培养环节中存在的问题等，进行了深入研讨。

由于传统能源供应紧张及环保压力增大等，开发利用新能源已成为国家重要的能源发展战略。为适应培养能源领域高层次人才需要，2013 年 3 月，电机系组织召开了新能源学科课程建设教学讨论会，对新能源学科计划开设 10 门课程的教学大纲进行了讨论和修编。① 2015 年，电机系对本科生的人才培养目标又进行了调整，即，要培养“本专业面向与电能产生、传输、分配和使用相关的电力系统和电工设备制造业，培养基础扎

① 《电机系召开新能源学科课程建设教学研讨会》，《清华大学电机工程与应用电子技术系简报》，2013 年第 2 期(总第 82 期)。

实、创新能力突出、有国际视野的电气工程专业人才。”①本科四年期间，培养总学分173，其中，春、秋季学期课程总学分142，实践环节16学分，综合论文训练15学分。2015年修订的电气工程及其自动化专业本科课程设置与学分分布，具体见表9-5。

表9-5 2015年电气工程及其自动化专业本科课程设置及学分

1. 公共基础课程(26学分)	
(1)思想政治理论课(4门,14学分)	
思想道德修养与法律基础(3学分)	中国近现代史纲要(3学分)
马克思主义基本原理(4学分)	毛泽东思想和中国特色社会主义理论体系概论(4学分)
(2)体育(4学分)	
(3)外语(8学分)	
2. 文化素质课(13学分)	
3. 数学和自然科学基础课程(36学分)	
(1)数学课(7门,24学分)	
微积分B(1)(5学分)	微积分B(2)(4学分)
线性代数(1)(4学分)	线性代数(2)(2学分)
复变函数引论(2学分)	数学实验(4学分)
概率论与数理统计(3学分)	
(2)物理课(4门,10学分)	
大学物理B(1)(4学分)	大学物理B(2)(4学分)
大学物理(1)(英)(4学分)	大学物理(2)(英)(4学分)
物理实验B(1)(1学分)	物理实验B(2)(1学分)
可选修高档(数学、物理等理科系)课代替低档课。大学物理B(1)和大学物理(1)(英)二选一,大学物理B(2)和大学物理(2)(英)二选一。	
(3)生物/化学(1门,2学分)	
大学化学B(2学分)	大学化学实验B(1学分)
现代生物学导论(2学分)	现代生物学导论实验(1学分)

① 《清华大学电机工程与应用电子技术系年鉴》,2015年。

续表

4. 专业相关课程(67 学分)	
(1)学科核心课(12 门,34 学分)	
工程图学基础(2 学分)	计算机程序设计基础(2 学分)
电路原理 A(1)(4 学分)	电路原理 A(2)(2 学分)
模拟电子技术基础(4 学分)	数字电子技术基础(3 学分)
信号与系统(3 学分)	电磁场(3 学分)
微机原理与应用(4 学分)	自动控制原理(3 学分,限选(2 选 1))
自动控制原理(英)(3 学分,限选(2 选 1))	电路原理实验(2 学分(跨学期课))
电子电路实验(2 学分(跨学期课))	
(2)专业核心课(5 门,15 学分)	
电机学(4 学分)	电机学实验(1 学分)
电力电子技术基础(4 学分,限选(2 选 1))	电力电子技术基础(英文)(4 学分,限选(2 选 1))
电力系统分析(3 学分)	高电压工程(3 学分)
(3)专业选修课(18 学分)	
A 组(16 分)	
通用:	
电气工程导论(1 学分)	电气工程技术发展讲座(2 学分)
信号控制课组:	
数字信号处理(2 学分)	通信系统原理(3 学分)
电力系统课组:	
电力系统预测技术(2 学分)	低碳电力技术基础(2 学分)
智能电网概论(2 学分)	电力系统运行和管理基础(2 学分)
电力系统可靠性评估与应用(2 学分)	发电厂工程(2 学分)
电力系统稳定与控制(2 学分)	电力系统调度自动化(2 学分)
电力系统预测技术(3 学分)	电力系统继电保护(3 学分)
继电保护实验(1 学分)	微机继电保护与控制(英)(2 学分)
电力市场概论(2 学分)	电能质量基础(2 学分)
新能源发电与并网(1 学分)	信息论与电力系统(2 学分)
电力系统实验(2 学分)	现代配电系统分析(2 学分)
高电压课组:	
我们身边的高电压(1 学分)	输配电技术(2 学分)

续表

现代电气测量(2学分)	电气设备在线监测(2学分)
大电流能量技术(1学分)	数字化变电站(2学分)
电器原理及应用(2学分)	过电压及其防护(2学分)
电介质材料与绝缘技术(2学分)	直流输电技术(3学分)
高电压工程与数值计算(1学分)	电气绝缘结构设计原理(2学分)
电机与电力电子课组:	
超导体在电气工程中的应用(2学分)	电机分析(2学分)
电力传动与控制(2学分)	电子电机设计与分析(2学分)
可再生能源与未来电力技术(1学分)	太阳能光伏发电及其应用(2学分)
电力电子仿真设计(2学分)	电力电子技术专题(2学分)
微特电机(2学分)	电力传动系统设计(2学分)
智能电网中的储能技术(2学分)	工程电力电子技术与新型电力电子拓扑(2学分)
B组(不少于2学分)	
计算机课组:	
面向对象程序设计(2学分)	数字信号处理DSP实验(2学分)
可编程控制器及变频器系统(2学分)	
注:SRT可替代最多2学分专业课。	
5. 实践环节(16学分)	
军事理论与技能训练(3学分)	电气工程专业英语实践(2学分)
金工实习C(集中)(2学分)	电子技术课程设计(1学分)
认识实习(1学分)	电子工艺实习(集中)(2学分)
电子专题实践(2学分)	生产实习(3学分)
大型电站机电设备简介(1学分(任选))	
6. 综合论文训练(15学分)	
综合论文训练(15学分)	
开设全校任选课	
计算机网络技术基础(3学分)	虚拟仪器基础(2学分)
高档单片机原理及应用(2学分)	16位单片机原理及其用(2学分)
现代声光电测量技术在电气工程领域中的应用(2学分)	电路原理(4学分)
可编程控制器及变频器系统(2学分)	电路原理(4学分)

根据调整后的培养方案,电机系分别开设了电工、电子技术、电路原理、电路原理实验、计算机硬件技术基础、微机原理等技术基础课程,以及专业必修课、专业任选课、全校性选修课等。据统计,2013—2014 年春季,开设 37 门课程,开设课堂 48 个,任课教师 49 人;2014—2015 年春季,开设 39 门课程,开设课堂 50 个,任课教师 53 人;2014—2015 年秋季,开设 44 门课程,开设课堂 53 个,任课教师 51 位;2015—2016 年秋季,开设 48 门课程,开设课堂 58 个,任课教师 61 人。[①] 其中,2013 年,由于歆杰副教授作为课程负责人的“电路原理”课程作为首批上线课程,在 edX 和学堂在线两个平台上同时进行 MOOC 授课,其中 edX 平台上的选修人数超过了 11000 人,学堂在线平台上的选修人数超过了 6000 人,选修者源于 150 多个国家和地区。2014 年,以“电路原理”课程牵头,电机系继续推进 MOOC 课程建设,《电工技术与电子技术》获批 2015 年校级大规模开放在线课程。[②] 同时,电机系加强学生实践教学环节的环境和条件建设,建立了 4 个校级学生生产实习基地,实现了大部分本科学生都能到生产现场进行实习,取得了较好的实践教学效果。

配合学校的教育教学改革、本科按大类招生、学生评价体系改革以及人事制度改革等,2017 年 1 月 16 日,电机系召开教育教学研讨会,对教育教学工作中出现的新问题进行了专题研讨。根据学校的初步规划,电机系与热能系(部分)、工物系(能源实验班)组合在一起,按能源大类实施本科招生。2017 年 5 月,按照学校要求,电机系完成了本科培养方案的新一轮修订,自下学年新生开始执行。[③]

2017 年,电机系本科新一轮培养方案的修订,秉承了 OBE(基于产出的教育)、SOE(立足学生的教育)和“三位一体”的教学理念,坚持“与时俱进、目标引领、能力优先、自主发展”的修订原则,结合国内工程教育认证要求,依靠系教学顾问委员会、教学委员会和专项工作组,比较规范地完成了本科培养方案的修订第一阶段的工作。新培养方案中,培养目标更清晰,成效可评估,学分分布更柔性,课程设置更合理;确定了 13 门课

① 《清华大学电机工程与应用电子技术系年鉴》,2015—2016 年。

② 《清华大学电机工程与应用电子技术系年鉴》,2015 年。

③ 《电机系完成本科培养方案首轮修订》,《清华大学电机工程与应用电子技术系信息简报》,2017 年第 4 期(总第 103 期)。

程参与培养成效评估,并制订了教学质量保障计划,以保障本科教学质量能得到持续提升;大类培养第一年的教学计划已制订出,之后会与大类内其他院系一起建设更多的大类平台课程。① 电机系本科培养方案修订工作得到了评审专家的一致认可,其中,大类培养的想法与学校建设大类的初衷一致,受到学校的肯定,认为值得推广。②

2017—2021年,电机系电气工程及其自动化专业本科生的培养方案和课程设置频繁地发生着变化和调整,主要是因为电机系增设了“能源国际班”的培养方案,再加上学校推行“强基”计划后,又要求各院系都要进一步优化并整合课程,减少了必修课内学时和学分数。所以,到2021年,电机系几经调整、整合及优化的本科生培养方案和课程设置结果,必修环节的课时数和学分数都比2017年又有明显减少,即从原来的171学分减少到了161学分。这在不断更新专业课程内容、增加专业课和专业选修课的大背景下,是一件十分艰巨的课程设置修调任务。

2017—2021年,清华电机系本科生培养方案和课程设置的具体情况,可以说是每年都有调整,简要归纳起来,主要有如下变化:(1)从过去的一套培养计划和课程设置方案,变成了两套培养计划和课程设置方案,即“电气工程”和“能源国家班”两套方案。(2)必修课学分数从171减到161。(3)为适应电气工程领域科学技术以及行业发展对高层次人才的新需求,新开出多门能源互联网方向的专业技术课程,分布在大三、大四两学年的四个学期里开设,其中大多数是2学分的课程,少数核心课程是3学分的,如“能源材料”,也有几门是1学分的课程。具体主要有:能源互联网导论,工程图学(计算机制图),电气工程专业英语实践,综合实践,能量转换原理与技术,功能电介质原理与应用,储能聚合物电介质基础理论;放电等离子体及应用,新能源发电与并网,现代声光电磁测量技术在电力系统中的应用,多能源系统建模与分析,能源与信息概论,能源互联网运行、调度与规划,能源互联网中的能量转换与互联设备,能源互联网领域的创新创业,能源系统最优化方法,能源与环境,信息论与电力系统,现代配电系统分析,直流电网分析与运行,可再生能源与未来电力技术,

---

① 《教务处到电机系调研》,清华大学电机系资料。

② 《教务处到电机系调研》,清华大学电机系资料。

太阳能光伏发电及其应用,电力智能电子设备的设计与开发，可持续发展的能源战略，低碳电力技术基础，能源材料,车用能源概论,等等。(4)增设了国际研修环节,具体地,学生在完成了前三年教学培养计划前提下,在学期间,可申请参加国际研究计划。学生可选择能源领域具有影响力和代表性的国外高校或研究机构,开展为期4~6个月的国际研修。学生可自行联系和选择研修地点,并制订详细的研修计划。对无法自己确定合适研修地点的学生,电机系教学委员会可协助联系。学生制订的国际研修计划,需要通过电机系教学委员会的审批。电机系可为每位参与国际研修计划的学生提供往返机票资助,以及最多4个月的生活费资助(每个月不超过1500美元,视不同留学地而定)。学生参加国际研修计划,可替代大三暑假的专业实践(4学分)。学生参加完国际研究计划返校后,需要汇报研修成果,电机系组织专门评审委员会对学生的研修成果进行评审,根据评审结果,最多可给予6学分的课程成绩认定,可用于替代专业任选课。学生可申请学校提供的国际交换项目作为自己的国际研修计划,经电机系教学委员会审批后,在满足学校财务规定的前提下,电机系可提供辅助性补贴(校系国际交换项目的资助总额,一般每月不超过2000美元)。交换期间取得的校级认定学分,可以替代电机系的相应课程学分。在综合论文训练即毕业设计环节,经系教学委员会审核和推荐,鼓励学生到本学科国际顶尖名校或顶尖教授课题组,即去国外做毕业设计。(5)增设了自由发展课程环节,允许在8~15个学分范围内,给学生在相应课组中增加自行选课的灵活度,鼓励学生向多样化、个性化发展。

以下给出2021年电机系电气工程自动化专业培养计划和课程设置又比2020年发生了哪些调整和变化的情况。

例1：2021年8月,电机系按照学校教务处的统筹安排,并在征集部分任课教师和学生意见建议的基础上,对电气工程及其自动化(“电气工程”)中的课程设置又进行了修调和优化。其中,电气工程及其自动化专业做出的课程设置调整,主要是:精简了若干课程内容中的冗余,增加了多门核心课的英文课选项,以训练提升学生的国际化素养。具体地,增加的必修课程、减去的课程,分别见表9-6、表9-7。

表 9-6　增加的必修课程

课程名称	学分	备注
运筹学	2	替代“数学实验”课程
工程图学基础	2	替代“机械设计基础”
计算机网络与技术	3	替代“计算机原理与应用”
电路原理(英)	4	中英文课程 2 选 1
信号与系统(英)	3	中英文课程 2 选 1
电力系统分析(英)	3	中英文课程 2 选 1
高电压工程(英)	3	中英文课程 2 选 1
电子技术综合实践	1	替代“电子技术课程设计”
工具软件使用训练(MOOC)	1	补充因删除“数学实验”课程而缺失的 matlab 等软件的使用教学

表 9-7　删去的课程

课程名称	学分	备注
数学实验	4	
大学化学实验 B	1	生物/化学备选课程
现代生物学导论实验	1	生物/化学备选课程
机械设计基础(1)	3	
计算机原理与应用	4	
高等电路实验	1	与理论课融合,不再单设实验课
电子电路实验	2	与理论课融合,不再单设实验课
电机学实验	1	替换为相应的探索式学习课程
电力系统实验	1	替换为相应的探索式学习课程
电子技术课程设计	1	

学分调减的课程是“高等电路分析”,具体从 2 学分减为 1 学分。

根据需要,还改动了部分课程,具体是:1)取消了学生自主发展课程 5 学分要求;2)依托课组和电气工程实验教学中心,进行专业选修课程改革,在大三的春季、秋季学期建设 4 门 2 学分的探索式学习课组和 3 门 2 学分的学科交叉课程组,并列入必修环节,要求学生至少选 4 学分的探索式学习课和 2 学分的学科交叉课程;将专业选修课列入必修环节,要求学生至少选 7 学分;3)综合论文训练,由 15 学分改为 10 学分。

例2：2021年8月，电机系电气工程及其自动化专业能源国际班培养计划中的课程设置，在前一次修调的基础上又做出了调整，除精简了若干课程内容中的知识冗余、增加了多门核心课的英文课选项外，还在部分核心课程的学分设置上与电气工程专业趋同，以便于集中师资力量进行课程建设，提高课程质量。

在2020级培养方案基础上，2021年电气工程自动化专业能源国际班培养方案中相关课程设置做出的主要调整如下：增加的必修课程、删去的课程、学分调整的课程，分别见表9-8、表9-9、表9-10。

表9-8　增加的必修课程

课程名称	学分	备注
运筹学	2	替代“数学实验”课程
工程图学基础	2	替代“机械设计基础”
计算机网络与技术	3	替代“计算机原理与应用”
电路原理(英)	4	中英文课程2选1
信号与系统(英)	3	中英文课程2选1
电力系统分析(英)	3	中英文课程2选1
高电压工程(英)	3	中英文课程2选1
电子技术综合实践	1	替代“电子技术课程设计”
工具软件使用训练(MOOC)	1	补充因删除“数学实验”课程而缺失的matlab等软件的使用教学

表9-9　删去的课程

课程名称	学分	备注
数学实验	4	
大学化学实验B	1	生物/化学备选课程
现代生物学导论实验	1	生物/化学备选课程
机械设计基础(1)	3	
计算机原理与应用	4	
电子电路实验	2	与理论课融合，不再单设实验课
电机学实验	1	替换为相应的探索式学习课程
电子技术课程设计	1	

表 9-10　学分调增的课程

课程名称	原学分	调后学分	备注
电力系统分析	2	3	与"电气工程"专业一致
高电压工程	2	3	与"电气工程"专业一致
电力电子技术基础(双语)	3	4	与"电气工程"专业一致
专业选修课	6	7	

而根据需要还需改动的部分课程具体为:a)将原属于学科核心课中"大数据技术与应用"和"热力学与传热学基础"以及专业核心课中的"能源互联网导论"加以整合,并进入必修课学科交叉课组;b)依托课组和电气工程实验教学中心,进行专业选修课程的改革,在大三、大四的三个学期,建设4门2学分探索式学习课程,列入必修环节,要求学生至少选4学分;c)综合论文训练由15学分改为10学分。

为了给本科生提供参加科学研究训练的机会,自1996年起,清华大学开始创建并实施了SRT(Student Research Training)计划,即大学生研究训练计划。电机系积极落实SRT计划的实施,如2012年,电机系教师共提出48个SRT项目,吸引参加学生96人;2014年,共提出25个SRT项目,其中教师提出20个、学生提出5个,参加学生86人;2015年,共提出53个SRT项目,其中教师提出49个、学生提出4个,参加学生90人;2019年提出SRT项目38个,参加学生69人……不少学生通过参加SRT项目,不仅提高了实验动手技能、软件编程技巧、综合运用多门课程知识的能力,甚至还在完成项目任务上有所改进或创新,并做出了有实用价值的装置或软件算法等。

(二)研究生培养方案中的课程设置及不断调整优化

在研究生教学方面,2014年6月17日,电机系召开电气工程学位分委员会,审议通过了修订的电气工程学科博士生、硕士生、电气工程领域全日制工程硕士专业学位、新能源学科硕士生等培养方案。① 其中,对博士生,在知识结构上,要求"应掌握电气工程学科所必需的坚实宽广的基

① 《电机系召开学位委员会工作会议》,《清华大学电机工程与应用电子技术系简报》,2014年第2期(总第87期)。

础理论和专业基础知识。在硕士研究生学习的基础上，着重要求：A)数学方面：进一步掌握现代工程数学的基础知识，具备用其解决本学科科学技术问题的能力；B)计算机技术方面：进一步提高应用计算机技术解决本学科科学技术问题的能力；C)专业基础方面：熟练掌握与电气工程学科发展密切相关的专业基础知识，具备创造性解决问题的能力"；"应掌握电气工程学科前沿动态，大量阅读文献并参加相应学术活动"；"应拓宽知识面，尽可能在信息、材料、环境、生物医学、机械、经济管理等领域掌握基本知识，以开展跨学科问题的研究。"①课程学习及学分组成方面，普博生总学分不少于 13 学分，直博生总学分不少于 28 学分。博士生培养的具体课程设置，见表 9-11。

图 9-2　2017 年 1 月 16 日，电机系召开教育教学研讨会

表 9-11　2014 年博士研究生课程设置及学分(电气工程学科)

一、普博生课程设置	
1. 公共必修课程(4 学分)	
中国马克思主义与当代(2)	第一外国语(2)
2. 学科专业课程(不少于 4 学分)	
从直博生学科专业课程中任选 1~2 门考试课程(2~3 学分)	电工技术和电力系统新进展(必修)(2 学分)

① 《电机工程与应用电子技术系攻读博士研究生培养方案》，《清华大学电机工程与应用电子技术系年鉴》，2014 年。

续表

3. 必修环节(5学分)	
资格考试(1)	文献综述与选题报告(1)
学术活动与学术报告(2)	社会实践(1)
4. 补修课	
凡在本门学科上欠缺硕士学位层次业务基础的博士研究生，应在导师指导下补修有关课程，不计入博士生阶段的总学分。	
5. 在满足学位要求总学分外，可选修学术与职业素养课程及全校各系所开设的研究生课程。	
二、直博生课程设置	
1. 公共必修课程(5学分)	
中国马克思主义与当代(2)	自然辩证法概论(1)
第一外国语(2)	
2. 学科专业课程(不少于18学分)	
(1)基础理论课程(4学分)	
高等数值分析(4)	基础泛函分析(4)
偏微分方程数值解(4)	最优化方法(4)
其他数学公共学位课(不能选数值分析A或C)	
(2)本系专业课程(不少于11学分)	
电路与系统(3)	数字信号处理(3)
现代控制理论(2)	现代电力电子学(3)
电磁场数值计算(2)	高等电力网络分析(2)
随机信号的统计处理(3)	气体放电(2)
电磁暂态分析(2)	电磁测量选论(2)
交流电机及其系统暂态(2)	微型计算机原理及应用技术(3)
现代高电压实验技术(3)	脉冲功率技术基础(2)
演化计算及其应用(2)	电工技术和电力系统新进展(必修)(2)
辨识技术(2)	电磁兼容(2)
现代电力通信(2013—2014学年暂停)(2)	电力电子与电机系统集成(2)
FACTS/DFACTS的原理及应用(2)	继电保护(2)
LabVIEW编程及虚拟仪器设计(2)	电力系统不确定性分析(2)
高电压外绝缘(1)	现代能量管理系统(2)

续表

电气设备可靠性工程(2)	电气工程仿真技术(1)
电力系统广域监测与控制(2)	电力电子器件原理与应用(2)
磁性物理与电磁检测(1)	高压输电技术(2)
电力系统理论与分析(2)	磁测量原理与技术(2)
现代电力系统规划(2)	电能质量(2013—2014 学年暂停)(2)
电力系统复杂性与大电网安全技术(2)	工程博弈论(2)
检测与估计(3)	
(3)跨学科专业课程(3 学分)	
一般选信息、经管、材料、环境、生物医学等方面的专业课程(不含文科和外语类)。	
如不选跨学科专业课程,可用本系专业课程 3 学分代替。	
3. 必修环节(5 学分)	
文献综述与选题报告(1)	学术活动与学术报告(2)
资格考试(1)	社会实践(1)

(资料来源:《电机工程与应用电子技术系攻读博士研究生培养方案》,《电机工程与应用电子技术系年鉴》,2014 年)

对于硕士研究生培养,学位要求学分不少于 23 学分(其中考试学分不少于 17),其中公共必修课程 5 学分,学科专业课程不少于 16 学分,必修环节 2 学分。硕士生培养的具体课程要求,见表 9-12。

表 9-12　2014 年硕士研究生课程设置及学分(电气工程学科)

1. 公共必修课程(5 学分)	
中国特色社会主义理论与实践研究(2)	自然辩证法概论(1)
第一外国语(2)	
2. 学科专业课程(不少于 16 学分,其中考试学分不少于 12 学分)	
(1)基础理论课(4 学分)	
数值分析 A(4)	高等数值分析(4)
基础泛函分析(4)	偏微分方程数值解(4)
最优化方法(4)	其他数学公共学位课
(2)本系专业课程(不少于 10 学分)	
电路与系统(3)	数字信号处理(3)
现代控制理论(2)	现代电力电子学(3)

续表

电磁场数值计算(2)	高等电力网络分析(2)
随机信号的统计处理(3)	动态电力系统△(2)
气体放电(2)	电磁暂态分析(2)
电磁测量选论(2)	交流电机及其系统暂态(2)
微型计算机原理及应用技术(3)	现代高电压实验技术(3)
脉冲功率技术基础(2)	演化计算及其应用(2)
电工技术和电力系统新进展(必修)(2)	辨识技术(2)
电磁兼容(2)	现代电力通信(2013—2014学年暂停)(2)
电力电子与电机系统集成(2)	FACTS/DFACTS的原理及应用(2)
继电保护(2)	LabVIEW编程及虚拟仪器设计(2)
电力系统不确定性分析(2)	高电压外绝缘(1)
现代能量管理系统(2)	电气设备可靠性工程(2)
电气工程仿真技术(1)	电力系统广域监测与控制(2)
电力电子器件原理与应用(2)	磁性物理与电磁检测(1)
高压输电技术(2)	现代电力系统优化方法△(2)
现代电力电子学△(2)	电力系统理论与分析(2)
磁测量原理与技术(2)	现代电力系统规划(2)
电能质量(2013—2014学年暂停)(2)	电力系统复杂性与大电网安全技术(2)
工程博弈论(2)	检测与估计(3)
注:标△为只在深研院开设的课程,限深研院学生选。	
(3)跨学科专业课程(2学分)	
一般选信息、经管、材料、环境、生物医学等方面的专业课程(不含文科和外语类)。	
如不选跨学科专业课程,可用本系专业课程2学分代替。	
3.必修环节(2学分)	
文献综述与选题报告(1)	学术活动(1)

(资料来源:《电机工程与应用电子技术系攻读硕士研究生培养方案》,《电机工程与应用电子技术系年鉴》,2014年)

近年来,随着新能源等战略性新兴产业的迅速发展,电机系适时招收培养新能源交叉学科的工学硕士,制定了相应的培养方案。确立的培养目标为:“面向新能源产业需求,培养具有多学科交叉的新能源技术领域国际化创新创业型复合式高层次人才。”“培养硕士研究生掌握开展跨学科研究和交流的方法和手段,使学生具备更宽广的学术视野,提高对交叉性前沿知识的理解和深入研究的能力。”学习年限一般为 2~3 年,攻读新能源交叉学科工学硕士学位期间,应获得不少于 28 学分。① 2014 年攻读新能源交叉学科工学硕士学位的具体课程设置及学分分布,见表 9-13。

表 9-13 2014 年新能源交叉学科工学硕士生课程设置及学分(电气工程、材料科学与工程)

1. 公共必修课程(5 学分)	
自然辩证法概论(1)	中国特色社会主义理论与实践研究(2)
英语(第一外国语)(2)	
2. 学科专业要求课程(不少于 17 学分)	
(1)数学类课程(不少于 3 学分)	
高等数值分析(4)	实验设计与数据处理(3)
(2)宏观能源类课程(不少于 5 学分)	
新能源技术导论(3)	能源经济学(2)
新能源生命周期分析(2)	新能源产业政策与规划管理(2)
(3)专业方向研究生课程(不少于 9 学分,不少于 5 门)	
科技论文写作与学术规范(1)	实验室安全学(1)
材料学基础(3)	能源转化与能量存储:材料与器件(3)
纳米能源材料和技术(2)	电子器件与封装(2)
材料分析与表征(3)	节能技术与热管理工程(2)
新能源材料化学(2)	核能利用与材料(2)
低碳经济与低碳技术(2)	功能高分子材料(2)
电化学原理与电源系统(2)	新能源材料物理基础(2)
计算材料学(2)	智能电网(2)
电工理论基础及应用(2)	分布式发电与微电网(2)
大规模新能源并网运行与控制(2)	太阳能光伏发电系统(2)
储能技术及其在新能源系统中的应用(2)	工程电介质导论(3)
动态电力系统(2)	现代电力系统优化方法(2)
现代电力电子学(2)	电磁兼容(2)
现代高电压实验技术(3)	

① 《新能源交叉学科工学硕士学位培养方案》,《清华大学电机工程与应用电子技术系年鉴》,2014 年。

续表

3. 职业素质课程(不少于2学分)	
创业管理(2)	高新企业的创办与管理(2)
交叉学科研究的前沿热点(2)	
4. 必修环节课程(1学分)	
文献综述与选题报告(1)	
5. 专业实践训练(3学分)	
专业实践(3)	

(资料来源:《新能源交叉学科工学硕士学位培养方案》,《清华大学电机工程与应用电子技术系年鉴》,2014年)

为配合学校的博士生招生制度改革、学生评价体系改革以及人事制度改革等,2017年1月,电机系召开教育教学研讨会,对研究生教育教学工作中出现的新问题进行了专题研讨。具体围绕研究生课程建设、研究生创新培养、研究生基础科研能力评价考核方式等主题,基于研讨和案例分析,提出了多条建议,修订了相关的培养方案细则。①

2017年8月8日,系主任曾嵘、系学位分委会主席夏清带领系学位分委会、科研团队代表等一行20余人,赴清华四川能源互联网研究院考察调研,并召开了电机系能源互联网专业硕士培养研讨会。根据大家的建议,初步决定建设5门与能源互联网相关的基础课程。课程建设将统筹"能源互联网国际班"的需求。实践环节充分利用外派院和校友会的资源,采用多种形式,突出特色,以切实提高人才培养质量。② 9月27日,电机系召开电气工程学位委员会,对能源互联网方向专业学位硕士的新开课程、培养方案进行了审议,经讨论决定成立专项小组,以系统修改、进一步完善课程建设方案。

"工程硕士专业学位是与工程领域任职资格相联系的专业性学位。"其中,对于全日制工程硕士研究生,"主要培养掌握某一领域坚实的基础理论和宽广的专业知识、具有较强的解决实际问题的能力,能够承担专业技术或管理工作、具有良好的职业素养的高层次应用型专门人才";具体

① 《电机系召开"2017教育教学研讨会"》,清华大学电机系资料。

② 《电机系"能源互联网"专业硕士培养研讨会在清华四川能源互联网研究院召开》,《清华大学电机工程与应用电子技术系简报》,2017年第6期(总第105期)。

“采取全脱产的培养方式，课程学习主要在校内完成，论文答辩须在校内完成；学习年限一般为 2 年”；①要求修够不少于 25 个学分，具体课程设置及学分分布见表 9-14。

表 9-14　2014 年全日制工程硕士课程设置及学分(电气工程)

1. 公共必修课程(3 学分)	
自然辩证法概论(1)	英语(第一外国语)(2)
2. 学科专业要求课程(不少于 18 学分，其中考试学分不少于 14 学分)	
(1)基础理论课程(4 学分)	
数值分析 A(4)	最优化方法(4)
工程硕士数学(4)	
(2)专业选修课程(不少于 10 学分)	
动态电力系统(2)	现代高电压实验技术(3)
电磁兼容(2)	高电压外绝缘(1)
现代电力系统优化方法(2)	现代电力电子学(2)
(3)职业素质课程(深研院)(不少于 4 学分)	
创业管理(2)	高新企业的创办与管理(2)
风险投资决策与技巧(1)	项目管理(1)
服务管理(1)	职业能力拓展与训练(1)
品牌形象战略与设计(1)	文献检索与论文写作(1)
交叉学科研究的前沿热点(2)	工程师素质拓展(2)
3. 必修环节(不少于 4 学分)	
专业实践(3/6)	文献综述与选题报告(1)

(资料来源：《攻读全日制工程硕士专业学位研究生培养方案》，《清华大学电机工程与应用电子技术系年鉴》，2014 年)

而“工程管理硕士专业学位项目，依托工业工程系、热能系、环境系、电机系、自动化系、工物系、精仪系、核研院、软件学院共 9 个院系协同共建，研究生院负责统筹协调，工业工程系负责协调公共必修课程、核心课程和限选课程。本学位项目下设能源环境管理(热能系、电机系、工物系、核研院、环境系共建)、设计制造管理(工业工程系、自动化系、精仪系共建)、信息管理(软件学院、自动化系共建)三个方向；”其培养目标是：“培

① 《攻读全日制工程硕士专业学位研究生培养方案》，《清华大学电机工程与应用电子技术系年鉴》，2014 年。

养具备良好的政治思想素质和职业道德素养,掌握系统的管理理论、现代管理方法,以及相关工程领域的专门知识,能独立担负工程管理工作,具有计划、组织、协调和决策能力的高层次、应用型工程管理专门人才。”“采用理论学习、实践教学和现场专题研究相结合的培养方式。学制一般为2年。教学安排可采用在职学习和脱产学习两种方式。”①总学分数不少于41学分。课程设置及学分分布见表9-15。

表9-15　2014年工程管理硕士(MEM)课程设置及学分

1. 公共必修课程(3学分)	
自然辩证法概论(1)	英语(第一外国语)(2)
2. 工程管理核心课程(≥13学分)	
工程师的领导力(2)	战略管理(2)
管理经济学(2)	定量分析与决策方法(2)
财务和投资(2)	市场和营销(2)
工程管理前沿讲座(1)	
3. 工程管理限选课程(≥6学分)	
管理模块(≥2学分)	
精益运营和持续改善(2)	软件项目管理(2)
工程管理导引(2)	
商科模块(≥2学分)	
公司组织与治理(2)	
商务法律模块(≥2学分)	
工程师的法律(2)	
4. 领域方向课程(≥13学分)	
最佳工程管理实践(必修)(1)	
(1)能源环境管理方向(≥12学分)	
1)宏观能源类课程(≥4学分)	
能源工程和技术方向(≥2学分)	
可持续能源发展战略(2)	能源系统工程(2)
能源政策和管理方向(≥2学分)	
能源环境经济学(2)	能源与资源管理学(2)
能源与环境评价方法学(2)	

① 《工程管理硕士专业学位(MEM)培养方案》,《清华大学电机工程与应用电子技术系年鉴》,2014年。

续表

2)宏观环境课程(≥2 学分)	
能源与环境(2)	可持续发展引论(2)
3)参与院系专业基础及专业课(≥6 学分)	
环境学院专业基础及专业课(≥6 学分)	
环境与市政工程实践与案例分析(1)(2)	水环境污染控制工程与管理案例分析(2)
大气污染控制工程案例分析(2)	固体废物处理处置工程案例分析(2)
在导师指导下选择相关的专业基础及专业课	
(2)设计制造管理方向(≥12 学分)	
产品开发管理类课程	
产品开发管理(2)	
生产管理类课程	
生产与运作管理(2)	物流分析与设施规划(3)
高等质量管理学(2)	物流概论(2)
管理信息系统(2)	现代安全工程(2)
先进制造专业类课程	
先进制造技术(2)	机械故障诊断(2)
现代智能信息处理(2)	科技论文写作方法与实践(2)
在导师指导下选择相关的专业基础及专业课,自动化系学生可以选择自动化系开设的工学和工程硕士研究生课程。	
(3)信息管理方向(≥12 学分)	
信息管理概论(2)	业务流程与信息资产管理(3)
专业基础及专业课(7 学分)	
软件工程前沿技术(2)	服务系统构建与最佳实践(2)
企业 IT 架构管理(2)	云计算与新商业模式(1)
在导师指导下选择相关的专业基础及专业课,自动化系学生可以选择自动化系开设的工学和工程硕士研究生课程。	
补修课程	
凡缺少如下课程知识的硕士研究生,应在导师指导下进行补修,补修课程学分不计入学位要求学分。	
工程经济学	

(资料来源:《工程管理硕士专业学位(MEM)培养方案》,《清华大学电机工程与应用电子技术系年鉴》,2014 年)

根据培养方案，电机系开设了相关研究生课程。据统计，2013—2014学年，电机系开设的研究生（全日制）课程43门①；2014—2015学年，开设研究生（全日制）课程44门②；2015—2016学年，开设研究生（全日制）课程43门③。

此外，为适应高层次人才培养的新需求，电机系持续通过设置新的理论和实验教学课程，创新教学及考核机制，优化各学习训练环节，不断修调和优化培养方案，探索教学方法和教学内容的改革，从而不断提高本科生和研究生的培养质量。如2014年，电机系获批学校支持的本科教学改革课题4项；2015年，又获批本科教学改革项目3项；2018年，获批研究生综合教改项目1项（能源互联网专业硕士培养探索与实践）。2019—2021年，电机系在学校研究生院的支持下，又先后申请立项并开展了"系统创新能力培养课程建设""提升电气工程专业研究生国际胜任力""电机系博士学位论文自主评审机制建设""建设专业实践基地，提高人才培养质量""《电磁兼容》实验教学改革"等教改项目的研究，每个研究项目都具有很强的需求导向，旨在解决电机系研究生培养教育中建立新模式、形成新方案过程中出现的新问题。例如，"能源互联网专业硕士培养探索与实践"项目2018年秋季学期启动，瞄准将原电气工程学术型硕士研究生的培养方案和相关管理机制等，全部转型为电气工程（能源互联网方向）工程硕士研究生的培养方案和管理办法。通过该项目的实施，制定并且完善了该方向工程硕士的培养方案，开发和设置了若干门专业核心课程，并且依托清华大学能源互联网创新研究院和清华四川能源互联网研究院建设了专业实践基地。从已培养训练出的第一批工程硕士毕业生的就业情况来看，完成了预期培养目标，该方向的工程硕士培养质量是优异的。

四、人才培养

立德树人的成效，是检验高等学校一切工作的根本标准。清华大学电机系一直以来，始终将人才培养作为办学的重中之重。在2002—2021

① 《研究生工作概述》，《清华大学电机工程与应用电子技术系年鉴》，2014年。
② 《研究生工作概述》，《清华大学电机工程与应用电子技术系年鉴》，2015年。
③ 《研究生工作概述》，《清华大学电机工程与应用电子技术系年鉴》，2016年。

年这 20 年间,电机系积极探索并采取了若干有效措施,尝试了多种人才培养的新模式,经过全系教职员工的勤奋工作和努力,取得了可喜的成果。

(一)本科教学的改革举措

1. 教学质量管理体系

2005 年 10 月,电机系成立了教学督导组,其主要职责,是对新教师、新开课程、申请青年教师奖的教师,以及上一年度课程教学效果评估不理想的教师进行听课督导。督导组的成员,是常年工作在教学一线、有丰富课程教学与管理经验的老教师和讲课效果好的中青年教师。

2006 年 10—11 月,电机系相继成立了电路与电磁场、电工电子、计算机与电子、信号自控通信、实践实习、电力系统、高电压工程和电机与电力电子等共 8 个教学课组。2020 年,为配合本科生培养方案的调整,电机系将教学课组随之调整为了基础课组、计算机与信息课组、电力系统课组、高电压课组、电机与电力电子课组 5 个课组,具体见图 9-3。

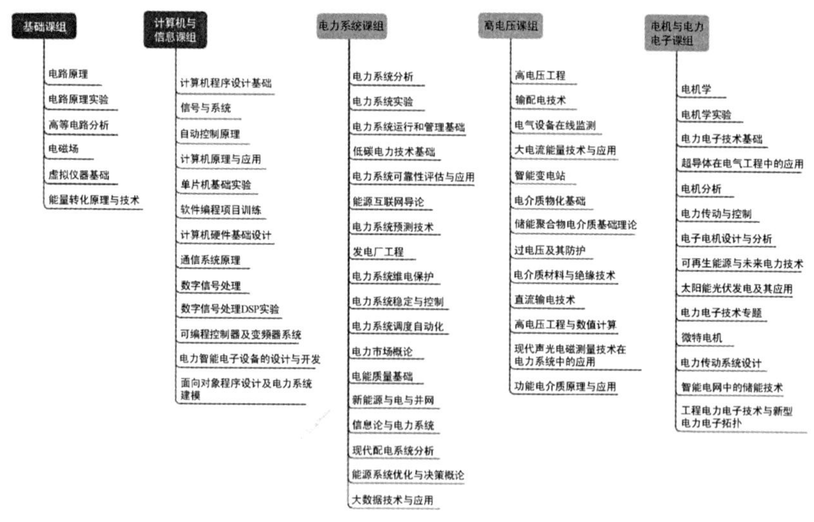

图 9-3　电机系课组示意图

清华电机系建立起的教学质量管理体系是:全系的人才培养工作,由系主管教学的副主任统一组织和协调;系教学督导组主要负责监督和评估课程教学的质量；各课组组长牵头，负责对组内所有课程的建设。电机系本科生和研究生课程建设的模式是系里统筹规划、整体建设与各课组内的建设相结合。清华电机系教学质量管理体系示意图，见图9-4。

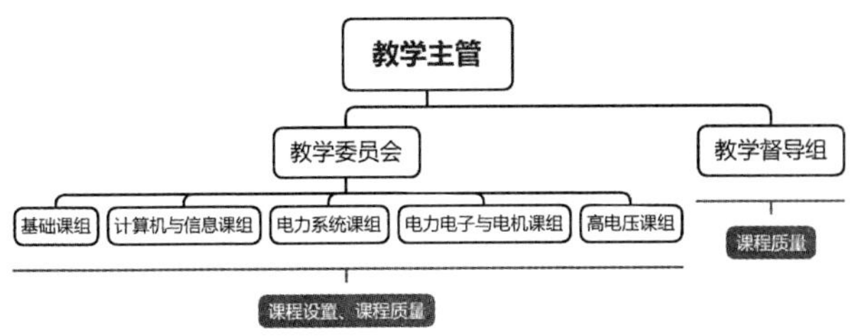

图9-4　清华大学电机系的教学质量管理体系

2002—2021年，清华电机系结合电气工程及其自动化专业人才培养特色，申请获批了多项国家级教学改革项目，包括2007年国家级人才培养创新试验区、2008年国家级特色专业建设点、2012年国家级专业综合改革试点项目，以及2017年国家新工科第一批研究与实践项目“能源互联网本科专业探索与实践”。

2002—2021年期间，清华电机系对学生的培养和教育，一直提倡和宣贯“为人为学”的理念，并始终本着“关注学生所需、服务贯彻宗旨、积极开拓资源、引领学生成才”的教育培养理念；并长期坚持以扎实的学生干部队伍建设，来推动优良班风的养成；旗帜鲜明地以高标准、严要求抓学风和学术道德建设；不断开拓新思路、新渠道，为学生提供更宽广的学术交流、实践锻炼以及出国进修的平台和条件，促进学生整体学术素养和全面素质的提升，取得了良好的工作成效和可喜的进展。

2. 大类招生培养

2017年，清华大学本科生教育出现大的调整，开始按大类进行招生和培养。电机系牵头，联合能源与动力工程系、工程物理系成立了“能源大类”，同年即开始招生。本科生按大类培养的第一年，所有学生执行相同的培养方案和教学计划，在第一年的第二学期结束前，学生们要完成大类内具体专业方向的确认。2018年，工程物理系退出；航空航天学院加入能源大类。2019年，建筑学院建环专业又加入了能源大类，同年，能源大类更名为“能源与电气大类”。2020 年，清华大学设立书院后，本科生招生培养的各个大类又做了调整，航空航天学院退出了能源与电气大类。截至 2021 年底，本科生培养的能源与电气大类中，包括有电机系、能源与动力工程系和建筑学院的建环系。

3. 开辟能源互联网培养方向

为了在大类招生培养体系下吸引优质生源，电机系基于之前多年的教学科研经验，以及对电气工程学科发展趋势的判断，于 2017 年提出并获得学校的批准，建立了“能源互联网国际班”，并于同年起开始招生。当年，恰逢国家教育部提出“新工科”理念及行动方案，清华电机系经积极申请，获得了国家教育部新工科首批研究与实践项目的支持，于是，开始了对能源互联网专业方向本科人才培养方案等进行了系统性研究。

2018 年 3 月，清华电机系携手教育部高等学校电气类专业教学指导委员会，主办了“新形势下全国电气工程学科建设与人才培养研讨会”，并发起成立了新工科联盟“能源互联网”工作委员会。2020 年 6 月，电机系主管教学的系副主任朱桂萍教授等撰写的论文“面向能源互联网的电气工程本科教学体系改革与实践”，作为《中国电机工程学报》新开设的《教育与教学》栏目的首篇论文发表。这篇论文以清华电机系最近 5 年在能源互联网方向进行人才培养的探索与实践为基础，系统阐述了清华大学电机系以电气工程学科为基础，进行能源互联网人才培养的一些思考、认识与做法。其实在清华电气工程学科的课程教学设置与科研体系中，已较早且较系统地就将信息理论与物理对象进行了深度融合，这些做法，恰好满足了能源互联网发展新趋势中“能源与信息深度融合”的最核心需求。电机系在探索开展能源互联网专业硕士培养方案的构建及其课程设置的过程中，还从产业发展需求的角度，分析了能源互联网这一典型的应用型学科要求相应人才应该具备的知识结构，意识到仅以现有的电气工程知识结构应对能源互联网产业发展，是存在着短板和不足的，故必须设置新的有关综合能源以及信息网络等知识的相关课程。而且，基于电气工程学科进行能源互联网领域的人才培养具有原生的优势，并不意味着电气工程学科已有的人才培养体系和课程设置能完全满足能源互联网领域的人才培养需求，所以需要跳出原有框架，通过增设相关知识课程和学科交叉,去建立起全新的人才培养体系和培养模式。基于清华大学电机系在能源互联网领域进行的人才培养探索与实践,论文提出了能源互联网专业的人才培养目标,特别是确立了“能源”与“信息”两条课程主线,通过校内不同院系间的交叉协作与组合优化,形成了完整的课程体系以及实践方案。该文章刊出后,在很多高校引起了积极的反响。该文章2020年也获评中国电机工程学报优秀论文。

4. 拓展“强基计划”与书院人才培养渠道

为选拔培养有志于服务国家重大战略需求且综合素质优秀或基础知识拔尖的学生,国家教育部于2020年起,在全国一部分高校实施“强基计划”,为此,清华大学相应成立了5个书院。电机系积极参与清华“未央书院”的成立和建设,制定“未央书院”全新的课程设置、培养方案和管理规定等,并投入了一个本科班(30名学生)的建制,班号为“未央电”,并从2020级开始启动了招生,旨在及时培养具有扎实数理基础的电气工程学科的本科生。这些学生本科毕业时,将获得“数理基础+电气工程”双学位。

5. 开拓慕课、混合式教学和在线教学

在美国麻省理工学院于2001年实施“开放课件共享(OCW)”活动的牵引下,2002年后,国际高等教育呈现出借助互联网开放教学资源和实施开放式办学的特点。国家教育部也分别在“十一五”“十二五”和“十三五”期间,实施了精品课程、精品开放课程和精品在线开放课程等教育教学改革项目,鼓励各个高校的优质教育资源开放共享。电机系于歆杰等老师,开设了我国首门“电路原理”慕课,并以此为基础,在全国率先开展了“电路原理”小班翻转课堂的教学改革,并率先应用“雨课堂”智慧教学工具,开展了“电路原理”大班混合式教学改革。教学实践效果表明,上述这些举措的采用,不仅提高了电路原理的课程质量,也对本系其他课程起到了很好的示范和带动作用,更对全国相关课程的建设起到很好的促进作用。目前,清华电机系共有5门开放选课的慕课,分别是电路原理(于歆杰、朱桂萍等)、电工电子技术(段玉生)、电力市场概论(夏清)、电磁兼容(何金良)、电磁暂态分析(何金良);其他绝大多数课程,都已经利用“雨课堂”工具开展了混合式教学。

6. 本科生实践教学

电机系历来重视实践教学,对实践类课程进行精心设计,多方筹措资源进行实验室改造,鼓励实验教学人员开展教改研究。

2002 年以来,电机系本科核心课程的实践教学环节,主要在 3 个实验教学中心中开展:(1)电工电子实验教学中心,学生在该中心完成电路的基础实验、综合提高性实验的训练及考核。该实验教学中心由电机系和自动化系联合管理,为改善实验教学条件和开出新的实验项目,自行研制出了磁路特性实验设备、电子学基础实验箱、基于单片机控制的电机应用实验箱,以及串联谐振电路综合提高型实验装置等,2006 年被评为北京市级实验教学示范中心,2016 年、2019 年两次通过了示范中心的复评。(2)计算机实验教学中心,学生在该实验中心完成计算机基础课程的实验动手训练及考核。该实验教学中心依托计算机系联合设立,于 2007 年被评估国家级实验教学示范中心。(3)电气工程实验教学中心,学生在此完成电气工程、能源互联网各门专业课程的实验及考核。该实验教学中心设立在电机系。为适应人才培养方案的更新、建设新的专业课程的需要,先后自行研制开发出了多种教学实验平台和系统,其中主要有:光伏发电教学与科研实验平台、电力电子变流实验平台、电机与电气传动系统综合实验平台、风力发电并网混合仿真实验平台、永磁同步电机控制硬件在环测试平台、永磁直驱风力发电模拟实验平台、基于 NI 实时控制器的永磁直驱风力发电模拟实验平台、开放式双馈风力发电模拟实验系统,以及能量回馈式异步电机教学实验平台,于 2008 年被评为清华大学一级实验室、北京市高等学校实验教学示范中心和国家级实验教学示范中心,且 2011 年、2012 年先后通过了北京市高等学校实验教学示范中心和国家级实验教学示范中心的复评;2014 年、2018 年又先后通过了清华大学一级实验室的复评。

除校内实验教学中心的建设之外,清华电机系还积极探索与电力电工企业联合建立校外实践教育教学中心或基地,例如,2011 年,电机系与西安电力机械制造公司联合申请并获批建立了北京市校外人才培养基地;2012 年与宁夏回族自治区电力公司联合申请获批建立了国家级工程实践教育中心。截至 2021 年底,电机系为本科学生在校外开展生产实习、建立学生实习基地的友好合作单位有：清华四川能源互联网研究院、国网江苏省电力有限公司经济技术研究院、北京智中能源互联网研究院、国电新能源技术研究院有限公司、ABB中国、国网新能源云技术有限公司等。

7. 2002—2011年学生培养规模

据统计，2000—2011年，电机系各类学生人数如图9-5所示。2003—2010年，电机系本科生、研究生（统招）招生及毕业人数如图9-6所示。据统计，电机系毕业学生多进入电力行业工作，如2007—2011年度，约占总就业人数的70%~85%[①]，具体如图9-7所示。同时，自1997年后，电机系开始招生工程硕士研究生，至2011年，共计培养出了600多名工程硕士[②]。

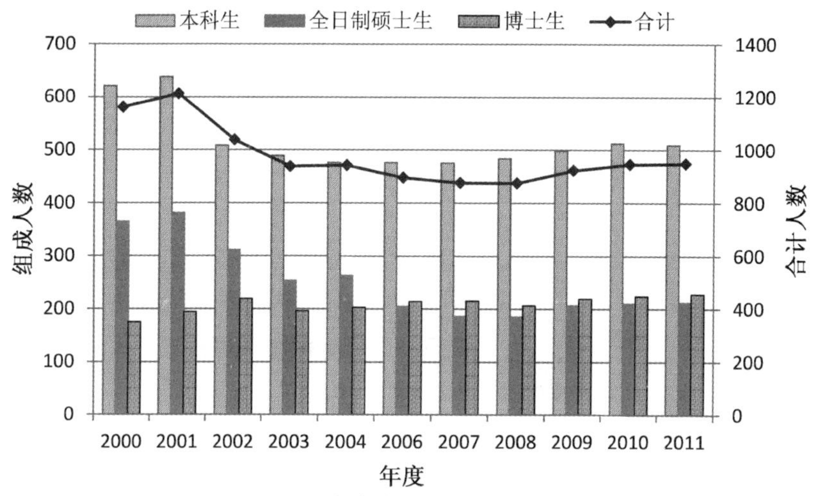

图9-5 2000—2011年度清华电机系各类学生人数分布图

（资料来源：《清华大学统计资料简编》，2000—2011年；注：缺2005年度数据）

8. 2012—2021年本科生培养规模

在本科生培养方面，2012—2021年，电机系按照社会和经济发展对人

---

① 《电气工程及自动化（电机工程与应用电子技术系）》，http://www.tsinghua.edu.cn/publish/bzw/7551/index.html，2012-08-14。

② 《清华电机系八十周年纪念文集》，249~251页，北京，清华大学电机系，2012。

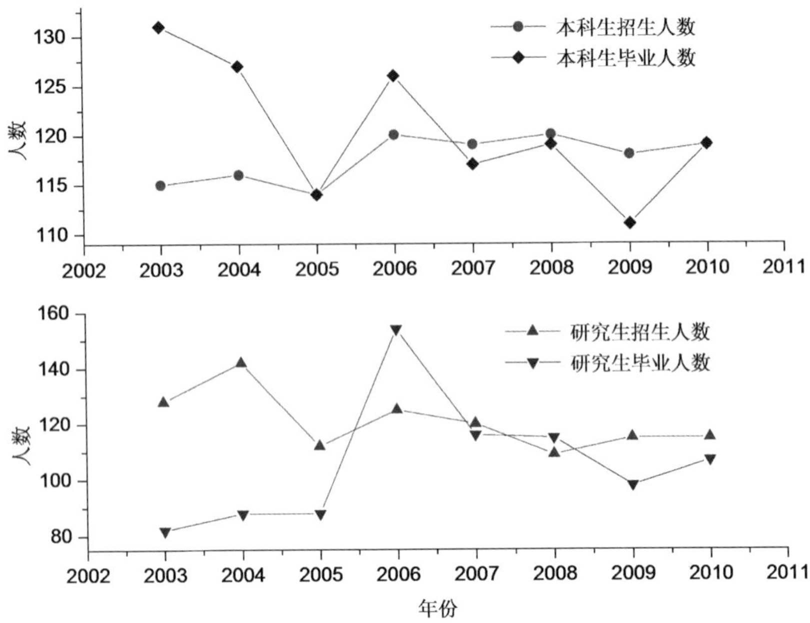

图 9-6　2003—2010 年电机系本科生、研究生招生毕业人数及变化曲线
(资料来源：清华大学 2003—2010 学年初高等教育基层统计报表，清华大学档案，全宗号 2，目录号 252，案卷号略。)

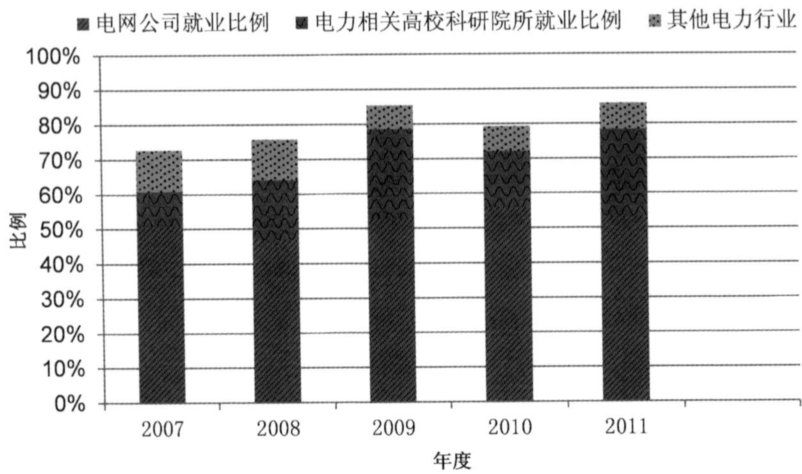

图 9-7　2007—2011 年度清华大学电机系本科生进入电力行业人数比例分布图
(资料来源：《电气工程及自动化(电机工程与应用电子技术系)》，http://www.tsinghua.edu.cn/publish/bzw/7551/index.html，检索日期：2012-08-14)

才培养需求发生的变化，适时地对培养方案、培养模式等做出了调整，具体的招收、毕业人数统计结果，请见表 9-16。

表 9-16　2012—2021 年电机系本科生招生、毕业生人数统计

年份	招生人数				毕业人数		
	电气工程自动化	能源大类（属于电机系部分）	国际班（能源互联网）	未央书院	电气工程自动化	能源大类（属于电机系部分）	国际班（能源互联网）
2012	123				125		
2013	125				127		
2014	125				125		
2015	129				118		
2016	120				122		
2017		123			141		
2018		128			130		
2019		122			121		
2020		92	30		104		
2021		94	30		102		15

从表 9-16 可见，自 2020 年以来，电机系每年招收能源与电气大类的本科生 90 多名；“未央书院”的本科生 30 名。截至 2021 年底，电机系共有在读的本科生 435 名。

（二）研究生教学改革举措

清华大学电机系是全国最早的电气工程学科的博士和硕士学位授权点之一，历来重视研究生教育培养工作。2002—2021 年这 20 年期间，研究生（包括硕士和博士）的培养，不仅是清华电机系人才培养工作的重点，同时也是电机系顺利完成所承担科研工作的重要保证。

1. 能源互联网专业硕士生培养

为配合清华大学硕士培养定位的变化，电机系从 2016 年开始筹划将电气工程学科的工学（学术型）硕士生，全部转型为专业学位硕士生（归属“能源动力”类别）进行培养；于 2017 年，申请电气工程（能源互联网方向）项目制硕士培养项目，获得学校的审批通过，2018 年开始招生培养。

与工学硕士生的培养相比，该专业学位硕士生的培养，对专业实践的要求大幅提高，且要求其学位论文的选题方向要与能源互联网直接相关。2021年，电机系建立的该专业学位硕士生的培养项目通过了首轮评估。到2021年底，已招收电气工程学科的专业学位硕士生183名，且已毕业并获得学位54名。

2. 工程领军博士生培养

在国际科技竞争、产业竞争日趋激烈的大背景下，在国家教育部和国务院学位委员会的部署下，清华大学从2018年开始，在原有的博士生教育培养规模基础之上，又增加了非全日制工程博士生的培养规模。电机系及时抓住这个扩大博士生培养的难得机遇，率先提出并获准得到了在校内牵头负责开办西南部地区创新领军工程博士生项目的机会，并于2020年秋季学期起，就面向国家西南部地区招收培养能源领域的创新领军工程博士生，并将清华四川能源互联网研究院确定为该项目的西南地区基地。随后，为办好工程博士生教育，电机系及时制定了《电机系创新领军工程博士学位论文质量全过程管理细则》，并确定每年举办4次"工程博士论坛"，旨在强化导师对工程博士生的指导及其博士学位论文工作进展的了解，拓宽工程博士生的学术视野，促进工程博士生之间的学术交流，提高他们的学术创新能力。截至2021年底，全系共有工程博士生的导师37人，其中19位导师实际参与培养工程博士生30人。承担工程博士生培养项目，无疑拓宽了电机系高层次人才培养渠道，增加了培养博士生的规模数量，而如何使工程实际经验丰富的工程博士生切实提高学术研究、理论创新的能力，不仅需要电机系的博士生导师们不断探索，还需要逐渐建立健全相应的课程、学籍、研究成果确认等管理及考核办法。

3. 学位论文质量评价标准调整

为贯彻落实国家教育部等部委提出的学术评价应该"破五唯"的要求，2020年，清华电机系学位分委会按照清华大学的统一要求，全面调整了各类研究生学位论文质量的评价标准，对工学博士生、工程博士生和工程硕士生，分别制定了评价其取得的学术创新成果的要求细则。具体地，清华大学电气工程学科的工学博士学位论文或工程博士学位论文，应对本学科(领域)做出独创性贡献,包括拓展或改变了现有知识、方法,或对已有知识做出新的重要解释;而工程硕士学位论文,则应对本学科(领域)的知识创新或应用实践做出贡献,或者针对具体问题提出可行的解决方案,具有一定的先进性。申请学术型学位的创新成果,重点考察在学术上是否有创新,而申请专业型学位的创新成果,重点关注其是否在应用上有否创新。要求细则中,相应取消了学生申请毕业、学位时应发表学术论文的具体要求。

4. 研究生培养规模

在研究生培养方面,2012—2021年,电机系每年招收的博士生规模没有太大变化,2018年以前,一直维持在60名左右;2018年起,新增了招收培养工程类型博士生的渠道,使每年招收的博士生总数达到了70名,甚至更多。硕士生的招生,2017年以前,既招收工学硕士生,也招收工程硕士生,总规模在70~80人上下有小的波动。2017年之后,就不再招收非学历的工程硕士生了。2018年之后,硕士生的招生,受国务院学位办做出的政策调整影响,都并轨到招收工程硕士生渠道。2020年起,学校允许电机系招收硕士生的规模又有明显减少,从之前的70多名,减到了不足50名。

2012—2021年,清华电机系招收、授予学位以及在学研究生人数的统计结果,具体见表9-17。

表9-17 2012—2021年电机系招收、授予学位、在学研究生人数统计

年份	招生人数					授予学位人数					在校生人数				
	博士生		硕士生			博士生		硕士生			博士生		硕士生		
	工学	工程	工学	工程	非学历工程	工学	工程	工学	工程	非学历工程	工学	工程	工学	工程	非学历工程
2012	63	—	74	10	53	38	—	77	13	39	243	—	181	44	218
2013	69	—	52	23	49	51	—	54	26	21	254	—	129	41	238
2014	56	—	57	25	45	41	—	48	14	30	264	—	144	53	241
2015	61	—	59	25	9	53	—	52	12	17	269	—	158	66	208
2016	56	—	58	29	10	43	—	61	26	27	284	—	160	70	168
2017	61	—	39	27	—	42	—	61	22	22	294	—	153	81	136

续表

年份	招生人数					授予学位人数					在校生人数				
	博士生		硕士生			博士生		硕士生			博士生		硕士生		
	工学	工程	工学	工程	非学历工程	工学	工程	工学	工程	非学历工程	工学	工程	工学	工程	非学历工程
2018	69	4	1	72	—	54	—	54	23	22	305	4	89	147	87
2019	74	7	1	77	—	51	—	59	30	22	314	11	42	177	39
2020	69	7	—	49	—	54	—	40	32	9	330	18	22	199	20
2021	58	12	—	48	—	49	—	18	61	—	329	30	19	199	19

信息来源：清华大学电机工程与应用电子技术系年鉴、信息简报，2012—2021 年。

从表 9-17 还可以看出，2017 年及以前，清华电机系还没有招收工程博士研究生(之前在清华的某几个院系已有小规模试点)，从 2018 年起，开始试点招收工程博士生，并随着经验的积累、培养及管理机制的不断健全，其招收培养规模有所增加。截至 2021 年底，还没有工程博士生毕业、被授予学位。从 2015 年起，经先行开办工程硕士课程进修班，其结业合格者考取非学历工程硕士生的规模明显减少，2015 年仅录取了 9 名，2016 年是招生的最后一年，录取了 10 名。此后，这个培养渠道基本关闭，只办研究生课程进修班，但不再受理攻读工程硕士学位的申请了。截至 2021 年底，电机系共有在读的工学博士生 329 名，工程硕士生 218 名(含工程管理硕士专业学位研究生 37 名，无学籍的工程硕士生 19 名)，非全日制工程博士生 30 名。

(三)学生出国学习、实践规模明显增长

为拓展学生的国际化视野，提升他们开展国际学术交往的能力，长期以来，电机系一直积极促进学生出国交换学习、考察访问，参加竞赛、出席学术会议，以及开展文化交流等，而且出国学生规模逐渐增加，并在达到一个较高比例后，短期出国和长期出国的(3~12 个月)规模达到了基本稳定的态势。2009—2021 年，清华电机系学生短期或长期出国/出境学习、进修人数统计结果见表 9-18。

表 9-18　电机系学生短期或长期出国/出境学习、进修人数统计结果

年份	研究生				本科生		
	博士生短期出国/出境	硕士生短期出国/出境	长期出国/出境	总数	短期出国/出境	短期出国/出境	总数
2009	36	6	10	52	15	1	16
2010	39	8	9	56	17	0	17
2011	48	8	12	68	13	2	15
2012	85	12	17	114	41	1	42
2013	82	16	24	122	48	5	53
2014	106	25	28	159	52	6	58
2015	101	33	27	161	49	7	56
2016	113	31	21	165	82	6	88
2017	117	22	21	160	73	13	86
2018	129	26	22	177	86	4	90
2019	144	8	21	173	56	4	60
2020	—	—	—	—	—	—	—
2021	—	—	—	—	—	—	—

表 9-18 反映出，2020—2021 年，受全世界范围爆发新冠肺炎疫情并仍未得到完全有效控制的影响，电机系研究生、本科生出国学习进修不得不中断。

（四）人才培养成效

2002—2021 年，电机系的人才培养成效突出。这里仅列举若干代表性的班集体和人物示例：既涌现出了 34 岁就晋升为华中科技大学教授的陈新宇（2014 届博）、为国际大都市确保供电安全可靠的国网上海市电力公司总经理阮前途（2007 届博）、主动选择在西部地区工作的中共广西北流市委书记赵志刚（2010 届博），还有 2013 年、2016 年获北京高校“十佳优秀/示范班集体”的电博 10 班和电博 13 班这样的优秀学生群体，也有持续 6 年为青藏高原小学带去稳定电力、使孩子们能够在明亮的教室里不间断学习的“梦之网”社会实践支队，还包括 2020 年获全国劳动模范的夏德明（2002 本 2007 博）、谢邦鹏（2003 年本科毕业，2008 年博士毕业）、

获得国家“五·一”劳动奖章的周苗生（2007 年硕士毕业）、陈平（2008 年硕士毕业）在内的大批扎根一线的红色工程师。

1. 毕业生去向

2002 年以来，清华大学电机系的本科和研究生毕业生们，秉承着“入主流、上大舞台、干大事业”的职业发展观，以电力电工和能源行业为主要的就业方向，形成了电网、发电、电工装备制造、高等教育、信息、金融等多领域的就业格局。清华大学每年会评选出 10 个就业工作先进集体综合奖，电机系在 2007—2021 年这 15 年期间，就先后 11 次（2007、2009、2010、2011、2012、2015、2016、2017、2019、2020、2021）荣获了该奖项。

清华大学于 2006 年起设立清华大学毕业生启航奖，以表彰前往国家重点地区、重点行业和重点领域就业或创业的优秀毕业生。电机系有多名毕业生荣获了清华启航奖的表彰，其中彭凌（2010，博士毕业）、王敏（2012，硕士毕业）、赵翔宇（2013，硕士毕业）、刘静琨（2017，博士毕业）、杨知方（2018，博士毕业）、牛涛（2019，博士毕业）、地尼亚尔（2021，本科毕业）等获得启航金奖，电博 2008 年获得 2013 启航先进集体奖。2011 届硕士毕业生杜爱虎自愿赴四川省甘孜州海拔 4000 多米的玉龙西村小学去支教，2014 年入围 CCTV“最美乡村教师”评选，首届感动四川年度人物提名奖。

这里以 2021 年电机系本科和研究生的毕业情况为例，毕业本科生共 118 名，其中在国内深造（读研或做博士后）96 名，国外深造 10 名，就业 12 名。毕业研究生（包括硕士生和博士生）总共 141 名，其中毕业硕士生国内继续深造 2 名，赴国外深造 8 名；毕业博士生选择在国内做博士后的 8 名，到国外做博士后的 2 名；其余毕业研究生的就业率达到 100%（注：不含留学生）。在所有就业的学生中（包含毕业本科、硕士、博士），去往电力/电工行业的有 74 人，到教育行业的 17 人（包含做博士后 10 人，到高校做教师 4 人），去政府及公共服务行业的 10 人，去信息行业的 26 人。

2. 获得清华大学特等奖学金情况

清华大学的学生特等奖学金，设立于 1989 年，是在校的优秀本科生和优秀研究生能获得的最高荣誉。2002—2021年间,电机系本科生杨知方(2013)、研究生赵彪(2013)、研究生韩金池(2014)、研究生施博辰(2021)荣获过校特等奖学金这一最高荣誉。

3. 获评全国百篇优博论文及行业全国优博论文情况

"全国优秀博士学位论文评选",由国家教育部学位管理与研究生教育司于1999—2012年开展,每年评选100篇,因此简称"百篇优博"。清华电机系除程志光和涂愈明分别在1999年和2000年入选外,2006年罗承沐教授指导的邹晓兵的博士论文《喷气式Z箍缩等离子体实验研究》、2007年卢强院士指导的刘锋的博士论文《基于微分代数模型的电力系统非线性控制》,以及2012年王新新教授指导的罗海云的博士论文《大气压介质阻挡均匀放电的研究》也依次入选。此外,王绍武、汪芙平和陈启鑫的博士论文荣获了提名奖。评选全国优秀博士学位论文的4年间,全国电气工程领域共入选17篇博士论文,其中,清华电机系有5篇。

2020年左右开始,国内若干行业领域的学会组织,又开始评选本行业领域的全国优秀博士学位论文,例如中国电工技术学会、中国仪器仪表学会等;评选出的优秀博士学位论文篇数为个位数。2021年,电机系博士毕业生张翔宇的博士学位论文,获评中国电工技术学会优秀博士学位论文;博士毕业生陈垒的博士学位论文,获评2021年中国仪器仪表学会全国优秀博士学位论文提名奖。

4. 研究生的学术获奖

电机系的研究生不仅是学生,也是与指导教师一起承担国家级、省部级纵向科研课题,完成行业、领域重大和重点科研项目的生力军。他们在承担科研任务、完成学位论文的过程中刻苦努力,积极探索,大胆创新,取得很多优异成果,得到了国内外学术界和行业领域学术机构的认可。2002—2021年期间,电机系学生荣获的部分学术性(除学位论文外)奖励,具体见表9-19。

表 9-19　2013—2021 年电机系学生荣获主要学术研究奖名单

序号	获奖人(班级)	获奖名称	获奖时间
1	陈赦(博)	International Symposium on High Voltage Engineering(国际高电压领域权威会议)的"Young Researcher Award"	2013 年
2	电机系学生团队	2014 Global Energy Forecasting Competition 团体优胜奖	2014 年
3	杨天宇	2016 年度 IEEE PES 优秀学生论文奖	2016 年
4	李正烁(博)、辛蜀骏(博)、硕陈欣(硕)	国际电气与电子工程师协会电力与能源协会年会最佳论文	2016 年
5	耿照为(博)	西贝尔学者(Siebel Scholars)称号	2016 年
6	毛重阳(博士生)	杰出年轻研究者奖(Outstanding Young Researcher Awards)	2016 年
7	刘旭堃	国际脉冲功率会议优秀学生论文奖	2017 年
8	高宇澄	IEEE 应用电力电子会议杰出报告奖	2018 年
9	刘旭堃	欧洲电磁发射协会青年学者奖	2018 年
10	杜尔顺、张博雅	入选 2018 年"全国博士后创新人才支持计划"	2018 年
11	电机系团队(本科生陈欢、易哲嫄、柴瑞樱、唐艺伟、李浩然;研究生刘然;指导教师王奎)	国际电气电子工程师协会未来能源挑战赛(IEEE IFEC 2018)"杰出性能奖"	2018 年
12	孟鹏飞(博)、马昕雨(博)	第 34 届雷电防护国际会议青年科学家奖	2018 年
13	孟鹏飞(博)	IEEE Caixin Sun and Stan Grzybowski 最佳学生论文奖	2018 年
14	电机系"梦之网"团队(李浩志等)	IEEE Empower a Billion Lives 亚太地区赛最佳学生团队奖	2018 年
15	韩洋(指导教师陆海峰)	全国第五届"工程硕士实习实践优秀成果获得者"	2018 年
16	王哲(博士生,导师黄松岭)	2019 IEEE 国际仪器与测量技术会议"最佳论文候选"和"最佳学生论文候选",同时获得"学生旅行资助奖"	2019 年

续表

序号	获奖人(班级)	获奖名称	获奖时间
17	孟鹏飞(2015级直博生)	入选2019年度“西贝尔学者计划”	2019年
18	崔英哲(2016级直博生)	入选2020年度“西贝尔学者计划”	2020年
19	朱义诚(硕士生,导师赵争鸣)	首届IEEE电力与能源学会优秀学生奖学金	2020年
20	谭振飞(博士生,导师钟海旺)	2020 IEEE PES General Meeting最佳论文奖	2020年
21	陈玥(博士生,导师卢强)	2020年CEE Rising Stars	2020年
22	朱雨杰(博士生)	2020年度IEEE电介质及电气绝缘学会(IEEE DEIS) Graduate Student Fellowship获奖者	2021年
23	卓振宇(博士生)	《IEEE Transactions on Power Systems》期刊2018—2020年最佳论文	2021年
24	施博辰(博士生,导师赵争鸣)	2021年国际大电网委员会CIGRE最佳博士论文奖	2021年
25	IEEE PELS清华大学学生支部	2021年IEEE电力电子学会最佳学生支部奖	2021年
26	施博辰(博士生)	英国工程技术学会(IET) Hudswell国际研究奖学金	2021年
27	熊宇峰(硕士生,导师陈来军)	2021年IEEE电力与能源学会优秀学生奖学金	2021年
28	张翔宇(博士生)	2021年中国电工技术学会优秀博士学位论文	2021年
29	韩志飞(博士生)	第22届高电压工程国际会议优秀报告奖	2021年
30	陈垒(博士生)	2021年中国仪器仪表学会全国优秀博士学位论文提名奖	2021年

电机系的研究生培养工作,也具有良好的工作传统,注重将育人有机地融入丰富多彩的学生活动之中,并努力为有各种兴趣爱好的学生创造更好的陶冶情操、培养技能、提高鉴赏水平的条件和可能性,取得了良好的成效,并获得了学生的普遍认可,在学生干部培养、学生班集体建设、学生个人多方面素质训练等方面均取得了优异成绩。因此,不仅在学校每

年的评优中都取得了不错的成绩，不少学生还获得了国家级、北京市级的奖励。2002—2021 年，清华电机系学生集体或个人，以及从事学生工作的部分老师获得的部分奖项，见表 9-20。

图 9-8　电机系 2002 级本科毕业生合影①

图 9-9　电机系 2005 届研究生毕业留念②

① 清华大学电机系资料。

② 清华大学电机系资料。

图 9-10　电机系 2007 工硕 011 班①

表 9-20　2002—2021 年电机系学生集体或个人部分获奖名单

序号	获奖人(班级)	获奖名称	获奖时间
1	电 92 班	清华大学 2002 年"先进班集体"	2002 年
2	朱磊、方星豪、刘明	清华大学 2002 年优秀毕业生	2002 年
3	汪芙平	清华大学 2002 年优秀毕业生(博士生)	2002 年
4	任晓娟、李雄、王海鹏	清华大学 2002 年优秀毕业生(硕士生)	2002 年
5	电 91 班	清华大学 2003 届本科生毕业班先进集体	2003 年
6	陈磊、贾宇、柳铮	清华大学 2003 届本科生优秀毕业生	2003 年
7	罗怡、千金、李立理	清华大学 2004 年优秀毕业生(本科)	2004 年
8	刘智超、赵杏花	清华大学 2004 年优秀硕士毕业生	2004 年
9	庞浩、曾毅	清华大学 2004 年优秀博士毕业生	2004 年
10	电 24 班	清华大学 2003—2004 年度本科生先进班集体	2005 年
11	常晓伟、汪孟	清华大学 2005 年优秀毕业生(本科)	2005 年
12	陈启鑫、刘硕、叶艳珠、何剑、鲁挺、张俊燕、李谦、刘琚华、陈佳、张宁、曹彬、刘文博	清华大学 2005 年优良毕业生(本科)	2005 年
13	郭剑	清华大学 2005 年优秀博士毕业生	2005 年

① 清华大学电机系资料。

续表

序号	获奖人（班级）	获奖名称	获奖时间
14	卜丹、李文书	清华大学 2005 年优秀硕士毕业生	2005 年
15	周洁、方陈	清华大学 2006 年优秀毕业生（本科）	2006 年
16	电研 41 班	清华大学 2005—2006 学年度研究生先进集体	2006 年
17	戴建军、冯永青	清华大学 2006 年优秀博士毕业生	2006 年
18	张伯乐、徐蕴婕	清华大学 2006 年优秀硕士毕业生	2006 年
19	衡量、吴潇文、冯丽超、陈守川、刘葵、朱宇元、刘莉飞、王奎、耿屹楠	清华大学 2006 年优良毕业生（本科）	2006 年
20	电研 11 班	清华大学 2006—2007 学年度先进集体（研究生）	2007 年
21	电 53	清华大学 2006—2007 学年度先进班集体	2007 年
22	宋宇超、程思为	清华大学 2007 年优秀毕业生（本科）	2007 年
23	白华	清华大学 2007 年优秀博士毕业生	2007 年
24	王灿林、汪孟	清华大学 2007 年优秀硕士毕业生	2007 年
25	电研 11、电博 7 班	清华大学 2007—2008 学年度先进集体（研究生）	2008 年
26	电 74 班	2007—2008 年北京市“先锋杯”优秀团支部	2008 年
27	杨颖、陈磊	清华大学优秀博士毕业生	2008 年
28	马宏彬	清华大学优秀硕士毕业生	2008 年
29	孟博文、徐博	清华大学优秀毕业生	2008 年
30	电博 8 班	清华大学 2008—2009 学年度先进集体（研究生）	2009 年
31	电 84 班	国庆 60 周年庆祝工作清华大学先进集体	2009 年
32	电 72 班	清华大学 2008—2009 学年度先进班集体（本科生）	2010 年
33	张放、郭文涛	清华大学 2010 届本科生优秀毕业生	2010 年
34	赖晓文、牟佳男、王希、唐叶、徐曼、张笑、赵敏、贺大玮	清华大学 2010 届本科生优良毕业生	2010 年
35	陈启鑫、鲁挺	清华大学 2010 届优秀博士毕业生	2010 年

续表

序号	获奖人(班级)	获奖名称	获奖时间
36	王康	清华大学2010届优秀硕士毕业生	2010年
37	电博08、电博09班	清华大学2009—2010学年度先进集体(研究生)	2010年
38	电72班	2009—2010年度北京市先锋杯优秀团支部	2010年
39	徐立	2009—2010年度北京市先锋杯优秀团干部	2010年
40	贺力君	2009—2010年度北京市先锋杯优秀团员	2010年
41	电84班	清华大学2009—2010学年度先进班集体	2011年
42	李辰	清华大学2011年特等奖学金	2011年
43	电72班	清华大学2010年度毕业班先进集体	2011年
44	徐智威、姚锐	清华大学2010年度优秀毕业生	2011年
45	汪洋、刘俊	清华大学优秀博士毕业生	2011年
46	魏乔苑、董晋阳	清华大学优秀硕士毕业生	2011年
47	电84班	清华大学2009—2010学年度先进集体(本科生)	2011年
48	电84班	北京市"先锋杯"优秀团支部	2011年
49	电91、电92、电02、电博08、电硕101班	清华大学2010—2011学年度甲级团支部	2011年
50	电硕101、电博08班	清华大学先进班集体	2011年
51	赵翔宇	清华大学2010—2011学年度本科生优秀共产党员	2011年
52	耿照为	清华大学2010—2011学年度优秀本科生党支部书记	2011年
53	钟海旺	清华大学2010—2011学年度优秀党建辅导员	2011年
54	王彬	2012年度IBM博士生英才计划奖	2012年
55	电91班	清华大学2010—2011学年度先进班集体、北京市高校"十佳示范班集体"	2012年
56	周天睿	2012年教育部"博士研究生学术新人奖"	2012年

续表

序号	获奖人(班级)	获奖名称	获奖时间
57	贺凡波、张宁	2012 年清华大学优秀博士毕业生	2012 年
58	李辰、田琦、贾文昭	2012 年清华大学优秀硕士毕业生	2012 年
59	电 02、电 13 班	2010—2011 学年度优良学风班	2012 年
60	电硕零九一班	2011—2012 启航奖集体奖	2012 年
61	王敏	2011—2012 启航奖金奖	2012 年
62	邵冲、雷一、马文长	2011—2012 启航奖银奖	2012 年
63	电 02 班	清华大学 2011—2012 学年度本科生先进班集体	2012 年
64	王希、吴锦鹏、尹晗	一二·九辅导员奖	2012 年
65	唐可翾	2012 年度五星志愿者	2012 年
66	贾龙	十佳研究生志愿者	2012 年
67	电 91 班	2013 届本科生"毕业班先进集体"	2013 年
68	杨知方、何畅、王旭东	2013 届本科生优秀毕业生	2013 年
69	杨知方、王旭东、常丰祺、汤蕾、何畅、薛芬、赵博石	2013 届本科生"北京市优秀毕业生"	2013 年
70	吴锦鹏	2012—2013 学年度林枫辅导员奖	2013 年
71	刘满君、蔡宇、蔡元纪	2012—2013 学年度"一二·九"辅导员奖	2013 年
72	于心宇、王剑晓、包维宁、邢学韬、刘蒙、江曦源、汤蕾、孙铭、李旭、李少华、杨经纬、陈浩、范博然、尚宇炜、周一凡、钱盾、徐小琴、郭万方、龚莺飞、葛怀畅、韩禹歆	2012—2013 学年度清华大学优秀共青团员	2013 年
73	赵博石	2012—2013 学年清华大学优秀学生干部标兵	2013 年
74	丁健民、高雷、郭鸿业、刘瀚波、刘璋玮、肖勇、张铁山、赵杨阳、朱亚楠	2012—2013 学年度清华大学优秀学生干部	2013 年
75	电 11、电 23 班	2012—2013 学年度校级优良学风班	2013 年
76	电 02 班	2012—2013 学年度清华大学本科生先进班集体	2013 年
77	电机系 TMS 分会	2013 年清华大学 TMS 协会优秀分会	2013 年

续表

序号	获奖人(班级)	获奖名称	获奖时间
78	电03党课小组、电14党课小组	2013年清华大学优秀党课小组	2013年
79	电0第一党支部	2013年清华大学创优争先进党支部	2013年
80	朱童	2013年清华大学TMS协会优秀分会长	2013年
81	潘昭光	2013年清华大学优秀共产党员	2013年
82	赵彪	2013年第十八届清华大学研究生“学术新秀”	2013年
83	博士:张俊勃、钟海旺、孟晓波、郭烨;硕士:万树伟	2013届清华大学“北京市优秀毕业生”	2013年
84	兰江、钟海旺	2012—2013学年度清华大学优秀博士毕业生	2013年
85	李燕、李晶晶	2012—2013学年度清华大学优秀硕士毕业生	2013年
86	电博10班	北京市“十佳”优秀班集体、清华大学2012—2013学年度研究生先进集体	2013年
87	电博08班	2013年启航奖集体奖	2013年
88	赵翔宇	2013年启航奖个人金奖	2013年
89	韩子娇、邵明松	2013年启航奖个人银奖	2013年
90	尹晗	2013年优秀共产党员	2013年
91	尹晗、张铁山、李扬	2012—2013学年度清华大学优秀研究生共产党员	2013年
92	肖勇、张杰	2012—2013学年度清华大学优秀研究生党支部书记	2013年
93	电博10党支部	2013年清华大学先进党支部	2013年
94	电博10党支部、电硕121党支部	清华大学研究生党支部特色组织生活基金项目实效奖	2013年
95	陈天瑞	2013年“五星志愿者”荣誉称号	2013年
96	研究生志愿者支队	2013学年度清华大学“十佳志愿者支队”	2013年
97	电02班	2014届本科生“毕业班先进集体”	2014年
98	周一凡、陈晓爽、王璨	2014届清华大学本科生优秀毕业生	2014年
99	周一凡、陈晓爽、王璨、唐可翾、郭万方、陈天一、刘显壮	2014届本科生“北京市优秀毕业生”	2014年

续表

序号	获奖人(班级)	获奖名称	获奖时间
100	于松泰、张洪财、张欣然、贾龙	2013—2014 学年度“一二·九”辅导员奖	2014 年
101	贾龙	2013—2014 学年清华大学优秀学生干部标兵	2014 年
102	仵超、邬锦波、刘蒙、汪韧、张艺明、张婧宇、罗浩成、段小宇、韩冰、韩禹歆、樊慧娴、魏大博	2013—2014 学年度清华大学优秀学生干部	2014 年
103	电 11、电 31 班	2013—2014 学年度校级优良学风班	2014 年
104	电 12、电 24、电 31、电博 13、电硕 132 班	2013—2014 学年度清华大学甲级团支部	2014 年
105	唐可翾、陈晓爽	2013 年“五星志愿者”荣誉称号	2014 年
106	电机系 TMS 分会(会长：马子明)	清华大学 TMS 协会优秀、标兵分会	2014 年
107	电 21 党课小组，电 22 党课小组，电 34 党课小组	2014 年清华大学优秀党课小组	2014 年
108	李振	清华大学第十九届研究生“学术新秀”	2014 年
109	季震	清华大学 2014 届“北京市优秀毕业生”(研究生)硕士、2013—2014 学年度清华大学优秀硕士毕业生	2014 年
110	赵彪、李世松、尹晗、陈新宇、左鹏、李杨	2014 届清华大学“北京市优秀毕业生”(研究生)	2014 年
111	赵彪、李世松	2013—2014 学年度清华大学优秀博士毕业生	2014 年
112	电硕 132 班	2013—2014 学年度清华大学研究生先进集体	2014 年
113	韩金池	2014 年研究生特等奖学金	2014 年
114	电 11 班	2013—2014 学年度清华大学本科生先进班集体	2015 年
115	电 3 党支部	2014—2015 学年度本科生先进党支部	2015 年
116	陈玥、邢学韬	2015 届清华大学本科生优秀毕业生	2015 年
117	陈玥、邢学韬、郭鸿业、秦建、郭泽宣、李忠曦	2015 届本科生“北京市优秀毕业生”	2015 年

续表

序号	获奖人(班级)	获奖名称	获奖时间
118	贾龙	2014—2015 学年度林枫辅导员	2015 年
119	刘静琨、耿照为、张艺明	2014—2015 学年度一二·九辅导员奖	2015 年
120	电 21 班	2014—2015 学年度清华大学本科生先进班集体	2015 年
121	王浩宗、王毅、牛涛、朴冠宇、刘昊、刘康宁、孙欣、李自帅、杨硕、张婧宇、段任之、郭大卫、傅晨、黎晗东	2014—2015 学年度清华大学优秀共青团员	2015 年
122	仵超	2014—2015 学年清华大学优秀学生干部标兵	2015 年
123	于心宇、王乾、邓磊、李少华、施博辰、莫雅俊、顾小程、郭岩、郭欣然、彭思敏	2014—2015 学年度清华大学优秀学生干部	2015 年
124	电机系志愿者支队	2014—2015 年度清华大学“十佳志愿者支队(研究生)”	2015 年
125	电 43、电 21 班	2014—2015 学年度校级优良学风班	2015 年
126	电机系 TMS 分会	2015 年清华大学 TMS 协会优秀分会	2015 年
127	电 41 党课小组、电 42 党课小组、电 33 党课小组、电 22 党课小组	2015 年清华大学优秀党课小组	2015 年
128	电 22 党课小组	2015 年清华大学标兵党课小组	2015 年
129	刘豫航	2015 年清华大学优秀共产党员	2015 年
130	钱盾	2015 年清华大学 TMS 协会优秀分会长	2015 年
131	电 3 党支部	2015 年清华大学先进党支部	2015 年
132	博士:丁涛、付洋洋、吴锦鹏、陈敖;硕士:韩金池	2015 届清华大学“北京市优秀毕业生”	2015 年
133	付洋洋、丁涛	2014—2015 学年度清华大学优秀博士毕业生	2015 年
134	汤蕾、韩金池	2014—2015 学年度清华大学优秀硕士毕业生	2015 年
135	电硕 132、电博 11 班	2014—2015 学年度清华大学研究生先进集体	2015 年
136	电博 11 班	2014—2015 学年度清华大学先进集体	2015 年

续表

序号	获奖人(班级)	获奖名称	获奖时间
137	黄震、张飞	2015 年启航奖个人银奖	2015 年
138	阎志鹏、赵杨阳、肖勇	2014—2015 学年度清华大学优秀研究生德育工作助理	2015 年
139	韦尊、王明渊、高海翔、贾龙	2015 年清华大学优秀党员	2015 年
140	仵超	2015 年清华大学优秀党支书、清华大学优秀学生干部标兵	2015 年
141	电硕 132 班	2015 年清华大学先进党支部	2015 年
142	电博 10 党支部、电硕 121 党支部	清华大学研究生党支部特色组织生活基金项目实效奖	2015 年
143	电博 11 班	2015 年北京市甲级团支部、清华大学博士生必修环节社会实践优秀组织工作二等奖	2015 年
144	郑天文	2015 年清华大学研究生暑期社会实践校级银奖	2015 年
145	美极联队(电机系与美术学院研究生合组)	2015 年研究生“一二・九”革命歌曲演唱会综合金奖、艺术水准一等奖、优秀宣传奖及优秀领队奖	2015 年
146	电博 13 班	北京市高校“十佳示范班集体”	2016 年
147	郭岩	清华大学优秀毕业生	2016 年
148	电博 13	清华大学 2015—2016 学年度先进集体	2016 年
149	李志刚、程晨璐	清华大学优秀博士毕业生	2016 年
150	朱童、何冠楠	清华大学优秀硕士毕业生	2016 年
151	电 32 班	清华大学 2015—2016 学年度先进班集体	2016 年
152	毛重阳、杨知方	电机系学术新秀	2017 年
153	电机系研究生会	校优秀研究生分会	2017 年
154	施博辰、王志晟、谭振飞	清华大学优秀毕业生	2017 年
155	施博辰、王志晟、谭振飞、曹阳、朱义诚、孙嘉伟、郑可迪、林哲	北京市优秀毕业生(本科)	2017 年
156	耿照为、毛重阳	清华大学优秀博士毕业生	2017 年
157	陈欣、杨滚	清华大学优秀硕士毕业生	2017 年

续表

序号	获奖人(班级)	获奖名称	获奖时间
158	张欣然、耿照为、陈润泽、毛重阳、张宇、吴翔宇、程雪坤	北京市优秀毕业生	2017年
159	电7党支部(本科)	清华大学2017—2018学年度优秀学生党支部	2018年
160	袁炜颖、刘飞鹏	清华大学2017—2018学年度优秀研究生党支部书记	2018年
161	王乾(研)、顾小程(研)、黄伟灿(本)	清华大学2017—2018学年度优秀学生共产党员	2018年
162	电机系TMS分会(会长王大为)	清华大学2017—2018学年度优秀TMS分会	2018年
163	电63	清华大学2017—2018学年度优秀党课小组	2018年
164	王毅	2018年北京市优秀毕业生	2018年
165	王剑晓(博)、王毅(博),李欣(硕)、王余扬(硕)、王博弘(本)	清华大学优秀毕业生	2019年
166	陈晓爽、刘昊、彭丽莎、王毅、王志晟、杨洋、赵博石、周垚	北京市优秀毕业生	2019年
167	陈晓爽、楼国锋、王剑晓、王毅、杨文博	清华大学优秀博士学位论文	2019年
168	邓磊、蒋思越、王余阳(学术) 贾琦、李欣、杨元威(专业)	清华大学优秀硕士学位论文	2019年
169	王乾、王思远"清华大学优秀党建与思想政治工作者"称号,余占清老师、	清华大学优秀共产党员	2019年
170	侯易岑(党支部书记)	清华大学优秀党建与思想政治工作者	2019年
171	电7党支部	清华大学先进党支部	2019年
172	牛涛	2019年启航奖个人金奖	2019年
173	张翔宇	清华大学第24届"学术新秀"	2020年
174	陈垒、张翔宇、蔺晨晖、陈玥、郭鸿业	清华大学优秀博士学位论文	2020年

续表

序号	获奖人(班级)	获奖名称	获奖时间
175	朱义诚、蔡静、黄诗洋(专硕)	清华大学优秀硕士学位论文	2020年
176	本:程通、郭子榛;硕:朱义诚、安建伟;博:陈玥、张翔宇	清华大学优秀毕业生	2020年
177	本:程通、郭子榛、贾圣钰、蔡啸、唐庆虎、余扬昊;研:欧阳小刚、陈玥、郭鸿业、侯易岑、蔺晨晖、马子明、朱义诚	北京市优秀毕业生	2020年
178	电71班	清华大学先进班集体	2020年
179	雷旭东、傅一苇	清华大学优秀研究生党员	2020年
180	顾宇轩、钱其隆、陈健宁	清华大学优秀研究生党建与思想政治工作者	2020年
181	电机系研究生会	清华大学2019—2020学年度优秀研究生分会	2020年
182	电机系研究生团委会	清华大学2019—2020学年度研团工作进步奖	2020年
183	电机系“梦之网”支队	挑战杯全国创新创业大赛北京市金奖	2020年
184	王哲、江夏、刘佳鹏、檀添、贾孟硕、栗子豪	清华大学优秀博士学位论文	2021年
185	林哲、占在福(专硕)、鞠佳禾(专硕)、翟放(专硕)	清华大学优秀硕士学位论文	2021年
186	本:陈永霖、李思韵、魏泓屹;硕:林哲、鞠佳禾;博:刘佳鹏、贾孟硕	清华大学优秀毕业生	2021年
187	本:陈永霖、李思韵、魏泓屹、吕睿可、贾书宇、于丰硕、刘至真;研:罗浩成、刘佳鹏、阮广春、贾孟硕、侯灵犀、刘洋、雷旭东	北京市优秀毕业生	2021年
188	本:韩宗杭、王大为;研:刘洋、刘至真、胡杨明昊	清华大学学生优秀共产党员	2021年
189	学生:顾宇轩;研党支书:杜汶泽、蒋之成、孙浩;本党支书:郑可迪	优秀党建与思想政治工作者	2021年

续表

序号	获奖人(班级)	获奖名称	获奖时间
190	林秋琼、袁梦丽;许超群、兰健	清华大学“一二·九”辅导员郭明秋奖、辅导员奖	2021年
191	骆娇	清华大学“一二·九”学生事务工作助理奖	2021年
192	地尼亚尔	2021年启航奖个人金奖	2021年
193	王大为(研究生)	清华大学“十佳志愿者”	2021年

(资料来源:《清华公报》,2002—2010年;《清华大学年鉴》,2006年,2007年;2011—2021年清华大学电机工程与应用电子技术系资料)

图9-11　2011年4月2日清华之友-东方意德奖助学金颁奖会①

图9-12　2011年3月4日,“清华之友-长园集团奖学金”签约仪式在电机系举行②

① 《电机系、医学院“清华之友-东方意德奖助学金”颁奖会召开》,http://www.eea.tsinghua.edu.cn/publish/eea/1392/index_5.html,2011-04-08/2012-04-02。

② 《“清华之友-长园集团奖学金”签约仪式举行》,http://www.eea.tsinghua.edu.cn/publish/eea/1392/index_5.html,2011-03-09/2012-04-02。

5. 课外科技活动及获奖

电机系的学生（主要是本科生）除认真学习课程外，还在课外科技活动指导教师的引领下，积极开展课外科技活动，并取得了一系列的好成绩。

例如，2009 年，电机系学生完成的课外科技活动成果“火力发电厂节能增效评价及管理优化系统”，荣获了清华大学挑战杯特等奖、全国大学生节能设计竞赛一等奖和全国挑战杯一等奖；2011 年，完成的“面向智能电网的电动汽车节能增效管理优化系统项目”，荣获了“施耐德电气杯”

图 9-13　博士研究生刘旭堃获“脉冲功率会议优秀学生论文奖”①

图 9-14　韩志飞（博士生）第 22 届高电压工程国际会议优秀报告奖

① 《电机系 2016 级博士研究生刘旭堃获得第 21 届“脉冲功率会议优秀学生论文奖”》，《清华大学电机工程与应用电子技术系信息简报》，2017 年第 5 期（总第 104 期）。

图9-15　施博辰(博士生,导师赵争鸣)2021年国际大电网委员会CIGRE最佳博士论文奖

大学生节能增效创新大赛一等奖和首都挑战杯特等奖;2012年,完成的"SD太阳能独立供电住宅的微电网能源管理与智能控制系统"获得了清华大学挑战杯的特等奖;2015年,完成的"采用静电法的火电厂锅炉风粉调平节能与优化系统",荣获了校挑战杯特等奖;2016年,电机系学生团队完成的"做一把'贴心'的锁——用于城市公共自行车的智能车锁"课外科技活动成果,荣获清华大学挑战杯特等奖;2018年完成的"直升机电动尾桨的高功重比电机及其控制系统优化设计与实现"成果,获得了校挑战杯特等奖。

电机系学生参加的群众性课外科技活动和知识竞赛等活动相当丰富,且也都取得了不错的成绩。例如,电机系学生科技协会(简称"科协")自2010年起,每年都组织"TI杯"数字系统创新设计大赛,由美国德州仪器(Texas Instruments)公司赞助,每年参与的多个院系的学生有70名左右。自2013年起,电机系学生会组织有校内能源与电气大类本科新生的C语言大赛,并与本科新生学习的程序设计基础课程相结合,通过"赛课结合"的形式,锻炼并提高大一新生的C语言编程能力,每年参与的大一新生约130名。自2017年起,电机系学生科协还发起组织了每年一次的能源与电气大类新生知识竞赛,面向能源与电气大类和未央书院(电气工程方向)的大一新生,旨在培养学生的实验动手能力,加强新生对能源与电气领域的基础了解和认识,每年参与的学生约120名。

2017—2019年,电机系学生课外参加各种赛事的情况相当活跃,不仅发展了兴趣爱好,实验动手、口头表达、与人协作配合等多方面的能力得到了训练并有所提高,也取得相当不错的成绩。2020年,一场新冠肺炎疫

表 9-21　2012—2015 年电机系本科生学生课外学术科技竞赛获奖情况统计表

2012 年			
赛事名称	获奖等级	第一作者	赛事主办方
第 30 届清华大学“挑战杯”学生课外科技作品竞赛	特等奖	黄杰	清华大学
	一等奖	舒德兀	
	二等奖	韩金池	
	三等奖	仵超	
	三等奖	张哨菠	
	三等奖	师喻	
第 6 届“挑战杯”首都大学生课外学术科技作品竞赛	特等奖	项顶	北京团市委、北京市教委、北京市科委、北京市科协、北京市学联
第 12 届“挑战杯”全国大学生课外学术科技作品竞赛	二等奖	项顶	共青团中央、中国科协、教育部、全国学联、辽宁省政府
全国大学生数学建模竞赛	二等奖	郑伟业	教育部高等教育司、中国工业与应用数学学会
2011 国际无人飞行器创新大奖赛	参赛作品奖	翁昉倞	中国航空工业集团公司、中国航空学会
2011 ATMEL AVR 校园设计大赛	一等奖	严金俊	ATMEL（爱特梅尔）公司
	三等奖	黄建文	
美国大学生数学建模竞赛	一等奖	孙昕炜	美国数学及其应用联合会
	二等奖	阎志鹏	
	二等奖	师喻	
	二等奖	郑伟业	
	参与奖	杜尔顺	
	参与奖	王明渊	
2013 年			
赛事名称	获奖等级	第一作者	赛事主办方
第 31 届清华大学“挑战杯”学生课外科技作品竞赛	二等奖	杨洋	清华大学
	二等奖	王凯琳	
	二等奖	翁昉倞	
	三等奖	于智同	
	三等奖	陈政宇	
	三等奖	李博	

续表

赛事名称	获奖等级	第一作者	赛事主办方
全国大学生数学建模竞赛	二等奖	王印峰	教育部高等教育司、中国工业与应用数学学会
第七届全国大学生智能车竞赛华北赛	二等奖	陈晓爽	教育部高等自动化专业教学指导分委员会
第十四届清华大学电子设计大赛	二等奖	郑琨琪	自动化系、电子系学生科协
第七届清华大学智能车竞赛	第一名	班瑞	工物系学生科协
	第三名	邓磊	
美国大学生数学建模竞赛	一等奖	吴迪	美国数学及其应用联合会
	二等奖	于智同	
	二等奖	黄天恩	
	二等奖	陈政宇	
	二等奖	刘璋玮	

2014 年

赛事名称	获奖等级	第一作者	赛事主办方
第32届清华大学“挑战杯”学生课外科技作品竞赛	一等奖	刘佳鹏	清华大学
	二等奖	邓磊	
	二等奖	邢学韬	
	三等奖	蔺晨辉	
第十五届清华大学电子设计大赛	二等奖	崔小帆	自动化系、电子系学生科协
	二等奖	王沁	
	三等奖	刘佳鹏	
	三等奖	邓磊	
	三等奖	陈瑜玮	
第八届清华大学智能车竞赛	二等奖	刘佳鹏	工物系学生科协
	二等奖	陈瑜玮	
美国大学生数学建模竞赛	一等奖	石冰清	美国数学及其应用联合会
	一等奖	张立嘉	
	二等奖	魏大博	
	二等奖	李婧	
北京市大学生人文知识竞赛	一等奖	张宸宸	北京市
清华大学人文知识竞赛	第二名	张宸宸	清华大学

续表

赛事名称	获奖等级	第一作者	赛事主办方
第二届清华大学公共政策案例分析大赛	三等奖	孟德旺	清华大学
清华大学第三届创意优化实践赛	二等奖	刘佳鹏	清华大学校科协
	三等奖	邓磊	
宝洁精英挑战赛	三等奖	王天宇	宝洁集团
2015 年			
赛事名称	获奖等级	第一作者	赛事主办方
第 33 届清华大学"挑战杯"学生课外科技作品竞赛	特等奖	郑泽天	清华大学
	一等奖	刘昊	
	一等奖	刘晓鹏	
	二等奖	阮广春	
	三等奖	王超	
第八届"挑战杯"首都大学生学生课外学术科技竞赛	二等奖	郑泽天	共青团北京市委员会等
2015 年清华大学"华罗庚杯"数学建模竞赛	一等奖	方诗卉	清华大学
清华大学数学建模大赛	二等奖	段任之	清华大学
美国大学生数学建模竞赛(MCM/ICM)	四星级	赵荔	美国数学及其应用联合会

(资料来源:《清华大学电机工程与应用电子技术系年鉴》,2013—2016 年)

图 9-16　2005 年清华大学第二十三届"挑战杯"夺魁①

① 《新清华》,2007 年,《电机系专刊》。

图9-17　电机足球队实现“马杯”三连冠(2002—2004年)①

情突然袭来,不仅对正常的教学造成了很多不利和不便的干扰和影响,也使得很多学生喜闻乐见的各种赛事的举办受到了冲击和制约,致使许多赛事不得不暂时停办。直到2021年底,由于新冠病毒疫情还没有完全得到有效的控制,学生们过去一直举办的很多赛事仍只好在线下举办。2017年电机系学生参加各种赛事的情况,以及2018—2021年参加赛事的部分获奖情况,分别提供在表9-22和表9-23中。

表9-22　2017年清华大学电机系学生参加课余各种赛事统计表

竞赛名称	参赛人数
机器人世界杯足球锦标赛	1
第十八届全国机器人锦标赛暨第七届国际仿人机器人奥林匹克大赛	1
2017年美国大学生数学建模竞赛	60
2017年高教社杯全国大学生数学建模竞赛	30
2015年清华大学“华罗庚”杯数学建模竞赛	10
第七届全国节能减排大赛	5
全国电子设计大赛嵌入式系统专题邀请赛	3
第八届全国大学生数学竞赛	10
全国部分地区大学生物理竞赛	50
第九届“挑战杯”首都大学生课外学术科技作品竞赛	2
第35届清华大学“挑战杯”学生课外科技作品竞赛	40

① 《新清华》,2007年,《电机系专刊》。

续表

竞赛名称	参赛人数
TI 杯数字系统创新设计大赛	50
清华大学能源动力设计大赛	5
清华大学智能车大赛	10
新生知识竞赛	100
新生 C 语言竞赛	100

表 9-23　2018—2021 年电机系本科生学生课外学术科技竞赛获奖统计表

2018 年			
赛事名称	获奖等级	第一作者	赛事主办方
清华大学第 36 届“挑战杯”学生课外学术科技作品竞赛	特等奖	黄云舒	清华大学
	二等奖	王启涵	
	三等奖	李航	
	三等奖	孔甘霖	
	三等奖	贾圣钰	
国际电气电子工程师协会未来能源挑战赛（IEEE IFEC 2018）	杰出性能奖	陈欢、易哲嫄、柴瑞樱、唐艺伟、李浩然	国际电气电子工程师协会（IEEE）
IEEE 国际创意大赛（Empower a Billion Lives）亚太地区比赛	最佳学生团队奖	李浩志等	IEEE 电力电子学会
2019 年			
赛事名称	获奖等级	第一作者	赛事主办方
第 37 届清华大学“挑战杯”学生课外科技作品竞赛	二等奖	盛一博	清华大学
	三等奖	何锦华	
	三等奖	刘至真	
2020 年			
赛事名称	获奖等级	第一作者	赛事主办方
第 38 届清华大学“挑战杯”学生课外科技作品竞赛	特等奖	张庭梁	清华大学
	二等奖	张祺康	
	二等奖	孙靖钧	
	三等奖	王奕	
	三等奖	虞泽宽	
	三等奖	杨锐	
	三等奖	孙靖钧	
	三等奖	李尚涛	

续表

<table>
<tr><th colspan="4">2021年</th></tr>
<tr><th>赛事名称</th><th>获奖等级</th><th>第一作者</th><th>赛事主办方</th></tr>
<tr><td rowspan="6">第39届清华大学“挑战杯”学生课外科技作品竞赛</td><td>二等奖</td><td>姜浩天</td><td rowspan="6">清华大学</td></tr>
<tr><td>二等奖</td><td>王佳昕</td></tr>
<tr><td>二等奖</td><td>徐正宇</td></tr>
<tr><td>三等奖</td><td>侯旭照</td></tr>
<tr><td>三等奖</td><td>靖天翊</td></tr>
<tr><td>三等奖</td><td>虞泽宽</td></tr>
<tr><td>第十四届“挑战杯”首都大学生学生课外学术科技竞赛</td><td>二等奖</td><td>孙靖钧</td><td>共青团北京市委员会等</td></tr>
</table>

（资料来源：《清华大学电机工程与应用电子技术系信息简报》，2018—2021年）

图9-18　第39届清华大学“挑战杯”学生课外科技作品竞赛获奖团队

6. 学生社会实践活动及成果

清华电机系的学生社会实践，主要包括本科生认识实践、研究生就业实践，以及博士生社会实践（培养方案中的必修环节）等，其中，本科生的认识实践涉及的面很广，具体形式也很多，而且随着系里为学生创造的实践机会和条件越来越好，本科生以及研究生的社会实践训练，已逐渐从过去仅安排在每年的暑期，发展到现在每年的寒假和暑假甚至小长假等时段都可以开展，并且已给学生创造条件走出国门，到国外去做社会实践的训练，开阔学生的眼界。

2002—2021年这20年间,每年本科生参加社会实践的比例都很高,主要的做法就是走出校门,到农村去,到工厂去,到政府机关去,到经济技术开发区去,到各种各类基层的单位去做调查研究,体察国家改革开放、经济发展给社会各个方面带来的变化,还存在的问题,去感受偏远地区、街道社区、养老院、工厂企业等对人才的需求和渴望,去生产车间、地铁站点、医院、高校食堂等社会运行一线去感受普通劳动者的辛勤,到基层去了解社会管理的复杂和多样性,到偏远山区农村的中小学校去支教,去给高海拔少数民族地区缺电的小学校去搭建分布式光伏发电电网,了解扶贫政策和工作的开展及落实情况,社会实践的目的地遍布江南、华北、西南、珠三角、西北沙漠、高原地区,以及海外。例如,电机系学生发起的为四川甘孜高原地区和阿坝地区等冬季电力供应不足的小学校搭建光伏微电网的“梦之网”计划,自2014年以来,已经成功地开展了7期(2020年受疫情影响未能实施),团队成员超过80人,累计获得150多万元的物资和经费支持,共为那里的8所平均海拔超过3500米的小学校搭建了光伏微电网,惠及超过一千多名当地小学生能不间断地上学学习;2021年暑假,一支社会实践小分队飞赴到肯尼亚,为那里的某所小学校也搭建了光伏微电网,因此,多次荣获“清华大学暑期社会实践金奖支队”“清华大学最佳社会实践奖”“首都大中专学生暑期社会实践优秀团队”,受到人民日报、中国青年报、中央电视台等主流媒体的宣传报道。

多年来,清华电机系研究生的就业实践项目安排深受研究生们的欢迎。电机系研团总支每年都精心组织全系临近毕业的研究生,以“创新发展·实践兴邦”“新兴行业展望与多元化职业选择”“启航时代征程,逐梦改革浪潮”“投身强国伟业”“聚焦创新前沿,共肩使命担当”等为主题去到相关企事业单位开展就业实践活动。例如,2014—2019年,共有32支就业实践支队的共270多名临近毕业的研究生,分别赴甘肃电力公司、南方电网公司、上海电力公司、四川东方电气集团公司、山东电网公司和中国中车集团有限公司(原株洲南车公司)、苏州汇川、上海华为、清华四川能源互联网研究院、中国电力科学研究院等单位进行实践学习、参观和调研。2020年,电机系、能动系、地学系以及工物系的近20名研究生赴电力规划设计总院、三一重能股份有限公司、上海台达集团公司、河北省电力有限公司营销服务中心、开展就业实践活动,以了解国家重大工程、重点领域企事业单位的创新发展前沿,关注国家社会热点发展趋势,做好职业规划和未来定位。

此外,2014年以来,电机系团委和研团委还组织本科生、研究生,赴索英电气、清软创新等多家民营高新技术企业进行实践和调研,为临近毕业的学生们提供更多元的就业导向。①

在博士生社会实践方面,2002—2021年的20年间,电机系所有博士生(除读博前已有3年以上工作经历者外)都参加了为期6星期的社会实践活动。具体的做法是:与清华大学研究生院,以及电机系建立有博士生社会实践基地关系的企业或科研机构先公布各自希望接纳博士生来帮助解决的各种各类有关技术开发、软件编程、行业发展报告撰写、设备研制、新材料试制、产品性能测试等项目需求,由博士生自行选择,并在确定后,在从学校出发前,就启动基础性相关文献资料的收集学习等准备,然后,到相关单位去,与那里的科研或技术人员一起完成所选定的社会实践项目任务。例如,2012年暑期,电机系博士生的社会实践,就有40多名博士生奔赴山东、浙江、广东、新疆、四川等多个省、自治区进行为期6周的实践活动。其中,赴甘肃电力公司实践支队取得了优异的成绩,获得金奖,赴东方电气集团公司实践支队获得银奖,赴南方电网公司实践支队获得铜奖。②

多年来的实践结果表明,清华大学电机系学生的社会实践活动,对学生的全面素质训练和培养的确起到了很好的作用。而且通过社会实践,不论是本科生、硕士生还是博士生,学生们都受到了教育,增长了才干,有的还实实在在地为所到实践单位做出了可喜的贡献。

7. 学生文体活动及成绩

2002—2021年的20年间,清华电机系继承历史传统,通过资金的投入、物质条件的创造,并争取系友及企业的赞助等手段,2007年成立了学生体育俱乐部,给学生开展文体活动创造更好条件,鼓励和提倡学生在搞好课程学习、科研能力训练的同时,通过组织和开展形式多样的体育和文

---

① 《清华大学电机工程与应用电子技术系年鉴》,2016年。

② 《清华大学电机工程与应用电子技术系年鉴》,2013年。

艺活动等，陶冶情操，发展兴趣爱好特长，切磋技艺，增进彼此之间了解，密切师生关系，强身健体，建立自信，建设互助互爱的班集体。电机系依托学校以及系学生会、系团委、系研究生会及系研团委等成立的体育和文艺社团，组织开展的体育活动和比赛项目主要有：马约翰杯田径运动会、银光杯乒乓球赛、蓝光杯篮球赛、“师门杯”羽毛球比赛、鸿翔杯排球联赛、一年一度的校研究生运动会、“启航跑”、马杯毽绳运动会、马杯武术散手项目和武术套路比赛、马杯游泳比赛、马杯羽毛球比赛、马杯健美操比赛、新生赤足运动会、五系联合水运会（电机、工业工程、水利、美院、工物）、“线上卡路里大作战”（新冠疫情暴发后，督促学生在家也要适当进行体育锻炼）、“五系云上体育嘉年华”（电机、社科、机械、化工、经管）、线上体育足球嘉年华（介绍“运动后肌肉拉伸恢复方法”“科学减肥方法”等）、“冬冠杯”线上体育竞技赛（云上棋、牌）、“五军对决”联合运动会（电机、自动化、环境、精仪、探微书院），等等。电机系学生组织开展的文艺活动及比赛主要有：“零距离”新生舞会（电机、法学、物理、化工）、每年一届的电机系学生节、“Echoes”五系联合歌手大赛（2018，电机、化工、社科、化学、人文）、“青春不止·舞步不停”——清华大学六院系研究生新生舞会（2019，电机、美院、电子、微纳电子、医药、教研院）、“九又四分之三”联合新生舞会（2019，电机、水利、化工、新闻、工业工程、环境）、一年一度的系歌赛（电机、机械、数学、物理、法学）、电机系线上歌赛（提交自己录制的歌赛作品，评比）、“舞转红袖，笙旋清秋”研究生新生舞会（2020，电机、核研院、化工、教研院、土木、微纳电子、新闻）、“四重奏”联合歌赛（电机、精仪、软件、工业工程）、研究生“一二·九”合唱比赛（电机、新闻联队）、“周五放映室”（周末给学生播放电影片）、“玄月风清，共舞秋华”新生舞会（2021，电机、核研院、经管、机械、化工、法学、教研院、环境）。所列举的上述这些体育、文艺赛事或活动，很多都是一年一度的，甚至是每学期都有的，而且参加的学生数量都是不少的。电机系学生中，不乏技艺超群者，因此在这些赛事和活动中也取得了不少优良的成绩。具体主要有，在体育方面：2002—2004 年，男足蝉联三年冠军；2005 年，北京市高校俱乐部冠军杯足球冠军；2012—2019 年，乒乓球八连冠；2015—2019 年研究生乒乓球五连冠；2017 年，男篮、男排和沙滩排球冠军；2018 年，男篮冠军，清华大学新生赤足运动会男子 100 米第一名（张锦河）；2019 年，男排季军；

2020年，马杯女子甲组100米决赛第一名（王晔囡）、男子甲组100米决赛第三名（张锦河），男子三级跳远第三名（徐航）；2021年，男排亚军、女排季军。在文艺方面：2020年，清华大学研究生"一二·九"合唱比赛综合金奖（与新闻学院联合组队）。

图9-19 清华大学研究生"一二·九"合唱比赛综合金奖（与新闻学院联合组队）

图9-20 2012—2019年，乒乓球八连冠

8. 教学成果奖

2002—2021年这20年间，面对我国电工电气高等教育不断有新的改革、新的培养项目启动，以及不断地调整和优化等，清华电机系十分重视

教育教学的研究和探索，并且在将新的方法、新的举措、新的教学内容等落实到课程教学和学生综合能力培养的实践过程中，取得了可喜的成果，并在每次国家级教学成果奖的评审中均有收获。例如，2005 年，由孙宏斌等牵头完成的“优化理论课程，强化实践环节——电力系统本科专业课改革”荣获了国家级教学成果一等奖；张菊鹏参与的“计算机基础教学系列课程与实验基地建设”，获得了国家级教学成果二等奖；2009 年，由段玉生参与的“清华大学对口支援青海大学人才培养的研究与实践”，荣获了国家级教学成果二等奖；2014 年，由康重庆等牵头完成的“瞄准国家新需求，适应行业大变革，构建电气工程学科拔尖创新人才培养体系”，荣获了国家级教学成果二等奖；2018 年，由孙宏斌参与完成的“构建全程、全方位因材施教的课外创新人才培养体系”，获得国家级教学成果二等奖。

除上述国家级教学研究成果奖项外，在北京市教学成果奖方面，2004 年，唐庆玉等牵头完成的“‘电工与电子技术’课程的教学改革”，获得了北京市教学成果二等奖，卢强等编写的专著 *Nonlinear Control Systems and Power System Dynamics*，获北京市教学成果二等奖；2008 年，梁曦东等牵头完成的“融合行业前沿，引导探索型学习——“高电压工程”专业基础课程教学改革”，荣获了北京市教学成果一等奖，于歆杰等牵头完成的“技术基础课的挑战与突破——清华大学电路原理课程的研究型教改实践”，获得了北京市教学成果二等奖；2012 年，张伯明等牵头完成的“重视基础，突出前沿，创新实践——‘高等电力网络分析’研究生课程 20 年的创建”，荣获了北京市教学成果二等奖；2017 年，于歆杰等牵头完成的“建设电路原理优质慕课面向全球授课，实现以学生为中心的教与学提升课程质量”，获得了北京市教学成果一等奖，黄松岭等牵头完成的“以虚拟仪器课程教学为载体创新人才培养新模式的十九年探索与实践”，获北京市教学成果二等奖。

在学校相关政策的大力支持下，近年来，电机系教师在为培养学生实验动手能力方面，也做了大量工作，基于理论和实验课程内容的不断翻新，自主研发设计出多种用于进行综合性、提高型、研究类电工电气实验设备和装置。2018 年 10 月，在第五届全国高等学校教师自制实验教学仪器设备创新大赛及优秀作品展示会上，电气工程实验教学中心毕大强等研制的“电力电子与电机控制‘V 流程’综合实验平台”“能量回馈式电力传动与控制实验平台”分获一等奖和三等奖;2021年5月,在第六届全国高等学校教师自制实验教学仪器设备创新大赛及优秀作品展示会上,电工电子实验教学中心赵伟、周红、张丕进、奎丽荣、李臻研发的“串联谐振电路综合提高型实验装置”荣获二等奖。

9. 精品课

讲好课程,是教师最重要的本职工作之一。讲授的课程受到广大学生和教育专家的认可,也是教师的荣誉之一。其实最重要的是,把基础课讲好了,对学生尽快从高中学习转变到很快适应大学的研究性学习,会产生很大的影响,而且这种影响甚至是很深远的,终生性质的。电机系原系主任吴维韩(电机系50级)教授回忆道:“电机系一直很重视基础理论的讲授。我读本科时,王先冲老师给我们讲授‘电工原理’,实际就是电磁场的基本理论。王老师对教学工作十分专注,自编教材,讲课非常生动,他讲课的好几个‘段子’,我们班同学至今谈论起来仍还能背诵。王老师的课很难学,课程中小测验及格的人很少,但大家都觉得他讲得很好。我毕业留校后,系里为提高青年教师能力,请钟士模老师以讲座的方式给我们讲授电磁场理论。钟老师只用几节课,就系统地给我们讲授了麦克斯韦方程,给我留下了很深的印象,大家都觉得他讲得深入浅出、通俗易懂,基本概念非常清楚;同时,也为自己能学懂这么深奥的基础理论而感到欣慰,增强了自己一定能做一个好教师的信心。今天回忆起这2位老师,一是因为他们讲的课对我们产生了很大的影响;另一方面,我想,今天,我们也应该在引导并激励创新的同时,仍要发扬电机系重视基础理论的优良传统,尤其是要引导学生高度重视电磁场、电路等基础理论的学习和应用。”

国家教育部、北京市教委以及清华大学在课程开设质量的把关上,多年来一直采取多种督导和激励措施,经常进行“精品课”的评审,就是其中一种受到广大教师关注的做法。在这方面,电机系教师由于具有很好的重视教学的传统,取得的成绩也是相当出色的。例如,孙宏斌讲授的“电力系统分析”课程、梁曦东讲授的“高电压工程”课程、陆文娟讲授并作为课程负责人的“电路原理”课程,以及唐庆玉讲授并作为课程负责人的“电工技术与电子技术”等课程,分别于2006年、2007年和2008年,被评为国家级精品课程。2016 年，唐庆玉讲授并作为课程负责人的“电工技术与电子技术”、孙宏斌讲授并作为课程负责人的“电力系统分析”，以及于歆杰讲授并作为课程负责人的“电路原理”等课程，被评为首批国家级精品资源共享课程。于歆杰讲授并作为课程负责人的“电路原理”、段玉生讲授并作为课程负责人的“电工技术”，以及于歆杰、于世洁作为负责人的“e 时代的新课堂——在线教育概论”等课程，分别于 2017 年、2018 年和 2019 年被评为国家级精品在线开放课程。2021 年，于歆杰讲授并作为课程负责人的“电路原理”课程，又获评首批国家级课程思政示范课程。

在北京市精品课程方面，唐庆玉讲授并作为课程负责人的“电工技术与电子技术”、陆文娟讲授并作为课程负责人的“电路原理”、孙宏斌讲授的“电力系统分析”、梁曦东讲授的“高电压工程”等课程，分别于 2003 年、2005 年、2006 年和 2007 年获评北京市精品课程。

此外，清华大学多年来也一直组织评审本科生和研究生的精品课程。在本科生精品课方面，2006 年，段玉生讲授并作为课程负责人的“电工技术与电子技术”、于歆杰讲授并作为课程负责人的“电路原理”、孙宏斌讲授的“电力系统分析”，以及梁曦东讲授的“高电压工程”等课程入选清华大学精品课程；2010 年，吴文传讲授并作为课程负责人的“电力系统调度自动化”和孙旭东讲授并作为课程负责人的“电机学”课程入选清华大学精品课。在研究生精品课方面，2007 年李永东讲授并作为课程负责人的“现代电力电子学”入选清华大学精品课；2008 年，张伯明讲授并作为负责人的“高等电力网络分析”入选（2016 年，负责人变更为郭庆来）清华大学精品课；2009 年，梅生伟讲授并作为负责人的“现代控制理论与工程应用”课程入选清华大学精品课；2010 年，赵争鸣讲授并作为负责人的“电力电子与电机系统集成”课程入选清华大学精品课；2011 年何金良作为负责人的“电磁兼容”课程入选清华大学精品课；2012 年，袁立强讲授并作为负责人的“电力电子器件原理与应用”课程入选清华大学精品课。

10. 优秀教材

清华大学电机系的教师多年来也十分重视教材的编写和出版，并且取得了好成绩。在国家级教材方面，2008 年度，于歆杰等编著的《电路原理》和侯世英、段玉生等编著的《电工学Ⅰ——电路与电子技术》（第二编者)入选普通高等教育精品教材名单;李永东编著的《现代电力电子学——原理、技术及应用》、邱阿瑞编著的《现代电力传动与控制》、苏鹏声编著的《自动控制原理》、王鸿明编著的《电工与电子技术》、段玉生编著的《电工电子技术与EDA基础》、黄松岭等编著的《虚拟仪器设计基础教程》、江缉光等编著的《电路原理(2版)》、姜建国编著的《信号与系统分析基础》、李发海编著的《电机与拖动基础》、梁曦东编著的《高电压工程》、孙宏斌编著的《电力系统分析》、孙旭东编著的《电机学》、王家森编著的《电路原理与应用电子技术》、徐云编著的《电路实验与测量》、于歆杰编著的《电路原理》、袁建生编著的《电磁场基础》等教材,入选了普通高等教育"十一五"国家级教材规划选题名单;王鸿明等编著的《电工与电子技术 上册(第2版)》、王鸿明等编著的《电工与电子技术 下册(第二版)》、于歆杰等编著的《电路原理》、刘秀成等编著的《电路原理电子课件》、朱桂萍等编著的《电路原理导学导教及习题解答》、李发海等编著的《电机与拖动基础(第4版)》等教材,入选了普通高等教育"十二五"本科国家级规划教材。

在北京市高等教育精品教材方面,韩旻主编的《脉冲功率技术基础》、何金良主编的《电磁兼容导论》和赵争鸣主编的《电子电机设计与分析》等教材,入选了2007年北京高等教育精品教材建设项目名单;孙旭东、王善铭编著的《电机学》,于歆杰等编著的《电路原理》,以及张伯明编著的《高等电力网络分析(第二版)》等教材,入选了2008年北京市高等教育精品教材名单;徐云主编的《电路原理研究型实验》和张仁豫主编的《高电压试验技术》等教材,入选了2009年北京高等教育精品教材建设立项项目名单。

此外,段玉生等编著的《电工电子技术与EDA基础(上下)》,获评"2008年清华大学优秀教材"一等奖;孙旭东、王善铭编著的《电机学》,获评"2008年清华大学优秀教材"二等奖;张伯明等编著的《高等电力网络分析(第二版)及习题解答》,获评2012年清华大学优秀教材特等奖;于歆杰等编著的《电路原理》,获评2012年清华大学优秀教材一等奖;康重庆等编著的《电力系统负荷预测》、何金良编著的《电磁兼容概论》,以及唐庆玉编著的《电工技术与电子技术(上、下册)及习题解答》,获评2012年清华大学优秀教材二等奖;吴文传等编著的《电力系统调度自动化》,获评

2016年清华大学优秀教材一等奖；董新洲主编的《电力系统继电保护》和于歆杰修订的《〈电路原理〉立体化教材体系建设》，入选了清华大学“985”三期名优教材建设项目名单。

11. 教师参与国家级教学指导委员会工作

全国高等学校教学指导委员会是国家教育部领导的专家组织，电机系教师在其中也发挥了积极的作用。在2006—2010年教学指导委员会中，梁曦东担任电气工程及其自动化专业教学指导分委员会委员，袁建生担任电子电气基础课程教学指导分委员会委员；在2013—2017年教学指导委员会中，梁曦东担任电气类专业教学指导分委员会委员；在2018—2022年教学指导委员会中，梁曦东担任电气类专业教学指导分委员会委员，孙宏斌担任创新创业教育指导委员会副主任委员，于歆杰担任工科基础课程教学指导委员会秘书长和教学信息化与教学方法创新教学指导委员会委员。

12. 教师获得的各种教育教学奖励

2002—2021年这段时间，清华电机系的教师们辛勤耕耘，爱生重教，追求卓越，因此也荣获了多种奖励。

在教学名师奖方面，2008年，陆文娟荣获了北京市教学名师奖；2009年，唐庆玉和孙宏斌荣获了北京市教学名师奖，孙宏斌还荣获了国家级教学名师奖；2016年，于歆杰获得北京市教学名师奖；2019年，朱桂萍荣获了北京市教学名师奖；2021年，康重庆获得了北京市教学名师奖。

在优秀教学团队方面，2008年，清华电机系的电力系统及其自动化专业教学团队，入选了北京市优秀教学团队；2010年，电力系统及其自动化专业教学团队，又入选了国家级教学团队；2020年，电路原理教学团队，入选了北京高校优秀本科育人团队。

在宝钢优秀教师奖方面，2001年，电机系的朱小梅获奖；2006年，陆文娟获奖；2007年，孙宏斌获特等奖；2013年，于歆杰获奖；2016年康重庆获奖；2017年，朱桂萍获奖。

清华大学于2017年起设立“新百年教学成就奖”，为校内的教学最高奖项，每两年评选一次，原则上，每次奖励不超过10名教师。电机系于歆杰和梁曦东分别于2017年和2021年荣获此奖项。

清华大学于1996年起设立了"青年教师教学优秀奖,以表彰在教育教学改革和教学工作中做出突出成绩的青年教师,每次奖励不超过10名教师。2002—2021年间,电机系的曾嵘(2002)、孙宏斌(2004)、刘瑛岩(2005)、于歆杰(2006)、朱桂萍(2007)、沈沉(2009)、鲁宗相(2010)、王善铭(2011)、郭庆来(2012)、胡伟(2013)、袁立强(2014)和杨颖(2018)老师分别荣获此奖项。

清华大学的"良师益友"评选活动,始于1998年,是一个完全由在校研究生自由提名、自发投票进行评选,并由研究生为指导教师颁发的奖项。2002—2021年间,电机系荣获该奖项的教师包括:梁曦东(2002、2003)、王赞基(2002、2003、2004)、李永东(2002、2003、2005、2006)、孙元章(2002、2006)、赵争鸣(2002、2003、2006)、梅生伟(2003、2004)、曾嵘(2004、2010、2012)、闵勇(2004)、袁建生(2004)、何金良(2006、2008)、黄立培(2006)、康重庆(2014)、于歆杰(2018)和沈沉(2020)。

清华大学的"清韵烛光·我最喜爱的教师"评选活动,始于2008年,是由全校本科生自发提议、清华大学学生会组织承办、每年一次的评选活动,每次评出不超过10名教师。该评选活动开办以来,电机系获评学生最喜爱的教师包括有:刘秀成(2009)、于歆杰(2010)、赵伟和孙旭东(2011)、刘瑛岩(2014)和丁青青(2019)。

教师教学比赛获奖中,2004年于歆杰获北京市青年教师教学基本功比赛二等奖,2007年朱桂萍、肖曦分获一等奖和二等奖,2009年康重庆获二等奖,2017年杨颖获一等奖,2019年林今获二等奖。此外,2021年朱桂萍获第三届全国高校混合式教学设计创新大赛一等奖,于歆杰获北京高校教学创新大赛一等奖。

(五)设立奖学金

除学校设立的多个奖学金之外,为给学生的全面发展营造更优越的外部条件,近年来,电机系还接受了国内外多家单位或著名系友的资助和捐赠等,设立了多种奖助学金,例如"清华之友–东方意德奖助学金""清华校友–吴中习励学金""清华之友–长园集团奖学金""清华之友–富士电机奖学金""清华之友–中国石油奖学金""清华之友–IBM奖学金""清华之友-东方电气奖学金”“清华校友-康世恩专项奖学金”等等;而且,电机系还自行设立了社工、科技、文艺、实践等多个单项奖学金项目,以对全面发展或某一方面有突出表现的学生给予鼓励和奖励。

而就在2022年1月5日,电机系又隆重举行了“清华校友-朱德恒团队奖学金”捐赠仪式。“清华校友-朱德恒团队奖学金”,是一个由电机系高压研究所已故教授朱德恒的家人、朱德恒教授教学科研团队的老师们,以及朱德恒教授当年指导过的多名毕业研究生即电机系的系友们一起,向系里捐赠并设立的一个新的奖学金。这也是第一个由电机系的教学科研团队设立的奖学金,它不仅对电机系品学兼优学生是一种鼓励和关爱,更是对电机系老教授热爱清华、热爱电机系、热爱学生的精神和科研团队优良文化的传承。

(六)职业培训

近年来,电机系除了培养本科生和研究生外,还与校继续教育学院等合作办学,形成了自己的成人教育体系,进一步发挥社会服务作用。如2013年,电机系为电网公司、电力生产和电器制造企业等举办技术及管理培训班10余期,培训一线工程技术人员及管理干部500余名;为内蒙古电力公司、宁夏电力公司等开办工程硕士班2个,为电网公司、电工制造企业培养工程硕士生50余名。① 2014年,为电网公司、电力生产和电器制造企业举办技术及管理培训班10余期,培训一线工程技术人员及管理干部300余名;为国网甘肃、宁夏电力公司,内蒙古电力公司、陕西地方电力公司等培养工程硕士生近百人。② 2015年,为电力生产和电器制造企业举办课程班10余期,培训工程技术人员等500余名;为国网甘肃、宁夏电力公司,内蒙古电力公司,陕西地方电力公司等培养工程硕士生近百人。③ 2016—2021年,面向五大发电集团、多家省级电力公司、广东粤电集团、湖北能源集团等单位举办(或与北京电力交易中心联手举办)能源互联网CIO班和培训班共20期,培训了处级以上干部和工程技术人员等

① 《清华大学电机工程与应用电子技术系年鉴》,2014年。

② 《清华大学电机工程与应用电子技术系年鉴》,2015年。

③ 《清华大学电机工程与应用电子技术系年鉴》,2016年。

共600多名。培训班主要聘请清华电机系教师,以及相关能源电力企业的专家授课,取得了很好的培训效果,受到参加培训单位的一致好评。

2016年8月,由中共四川省委组织部、四川省发展和改革委员会、四川省政府国有资产监督管理委员会主办,清华大学电机系和清华大学能源互联网研究院承办的“四川省清洁能源开发与利用专题研讨班”在清华大学开班。四川省政府副秘书长滕中平出席研讨班开班仪式并做动员讲话,四川省国资委副主任任兴文主持开班仪式。来自四川省47家重点能源企业的主要负责人,电子科技大学能源学院、中国核动力研究设计院、四川省经济发展研究院等16所高校、科研院所的主要负责人,四川省部分金融机构、基金、中介机构、产业园区的主要负责人,以及四川省直部门和市州发改委的相关负责人等参加了研讨班的培训。为给四川省办好这期局级干部的清洁能源开发与利用专题研讨班,电机系和清华大学能源互联网研究院积极对接清华大学能源相关学科的优质教师资源,并邀请多位国家相关部委领导、国内外知名专家和产业界资深人士为学员们授课。本次研讨班的培训课程,是由电机系和清华大学能源互联网研究院与四川省委组织部共同确定的,重点关注对新一轮电力体制改革政策、“十三五”规划与绿色发展的解读,对能源互联网发展趋势、能源革命与低碳发展的思考,以及对四川富余水电外送与本省消纳、四川能源转型与发展的研讨;成为2016年四川省政府策划的全省政产学研用协同创新发展的八大重点产业研讨班之一。

自2018年以来,随着能源科技和业态取得的新突破,能源互联网产业迎来了新一轮发展机遇。在此背景下,面向能源互联网产业相关企业的董事长、总经理及创始人,清华大学经管学院、清华电机系及清华四川能源互联网研究院三方合力打造了“能源互联网产业领军计划(简称“领军计划”),以“聚集能源科技前沿、共享能源互联平台、运筹能源企业契机”为愿景,旨在培养一批能够深度理解能源产业、开拓行业发展的领军人才。

2019年6月27日,清华大学经管学院、清华电机系及清华四川能源互联网研究院联合开办的“领军计划”项目举行了首期开学仪式。来自国内能源互联网相关企业的45位高管学员参加了首期班为期一年的学习。“领军计划”项目整合了多方资源,以7位院士和清华电机系多位著名教授领衔的“院士+行业导师”智囊团和100多家国际能源创新孵化器为双重支撑，通过"博导咨询汇""课程讲授""私董会""实战模拟""行动学习""全球实践课题"6大学习模块而展开，从战略的高度和全局的广度，诠释能源互联网企业发展管理的新思维、新观念、新方法，帮助并引导学员开阔视野、拓宽管理思路，提高实践能力，把握行业未来发展趋势。

"领军计划"项目的第二期，已于2021年12月下旬开学，有33位能源互联网产业相关企业的董事长、总经理及创始人等百忙之中抽出专门时间注册入学来参加学习。

图9-21　电机系2006115工厂051班①

图9-22　邱勇校长参观电机系教学实验室②

① 清华大学电机系资料。

② 《邱勇调研电机系强调：继承传统，抓住机遇，推进改革创新》，清华大学电机系资料。

五、科研设施及成果

(一)科研基础设施及设备

清华大学电机系(含北京院和四川院)最重要的科研基础设施,是1998年建立的“电力系统及大型发电设备安全控制和仿真国家重点实验室”(简称“电力系统国家重点实验室”)。2003年,电力系统国家重点实验室接受了由国家科技部委托国家自然科学基金委员会组织进行的评估,在全部参评的29个工程类重点实验室中名列第二,被评为5个“优秀类实验室”之一,也是清华大学这次参评的国家重点实验室中唯一一个被评为“A”的实验室。2008年,电力系统国家重点实验室在第二次评估中继续被评为A;2013年和2018年的评估结果为B,分别在当年电气工程学科的国家重点实验室中,排名为第二和第一。

2005年,电力系统国家重点实验室主任由梁曦东担任,卢强院士担任学术委员会主任。2019年,电力系统国家重点实验室主任换届,改由曾嵘担任主任,马伟明院士担任学术委员会主任。

2008—2021年,在国家部委、北京市政府和学校的鼎力支持,以及教师们的积极努力下,清华电机系的科研基础设施条件有了很大改善。其中,在清华大学校内新建立和增设的科研实验室和平台性基础设施条件主要有:(1)2008年,与南方电网公司联合建立了特高压工程技术国家工程实验室;(2)2012年经北京市中关村管理委员会批准,成立了中关村开放实验室——电力系统及大型发电设备安全控制和仿真国家重点实验室;(3)2014年经北京市科委批准,建立了北京市国际科技合作基地——绿色能源与电力安全国际科技合作基地;(4)2019年成立了教育部重点实验室——教育部-中国移动信息能源联合实验室(筹);(5)2019年启动建设了教育部国际合作联合实验室——低碳清洁能源创新国际合作联合实验室(筹);(6)2019年经中国合格评定国家认可委员会批准,与清华电子系联合成立了CNAS认可检测实验室——电磁实验中心;(7)2020年经国家科技部批准,成立了科技部“一带一路”联合实验室——中国-意大利先进制造“一带一路”联合实验室。

这些科研基础设施条件的增添和改善,为清华电机系科研工作向着

图 9-23　电力系统及其发电设备安全控制和仿真国家重点实验室
(简称电力系统国家实验室)①

图 9-24　电力系统动态模拟实验室②

更宽领域、更深层次、新学科方向积极拓展，更有效地从事前沿性理论和技术基础性科学研究，以及加强与国内外相关单位及企业的科研合作等起到了十分重要的支撑作用，并且使电机系研发的各种电器设备、装置及测量仪器的质量认证等，在清华大学就有了可靠、可信的认证评估保证条件。

① 朱晓光:《清华之旅》，223 页，杭州，浙江人民出版社，2004。
② 清华大学校史馆资料。

除新增成立了多个科研实验室外，清华电机系还从开展高水平科研工作需求出发，利用从多方争取到的经费，购置了很多性能指标达到世界领先和先进水平的科学试验装置和仪器设备，其中，2016年以来新添置的每台套300万元以上的高档科研用装置和设备主要有：1）电磁兼容半电波暗室及测试系统（5米法；型号TS9975/81，德国罗德与施瓦茨公司生产，740万元，填补了清华大学电磁兼容辐射测试领域仪器设备条件的空白，装设的实验室通过了CNAS认可，为校内外科研需求者可提供可靠的权威测试，已服务多个重大科研项目，推进了科研产业化的进程）；2）RTDS仿真系统（型号RTDS300-137，加拿大RTDS技术公司生产，570万元，可为双高电力系统相关科研问题研究提供微秒级、硬件在环的高精度数字仿真功能，能支撑电力系统控制与保护、直流电网数字仿真、直流断路器装备研发、电气化交通、电力电子仿真等典型的科研场景）；3）界面微区结构-性能综合研究平台（我国自主研制生产，619万元，可为电工材料和器件研究提供微观界面精细结构和特性测量功能，支持智能电工材料的理论和机制研究）；4）贯通式柔性牵引供电动态模拟与测试系统（我国自主研发生产，1059万元，可实现对新型贯通式柔性牵引供电“源-网-车”的完备模拟和测试，能全面支撑我国首个贯通同相牵引供电工程——北京大兴机场线供电项目的研究与应用）；5）基于离散状态事件驱动的电力电子系统实时仿真系统（我国自行研制生产，316万元，为探索新一代电力电子系统仿真和控制技术提供了软硬件平台，推动了国家自然科学基金重大项目等重要基础理论研究的开展，利用它所开发形成的DSIM软件，已捐赠给海军工程大学和哈尔滨工业大学等单位）。

（二）学科建设

1. “985”二期、“211”二期与“双一流”建设

2004年3月，清华大学“985”建设办公室组织校内外专家召开了“电机系电气工程“985”学科建设项目”验收会。验收专家组认为：电机系985建设期间，学科建设布局全面，覆盖了电气工程所有二级学科，各学科均衡发展，并有重点突破，取得良好效果，建设成果显著，达到了预期目标。

2005年8月，电机系的“985”二期建设正式启动，目标是建立资源环

境友好的输电和用电示范研究平台，成为既可以解决重大科学技术问题的科学实验基地，又可以培养大批高水平、创新性人才的人才培养基地，为促进电气、信息、材料、能源、环境等学科的相互交叉和融合，争取国家重大项目奠定基础条件。2009年3月，电机系本科“985”二期建设项目“电气工程教学平台建设”接受学校验收，验收专家组对项目建设成果给予高度评价。同年4月，“985工程”二期能源重大创新平台验收，专家们充分肯定了电机系经过努力在能源重大平台建设上取得的成果。

2004年11月，清华大学通过了电机系“211”二期建设项目的管理方案。经过近一年半时间的建设，2006年4月，电机系“211”二期建设成效通过了学校组织的专家验收。专家组认为：自立项以来，电机系基本完成了“分布式电力系统”“电力电子变流技术”和“强电磁环境”三个试验平台基地的建设，已形成了更大规模的公共实验环境和条件。

2017年1月，国家教育部、财政部、发改委印发了《统筹推进世界一流大学和一流学科建设实施办法(暂行)》。世界一流大学和世界一流学科，简称“双一流”，是中共中央、国务院做出的重大战略决策，也是中国高等教育领域继“211工程”“985工程”之后的又一国家战略。清华大学为A类双一流建设高校。“电气工程”双一流建设的第一期，于2017年7月正式启动。电机系学术委员会经过深入研讨确立的建设目标是：到2020年，获得一批在国内外产生重大学术影响和行业广泛推广应用效果的高水平学术成果，基于主要研究成果，获得国家三大奖2~3项，使电气工程一级学科保持国内第一的领先位置，本电气工程学科点的总体水平达到国际一流，建设成拥有国际一流学者的电气工程领域研究队伍，完成研究团队的组建，并培育创新型研究团队。经过全系教职员工以及研究生的刻苦努力，埋头工作，电机系于2019年8月完成“双一流”中期评估，2020年完成了第一期的建设工作，并顺利完成了各项建设任务。

清华大学在2020年完成了“三个九年分三步走”的世界一流大学建设目标，进一步提出要在2030年进入世界一流大学的前列，2050年成为世界顶尖大学。相应于学校的发展目标，电机系学术委员会经过多次论证与研讨，也制定了相应的学科建设方案，所确立的中近期目标是：“电气工程”一级学科保持国内A+，学科总体达到国际一流水平前列，2030年在电力能源学科(Power & Energy)整体达到国际领先水平。

2. 一级学科评估与重点学科评审

自2002年以来,国家教育部委托学位与研究生教育发展中心,已前后组织了5次一级学科的评估,清华电机系电气工程学科均参加了评估,并经过求真务实、脚踏实地、奋勇争先的建设,取得了优异的成绩。

第1次学科评估于2002—2004年开展,包括2000—2002年期间的学科建设情况数据信息。清华大学电气工程一级学科评估获全国第一,并且在学术队伍、科研成果、人才培养、学术声誉所有4个单项上均名列第一。

第2次学科评估于2006—2008年开展,主要考核的是2003—2006年的学科建设情况。清华大学电气工程一级学科以满分100分的成绩再次名列第一。

第3次学科评估于2012年开展,主要评估2009—2011年的学科建设成效。清华大学电气工程学科以91分的成绩第三次名列第一,4项一级指标中的3个,即科学研究水平、人才培养质量和学科声誉均为第一。

第4次学科评估于2016年开展,主要考核2012—2015年的学科建设情况。清华大学电气工程一级学科获得A+档次,4项一级指标中的2个即社会服务、学科声誉名列第一。

此外,在2015年公布的QS大学学科排名中,清华大学电气工程学科位居全球的第17名,而2016年,又上升至第15名。

第5次学科评估于2021年开展,主要评估2016—2020年学科建设的成效。评估结果,预计于2022年发布。

除了一级学科评估外,国家教育部还组织过一级和二级重点学科的评审。对此,清华电机系也是高度重视的,并且一如既往,就是一心一意地把自己的学科努力建设好,使其不仅能更好地满足为国家培养高层次拔尖人才的需要,也要为满足国家重大科研和工程建设需求做出本学科应有的贡献。在2001—2002年第2轮二级重点学科的评审中,清华电机系的电力系统及其自动化、高电压与绝缘技术、电机与电器、电工理论与新技术学科继续保持重点学科;在2006—2007年的第3轮二级重点学科评审中,除上述的4个二级学科保持重点学科外,电力电子与电力传动学科新增为重点学科。2007年,清华大学电气工程一级学科首批入选一级重点学科。此后，国家教育部没有再组织过一级重点学科和二级重点学科的评审工作。

3. 学科国际评估

2010年，清华大学为促进世界一流大学建设，组织若干学科开展了国际评估工作，电机系的电气工程学科参与了此项工作。同年7—8月，电力系统、高电压工程、电力电子、电机和计算电磁学等领域的17位世界顶级专家作为通信评估专家，在认真阅读了电机系提交的自评报告、电机系各教学科研课题组的介绍材料、教师的简历等材料后，填写了调查问卷，内容涉及教师、本科和研究生教学、科研和整体评价等。通信评估专家对清华电机系的人才培养质量给予了高度评价，不止一位专家指出："世界上没有任何一所大学能够在电力工程领域提供如此高质量的本科教学。"17位通信评估专家中，2位认为清华大学电机系的整体水平属于引领世界(world-leading)，14位认为属于世界一流(internationally excellent)，1位认为属于世界知名(internationally recognized)。

2010年9月19—21日进行了现场评估。现场评估专家组，由来自电力系统、高电压工程和电力电子方向的6位国际专家组成。其中，美国工程院院士、IEEE Fellow、华盛顿州立大学的Anjan Bose教授担任组长，IEEE电力电子协会前任主席、IEEE Fellow、弗吉尼亚理工大学的Fred Lee教授担任副组长；其他专家包括英国Strathclyde大学的Jim McDonald教授、香港大学的Felix Wu教授、东京大学的Kunihiko Hidaka教授，以及奥地利Graz大学的Michael Muhr教授。评估期间，专家组听取了系主任闵勇所做的自评报告，参观了教学和科研实验室，与本科生、研究生、教师进行了12场共120余名师生参加的座谈会。现场评估专家组于10月11日给出了最终评估报告。在该报告中，专家们一致认为：清华大学电机系是世界上电力工程领域顶级院系之一；清华电机系在建设中国电网方面发挥了决定性的作用；清华大学拥有电机系这样的世界一流院系，有助于其在电力工程领域建设引领世界的学科；清华电机系开设的电气工程学科相关课程的质量，与世界上顶级高校相关课程的水平是相当的；清华电机系若干科研课题组的学术水平，目前已达到(或接近)引领世界级别(world-leading)，大多数课题组的学术水平，可称之为世界一流的

(internationally excellent)。

为使电机系成为"在电力工程方面引领世界的教育和科研机构"(world-leading education and research institute on power engineering),评估报告还在战略规划、结构和组织、教师培养和领导力、交叉学科研究、教育 5 个方面,给出了非常充分而具体的建设性意见。

图 9-25　2010 年 10 月 11 日,电机系电气工程学科首次开展国际评估①

开展学科的国际评估,是清华大学电机系历史上第一次邀请电气工程领域国际顶尖专家对自己办学全貌开展的评估,是一次全面梳理电机系办学理念和经验的过程,评估的结论和建议,对电机系日后进一步凝练学科内涵、科研方向和育人理念,以及全面提升国际影响力,均起到了至关重要的作用。

4. 学科方向的新探索

学科发展战略研究。为探索学科发展方向,近年来,电机系陆续承担了多项国家自然科学基金项目,包括 2019 年承担的《电气科学与工程学科发展战略研究报告(2021—2025)》研究,2020 年承担的"能源科学发展战略研究:2021—2035"项目,以及 2021 年开始承担的《能源互联网学科发展战略研究》项目,分别针对电气、能源、能源互联网等不同领域,为相关的学科发展战略的制定进行探索。

---

① 清华大学校史馆提供。

能源互联网。2002—2021 年期间,互联网技术飞速发展,气候变化问题成为全世界、国家及整个社会紧密关注的焦点和热点,电气工程学科也随之迎来了更大的挑战和全新的发展机遇。

2010 年后,以新能源技术与信息技术的深度结合为特征,一种新的能源利用体系和技术即能源互联网(Energy Internet)得到广泛关注,其主要表现形式为基于可再生能源的、分布式、开放共享的网络。2014 年,国家提出了能源生产与消费革命的长期战略,进一步加速了能源互联网技术和应用的发展。

在这一背景下,为进一步提高教学、科研及人才培养质量,加快建设世界一流电气工程学科,而且为适应能源电力领域科技进步的需要,推动新兴学科的培育和发展,电机系韩英铎院士等多位资深教授谋划提出拓展学科发展新方向即能源互联网的设想,并及时得到学校领导的高度赞同。2014 年 11 月,清华大学校务委员会议决定成立清华大学能源互联网创新研究院(简称“创新院”或“北京院”)。北京院为清华大学成立的非实体性科研机构,挂靠电机系,共同发起方是材料学院。

2015 年 4 月 21 日至 23 日,以“能源互联网:前沿科学问题与关键技术”为主题的香山科学会议在北京香山饭店成功举办,对推进我国能源

图 9-26 2015 年 4 月,香山科学会议与会专家合影①

① 清华大学电机系资料。

互联网领域的发展具有里程碑意义。该会议由清华电机系孙宏斌教授提出申请,得到了电气工程领域很多院士、专家教授的积极响应。

本次香山科学会议由中国电力科学院周孝信院士、清华大学韩英铎院士、华中科技大学程时杰院士、中国南方电网公司李立涅院士、清华大学孙宏斌教授任执行主席。来自国家发改委、国家科技部、国家自然科学基金委、中国科学院、中国科学技术协会、美国阿贡国家实验室、美国北卡州立大学、英国卡迪夫大学、清华大学、浙江大学、华中科技大学、西安交通大学、上海交通大学、天津大学、湖南大学、重庆大学、华南理工大学、国防科技大学、国家电网公司、中国南方电网公司、中国华能集团公司、中国大唐集团公司、中国华电集团、美国思科公司、华为技术有限公司等国内外近30个单位的50余位能源电力、信息技术、科技管理领域的专家学者参加了会议。

本次香山科学会议围绕"能源互联网的概念与架构""能源互联网的运营机制与市场模式""能源互联网的规划与运行""能源互联网的关键设备与支撑技术"等议题,对能源互联网的概念内涵、前沿课题、机遇和挑战进行了深入探讨,为我国能源互联网的发展建言献策。参会专家一致认为,能源技术与信息技术正在深度融合形成"能源互联网",有望掀起新一轮能源革命,同时能源互联网有望成为"互联网+"行动计划在能源方面的具体实施领域。参会专家还认为,随着可再生能源、分布式发电、智能电网、直流输电、储能、电动汽车等新能源技术与物联网、大数据、移动互联网等新兴信息技术不断进步,将对能源生产和消费带来革命性变革,对能源革命目标的实现和人民生活质量的提升将产生重大影响。

在这次香山科学会议上,清华电机系孙宏斌教授做了题为《能源互联网的概念与前沿课题》的大会主旨报告。报告梳理了能源互联网的提出背景和发展历程,介绍了国内外现有能源互联网项目,归纳了能源互联网的概念特征和前沿课题,并提出了对能源互联网未来发展的建议。清华电机系时任系主任曾嵘教授、夏清教授、赵争鸣教授以及郭庆来副教授等也参加了这次有关能源互联网的香山科学会议。

2016年3月,清华大学与四川省政府、成都市等共同成立了清华四川能源互联网研究院(简称"四川院")。四川院依托清华大学的电机、能动、水土、软件、汽车等院系，积极开展有关能源互联网的前沿技术研究和产业培育。

图 9-27　孙宏斌教授在香山科学会议上做大会主旨报告①

清华大学能源互联网创新研究院以及清华四川能源互联网研究院的设立，对拓宽电机系学科领域，促进能源学科高层次人才培养等均具有积极意义。

至此，由清华电机系、北京院和四川院构成的“一系两院”这种新型的学科组织架构初步形成。

自 2016 年以来，“一系两院”形成的有机整体，共同参与编写了国家发改委、国家能源局发布的国家能源互联网纲领性文件《关于推进“互联网+”智慧能源发展的指导意见》；作为唯一支撑单位，协助国家能源局组织评选、推进和验收国际能源局首批 55 个“互联网+”智慧能源(能源互联网)示范项目；服务于国家发展改革委、国家能源局等政府部门的能源战略咨询；承接世界银行、美国能源基金会等国际能源咨询课题；开展国家电网、中石油、中石化、中化集团、三峡集团等大型能源企业的战略研究；参与雄安新区、粤港澳大湾区等重点地区的能源互联网发展规划设计等；在国家能源局的指导和支持下，编写出版了《2018 国家能源互联网白皮书》《2020 国家能源互联网年度报告》《能源互联网技术发展蓝皮书》《2021 国家能源互联网年度报告》，以及作为牵头单位发布了《新型电力系统技术研究报告》。

① 清华大学电机系资料。

2019年,清华电机系党政联席会和系学术委员会越来越明确地认识到,2014—2016年依托电机系成立清华大学能源互联网研究院(简称"北京院"),以及清华四川能源互联网研究院(简称"四川院")之前,清华电机系的教学和科研力量,基本就是依靠电机系的100多位教师以及高年级研究生。而成立了北京院和四川院,且这2个研究院的各项工作逐渐走上正轨后,"一系两院"的力量越来越明显地大于过去"单打一"的电机系,即清华电气工程、能源电力学科多方面的力量不断扩大和增强,过去在宏观战略、政策研究方面的短板,现在补齐了。过去,由于缺少硬件研发、设备装置性能测试、科研成果直接转化的场地、环境和条件,想招聘不同学历背景或工程经验丰富的科研助手等,很难实现,而现在已变得很容易做到了。

从2016年起,电机系办能源电力高等教育、发展学科可依靠的力量,就已经从过去的基本只能靠电机系事业编制的教师及高年级的研究生,逐渐发展成不仅依靠上述力量,还增加了北京院多学历背景的40名主要从事能源互联网的宏观战略、政策制定以及规划设计研究的科研人员,再加上250多名四川院主要从事智能电网、能源互联网新产品新技术研发及应用的科研技术人员。从可以依靠的高层次人力资源规模看,较之过去已发生了巨大变化。因此,切实将"一系两院"的人力、物质资源整合在一起利用好,以更高效地发挥其作用,对新形势下清华能源电力学科实现自己的发展蓝图的目标关系极大。

在能源互联网这一新的学科方向上,北京院(含能源互联网智库)开展能源互联网宏观战略和政策研究,电机系开展相关的基础理论和新技术新方法研究,四川院则主要从事新技术新产品应用和转化工作。"一系两院"的组织架构,构成了能源互联网方向上从政策,到基础,再到产业化应用的一个产学研有机衔接的完整链条。

伴随着能源互联网方向的发展,电机系在学科构成上也已呈现出"一轴两翼"的新特点。"一轴"是以电气工程学科基础为"主轴",使其往纵深发展。"两翼"既包括依托能源互联网特征,开展多元学科(信息、材料等)交叉,拓展电机系学科的宽度;也包括依托经济社会电气化特征,进行广泛的行业(交通、军工等)应用,以拓展电机系学科的广度。

"双碳目标"和新型电力系统。习近平主席2020年9月在第七十五

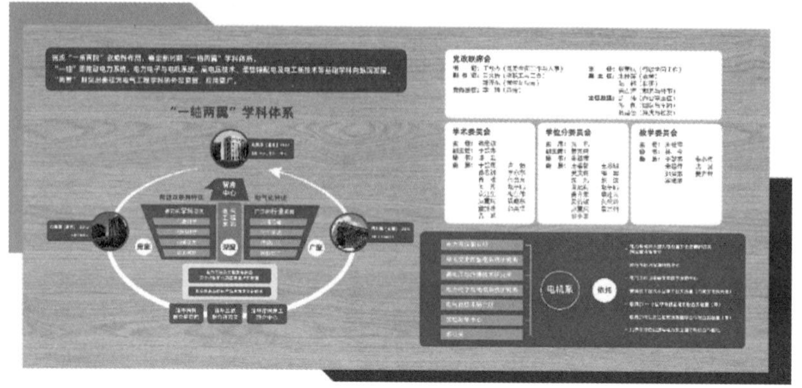

图 9-28　一轴两翼示意图

届联合国大会一般性辩论上，郑重地向世界做出了我国“二氧化碳的排放，力争 2030 年前达到峰值，努力争取 2060 年前实现碳中和”的庄重承诺；同年 12 月，习主席又在全球气候雄心峰会上宣告了，我国的“非化石能源占一次能源消费比重将达到 25%左右，风电、太阳能发电总装机容量将达到 12 亿千瓦以上”等关键指标；2021 年 3 月，在中央财经委员会第九次会议上，规划了我国将积极“构建以新能源为主体的新型电力系统”的能源转型之路；同年 11 月召开的中央全面深化改革委员会第二十二次会议上，又审议通过了《关于加快建设全国统一电力市场体系的指导意见》。党和政府密集出台多项我国能源领域有关重大决策，并不断明晰地确立发展路径，这些都充分地表明了我国政府对发展能源电力行业及其科技创新和进步的高度重视。

2014 年以来，围绕“双碳目标”和构建以新能源为主体的新型电力系统，清华电机系持续不断地开展了一系列基础性研究和新技术研发等工作。2021 年 7 月，受国家科技部高新司委托，清华电机系联合近 50 家科研机构、高校和企业等，组织召开了“新型电力系统”研讨会，并与这些单位一起，经过深入研究、全面归纳和梳理，撰写出了《新型电力系统技术研究报告》，并已于 2021 年 12 月正式发布。2021 年 9 月，清华大学成立了碳中和研究院，其下设有 6 个研究中心，其中的“新型电力系统研究中心”，由电机系负责建设，成为联系碳中和相关各关键领域研究的纽带和桥梁。

（三）科学研究及成果

高等学校要培养出高水平的拔尖创新人才，就必须基于高水平的教师，并承担前沿性、基础理论性、国家重大需求性攻关项目的科学研究任务。清华大学电机系对建设好清华电气工程学科、为国家培养掌握本学科领域理论基础知识扎实并富有创新能力高层次人才的本学科使命十分清楚，并一直在朝着这个目标进行着积极的探索和勤奋的工作。

2002—2021年期间，在教师规模保持基本稳定、后10年得益于逐渐形成“一系两院”科研组织架构的情况下，清华电气工程学科科学研究的规模和水平得到快速增长，牵头承担一批纵向重大重点项目，与电力电工行业领军企业成立联合研究所、研究中心和研究院，年到账科研经费取得了超过10倍的增长，以第一完成单位荣获了多项国家级科技奖励和省部级科技成果一等奖。

1. 承担多个纵向重大和重点项目

2002—2021年期间，电机系（后10年含北京院和四川院）的纵向科研得到了快速的发展，牵头获批了一大批“973”、国家科技部重点研发计划项目和国家自然科学基金重大/重点项目，有力地支撑了学科的发展和高层次人才培养。

在国家科技部支持的纵向项目中，2013年，张伯明获批“973”项目“源-网-荷协同的智能电网能量管理和运行控制基础研究”，其研究成果，于2018年被评为优秀；2014年，何金良获批“973”项目“大容量高压直流输电和管道输电的关键基础研究”。

在重点研发计划项目方面，电机系（后10年含北京院和四川院）作为牵头单位承担、经费超过1000万元的，有2021年党智敏负责的“干式直流电容器用电介质薄膜材料”；康重庆负责的、分别于2016年、2021年获批的“高比例可再生能源并网的电力系统规划与运行基础理论”和“规模化灵活资源虚拟电厂聚合互动调控关键技术”；董新洲负责、2016年获批的“大型交直流混联电网运行控制和保护”；2021年曾嵘负责并获批的

“高压大功率可关断器件驱动芯片关键技术”，以及 2021 年于歆杰负责、获批的“十万吨级可再生能源电解水制氢合成氨示范工程”。此外，还有高文胜 2018 年牵头承担的国际合作项目“油气管道高速高清三维漏磁检测装备研发及应用”。

在国家自然科学基金委支持的纵向项目中，清华电机系教师牵头承担了一批重大项目和重点项目。2005 年，孙元章获批了重大项目“电力系统广域安全防御体系基础理论及关键技术研究”；2015 年，赵争鸣获批准了重大项目“大容量电力电子混杂系统多时间尺度动力学表征与运行机制”；2021 年，曾嵘获批准了智能电网联合基金集成项目“抵御直流输电换相失败的混合换流原理、新型可关断器件及其关键技术研究”。2013 年，黄松岭获批准承担了国家重大科研仪器研制专项“铁磁性材料缺陷三维漏磁成像检测仪开发”。在重点项目方面，2002 年，王赞基获批准了“高温超导电力技术的应用基础研究”；2004 年，赵争鸣获批准了“电力系统安全控制的新理论和新方法研究”；2005 年，梁曦东获批准了“强电磁场作用下电介质材料破坏机理及其性能提高”；2006 年，王新新获批准了“大气压辉光放电的机理研究”；2007 年，赵争鸣获批准了“大容量特种高性能电力电子系统理论与关键技术研究”，何金良获批准了“深度限制特高压交流系统过电压关键技术基础研究”；2009 年，江伟华获批准承担了“高功率重复脉冲开关的关键技术”；2010 年，董新洲获批准了“故障行波理论及其在电力系统故障检测中的应用研究”；2011 年，韩英铎获批准承担了“基于类噪声信号的大电网主导动态系统辨识与广域鲁棒自适应控制”研究项目；2013 年，何金良获批准了“复杂条件下交直流特高压输电线路无线电干扰和可听噪声特性的基础研究”；2016 年，夏清获批准承担“基于全成本节点电价的智能电网规划和运行理论与方法研究”，孙宏斌获批准了“多能流能量管理的基础研究”；2017 年，谢小荣获批准了“多变流器-大电网次/超同步相互作用及其稳定性研究”；2018 年，曾嵘获批“万安级大电流单次关断用 IGCT 器件的理论建模、参数优化与性能调控”研究；2019 年，党智敏获批准承担项目“脉冲功率电容器用高储能复合电介质结构性能调控的基础理论与演示验证”的研究；2020 年，程林获批准了“规模化电池储能系统运行可靠性评估理论与提升技术研究”项目，刘瑛岩获批准“太赫兹空间电荷直流绝缘缺陷的三维构像及演化机理”研究项目;2021年,康重庆获批准承担“碳视角下电力系统的碳计量技术与规划、运行、交易方法”研究,慈松获批准“面向可持续ICT的信息能量深度融合机理和关键技术研究”,郑泽东获批承担国家自然基金联合基金项目“大容量高性能多相永磁直驱电力推进系统关键科学问题研究”。此外,清华电机系(含北京院和四川院)还获得智能电网联合基金重点项目21项、高速铁路基础研究联合基金重点项目1项、“极端条件电磁能装备科学基础”重大研究计划重点项目1项。以国家自然科学基金重点项目为例,在2002—2021年的20年期间,电机系教师总共牵头承担19项重点项目,既说明电机系教师开展高水平科学研究的旺盛动力,也说明国内本学科领域对清华电机系(含北京院和四川院)基础研究水平的认可程度。

除教师申请科研项目外,清华电机系还非常重视创新群体与创新团队的作用,并长期持续坚持科研团队建设。2007年,梁曦东获批教育部创新团队“大容量先进输电技术与电网安全”;2011年,梅生伟获批教育部创新团队“聚纳大型风光发电的电力系统智能调度与控制的基础研究”;2013年,梅生伟获批国家自然科学基金委创新群体“聚纳大型风光发电的电力系统智能调度与控制的基础研究”,并于2016年获得持续第二期的滚动支持;2019年,何金良获批国家自然科学基金委创新群体“高电压与绝缘技术”。

2. 成立联合研究机构与承担重大横向课题

2002—2021年期间,清华电机系(含北京院和四川院)加强和深化了与国内电力电工企业的科技合作,陆续成立了一批联合研究所、研究中心与研究院,借此,既拓展了电机系(含北京院和四川院)科学研究的广度,又有效地助力了我国电力电工行业的技术进步。

继2000年成立“清华大学(电机系)-河南平高电气股份有限公司电气技术研究所”之后,2003年成立了“清华大学-阿尔斯通继电保护与控制研究中心”;2004年成立了“清华南自电网调度自动化研究所”,与英国阿尔斯通公司成立的联合研究中心更名为“清华大学-AREVA保护与控制研究中心”;2005年成立了“清华-银河电力系统自动化研究所”“清华大学(电机系)-辽宁高科能源集团微电网研究所”“清华大学(电机系)-胜利石油管理局油田电气工程联合研究中心”;2007年成立了“清华大学

（电机系）-常熟开关制造有限公司电力电子应用技术研究所”；2010 年成立了“清华大学（电机系）-陕西省地方电力（集团）有限公司智能配电网研究中心”、“清华大学（电机系）-北京领翼中翔科技有限公司智能电力设备技术联合研究中心”；2011 年成立了“清华大学（电机系）-张家港智能电力研究院有限公司智能输电技术联合研究所”、“清华大学（电机系）-嘉善东菱技术股份有限公司伺服技术联合研究中心”；2012 年成立了“清华大学（电机系）-江西省电力科学研究院低碳电力技术联合研究中心”、“清华大学（电机系）-长园深瑞继保自动化有限公司智能配电网调度自动化联合研究所”、“清华大学（电机系）-远景能源智慧风电技术联合研究所”；2016 年成立了“清华大学（电机系）-中国电力国际有限公司多能互补综合能量管理联合研究中心”；2018 年成立了清华大学（电机系-北京院-四川院）-港华燃气集团区域综合能源规划技术联合研究中心。

自 2016 年以来，电机系（含北京院和四川院）主动加强与电力电工国有大型企业的战略合作，先后与国家电网公司和中国长江三峡集团有限公司成立了联合研究院。2016 年 12 月，清华大学与国家电网公司签署战略合作框架协议；2019 年 3 月，电机系牵头的“清华大学-国家电网新一代电力系统联合研究院”签署合作协议，同年 11 月举行了揭牌仪式。2017 年 12 月，清华大学与中国长江三峡集团公司签订战略合作框架协议；2021 年 1 月，清华电机系（含北京院和四川院）牵头的“清华大学-中国长江三峡集团有限公司能源电力新技术联合研究院”签署合作协议。

在承担横向科研项目方面，电机系（含北京院和四川院）所承接的科研项目的规模和源自的行业及领域也不断得到拓展。2019 年，清华电机系（含北京院和四川院）牵头承担的中铁电气化局集团“贯通式同相牵引供电系统（基于静止功率转换器）”重大科研项目，合同额达到 1.17 亿元，要研制出具有完全自主知识产权的电气化铁路贯通同相牵引供电系统，应用于北京大兴国际新机场线。2021 年，依托与三峡集团的联合研究院和内蒙古乌兰察布风光储一体化示范工程，清华电机系（含北京院和四川院）与三峡集团陆续签署了一批科研项目，研究范围覆盖数字储能、压缩空气储能、风光储联合运行控制、风电接入技术等，总合同额超过 2.9 亿元，其中规模最大单个科研项目的金额达 1.4 亿元。

图 9-29　清华大学-阿尔斯通继电保护与控制研究中心成立揭牌仪式①

图 9-30　2012 年 3 月 2 日，清华大学电机系与长园集团联合成立的“智能配电网调度自动化联合研究所”举行揭牌仪式②

3. 重大成果与获奖

经过多年深耕电气工程纵向基础性科学研究，以及与电力电工企业开展深入、持续的新技术研发合作，2002—2021 年期间，电机系(含北京院和四川院)取得了一大批重大的研究成果。

---

① 《清华大学-阿尔斯通继电保护与控制研究中心挂牌》，http://news.tsinghua.edu.cn，2003-9-23/2014-01-12。

② 《“智能配电网调度自动化联合研究所”在清华大学成立》，http://www.eea.tsinghua.edu.cn/publish/eea/1392/index.html，2012-03-05/2012-08-15。

图 9-31　2012 年 5 月 20 日，清华大学电机系与远景能源科技有限公司联合成立的“清华大学(电机系)-远景能源智慧风电技术联合研究所”举行揭牌仪式①

图 9-32　2016 年 11 月 22 日，中国电力国际有限公司(中电国际)与清华大学电机系联合成立“多能互补综合能量管理联合研究中心”②

① 《清华大学电机系与远景能源举行“智慧风电技术联合研究所”揭牌仪式暨智慧风电圆桌会议》，http://www.eea.tsinghua.edu.cn/publish/eea/1392/index.html，2012-05-21/2012-08-14。

② 《清华大学与中电国际共建多能互补综合能量管理联合研究中心》，清华大学电机工程与应用电子技术系。

图9-33　2017年12月14日，清华大学与中国电机工程学会签署合作框架协议并成立中国电机工程学会清华大学会员中心

在这一时期，电机系（含北京院和四川院）作为第一完成单位，共牵头荣获了国家级科研奖励8项，另外，电机系教师作为第一完成人的还有1项，这里简要介绍如下：

1）电力系统新型静止无功发生器（ASVG）的研制（2002年，国家科技进步二等奖，王仲鸿等）

静止无功发生器是柔性输配电系统（FACTS）技术的核心组成部分。该成果中研制的20MVar ASVG，是国内第一台用于工业运行、基于大功率可关断晶闸管电压源逆变器的先进静止无功发生器，已成功应用于河南省洛阳朝阳变电站，系统解决了主电路设计、控制保护方法、装置运行状态和故障诊断等多项关键技术，推动了国内高压大功率电力电子装备自主可控技术的发展。

2）电力大系统非线性控制学（2008年，国家自然科学二等奖，卢强等）

该成果创立了电力大系统非线性控制学科体系，解决了电力大系统中长期存在的非线性最优控制和非线性鲁棒控制的理论难题，提出了我国电气工程若干重大技术科学问题的控制方法。研制了具有自主知识产权的大型发电机组非线性励磁控制器和水轮机调速非线性控制器，该类设备可提高功率输送极限15%以上。

3）三维协调的新一代电网能量管理系统关键技术及应用（2008年，

国家技术发明二等奖,张伯明等)

该成果提出并建立了在空间、时间和控制目标3个维度分解协调的新一代电网能量管理系统(N-EMS)新概念和体系,实现了电网在线全局、实时闭环、综合预警和控制决策。提出并实现了一系列核心技术,包括全局电网模型实时重建、电网在线综合安全预警、基于软分区的三级电压优化闭环控制、协调有功优化闭环控制等。成果已在江苏、江西、华北、华中电网等获得应用。

4)交流电机系统的多回路分析技术及应用(2012年,国家技术发明二等奖,王祥珩等)

该成果发明了交流电机系统的基于实际电路的多回路分析技术、单个线圈为基本单元的多回路参数计算技术,发明了大型发电机主保护配置方案的定量化设计技术,开辟了主保护设计的新局面。已成功应用于龙羊峡和三峡等国内外60座大中型电站,国内所有单机600MW以上的水电站的发电机主保护配置方案设计中,为电力系统安全可靠运行奠定了坚实的基础。

5)大型互联电网阻尼特性在线分析与控制技术及应用(2017年,国家技术发明二等奖,闵勇等)

该成果建立了完全基于量测的复杂电力系统阻尼特性在线分析与自适应控制技术体系,克服了传统方法对模型、参数和运行方式的依赖性,发明了基于系统准稳态波动信号(类噪声)的阻尼特性及其灵敏度在线辨识方法,提出了基于振荡能量的阻尼特性分析与振荡源在线判别技术,发明了基于响应的电力系统全工况在线自适应阻尼控制技术,投运了国际上首个广域阻尼控制系统,提高系统主导模式阻尼比2~3倍,提高西电东送功率极限500MW以上。

6)电力线路行波保护关键技术及装置(2017年,国家技术发明二等奖,董新洲等)

该成果发明了基于窄时窗宽频窗初始行波信息的保护方法,突破了行波保护抗干扰关键技术,首创了极化电流行波方向纵联保护和配电线路单相接地故障行波选线,解决了电力线路继电保护难题,已被国内外厂商产业化并广泛应用。获中国、美国和欧洲多项发明专利授权,形成了完整的自主知识产权体系。

7)复杂电网自律-协同自动电压控制关键技术、系统研制与工程应用(2018年,国家科技进步一等奖,孙宏斌等)

该成果提出了复杂电网主从分裂理论,构建了“自律协同”的复杂电网自动电压控制(AVC)技术体系,研制出首套复杂电网AVC系统,大规模应用于我国电网,闭环控制了全国81%的水电、火电,88%的220kV以上变电站和55%的集中并网风机、光伏,并出口至美国最大电网PJM,实现了现代电网电压控制从“人工到自动,从离线到在线”的跨越。

8)电力系统接地基础理论、关键技术及工程应用(2018年,国家科技进步二等奖,何金良等)

该成果揭示了雷击下土壤放电机理,提出了任意分层分块媒质中多尺度电磁场数值计算理论,实现了复杂结构土壤中大型接地系统电气参数的精确计算。首创了基于精控爆破的深层岩土改性技术,发明了适用于地中隐蔽接地系统的综合诊断技术,实现其状态准确评估。成果已应用于28省市、区的200余条输电线路、1500余个发电厂、变电站、换流站,以及五大洲20多国的接地工程。

9)交直流混联系统连锁故障主动防御关键技术与应用(2018年,国家科技进步二等奖,梅生伟等)

复杂电网连锁故障建模和分析,是学术界公认的理论难题。该成果建立了连锁故障的概率统计分析严格数学框架,形成了计及不同时间尺度连锁故障交互影响的风险分析理论。提出了交直流电力系统危险故障路径快速辨识和连锁故障风险主动预防等技术。成果应用于河南、上海、四川、广东、新疆5个特/超高压交直流电力系统和20多家省市电力公司及多个电力工程项目,社会经济效益显著。

此外,2002—2021年期间,电机系作为非第一完成单位,还获得了国家科技奖励14项,包括:2004年,“基于CC-2000支撑平台的EMS高级应用软件”研究成果,获国家科技进步二等奖;2008年,“输电系统中灵活交流输电(可控串补)关键技术研究和推广应用”研究成果,获国家科技进步一等奖,“防止配电网雷击断线用穿刺型防弧金具、箝位绝缘子和带间隙避雷器”研究成果,获国家技术发明二等奖,“基于行波原理的电力线路在线故障测距技术”研究成果,获国家技术发明二等奖;2012年,“特高压交流输电关键技术、成套设备及工程应用”研究成果,获国家科技进步特等奖;2014 年,"基于路感跟踪的高性能电动助力转向系统关键技术及应用"研究成果,获国家科技进步二等奖;2015 年,"电网雷击防护关键技术与应用"研究成果,获国家科技进步二等奖,"通信局(站)系统防雷接地理论创新及技术突破与国内外应用"研究成果,获国家科技进步二等奖;2016 年,"大型汽轮发电机组次同步谐振/振荡的控制与保护技术、装备及应用"研究成果,获国家科技进步二等奖,"电网大面积污闪事故防治关键技术及工程应用"研究成果,获国家科技进步二等奖;2017 年,"特高压±800kV 直流输电工程"研究成果,获国家科技进步特等奖,"特大型交直流电网技术创新及其在国家西电东送中的应用"研究成果,获国家科技进步二等奖,"大规模风电联网高效规划与脱网防御关键技术及应用"研究成果,获国家科技进步二等奖;2019 年,"千万千瓦级风光电集群源网协调控制关键技术及应用"研究成果,获国家科技进步二等奖。

除上述国家奖外,这一时期电机系作为第一完成单位获得的省部级科技一等奖、行业学会一等奖共 29 项,其中教育部和地方省部级一等奖 12 项、中国电机工程学会/中国电工技术学会等一等奖 17 项。此外,电机系教师取得的高水平创新性研究成果 3 项,还获评了中国高等学校十大科技进展。

自 2010 年以来,电机系教师越来越注重将自己的创新性科研成果写成英文文章,在顶尖的国际学术期刊上发表了一批高水平论文,且发表论文的引用数量不断增高。2012 年,康重庆等在《自然》(*Nature*)杂志旗下的期刊《科学报告》(*Scientific Reports*)上发表了文章;2016 年,杨颖等在《科学报告》上发表了文章;2020 年,曾嵘等在《科学》(*Science*)杂志社旗下子刊《科学·进展》(*Science Advances*)发表了文章,何金良、李琦等在 *Matter* 杂志上发表了文章,李琦、何金良等还在《自然·通讯》(*Nature Communications*)杂志上发表了文章,康重庆、张宁等在 *Proceedings of the IEEE* 发表了文章,钟海旺等在《自然·通讯》(*Nature Communications*)发表了文章,钟海旺等还在《焦耳》(*Joule*)上发表了文章;2021 年,党智敏等在《化学综述》(*Chemical Reviews*)上发表了研究成果论文。党智敏、董新洲、康重庆、孙宏斌、何金良、赵彪、谢小荣、吴文传、胡泽春、魏韡、陈磊、宋强等,多人次入选历年全球性信息分析公司爱思唯尔(Elsevier)发布的中国高被引学者(Chinese Most Cited Researchers)榜单。康重庆、张宁、谢小荣等发表的论文,入选了中国科学技术信息研究所评选的2019/2020年度“中国百篇最具影响国内学术论文”。

2002—2021年期间,清华大学电机系(含北京院和四川院)教师和研究人员获得授权的发明专利,也多次在国内外获得奖项。2009年,孙宏斌等获北京市首届发明专利展二等奖;2010年,张贵新等获全国发明展览会银奖和铜奖;2014年,黄松岭等获中国专利奖优秀奖;2018年,曾嵘、何金良等获3项国际发明展览会金奖;2019年,钟海旺等获北京发明创新大赛金奖。

自2015年以来,清华电机系(含北京院和四川院)教师和科研人员还日渐重视日内瓦发明展等国际发明展览会。在该每年一届的国际发明展览会上,2014年,董新洲等获评金、银奖各1项;2015年,董新洲等获评金奖;2016年,钟海旺等获评金奖,张宁等获评银奖;2017年,闵勇等获评金奖;2018年,赵争鸣等和肖曦等,分别获评2项特别嘉许金奖,赵争鸣等和黄松岭等分别获评2项金奖,何金良等获评银奖;2021年,赵争鸣等获评特别嘉许金奖,胡伟等获评金奖。

2002—2021年,清华大学电机系(含北京院和四川院)取得科研成果的部分获奖名单,见表9-24。

表9-24　2002—2021年电机系部分科研成果获奖名单

序号	获奖人(团队)	获奖名称	获奖时间
1	电力系统新型静止无功发生器(ASVG)的研制(王仲鸿、刘文华、姜齐荣、韩英铎、梁旭)	国家科学技术进步奖二等奖	2002年
2	中长期电力需求分析与预测系统(夏清、康重庆、刘梅、宁波、沈瑜)	国家科学技术进步奖二等奖	2002年
3	电力系统四大参数建模和参数数据库建立(朱守真、沈善德)	北京市科技进步奖二等奖	2002年
4	运行合成绝缘子检测技术和耐雷电冲击特性的试验研究(梁曦东、周远翔、王绍武、范矩)	山东省科技进步奖二等奖	2002年
5	电厂报价辅助决策系统(何光宇、陈雪青)	北京市科技进步奖三等奖	2002年
6	贵阳市北电网EMS系统(孙宏斌)	贵州省科技进步奖三等奖	2002年

续表

序号	获奖人(团队)	获奖名称	获奖时间
7	大型发电机与变压器放电性等故障的在线监测与诊断技术(朱德恒、谈克雄、姜建国、李福祺、高文胜、高胜友)	国家科学技术进步奖二等奖	2003 年
8	基于小波变换的输电线路暂态行波分析和故障测距理论研究	北京市科技进步奖二等奖	2003 年
9	电力系统非线性鲁棒控制理论及工程应用(卢强、梅生伟、孙元章、黎雄、胡伟)	国家科学技术进步奖一等奖	2004 年
10	电网能量管理和培训仿真一体化系统(张伯明、孙宏斌、吴文传、邓佑满、相年德)	北京市科技进步奖一等奖	2004 年
11	大型发电机定子绕组内部故障分析及其主保护的定量化设计(王维俭、王祥珩、桂林、孙宇光、王善铭、毕大强、苏鹏声)	教育部科学技术进步奖二等奖	2004 年
12	低压三电平变频调速系统(赵争鸣、孟朔、刘建政、孙晓瑛)	北京市科技进步奖二等奖	2004 年
13	三峡输变电前期科研-三峡 500kV 双回同塔新技术研究(黄炜纲)	中国电力科技进步奖三等奖	2004 年
14	电力市场交易与电网调度管理技术支持系统(夏清、康重庆、张伯明)	中国电力科技进步奖三等奖	2004 年
15	序列运算理论研究及其在电力系统中的应用(康重庆、夏清、相年德)	北京市科学技术奖二等奖	2005 年
16	广东省地区电网外网等值自动生成系统(张伯明、张海涛)	中国电力科学技术奖三等奖	2005 年
17	大型风力发电场接入电力系统问题的研究(周双喜、陈寿孙)	中国电力科学技术奖三等奖	2005 年
18	南方电网电压稳定性分析与控制	中国南方电网公司科学技术奖二等奖	2005 年
19	体外特高频(UHF)传感的 GIS 局部放电在线检测、定位和诊断(刘卫东)	陕西省科技进步奖二等奖	2005 年
20	HVDC 系统地中回流对交流系统影响的机理分析及防范措施研究	高等学校科学技术奖二等奖	2006 年
21	体外特高频(UHF)传感的 GIS 局部放电在线检测、定位和诊断(电机系等,非第一完成单位)	高等学校科学技术奖二等奖	2006 年
22	国家电网 750kV 输变电示范工程及其关键技术研究(电机系等,非第一完成单位)	国家电网公司科学技术进步奖特等奖	2006 年

续表

序号	获奖人(团队)	获奖名称	获奖时间
23	上海电网黄渡分区±50Mvar STATCOM装置的研制(电机系等,非第一完成单位)	国家电网公司科学技术进步奖一等奖	2006年
24	江苏电网无功电压优化控制系统(电机系等,非第一完成单位)	国家电网公司科学技术进步奖二等奖	2006年
25	故障电流对城市通信设施的影响和工频磁场测量的研究(电机系等,非第一完成单位)	国家电网公司科学技术进步奖二等奖	2006年
26	330kV紧凑型输电线路关键技术试验研究工程应用	国家电网公司科学技术进步奖三等奖	2006年
27	HVDC系统地中电流对交流系统的影响及防范措施研究(曾嵘、何金良、张波等,非第一完成单位)	中国南方电网公司科学技术奖二等奖	2006年
28	大型地网状态评估研究(电机系等,非第一完成单位)	中国南方电网公司科学技术奖三等奖	2006年
29	广东电网电压稳定性及控制策略研究(周双喜(2),第二完成单位)	中国南方电网公司科技进步奖三等奖	2006年
30	我国第一条750kV输变电示范工程(关志成)	中国电力科技进步奖一等奖	2006年
31	基于软分区的网省级电网无功电压优化控制系统(孙宏斌、张伯明)	中国电力科技进步奖二等奖	2006年
32	±500kV直流输电外绝缘特性研究(关志成)	中国电力科技进步奖二等奖	2006年
33	±800kV特高压直流合成绝缘子研制(梁曦东)	中国电力科技进步奖三等奖	2006年
34	故障电流对城市通信设施的影响和工频磁场测量的研究(袁建生)	中国电力科技进步奖三等奖	2006年
35	基于行波原理的电力线路在线故障测距技术(董新洲(2))	国际技术发明奖二等奖	2007年
36	三维协调的新一代电网能量管理系统关键技术及应用(张伯明、孙宏斌、吴文传、郭庆来、汤磊、王鹏)	中国高等学校十大科技进展	2007年
37	关于太阳能应用于2008年北京奥运会的建议(赵争鸣(1))	北京市科协优秀建议特等奖	2007年
38	基于IGCT的高压大容量三电平变频器调速系统(赵争鸣(1)、袁立强(3)、白华(5)、孙海涛(7)、孙晓瑛(9))	中国电工技术学会科学技术奖一等奖	2007年

续表

序号	获奖人(团队)	获奖名称	获奖时间
39	变电所电磁环境评估技术及防护的研究(何金良(1)、张波(2)、陈水明(4)、邹军(5)、曾嵘(6))	北京市科技进步奖	2007 年
40	基于 IGCT 的高压大容量三电平变频调速系统(赵争鸣(1)、袁立强(3)、孙晓瑛(9))	北京市科技进步奖	2007 年
41	国产化容量变速恒频双馈异步风力发电机系统(姜新建(1)、柴建云(2)、李永东(3))	北京市科技进步奖	2007 年
42	国防项目(赵争鸣(1)、孙晓瑛(9))	中国人民解放军总装备部军队科技进步奖二等奖	2007 年
43	不对称结构、分布式负载有界波电磁脉冲模拟器研制(王赞基等)	军队科技进步奖三等奖	2007 年
44	配电网 10kV 架空绝缘导线雷击断线机理及防护措施研究(何金良(1)、谷山强(12))	中国电力科技进步奖二等奖	2007 年
45	上海电网黄渡分区±Mvar STATCOM 装置的研制(刘文华(1)、宋强(4))	中国电力科技进步奖二等奖	2007 年
46	线路卷源自饱和污秽度下耐污耐受电压特性及复合绝缘子老化性能研究(梁曦东(3))	中国电力科技进步奖二等奖	2007 年
47	基于高压 IGCT 的新型大容量变频调速系统(ASD6000T)(赵争鸣(1)、袁立强(5)、张海涛(7))	中国电力科技进步奖二等奖	2007 年
48	±800kV 直流外绝缘技术开发及设备研制(梁曦东(3))	中国电力科技进步奖二等奖	2007 年
49	江苏电网无功电压优化控制系统(孙宏斌(1)、张伯明(3))	江苏省科技进步奖二等奖	2007 年
50	静止无功补偿装置 SVC 研发(刘秀成(4)、陈建业(6)、庞浩(8))	广东省科技进步奖二等奖	2007 年
51	基于广域信息的多回直流自适应协调控制技术研究与实施(陆超(2)、韩英铎(12))	中国电力科技进步奖一等奖	2008 年
52	时序递进式协调优化的电力系统调度决策技术(康重庆(2))	山东省科技进步奖一等奖	2008 年
53	电力系统中基于软分区的电压控制方法(孙宏斌(1))	北京市发明专利奖二等奖	2008 年
54	改善变电所接地系统安全性能的研究(何金良(1)、曾嵘(2)、张波(4)、邹军(5)、陈水明(6))	中国电力科技进步奖二等奖	2008 年

续表

序号	获奖人(团队)	获奖名称	获奖时间
55	输电系统中灵活交流输电(可控串补)关键技术研究和推广应用(清华大学)	国家技术发明奖二等奖	2008年
56	电力大系统非线性控制学(卢强、梅生伟、孙元章、刘锋)	国家自然科学奖二等奖	2008年
57	三维协调的新一代电网能量管理系统关键技术及应用(张伯明、孙宏斌、吴文传、郭庆来、汤磊、王鹏)	国家技术发明奖二等奖	2008年
58	防止配电网雷击断线用穿刺型防弧金具、箝位绝缘子和带间隙雷器(何金良(5))	国家技术发明奖二等奖	2008年
59	采用附件励磁阻尼控制和扭振保护抑制次同步谐振的研究及工程应用(谢小荣(3)、韩英铎(11))	中国电力科技进步奖一等奖	2009年
60	交流电机的多回路理论及其工程应用(王祥珩(1)、王维俭(2)、王善铭(4)、孙宇光(5)、桂林(6)、毕大强(7))	北京市科技进步奖一等奖	2009年
61	高清晰度储罐底板缺陷可视化检测设备(黄松岭(1)、赵伟(2))	教育部科技进步奖二等奖	2009年
62	大电流互感器屏蔽防护及测试新方法研究(赵伟(2)、黄松龄(4))	国家能源科技进步奖三等奖	2010年
63	大电流互感器屏蔽防护及测试新方法研究(赵伟(2)、黄松龄(4))	中国电力科学技术奖三等奖	2010年
64	省地一体化的智能短期电力负荷预测系统及工程应用(夏清(1)、康重庆(2))	教育部科技进步奖二等奖	2010年
65	一种具有防窃电功能的电子式互感器(张贵新(1))	第十九届全国发明展览会银奖	2010年
66	甘肃酒泉风电基地前期接入及送出技术研究(李国杰(8))	甘肃省科技进步奖二等奖	2010年
67	700MW水轮发电机继电保护配置研究及应用(桂林(5)、孙宇光(9))	中国电力科技进步奖二等奖	2010年
68	混流式机组水电厂运行仿真机(郝小欣(12))	吉林省科技进步奖二等奖	2010年
69	X-pinch软X射线辐射点源及应用基础研究(邹晓兵、王新新)	2011年度教育部高等学校自然科学奖二等奖	2011年
70	配电线路继电保护新技术(董新州、施慎行、毕见广、王宾、周双喜)	2011年北京市科技进步奖二等奖	2011年

续表

序号	获奖人(团队)	获奖名称	获奖时间
71	油气管道变形内检测设备开发及应用(郭静波)	2011 年北京市科技进步奖一等奖	2012 年
72	特高压交流输电关键技术、成套设备及工程应用	国家科技进步奖特等奖	2012 年
73	交流电机系统的多回路分析技术及应用(王祥珩、王维俭、王善铭、桂林、孙宇光、毕大强)	国家技术发明奖二等奖	2012 年
74	新型高速感应发电机系统研制(王祥珩(15))	军队科技进步奖一等奖	2012 年
75	电力系统接地基础理论、关键技术及工程应用(何金良、曾嵘、张波、胡军、余占清、庄池杰、邹军、吴维韩、盛新富)	中国电力科学技术奖一等奖	2012 年
76	高海拔±800kV 特高压直流外绝缘特性研究及应用(梁曦东(3))	中国电力科学技术奖二等奖	2012 年
77	±500kV 同塔双回直流输电线路设计技术研究(袁建生(7)、田冀焕(8))	中国电力科学技术奖二等奖	2012 年
78	兆瓦级电池储能站关键技术研究及应用(袁志昌(6)、陆超(17)、刘建政(18))	中国电力科学技术奖三等奖	2012 年
79	±800kV 直流输电对系统的影响及仿真技术的研究(陆超(7))	中国电力科学技术奖三等奖	2012 年
80	动态稳定分析用同步发电机模型与参数辨识研究(郑竞宏(5)、朱守真(10)、沈沉(11))	中国电力科学技术奖三等奖	2012 年
81	大气压介质阻挡均匀放电的研究(王新新(1)、关志成(4)、罗海云(5))	教育部自然科学奖二等奖	2012 年
82	电力系统接地基础理论、关键技术及工程应用(何金良(1)、曾嵘(2)、张波(3)、胡军(7)、余占清(10)、庄池杰(11)、邹 军(13)、吴维韩(14)、盛新富(15))	教育部科学技术进步奖二等奖	2012 年
83	湖北省电网规划辅助决策系统(康重庆(3))	湖北省科技进步奖三等奖	2012 年
84	百兆伏安级动态无功补偿装置(STATCOM)关键技术研究及应用(姜齐荣(2)、袁志昌(11))	中国南方电网公司科学技术奖特等奖	2012 年
85	兆瓦级电池储能站关键技术研究及应用(袁志昌(6)、陆超(13)、刘建政(18))	中国南方电网公司科学技术奖一等奖	2012 年

续表

序号	获奖人(团队)	获奖名称	获奖时间
86	高性能三相光伏并网逆变器及其系统(赵争鸣(1)、袁立强(3)、贺凡波(5)、孙晓瑛(9)、鲁挺(10))	中国电工技术学会科学技术进步奖一等奖	2012年
87	电磁超声导波结构缺陷快速检测和健康监测技术研究及应用(黄松岭(1)、赵伟(2)、王珅(3)、侯国屏(10)、董甲瑞(11)、叶朝锋(13))	中国机械工业科学技术奖二等奖	2012年
88	动态稳定分析用同步发电机模型与参数辨识研究(郑竞宏(5)、朱守真(10)沈沉(11))	广东电网公司科学技术奖一等奖	2012年
89	广东电网海上风电消纳能力研究(康重庆(3))	广东电网公司科技进步奖三等奖	2012年
90	永磁同步电机高性能控制方法及其伺服应用(肖曦(1)、孙凯(2)、郑泽东(3)、李永东(4)、黄立培(5)、柴建云(7))	中国电工技术学会科学技术奖一等奖	2013年
91	交直流大电网高拟真跨平台全景实时仿真技术的集成研究与开发应用(韩英铎(10))	中国电力科学技术奖二等奖	2013年
92	油气输送管道及储罐底板缺陷检测关键技术与应用(黄松岭(1)、赵伟(2)、王珅(3))	教育部技术发明奖二等奖	2013年
93	±800kV特高压直流输电技术开发、装备研制及工程应用	中国电力科学技术奖一等奖	2013年
94	超/特高压输变电工程绝缘间隙试验技术研究及工程应用(曾嵘(8))	中国电力科学技术奖三等奖	2013年
95	环锭纺智能落纱机(于庆广(1))	中国机械工业科学技术奖三等奖	2013年
96	高效高压三相异步电动机的研究与应用(赵争鸣(2)、孙晓瑛(10)、袁立强(12))	中国机械工业科学技术奖二等奖	2013年
97	电网自动电压控制系统间的协调量设计方法及其实施方法(梅生伟(2)、张雪敏(4)、何光宇(6))	国家电网公司专利奖二等奖	2013年
98	基于暂态故障行波的输配电线路保护技术(董新洲(1)、施慎行(2)、王宾(3))	中国电力科学技术奖一等奖	2014年
99	基于电压源变流器的±200MVA静止同步补偿装置关键技术开发及工程应用(袁志昌(1)、姜齐荣(6))	中国电力科学技术奖一等奖	2014年
100	油气管道缺陷在线检测关键技术与应用(黄松岭(1)、赵伟(2)、王珅(3)、于歆杰(4)、董甲瑞(10))	北京市科学技术奖一等奖	2014年

续表

序号	获奖人(团队)	获奖名称	获奖时间
101	电网雷击防护关键技术研究与工程应用(曾嵘(3))	中国电力科学技术奖一等奖	2014 年
102	电力系统自组织临界特性与大电网安全(梅生伟(1)、张雪敏(3))	中国机械工业科学技术奖二等奖	2014 年
103	百兆伏安级静止同步补偿装置关键技术开发及工程应用(姜齐荣(2)、袁志昌(11))	中国机械工业科学技术奖二等奖	2014 年
104	高海拔特高压直流线路电磁环境特性及抑制措施研究(曾嵘(2)、余占清(4)、张波(5))	中国电力科学技术奖二等奖	2014 年
105	电网友好型大型风电场关键技术研究与示范(闵勇(7))	中国电力科学技术奖二等奖	2014 年
106	节能发电调度体系和关键技术研究及试点应用(夏清(4)、康重庆(16))	中国电力科学技术奖三等奖	2014 年
107	雷击导致的直流系统闭锁机理及防护技术(何金良(4)、余占清(6)、曾嵘(10))	中国电力科学技术奖三等奖	2014 年
108	基于三维有限元神经网络的缺陷识别和量化评价方法(黄松岭(1)、赵伟(2))	中国专利奖优秀奖	2014 年
109	光纤复合相线(OPPC)在电网中应用的关键技术研究(程林(12))	北京市科学技术奖三等奖	2014 年
110	电网雷击防护关键技术与应用(曾嵘(3))	国家科学技术进步奖二等奖	2015 年
111	通信局(站)系统防雷接地理论创新及技术突破与国内外应用(何金良(6))	国家科学技术进步奖二等奖	2015 年
112	大型互联电网阻尼特性在线分析与控制技术及应用(闵勇、陆超、谢小荣、陈磊、韩英铎、徐飞)	教育部技术发明奖一等奖	2015 年
113	电力系统连锁故障机理分析与大停电事故阻断方法(梅生伟、刘锋、张雪敏、沈沉、陈颖、薛安成、卢强)	教育部自然科学奖一等奖	2015 年
114	海岸工程兆瓦级特种变流电源关键技术及应用(毕大强(2))	教育部科学技术进步奖一等奖	2015 年
115	高压变电站与云数据中心共站危险影响及电磁防护关键技术与应用(何金良(1))	河南省科学技术进步奖一等奖	2015 年
116	电网大面积污闪事故防治关键技术及工程应用(梁曦东(2))	中国电力科学技术奖一等奖	2015 年

续表

序号	获奖人(团队)	获奖名称	获奖时间
117	基于广域信息的电力系统动态监测与控制关键技术及应用(程林(2)、张放(5))	湖北省技术发明奖一等奖	2015年
118	含大规模风电接入的电网发电调度模式与关键性技术研究与应用(钟海旺(2)、夏清(3))	山东省科技进步奖二等奖	2015年
119	风电场、光伏电站集群控制系统研究与开发(鲁宗相(4)、乔颖(11))	中国电力科学技术奖二等奖	2015年
120	特高压直流线路宽频域电晕电流测量技术研究及应用(何金良(7))	北京市科学技术奖二等奖	2015年
121	千万千瓦级风电汇集系统无功电压管控技术研究及应用(郭庆来(2)、孙宏斌(10))	中国电力科学技术奖三等奖	2015年
122	防范特大风电基地连锁脱网的无功电压多层级控制技术研究及应用(郭庆来(5))	河北省科学技术进步奖三等奖	2015年
123	交直流电网运行控制动态全过程仿真演练平台研发与应用(吴文传(9))	中国电力科学技术奖三等奖	2015年
124	适应大规模新能源集中并网的调度运行控制系统关键技术研究及应用(鲁宗相(10))	中国电力科学技术奖三等奖	2015年
125	500kV 电力电缆智能化运维关键技术研究及应用(周远翔(8))	国家电网公司科学技术进步奖二等奖	2015年
126	一种500kV终端变电站可综合可靠性评估方法(鲁宗相(8))	广东电网公司科学技术奖三等奖	2015年
127	电网大面积污闪事故防治关键技术及工程应用	国家科学技术进步奖二等奖	2016年
128	大型汽轮发电机组次同步谐振/振荡的控制与保护技术、装备及应用	国家科学技术进步奖二等奖	2016年
129	复杂电网自律-协同无功电压自动控制系统关键技术及应用	中国高校十大科技进展	2016年
130	复杂电网自律-协同无功电压自动控制系统关键技术及应用	教育部技术发明奖一等奖	2016年
131	智能高压开关设备关键技术及应用	教育部科技进步奖一等奖	2016年
132	电力线路行波保护关键技术及装置开发应用	北京市科技进步奖一等奖	2016年
133	源网协同的大规模风电优先调度与安全防御技术及应用	吉林省科技进步奖一等奖	2016年

续表

序号	获奖人(团队)	获奖名称	获奖时间
134	风电场、光伏电站集群控制系统研究与开发	甘肃省科技进步奖一等奖	2016 年
135	特高压交直流混联受端电网安全风险及防控关键技术研究及应用	河北省科技进步奖一等奖	2016 年
136	智能高压开关设备研制及工程应用	中国电力科学技术奖一等奖	2016 年
137	高压大容量多端柔性直流输电关键技术开发、装备研制及工程应用	中国电力科学技术奖一等奖	2016 年
138	南方电网功率振荡的广域监测和防御策略系统研究与应用	中国电力科学技术奖二等奖	2016 年
139	源网友好型大规模风电运行控制关键技术及应用	中国电力科学技术奖三等奖	2016 年
140	以电网低碳化为特征的智能电网综合集成技术研究与示范	中国电力科学技术奖三等奖	2016 年
141	集群风电-串补输电系统次同步谐振机理及治理对策研究和应用	北京市科技进步奖三等奖	2016 年
142	防范特大风电基地连锁脱网的无功电压层级控制技术研究及应用	河北省科学技术进步奖三等奖	2016 年
143	基于合作博弈理论的安全和经济协调的自动电压控制方法	中国专利优秀奖	2016 年
144	南方电网功率振荡的广域监测和防御策略系统研究与应用	中国南方电网公司科技技术奖二等奖	2016 年
145	“互联网+”智慧能源助推中国能源革命战略研究	国家能源局软科学研究优秀成果奖二等奖	2016 年
146	大型互联电网阻尼特性在线分析与控制技术及应用	国家技术发明奖二等奖	2017 年
147	电力线路行波保护关键技术及装置	国家技术发明奖二等奖	2017 年
148	特高压±800kV 直流输电工程	国家科学技术进步奖特等奖	2017 年
149	特大型交直流电网技术创新及其在国家西电东送中的应用	国家科学技术进步奖二等奖	2017 年
150	大规模风电联网高效规划与脱网防御关键技术及应用	国家科学技术进步奖二等奖	2017 年
151	新能源电力系统需求侧灵活资源的优化与控制理论	教育部自然科学一等奖	2017 年

续表

序号	获奖人(团队)	获奖名称	获奖时间
152	高性能级联型高压大容量变频调速系统研发与应用	教育部科学技术进步奖二等奖	2017年
153	变频器限流保护系统控制装置及其限流控制方法	中国专利奖优秀奖	2017年
154	复合绝缘子长期运行性能检测及寿命评估与运维方法	山东省科学技术进步奖二等奖	2017年
155	500kV电力电缆线路智能化运维监控技术研究	上海市科技进步奖二等奖	2017年
156	800kV智能断路器的研制	河南省科学技术进步奖二等奖	2017年
157	特高压交流输变电工程GIS设备VFTO特性试验与仿真及工程应用	湖北省科技进步奖二等奖	2017年
158	考虑资源和电网适应性的风电优化规划与运行控制技术及应用	辽宁省科学技术奖二等奖	2017年
159	特高压GIS变电站特快速瞬态过电压防护关键技术及应用	中国电力科学技术奖一等奖	2017年
160	电动汽车及充电设施建设运营关键技术研究与应用	中国电力科学技术奖二等奖	2017年
161	电动汽车与电网互动技术与应用	中国电力科学技术奖二等奖	2017年
162	新能源多层级接入的弱外联区域智能电网技术研究和集成应用	中国电力科学技术奖二等奖	2017年
163	大型接地网多维度评价关键技术研究及应用	中国电力科学技术进步奖三等奖	2017年
164	特高压GIS变电站特快速瞬态过电压防护关键技术及应用	国家电网公司科学技术进步奖一等奖	2017年
165	设备状态评价信息化关键技术研究与实现	南方电网公司技术改进贡献奖一等奖	2017年
166	大型风电基地次/超同步振荡防控技术及应用(谢小荣(3/10))	北京市科学技术奖二等奖	2018年
167	主动配电网规划与运行关键技术及应用(程林(2/6))	北京市科学技术奖三等奖	2018年
168	基于电力和气象海量数据融合的新能源调控技术与应用	北京市科学技术奖三等奖	2018年

续表

序号	获奖人(团队)	获奖名称	获奖时间
169	±800kV 特高压直流输电线路优化关键技术及应用	北京市科学技术奖三等奖	2018 年
170	海上风电场交流并网稳定运行关键技术及应用(张雪敏(6/15))	北京市科学技术奖三等奖	2018 年
171	气体绝缘装备局部放电超宽带射频检测技术研发与应用(刘卫东(3/9))	福建省科学技术奖二等奖	2018 年
172	主动配电网关键技术研究及示范(程林 13/15)	国家电网公司科学技术进步奖	2018 年
173	基于精细化时序运行模拟的电力系统优化规划关键技术研究及应用(张宁 2,康重庆 5)	国家电网公司科学技术进步奖二等奖	2018 年
174	电力系统接地基础理论、关键技术及工程应用(何金良 1/10,曾嵘 2,张波 3,胡军 6)	国家科学技术进步奖二等奖	2018 年
175	交直流混联系统连锁故障主动防御关键技术与应用(梅生伟 1/10,张雪敏 5,黄少伟 6)	国家科学技术进步奖二等奖	2018 年
176	复杂电网自律-协同自动电压控制关键技术、系统研制与工程应用(孙宏斌 1/15,郭庆来 2,张伯明 3,吴文传 4,王彬 7,张明晔 12)	国家科学技术进步奖一等奖	2018 年
177	10 米纯电动客车及驱动系统研制及产业化(陆海峰(2/12))	湖南省科学技术进步奖二等奖	2018 年
178	高气压脉冲气体放电若干关键基础问题研究(罗海云 2/9,王新新 4,付洋洋 6,邹晓兵 8,周远翔 9)	教育部自然科学奖二等奖	2018 年
179	柔性操作高压开关设备关键技术与应用(刘卫东(4/11))	辽宁省科学技术进步奖一等奖	2018 年
180	新能源电力系统协同自律调控关键技术及应用(梅生伟 1/10,陈来军 3,魏韡 5)	青海省科技进步奖一等奖	2018 年
181	主动配电网协同控制与优化关键技术及应用(朱守真 11)	上海市科学技术奖一等奖	2018 年
182	适应大电网运行的主配网协同调控和抢修指挥系统关键技术及应用(吴文传 2)	四川省科技进步奖二等奖	2018 年
183	复杂电网下风电基地次/超同步振荡分析及防控技术研究与产业化应用(谢小荣(7/15))	新疆维吾尔自治区科学技术进步奖一等奖	2018 年
184	新能源电力系统鲁棒一体化调控关键技术及应用(梅生伟 1/15,陈来军 4,魏韡 5,刘锋 7)	中国电力科学技术奖二等奖	2018 年

续表

序号	获奖人(团队)	获奖名称	获奖时间
185	基于海量数据挖掘的新能源区域调度控制与消纳提升	中国电力科学技术奖三等奖	2018年
186	特高压直流接地极入地电流对埋地金属管道影响及抑制措施研究(张波3)	中国电力科学技术奖三等奖	2018年
187	城乡配电网智能分析决策与抢修指挥系统关键技术与工程应用(吴文传(2/7))	中国电力科学技术奖三等奖	2018年
188	含大型光伏电站的多种能源发电联合运行控制关键技术及示范(郭庆来(2/7))	中国电力科学技术奖三等奖	2018年
189	基于精细化时序运行模拟的电力系统优化规划关键技术及应用(张宁2/10,康重庆4)	中国电力科学技术奖三等奖	2018年
190	智能电网多环节综合互动运行关键技术及应用(钟海旺(3/6))	中国电力科学技术奖三等奖	2018年
191	超(超)临界燃机组优化运行控制关键技术及应用	中国电力科学技术奖三等奖	2018年
192	±800kV高端换流变压器自主化研制及工程应用(周远翔(15)	中国电力科学技术奖一等奖	2018年
193	±800kV直流复合外绝缘技术研究及工程应用(梁曦东4/15)	中国机械工业科学技术奖二等奖	2018年
194	千兆瓦级柔性直流背靠背系统装备研发及其应用(宋强4/15,刘文华9)	中国机械工业科学技术奖一等奖	2018年
195	集成多能源系统的主动配电网关键技术研究及应用(朱守真14)	中国南方电网公司科技进步奖一等奖	2018年
196	一种制备低残压ZnO压敏电阻陶瓷的工艺方法(何金良1,龙望成2,胡军3,曾嵘4,陈水明5)	中国专利奖优秀奖	2018年
197	压缩空气储能发电关键技术及应用(梅生伟1/11,薛小代3,卢强5,陈来军6)	安徽省科技进步奖一等奖	2019年
198	高温承压设备损伤电磁超声在线检测关键技及应用(黄松岭2/15,王珅13)	北京市科学技术奖一等奖	2019年
199	深度限制超特高压电网过电压的压敏陶瓷材基础理论与关键技术(何金良1/12,胡军2,曾嵘4,孟鹏飞6,张波7,余占清8)	北京市科学技术奖一等奖	2019年
200	智能用电大数据关键技术、装备研发及工程应用(张宁2/15,康重庆6)	广东省科技进步奖二等奖	2019年

续表

序号	获奖人(团队)	获奖名称	获奖时间
201	可再生能源灵活消纳的数字物理智能决策平台研发及应用(张树卿 10/15)	广东省科学技术奖二等奖	2019 年
202	电网运营数据驱动提升供电可靠性和客户满意度关键技术及应用(胡军 3/15)	广西科学技术奖二等奖	2019 年
203	中远海大型风电集群并网规划关键技术及应用(鲁宗相 2/15,乔颖 10)	国家电网公司科学技术进步奖二等奖	2019 年
204	消纳风电的热-电联合优化规划与运行调控关键技术及应用(王彬 3)	国家电网公司科学技术进步奖二等奖	2019 年
205	基于共振磁耦合供电及电磁传感定位的无人机智能巡线技术与应用(胡军 8,赵根 14)	国家电网公司科学技术进步奖三等奖	2019 年
206	规模化新能源“省-地-场”多层级精细调控与消纳提升技术及应用(乔颖 2/15,鲁宗相 11)	国家电网公司科学技术进步奖三等奖	2019 年
207	支撑高比例新能源电网的虚拟同步发电机关键技术、装备及应用(陈来军 3/15)	国家电网公司科学技术进步奖一等奖	2019 年
208	源网荷协同下电网低碳规划优化关键技术及应用(康重庆 4/10,张宁 7)	国家电网公司科学技术进步奖二等奖	2019 年
209	电网侧规模化电化学储能应用关键技术及工程示范(张宁 3)	国家电网公司科学技术进步奖一等奖	2019 年
210	千万千瓦级风光电集群源网协调控制关键技术及应用(鲁宗相 5/10)	国家科学技术进步奖二等奖	2019 年
211	石油钻机飞轮储能调峰混合动力关键技术及应用(戴兴建 2/7,姜新建 5)	河南省技术发明奖二等奖	2019 年
212	高压开关装备电弧开断关键技术及应用(刘卫东 9/15)	河南省科学技术进步奖一等奖	2019 年
213	新能源并网运行的建模与调控理论(孙凯 6/7)	江苏省科学技术奖二等奖	2019 年
214	大容量电力电子系统电磁瞬态过程分析与控制技术(赵争鸣 1/6,袁立强 2,鲁挺 3,陈凯楠 4,张春朋 5,孙晓瑛 6)	教育部技术发明奖一等奖	2019 年
215	电能质量分析与控制关键技术及核心装备研发应用(姜齐荣 2/15)	教育部科学技术进步奖二等奖	2019 年
216	大电网调度运营决策的高效建模与优化关键技术及工程应用(康重庆 1/15,钟海旺 2,张宁 3,陈启鑫 4,夏清 5,杨知方 6,汪洋 9,王斌 10,王毅 11)	教育部科学技术进步奖一等奖	2019 年

续表

序号	获奖人(团队)	获奖名称	获奖时间
217	电极化储能复合电介质材料结构性能联调的基础理论与方法(党智敏1/5,郑明胜4)	教育部自然科学奖一等奖	2019年
218	全清洁能源供电关键技术及应用(郭庆来3)	青海省科学技术进步奖	2019年
219	高占比新能源电网电压安全评估和协调优化控制关键技术研发及应用(孙宏斌2,郭庆来4)	陕西省科学技术奖二等奖	2019年
220	高压换流站空气绝缘间隙优化关键技术及应用(庄池杰1/8,曾嵘4)	四川省科技进步奖二等奖	2019年
221	多约束条件下的电网安全分析与运行优化理论(林今3/5,胡泽春4)	四川省科技进步奖一等奖	2019年
222	电网台风监测与防护关键技术研究及应用	中国电力科学技术奖二等奖	2019年
223	基于大数据分析的城市电网状态评估系统关键技术研究与示范应用(高文胜6/17)	中国电力科学技术奖二等奖	2019年
224	电力谐波计量关键技术及应用(肖勇3/15)	中国电力科学技术奖三等奖	2019年
225	大规模风电汇集系统短路电流计算及其保护测距关键技术(王宾2/11)	中国电力科学技术奖三等奖	2019年
226	交直流混联电网直流偏磁监测分析与治理体系关键技术及长三角应用(张波6/7)	中国电力科学技术奖三等奖	2019年
227	构建安全清洁高效省级电网的关键技术及应用	中国电力科学技术奖三等奖	2019年
228	中远海大型风电集群并网规划关键技术及应用(鲁宗相2/11,乔颖9)	中国电力科学技术奖三等奖	2019年
229	基于大规模风/光电/高载能并网的荷-网-源协调控制关键技术	中国电力科学技术奖三等奖	2019年
230	集成多能源系统的主动配电网关键技术研究及应用(朱守真7/15)	中国电力科学技术奖一等奖	2019年
231	多源协同的主动配电网运行可靠性提升关键技术、设备及工程应用(程林1/15,葛贤军10,万宇翔13)	中国电力科学技术奖一等奖	2019年
232	提升氧化锌避雷器压敏电阻阀片综合性能的关键技术(何金良1/6,胡军2,曾嵘4,孟鹏飞6)	中国电力科学技术奖一等奖	2019年

续表

序号	获奖人（团队）	获奖名称	获奖时间
233	基于人工智能的复杂电网调度决策关键技术与应用（孙宏斌 1，郭庆来 4，张伯明 6，黄天恩 9，周艳真 11，吴文传 15）	中国电力科学技术奖一等奖	2019 年
234	大电网调度运营决策的高效建模与优化关键技术及工程应用（康重庆 1/15，钟海旺 2，张宁 3，陈启鑫 4，夏清 5，杨知方 6，汪洋 9，王斌 10）	中国电力科学技术奖一等奖	2019 年
235	大型电力变压器现场高压试验与缺陷检测精确定位关键技术及应用（周远翔 3/15，张灵 10，张云霄 15）	中国机械工业科学技术奖二等奖	2019 年
236	电动汽车智能协同充电关键技术及规模化应用（胡泽春 10/15）	中国机械工业科学技术奖一等奖	2019 年
237	数据驱动提升电网主设备可靠性和客户满意度关键技术研究及应用（胡军 3/15）	南方电网公司科技进步奖二等奖	2019 年
238	基于诱导目标函数的含电量约束月度机组组 4 优化方法（白杨，钟海旺，王鹏，汪洋，夏清，康重庆）	中国专利奖优秀奖	2019 年
239	环北京地区新能源电力系统虚拟同步机关键技术、装备与应用（陈来军 5/15）	北京市科学技术奖二等奖	2020 年
240	酒泉高比例可再生能源基地特高压交直流送端电网调峰关键技术研究（鲁宗相(6/10)）	甘肃省科技进步奖二等奖	2020 年
241	酒泉高比例可再生能源基地特高压交直流送端电网调峰关键技术研究（鲁宗相(6/10)）	国家电网公司科学技术进步奖三等奖	2020 年
242	高效率电力电子变压器及其交直流灵活组网关键技术与应用（程林 13）	国家电网公司科学技术进步奖一等奖	2020 年
243	±800kV 换流变压器自主化研制及工程应用（周远翔 4/10）	国家科学技术进步奖二等奖	2020 年
244	含高比例新能源的电力系统需求侧负荷调控关键技术及工程应用（林今 5/10）	国家科学技术进步奖二等奖	2020 年
245	钢构件缺陷多场耦合成像检测关键技术及应用（黄松岭 1/6，王珅 4，彭丽莎 6）	湖北省技术发明奖一等奖	2020 年
246	规模化电化学储能关键技术及工程应用（张宁 3/11）	江苏省科学技术奖一等奖	2020 年
247	智能电网能量管理理论与方法（孙宏斌 1，吴文传 2，郭庆来 3，张伯明 4，李志刚 5，潘昭光 6，郑伟业 7）	教育部自然科学奖一等奖	2020 年

续表

序号	获奖人(团队)	获奖名称	获奖时间
248	区域综合能源系统运营模式、关键技术与示范应用(张宁1/10,黄武靖4)	山西省科学技术进步奖二等奖	2020年
249	高比例水电多直流送端电网频率安全稳定控制技术及应用(胡伟8/10)	四川省科学技术奖一等奖	2020年
250	高比例水电多直流送端系统频率动态控制关键技术研究与应用(陈磊3/25,闵勇4)	云南省科学技术进步奖一等奖	2020年
251	高比例可再生能源电力系统灵活性评估与优化理论及其应用(鲁宗相1/10,闵勇2,乔颖3,徐飞4)	中国电力科学技术奖二等奖	2020年
252	支撑跨行业能源资源共享协同的大型城市能源互联网关键技术及示范(孙宏斌1/15,郭庆来4,慈松9,夏天11)	中国电力科学技术奖二等奖	2020年
253	数字城市电网智能配用电大数据关键技术、装备系统研发及工程应用(胡军6/16)	中国电力科学技术奖三等奖	2020年
254	高比例新能源集群广域多层级协调优化控制与消纳关键技术及应用(鲁宗相4/10)	中国电力科学技术奖三等奖	2020年
255	柔性直流配电关键技术、装备研发与应用(袁志昌3,赵彪10)	中国电力科学技术奖三等奖	2020年
256	支撑新能源电力系统的虚拟同步机关键技术、装备与应用(陈来军4/19)	中国电力科学技术奖一等奖	2020年
257	高效率电力电子变压器及其交直流灵活组网关键技术与应用(程林13/15)	中国电力科学技术奖一等奖	2020年
258	主动配电网运行调控与可靠性规划关键技术系统及应用(吴文传1/15,张伯明2,孙宏斌4,王彬5,巨云涛6,郭庆来7,郭烨12)	中国电力科学技术奖一等	2020年
259	柔性直流配电成套装备研制及工程应用(袁志昌5,赵彪9)	中国机械工业科学技术奖二等奖	2020年
260	抽水蓄能发电电动机变压器组继电保护关键技术研究及应用(桂林6,李荷婷15)	中国机械工业科学技术奖三等奖	2020年
261	新一代大容量调相机研发及工程应用(王善铭20/50)	中国机械工业科学技术奖特等奖	2020年
262	新一代金属氧化物避雷器关键技术及装备(何金良1/15,胡军2,李琦6,余占清7)	中国机械工业科学技术奖技术发明二等奖	2020年
263	特高压直流工程人工短路关键电气量暂态分布测试技术与应用(张波8/11)	中国机械工业科学技术奖科技进步奖三等奖	2020年

续表

序号	获奖人(团队)	获奖名称	获奖时间
264	Large capacity DC breaking technology 大容量直流开断技术(曾嵘 1/10,余占清 2,黄瑜珑 3,屈鲁 4,张翔宇 5,陈政宇 6,刘佳鹏 7,赵彪 8,庄池杰 9,吴锦鹏 10)	IET E&T Innovation Award - Future power and enegy 英国工程技术学会“未来电力与能源领域”创新奖	2021 年
265	高效率电力电子变压器及其交直流灵活组网关键技术与应用(程林 9/15)	江苏省科学技术奖一等奖	2021 年
266	双碳目标下电化学储能规模化应用关键技术及示范工程(刘锋 7/7)	中国电力科学技术奖	2021 年
267	高比例新能源电力系统与大型城市供热网协同调控关键技术与应用(吴文传 2/15)	中国电力科学技术奖二等奖	2021 年
268	面向能源互联网的虚拟电厂聚合调控与智慧运营关键技术及应用(孙宏斌 2/18,郭庆来 7)	中国电力科学技术奖二等奖	2021 年
269	新形势下中长期调度运行的安全校核与优化评估决策关键技术与应用(钟海旺 7/7)	中国电力科学技术奖三等奖	2021 年
270	区域综合能源系统规划与运营关键技术研究与装备研发(张宁 1/10,王毅 2)	中国电力科学技术奖三等奖	2021 年
271	多时序,多品种、泛主体的电力市场机制设计、关键技术与交易平台(陈启鑫 1,夏清 8)	中国电力科学技术奖一等奖	2021 年
272	大容量直流开断关键技术及高中低压系列化直流断路器研制(曾嵘 1/6,余占清 2,黄瑜珑 3)	中国电力科学技术奖一等奖	2021 年
273	大规模清洁能源友好并网及可靠传输关键技术与装备研发(张树卿 10/15)	中国机械工业科学技术奖二等奖	2021 年

(资料来源:《清华公报》,2002—2010 年;《清华大学年鉴》,2006 年,2007 年;清华大学电机系资料;清华大学电机系:《清华电机系七十周年系庆纪念集》;2011—2021 年,清华大学电机工程与应用电子技术系信息简报)

2002—2021 年,清华大学电机系承担的国家级基础科研课题、国际合作交流科研项目、国防军工科研课题、国家电网公司和南方电网公司等国有大企业以及民营企业科研需求课题的数量都不断增多,尤其是电气工程、能源互联网、新型电力系统等学科领域的重点基础理论和重大工程科技攻关项目的占比不断增长,科研经费数量总体呈逐年增长态势,2021 年

图9-34　“三维协调的新一代电网能量管理系统、关键技术及应用”获2008年国家技术发明奖二等奖。图为张伯明(右二)和团队成员在国家科技奖励大会上①

图9-35　电机系获得的国家级、省部级各项奖励证书②

达4亿多元人民币;而且,基于科研项目或课题的研究成果发表在国际重要学术期刊上的论文数量不断增多;获得的国际、国内发明专利授权数量不断增多,且授权发明专利产生的经济和社会效益明显上升;在科学出版社等国内主要学术出版机构以及国外著名出版机构出版的学术专著也越来越多。这些科研成果和相关效益从一个侧面反映出,清华电机系的整体科研贡献力和影响力均有了明显上升,为国家和相关企业的发展和进步做出了可喜的贡献。

---

① 《新清华》,第1821期。

② 清华大学电机系:《清华电机系七十周年系庆纪念集》,41页。

六、公共服务

（一）援建西部

从2014年起，电机系本科生和研究生发起了“梦之网”计划，为偏远地区多所小学校搭建光伏微电网，利用专业知识解决偏远地区缺电难题，并且在实践过程中将思想教育、专业学习和服务社会有机融合。截至2021年底，团队成员超过100人，累计获得130余万元的物资与经费支持，旅途超过两万公里，共为四川、广西、新疆、贵州四省9所偏远地区的无电、缺电中小学搭建了总装机超过85kW的光伏微电网，惠及超过一千名当地师生，并连续5年获评“清华大学暑期社会实践金奖支队”，连续4年捧得“清华大学最佳社会实践奖”的奖杯，连续3年获评“首都大中专学生暑期社会实践优秀团队”，并于2020年获得“挑战杯”中国大学生创业计划竞赛北京市金奖，受到人民日报（2015年和2016年共2次）、中国青年报、中央电视台（2014年2次，2017年1次，共3次）、人民网、中青网、新华网、凤凰网等媒体的关注报道。

按照国家和清华大学的安排，清华电机系教师积极参与对口支援青海大学和新疆大学发展建设的工作。梁曦东2009—2013年期间担任青海大学校长，与该校的干部和师生一起团结奋斗，锐意改革与进取，助力青海大学实现跨越式发展；2014年，梅生伟和陈来军牵头成立了青海大学新能源光伏产业研究中心，2016年又牵头申报并被批准建立了青海省清洁能源高效利用重点实验室，与清华大学相关学科和院系的教师们携手努力，克服重重困难，带动了青海大学相关学科方向科研、师资队伍水平的提高。2019年，梅生伟被评为青海省最美科技工作者，并入选了中宣部最美科技工作者。2011—2014年，李永东担任了新疆大学电气学院院长，他紧紧依靠新疆大学党政领导的强力支持，着重抓新疆大学电气学院的人才培养质量，加强学科和师资队伍建设，加速教师科技成果的转化，取得了可喜的成绩；2017—2020年，周远翔担任新疆大学电气工程学院党委副书记、院长，助力该学院申请并成功获批“电气工程”一级学科博士点和首个国家自然科学重点基金。2019年，周远翔荣获了中央宣传部授予的“最美支边人物”称号。

图 9-36　周远翔

图 9-37　周远翔指导新疆大学学生

(二)积极发挥智库作用

2015—2021年，电机系(含北京院和四川院)深度参与国家重大战略制定、国家部委政策咨询和文件起草工作，为国家能源行业的发展提供了强有力的研究、论证能力支撑。相关工作成果，主要集中在电力市场、电力系统与能源互联网三个领域。

这一时期，电机系(含北京院和四川院)深入参与了我国电力体制改革与电力市场建设全历程的工作。2002年，我国启动了电力体制改革，夏清等深度参与了电改主文件《国务院关于印发电力体制改革方案的通知》(国发〔2002〕5号)的起草、咨询与调研工作，并在此后持续为国家电力体制改革相关工作提供研究成果支持。自2015年以来，我国启动了新一轮电力体制改革，陈启鑫等深度参与了《关于进一步深化电力体制改革的若干意见》(中发〔2015〕9号)及其核心配套文件的编写及咨询工作。2021年，中央全面深化改革委员会第二十二次会议通过了《关于加快建设全国统一电力市场体系的指导意见》，以陈启鑫为主的能源互联网智库中心成员，直接承担了该指导意见的撰写、咨询以及前期课题研究的调研和论证等工作，全面支撑了全国统一电力市场体系相关政策文件的制定。电机系(含北京院和四川院)多位老师和科研人员，多次承担了国家发改委、能源局委托的关于输配电价、电力交易机构组建、电力现货市场建设、能源战略转型等课题的研究及政策制定工作。自2015年我国启动新一轮电力体制改革以来,清华电机系参与修编的国家相关领域的政策文件有8项,承担国家部委及世界组织委托的相关研究课题18项,向国家能源局领导班子进行研究成果专题汇报3次,发表智库研究成果论文10余篇,并且在公开渠道发表署名智库文章多篇,为国家电力体制改革与能源战略转型,提供了理论支撑和技术分析工具。

在电力系统、智能电网、新型电力系统建设方面,清华电机系(含北京院和四川院)承担了国家发改委、工信部等委托的重大研究课题多项,撰写和报送了多篇智库报告,并获得了相关部委领导的批示。康重庆等承担了国家工信部委托的《新型电力系统技术研究报告》课题,牵头组织发电集团、电网、企业、高校和科研院所等三十余家单位,全面梳理和归纳总结了新型电力系统建设的核心内涵与特征、面临的主要挑战、支撑技术以及发展路径等;撰写出相关智库报告4篇、报送国家中央部委,并获得了批示。清华电机系受国家发改委、工信部委托,还组织召开了相关新型电力系统的研讨会5次,累计参会人员超千人次;并且就新型电力系统建设中的若干关键问题,累计接受新华网、人民网等主要媒体采访、发表文章十余次,累计阅读量达数万次。

在能源互联网与低碳电力领域,清华电机系(含北京院和四川院)已承担了多项相关标准的制定;作为主要执笔方,参与撰写了国发文件《关于推进“互联网+”智慧能源发展的指导意见》;牵头完成了国家能源局“国家能源互联网行动计划战略研究”的5个重点子课题;牵头或作为主要执笔单位,制定了12项能源互联网领域的国家标准。受国家能源局委托,承担了“互联网+”智慧能源示范项目的评审、央企示范项目成果的验收,以及示范项目的整体总结等工作。自2017年起,连续5年组织召开了国家能源互联网年度大会,组织编写并发布了《国家能源互联网白皮书》《国家能源互联网发展技术蓝皮书》《国家能源互联网发展年度报告》等。在国家能源局的直接领导下,2017年成立了“国家能源互联网产业及技术创新联盟”;2018年,在中国电机工程学会下发起成立了“能源互联网专业委员会”,清华电机系均为秘书长单位。

(三)国内专业学术组织任职

电机系教师还积极发挥优势,在国内相关专业学术组织的专业委员会担任领导工作,包括:梁曦东任中国电工技术学会副理事长,于歆杰任中国电机工程学会电工理论与新技术专委会主任委员,康重庆任中国电机工程学会青年和教育工作委员会主任委员、中国工业节能与清洁生产协会综合能源系统专委会主任委员,李永东任中国电源学会交通电气化专委会主任委员,党智敏任中国复合材料学会介电高分子复合材料与应用专委会主任委员,沈沉任中国仿真学会综合能源系统数字孪生专委会主席,何金良任北京市电机工程学会高压专委会主任委员,全国雷电防护标准技术委员会主任委员等。此外,电机系有很多教授(研究员)及副教授,还在电气工程领域内很多个行业、专业的学会或协会(即二级学会)以及学术期刊,担任副主任委员、副理事长、副主编,等等。

(四)促进教育公平

2002—2021年期间,清华电机系同时开设了清华首门慕课(MOOC)"电路原理"的中英文两个版本,每学期均同时在edX和学堂在线两个平台上运行,其中,在edX平台与MIT的"电路与电子学"慕课同场竞技。自2013年10月上线以来,截至2021年底,该慕课已有来自全世界超过160个国家和地区的30万余名学生选修,这个选修人数,约为清华大学电机系建系以来在校内学习过电路原理课程人数的两倍;学习者的年龄分布从13岁到70余岁,涉及30多个职业,约半数学员并非在校学生。通过建设和运行电路原理慕课,清华大学电气工程学科有效地向世界传递了来自清华的声音,承担了世界一流大学和一流学科应有的社会责任。即电路原理慕课之后,清华电机系开设的电工学、电力市场概论、高等电力网络分析、电磁兼容、电磁暂态分析等课程,也相继完成了慕课制作,已形成了电气工程学科的慕课资源集群,引领了"互联网+"时代理工科核心课程教学改革的潮流,促进了优质教育资源的共享与应用。

以慕课资源做依托,清华大学电机系还创建了"以学生为中心的教与学"模式,实现了高校定制化共享慕课资源。截至2021年底,已有包括南京大学、青海大学、华北电力大学、扬州大学、贵州理工学院、国家开放大学等60余所"985"、"211"、一本、二本高校,都成功地应用了该模式,从而有效地提升了这些高校相关课程的教学质量,实现了优质教育资源的开放共享。

自2020年以来，随着国际形势的发展，不少国内高校受到了美国的制裁。清华大学电机系教师利用自己的科研成果，开展了软件捐赠与开放工作，从而促进了教育公平性的有效落实。2020年10月，清华电机系赵争鸣团队，先后向哈尔滨工业大学、海军工程大学2所高校捐赠了自主研发的国产电力电子仿真软件DSIM；2021年，电机系沈沉、陈颖团队自主研发的CloudPSS，也已正式入列清华大学校园公共软件，为全校师生提供了能源电力系统专业的仿真计算服务。

（五）抗击非典和新冠肺炎

2002—2021年期间，我国分别于2003年和2020年遭遇了“非典”和“新冠肺炎”两场疫情。清华电机系师生勇敢携手抗疫，结合自身专业特点，开展了抗疫科研工作，并且为全国乃至全球提供了疫情期间如何不间断大学教育的课程教学方案。

在抗击“非典”期间，电机系杨学昌、周远翔、梁曦东开展的“等离子催化室内空气超净化技术及其装置的研制”科研攻关课题做出了有益的贡献，周远翔申请获批的国家自然科学基金紧急立项项目“驻极体空气过滤膜对微生物病毒和细微颗粒的阻隔和抑制特性研究”，其研究成果也为阻隔疫情发挥了重要作用。

在抗击“新冠肺炎”期间，王新新申请获批的国家自然科学基金抗疫专项项目“新冠病毒等病原体‘快速查杀一体化’样机研制及咽拭子临床标本和中央空调消毒的研究”，罗海云领衔成立了跨院系的“等离子体空气消毒科技抗疫攻关小组”，牵头获批了清华大学自主科研春风基金专项“针对空气和物表的新冠病毒快速高效消毒机研制、应用及‘查杀一体化’关键技术研究”，以及获批了国家重点研发计划项目“现场适用的新冠样本快速查杀一体化系统研制与应用”，北京市科委项目“办公楼宇中央空调空气消毒系统研制与应用示范”等，其研究成果在抗击疫情的一些场景和环境得到了有效应用，也因此荣获了“清华大学抗击新冠肺炎疫情先进集体”称号。

就新冠疫情暴发期间如何能保证不间断地开展高质量的课程教学工作，清华大学于2020年2月成立了在线教学指导专家组，电机系于歆杰担任组长，朱桂萍担任成员，及时为清华大学设计并制定出了可靠可行的在线教学方案。丁青青支援新疆大学应急开展视频授课;朱桂萍等推出了“云”实验环境,让学生们居家也能真材实料地做电工实验。这一创新性的在线教学方式,吸引了英国广播公司(BBC)记者对朱桂萍的《电路原理》在线教学过程和“云”实验实施场景进行了采访和拍摄。此外,在2020年春季学期,清华电机系的任课教师还开展了多场国际在线的教学交流活动,包括于歆杰、朱桂萍与美国德州农机大学(TAMU)电气与计算机工程系(ECE)约20位教师进行了在线交流,向美国同行宣讲了清华大学电机系抗疫在线教学的经验;于歆杰与斯坦福大学副教务长交流了在线教学的经验;于歆杰面向全球工程院院长论坛(GEDC)的300余位观众,宣讲了新冠疫情下清华大学如何开展在线教学的经验。

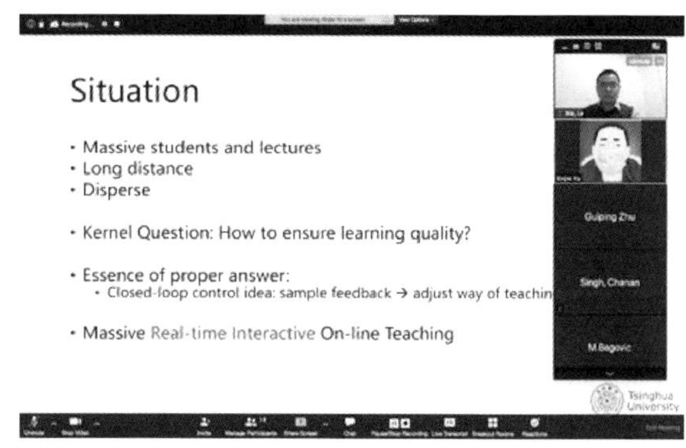

图9-38　电机系于歆杰、朱桂萍两位教授与美国德州农机大学(TAMU)电气与计算机工程系(ECE)约20位教师通过ZOOM进行在线交流

图9-39　朱桂萍教授接受BBC采访

七、文化传承创新

清华大学电机系自成立以来，一直很重视自身的文化建设、传承与创新。

(一)继承发扬大先生们的精神

清华大学电机系建系至今，有近40位两院院士在电机系任教或学习。大先生们在学科建设、人才培养与科学研究方面的首创精神，成为电机系文化传承创新过程中不可多得的财富，值得充分继承和发扬。

2003年12月24日，在清华电机系首任系主任顾毓琇先生百岁诞辰纪念日，顾毓琇先生铜像揭幕仪式在电机系馆举行。顾毓琇先生兼学者、诗人、教授三者为一身，一生如“清风、明月、劲松”一样飘逸潇洒。顾先生铜像的设立，对电机系师生起到很好的文化传承作用。

2007年4月28日，清华电机系隆重举行了“章名涛先生诞辰100周年暨电机系成立75周年纪念大会”，时任中共中央政治局常委、国务院副总理、清华电机系1961届系友黄菊，为章名涛先生百年诞辰和电机系系庆专门题词：“深情缅怀章名涛先生，承传清华电机精神。”

(二)设立“景德讲坛”

2019年3月28日，清华大学电机系“景德讲坛”第一讲隆重举行。电机系系友、“八一勋章”获得者马伟明院士受邀，做了题为“抢抓电磁能时代发展先机”的专题报告。清华电机系决定设立“景德讲坛”的宗旨，就是要弘扬电机系的优良传统，纪念以高景德院士为代表的一大批电机系杰出前辈，传承他们严谨治学、勇于创新的精神。邀请的演讲嘉宾，主要是国内外在电气、能源、电工学科高等教育等领域有影响力的高层次专家学者。讲座报告的主题为前沿科技进展、重大战略规划、人才培养模式、教育理念创新等。截至2021年底，电机系已先后举办了5讲“景德讲坛”报告会，第2~第5讲受邀做报告的专家是：美国工程院院士、电力电子领域著名专家Divan教授(2019年6月，第二讲题目“未来电网的电力电子和分布式控制技术”)，美国工程院院士、电力系统著名专家Vijay Vittal教授(2019年9月,第三讲题目“电力系统和供水系统相依的基础设施建模、优化和控制”),中国工程院院士、电机系系友陆建勋(2020年11月,第四讲题目“传承清华光荣传统,弘扬时代科学精神”),中国工程院院士、电机系系友李立浧(2021年4月,第五讲题目“透明电网与新型电力系统”)。

2021年9月,中国电工技术学会与清华大学共同设立“中国电工技术学会高景德科技奖”,旨在促进我国电气工程领域的科技创新与产业高质量发展,表彰取得卓越成就、对我国电气工程领域科技事业发展做出突出贡献的科技工作者。

图9-40 于歆杰教授代表电机系为陆建勋院士颁发“景德讲坛”纪念牌和纪念证书

图9-41 于歆杰教授为Vittal颁发纪念牌和纪念证书

(三)系训与系标

朱镕基学长在1992年为清华电机系60年系庆题写的贺词中说道:“四十多年前,母校电机系主任章名涛教授在一次会上对我们讲过这样一段话：‘你们来到清华，既要学会怎样为学，更要学会怎样为人。青年人首先要学为人，然后才是学为学。为人不好，为学再好，也可能成为害群之马。学为人，首先是当一个有骨气的中国人。’哲人已逝，言犹在耳。清华就是教我们为学，又教我们为人的地方。它以严谨的学风和革命的传统，培育了一代又一代献身革命和建设祖国的‘有骨气的中国人’。饮水思源，终生难忘。为学在严，严格认真，严谨求实，严师可出高徒。为人要正，正大光明，正直清廉，正己然后正人。”30 年过去了，朱镕基学长的教诲在电机学子中一届届接续相传，“为学在严，为人要正”也逐渐成为清华大学电机系的系训，其与“自强不息，厚德载物”的校训相得益彰。

2008 年 3 月，清华电机系启动了系标的设计工作。为此，清华电机系面向所有系友征集能反映清华电机系文化的系标设计方案。截至 2009 年 3 月，共收到了系标设计作品 40 余件。随后，电机系工会组织全体在职教职工投票，结果选出了由系友翁振星(2002 级本科生、2006 级博士生)提出的设计方案，请美术学院华健心教授进一步润色修改，并于 2009 年 11 月定稿。清华电机系的系标由 4 部分组成：1)清华大学电机系中文全称；2)“电气工程”四个字的英文；3)数字“1932”，反映清华大学电机系的建系时间；4)系标中央的图案，由“电机工程”的“Electrical Engineering”的首字母“EE”组成，同时，还组成一个汉字“电”字；系标上，字母线条的粗细和角度富有变化，给人以速度感，象征着清华电机系向前、向上、快速发展的态势和决心。

图 9-42　电机系 logo

为统一清华电机系的系庆视觉标识，强化举办系庆活动的文化理念，清华电机系于 2021 年 3 月开展了 90 周年系庆标识的公开征集活动。随后，对征集到的 68 套设计方案经过初审，之后，对挑选出的 10 套入围作品再次进行了公开网络投票。在最终入选的由系友袁新枚(2000 级本科生、2004 级博士生)创作的系庆标识设计作品基础上，邀请清华美术学院视觉传达设计系主任陈磊教授，又融合优秀作品的创意，以及师生、系友和专家的意见，于2021年5月定稿。共有超过5000人参与了此次活动。清华电机系90周年系庆标识的整体设计，以电机系所在的西主楼为基础，以提升该标识的辨识度；该标识中心嵌入有“EE90”字样，清晰地体现了清华大学电机系90周年系庆的主题，其中“EE”和“90”，分别采用阳文和阴文的反差式设计，以提升该标识的设计感；在该标识的底部加入了清华大学电机系建系90年的年代信息，且其与楼梯图案自然融合；利用西主楼的光照特征（南面偏亮，东面偏暗），调节了该标识的着色亮度，以提升其立体感，也将历史感的建筑风格与现代感的极简立体风格有机结合，跟“历史与当下”的电机系系庆的主题相呼应；该标识的图形右侧，嵌入了由电机系中的“电”字演化而来的形如“90”的字样，寓意庆祝电机系建系90周年，同时，其还与主图中的“EE”相呼应，代表了电气专业的特色。

图9-43　电机系90周年系庆标识

（四）系友工作

系友工作是文化传承中非常重要的组成部分。在一直保持着清华电机系与广大系友紧密联系的基础上，近年来，清华电机系的系友工作又取得了较大的突破。2018年7月，清华电机系成立了清华校友总会电机工程与应用电子技术系分会（简称“清华电机系校友会”），多名杰出的电机系系友应邀担任了电机系校友会的顾问委员、战略发展咨询委员和常务理事等。除成立电机系校友会为校友开展更好的服务外，清华电机系还积极筹备成立各地区的校友分会。2020年10月，电机系成立了四川成都清华校友会电机系西南分会；2021 年 12 月，电机系又成立了深圳市清华大学校友会电机系分会。

图 9-44　2021 年电机系校友年会

（五）关爱离退休教职工

清华大学电机系的离退休教职工，是电机系的一笔宝贵财富，他们中的很多人在职期间做出过重要贡献，其中一些虽然已退休，却仍然在以不同的方式发挥着余热，因此，离退休工作一直是电机系党委和行政领导班子的一项重要工作。电机系长期注意营造良好系内氛围，十分重视离退休教职工的生活冷暖及身体健康。一方面，电机系党政班子注意创造各种条件，给予经费和活动场所的支持，鼓励离退休教职工开展形式多样的活动，如为离退休教职工组织经常性的乒乓球队活动，还有组办歌咏比赛、运动会、冬季长跑比赛、春秋游活动，等等，力争让每一位离退休教职工都能感受到系里的关怀。另一方面，对个别因病、因家庭变故等原因造成生活上出现特殊困难的离退休教职工，电机系党政班子、系工会干部以及各研究所干部一起，通过家庭走访、经济资助等形式，对他们给予重点帮扶，以确保这些出现特殊困难的离退休教职工能及时得到系里的帮助和照顾。[①] 例如，2012 年，8 位得大病的离退休教职工获得了系"安老基金"的补助。2014 年，电机系党政班子通过各研究所党支部和工会小组，及时了解患病、生活相对困难等需要帮扶的教职工的生活状况，与各研究所的同志一起到家中或医院看望他们，并捐献或提供必要的生活补助金。

① 《清华大学电机工程与应用电子技术系年鉴》，2014 年。

2015年,电机系党政班子听取建议,改进了离退休教职工集体过生日的活动形式,把为70、80、90周岁老同志过生日的聚会规模,从过去只邀请值年老教职工,扩大为了70岁以上的老同志都可自愿参加,如此,增进了更多老同志之间的接触机会,受到了离退休教职工的欢迎和肯定。此外,电机系经过仔细核查,确认了宗孔德教授1944年1月至1945年底,曾在国民党第60军服役,并参与了对日作战和赴越南参与对日受降的工作事实,特向学校有关部门报告,并申请学校相关部门启动甄别和确认离休教授宗孔德先生为抗战老兵的工作。自2017年以来,电机系党政班子每年都组织开展集中走访、慰问确有生活困难或健康状况不佳离退休老教职工的活动,如2021年,电机系党政班子除积极向学校党委、校工会为系内患有重病或生活相对困难的老教职工申请补助金外,还从系里设立的"安老基金"以及其他可使用的经费中拨出专款,为30多位离退休老同志给予了尽可能的帮扶和慰问。①

图9-45　庆祝宗孔德先生101岁生日现场

八、国际交流合作

自建系以来,清华大学电机系在办学过程中一直非常注重开展国际交流与合作。自2010年开展了学科国际评估后,清华电机系更是全方位

① 《清华大学电机工程与应用电子技术系年鉴》,2016年。

地加速了建设世界一流电气工程学科的进程。

(一)建设国际声誉日盛的专兼职教师队伍

2006年,卢强被选为瑞典皇家工程科学院外籍院士。截至2021年底,清华电机系共有卢强、何金良、宋永华、张伯明、梅生伟、康重庆、董新洲、赵争鸣、孙宏斌、吴文传10位教师获评了IEEE Fellow;关志成、董新洲、宋永华、赵争鸣、何金良、梅生伟、孙宏斌、康重庆、曾嵘、闵勇、王赞基、梁曦东、黄松岭、周远翔、吴文传、党智敏、鲁宗相、谢小荣、李永东、郭庆来、刘锋、孙凯、郑泽东、宋强、张波、程林、陈启鑫、魏韡、胡伟29位教师获评IET Fellow。

在电机系教师获得国际学术奖励方面,这一时期有:2010年,何金良荣获IEEE电磁兼容学会(IEEE EMC Society)技术成就奖(Technical Achievement Award);2012年,陈启鑫荣获了世界杰出青年创新家(MIT Technology Review, 35 Top Innovators under 35 (TR 35))的称号;2013年,何金良获得了日本电气设备学会(The Institute of Electrical Installation Engineers of Japan)第6届星野赏(Hoshino Prize);2014年,钟海旺荣获了第6届ProSPER. Net-Scopus青年科学家奖;2016年,何金良荣获了雷电防护国际会议科学委员会鲁道夫·海因里希·戈尔德(Rudolf Heinrich Golde)奖;2018年何金良,获得了IEEE赫尔曼·霍尔珀林电力传输和配电奖(IEEE Herman Halperin Electric Transmission and Distribution Award),曾嵘获得了IEEE电磁兼容学会技术成就奖(IEEE EMC Technical Achievement Award),于歆杰获得了电磁发射技术杰出贡献Peter Mark奖章(Peter Mark Medal for Outstanding Contribution to Electromagnetic Launch Technology),张品佳获得了IEEE工业应用学会青年杰出成就奖(IAS Andrew W. Smith Outstanding Young Member Achievement Award),张波获得了雷电防护国际会议(ICLP)科学委员会奖,李琦获得了IEEE孙才新和斯坦格泽博斯基青年学者成就奖(IEEE Caixin Sun and Stan Grzybowski Young-professional Achievement Award);2019年,梁曦东获得了国际电工委员会“IEC 1906奖”,康重庆、何金良同时获得IEEE杰出讲座学者计划(IEEE PES Distinguished Lecturer Program)支持;2020年,孙宏斌获得了IEEE PES能源互联网协调委员会(EICC)首届Energy Internet Pioneer

Award;2021 年,孙凯获得了 IEEE PELS“杰出讲座学者计划(Distinguished Lecturer Program)”支持,康重庆荣获了 IEEE PES Roy Billinton 电力系统可靠性奖(IEEE PES Roy Billinton Power System Reliability Award)和英国工程技术学会成就奖章(IET Achievement Medals)。

清华电机系教师还积极担任国际学术兼职,为世界电气工程学术界的共同发展做出了贡献。2014 年,董新洲作为召集人,成立了国际大电网组织 Cigre“超/特高压输电线路行波保护工作组”;2016 年,袁建生当选为国际电磁场计算协会委员(Board Member of ICS—the International Compumag Society),孙宏斌当选为世界工程组织联合会(Word Federal Engineering Organization)能源委员会副主席;2018 年,梁曦东成为国际电工委员会(IEC)绝缘子 TC36 委员会 WG11 工作组和 MT19 工作组召集人,康重庆成为 Cigre“电力系统发展和技术经济”C1 委员会“不断增加的不确定环境下的电力系统最优规划”工作组召集人,并于 2019 年担任 C1 委员会主任委员,而赵彪,于 2000 年担任了首个电力电子变压器国际标准 IEC/SC 22F/AHG 6 工作组的召集人。2018 年 10 月 20 日,IEEE PES 能源互联网专业技术委员会宣告成立,清华电机系孙宏斌教授当选为 IEEE PES 能源互联网专业技术委员会主席。

2002—2021 年期间,清华大学电机系与世界一流电气工程学科所在高校和科研院所,也持续不断地开展了深入的教师兼职学术交流活动。如,电机系聘请美国工程院院士 Fred Lee 牵头成立了讲席教授组;聘请美国工程院院士 Dushan Boroyevich 为名誉教授,英国皇家工程院院士 Timothy C. Green、加拿大工程院院士 Claudio A. Cañizares、爱尔兰皇家学会院士 Mark O'Malley、希腊国家科学院院士 Nikolaos D. Chatziargyriou、美国工程院院士 Joe Chow、美国工程院院士 Anjan Bose、洛桑联邦理工学院 Farhad Rachidi 等为杰出访问教授;聘请 Cigre 前主席 Klaus Fröhlich、Vijay Vittal、Mohammad Shahidehpour 和 Chanan Singh、伯克利大学 Felix Wu、剑桥大学 Tim Coombs、IEEE PES 前主席 Miroslav M. Begovic 和 Saifur Rahman 为电力系统国家重点实验室的客座教授。多所国外著名高校也聘任电机系教师为访问教授,包括:2020 年,康重庆被聘为帝国理工学院访问教授,慈松被聘为慕尼黑工业大学全球访问教授,等等。

(二)全方位开展国际化人才培养

这一时期,国际化人才培养的理念在清华电机系逐渐形成并不断发扬光大。清华电气工程学科博士生的国际化培养,也于这一时期逐渐形成规模,2005—2010年,清华电机系每年都有数位博士生出国参加3~12个月的交换交流,到2015年后逐渐形成规模,每年出国培养的博士生达100人次;参加国外举办的重要国际学术会议的博士生数也逐步增加。以IEEE Power & Energy Society举办的General Meeting为例,2006年,电机系参会的教师+博士生只有个位数,而到了2015—2019年,逐步已达到了教师+博士生及硕士生50人次参会。清华电机系本科生出国交换学习也逐步发展,在校友捐赠"水木源华"基金和"国网卓越人才基金"的支持下,自2018年以来,清华电机系每年都有60~80名本科生出国进行7~14天的交流访问,有效地扩大了学生的国际视野;而且在学校国际交流基金的支持下,清华电机系每年有约10名本科生出国进行一学期的课程学习。

清华电机系于2017年起,依托国家教育部出台的新工科项目,开始了本科"能源互联网国际班"的招生与培养工作,力图通过国际化招生、国际化师资和国际化培养的方式,培养能源互联网方向的国际一流人才。根据电机系研究制订的培养方案,"能源互联网国际班"学生在大三的春季学期,要安排赴国外开展游学的活动。截至2021年底,清华电机系"能源互联网国际班"共招收学生57人,其中4人前往哥伦比亚大学、帝国理工大学、卡迪夫大学等高校进行了实地游学;另有15位学生在疫情期间,在线上参与了美国弗吉尼亚理工大学为期一学期的课程学习。

暑期学校是开展国际化人才培养的重要抓手之一,自2019年起,清华大学电机系联合意大利贝加莫大学、意大利那不勒斯大学,持续联合举办中国-意大利先进制造创新论坛和中意先进制造暑期学校。截至2021年底,参加论坛和暑期学校的学生累计达143名。自2019年起,清华大学还创办了SDG开放创新马拉松挑战赛,电机系组织和承办"应对气候变化的清洁能源转型与创新"分赛场,截至2021年底,参加该赛事的学生已有150名。2021年,清华电机系承办了高等电力电子技术亚洲博士学校,届时邀请到了10位国际电力电子领域顶尖专家分析发展趋势和最新研究成果,来自19个国家的260余名学员报名参加了本期博士学校,其中72人是国际学员。

2019年4月,IEEE Power & Energy Society依托清华大学电机系成立了学生分会(Student Branch Chapter),隶属于该学会的北京分部(Beijing Section)。自成立以来,该学生分会已组织了多项电气工程专业的学生学术活动,如“云上论电plus”七校联合讲座、电力能源青年论坛,等等,并于2021年获得了IEEE PELS最佳学生支部奖(IEEE PELS Best Student Branch Chapter Award),成为首个获得这一奖项的中国高校学生支部。

清华电机系自2015年起,还与英国工程技术学会IET联合举办了电气工程博士生论坛,每年都吸引了国内10余所高校的100多名博士研究生参与。

(三)促进国际化科学研究

2002—2021年期间,清华大学电机系(含北京院和四川院)通过申报联合实验室、合作基地、联合研究中心以及合作科研项目等形式,与国外高校的教师在电气工程学科领域开展了国际化的科学研究。

2014年3月,董新洲牵头申报并获批了“绿色能源与电力安全北京市国际合作基地”,建成后,通过积极工作、紧密合作,使该基地在后续的多次评估中获得了优秀的成绩。2019年4月,康重庆牵头成立了“清华大学-帝国理工学院智慧电力及能源系统联合研究中心”。2020年,肖曦牵头申报并获得批准成立了科技部中国-意大利先进制造“一带一路”联合实验室。

这一时期,清华电机系教师还以牵头申报国家自然科学基金委重点国际(地区)合作项目为契机,加强与国外高校或研究机构知名学者的学术交流。如,2016年,康重庆获批了“面向可再生能源消纳的低碳高效多能源系统基础研究”重点国际合作项目;2017年,何金良获批“智能电网电压监测的宽频微型压电-压阻耦合效应传感器”重点国际合作项目。电机系教师还牵头组织申报国际(地区)合作组织间项目,如,2018年,康重庆获批了“城市能源系统可持续发展:政策设计、运营优化与市场协调”项目,陈颖获批了“基于宽频域移频理论的大规模交直流互联电网多时间尺度暂态建模与高性能仿真”;2020年,李笑倩获批了“柔性直流输电系统保护和故障处理”项目等。

2020 年 7 月,清华电机系孙宏斌发起、经 IEEE PES 正式批准,成立了 IEEE 电力与能源学会(PES)能源互联网协调委员会(Energy Internet Coordinating Committee,EICC)——是 IEEE PES 直属的 21 个技术委员会/协调委员会之一,也是 IEEE PES 成立以来,首个由我国学者发起成立的协调委员会。清华电机系孙宏斌教授出任 EICC 的首届主席。

2002—2021 年期间,清华大学电机系牵头创办了多本国际期刊,并有多位教师担任了国际期刊的主编。2015 年,电机系与 IET 和中国电科院合作,创办了全球首个高电压英文期刊《High Voltage》,关志成担任主编;2016 年,赵争鸣担任了新创办的英文期刊《Chinese Journal of Electrical Engineering》的主编;2018 年,康重庆任《国际电力能源系统会刊》(*International Transactions on Electrical Energy Systems*)主编(Editors-in-Chief);2018 年,英国工程技术学会(IET)创刊 IET Nanodielectrics,由电机系党智敏发起并任共同主编;2021 年,清华电机系创办了英文期刊 *iEnergy*,由何金良担任主编。

电机系教师也多次主持国际标准的制定,为全球学术圈贡献清华的智慧。2019 年,慈松联合中国信息通信研究院中国泰尔实验室提出的《5G 可持续供电解决方案建议(*Sustainable power-feeding solutions for 5G network*)》,获得了联合国国际电信联盟(ITU)电信标准化部门第五研究组(ITU-T SG5)的支持;赵彪提出的《柔性输配电系统电力电子变压器性能(*Performance of power electronics transformer for flexible transmission and distribution system*)》,获得了国际电工委员会输配电系统电力电子技术分委员会(IEC SC 22F)的支持。

此外,2002—2021 年期间,清华电机系还多次主办了本领域高水平的国际学术会议,多位教师多次担任相关国际学术会议的主席,彰显了清华电机系的国际影响力。2005 年由清华电机系主办的第 14 届国际高电压工程会议 ISH 2005(The 14th International Symposium on High Voltage Engineering),关志成任组织委员会主席,梁曦东任技术委员会主席;2010 年清华电机系主办的亚太电磁兼容国际会议,何金良任主席;2011 年清华电机系主办的 IEEE 继电保护与电力系统自动化国际会议(APAP2011),董新洲任主席,同年电机系主办的亚太雷电国际会议(APL2011),何金良任主席;2014 年清华电机系主办的第 3 届“电网适应型风电技术”中韩双边学术研讨会,康重庆任联合主席,主办的第32届雷电防护国际会议,何金良任主席;2015年清华电机系主办的2015年IEEE国际磁学大会,何金良任主席;2016年电机系承办的第12届IET交流直流电力传输国际会议(ACDC),曾嵘任主席,清华电机系与重庆大学共同主办的第14届“电力系统概率方法”国际会议(2016 International Conference on Probabilistic Methods Applied to Power Systems, PMAPS2016),程林任共同主席;2017年清华电机系主办的第9届电力系统未来学者论坛(The 9th Seminar for next generation of researchers in power systems),康重庆为召集人,电机系还联合主办了IEEE Transportation Electrification Community“电气化交通前沿技术论坛”,主办了中美“2+2”清洁能源论坛,并与IEEE联合创办了能源互联网与能源系统集成会议(The 1st IEEE Conference on Energy Internet and Energy System Integration, EI^2),孙宏斌任主席;2018年电机系承办了IEEE PELS直流微电网国际研讨会(IEEE PELS DC Microgrids Workshop),承办了IEEE未来电力电子技术研讨会,主办了第2届EI^2,孙宏斌任主席;2019年承办了第4届能源材料与应用国际会议(The 4th International Conference on Energy Materials and Applications)暨第四届可持续和可再生能源工程国际会议(The 4th International Conference on Sustainable and Renewable Energy Engineering),李琦任主席,主办了第3届EI^2,孙宏斌任主席,共同主办了第4届IEEE电力电子化电网论坛(eGrid2019),赵争鸣任共同主席,承办了机器人核心零部件和关键技术高峰论坛暨中欧智能机器人大会,肖曦任组委会主席;2020年清华电机系承办了第16届IET ACDC会议,曾嵘任主席,主办了第7届高电压工程及应用国际会议(ICHVE2020),何金良任主席,主办了第4届EI^2,孙宏斌任主席;还与英国工程技术学会IET联合主办了第1届IGCT技术及应用国际研讨会(The 1st IET International Workshop on IGCT and Applications);2021年,还联合主办了清华-日立未来创新合作计划第二次能源领域中日圆桌论坛,等等。

清华大学电机系的教师还积极发起了多个国际双边和多边联盟或论坛,包括:曾嵘发起的“清华-剑桥-MIT学术联盟”;董新洲发起的“中韩继电保护论坛”;康重庆发起的“中韩风电论坛”和“加强中国-爱尔兰能源领域合作研究论坛”,等等。

(四)承担国际合作项目情况

2002—2021年期间,清华电机系的不少教师积极开展国际科研合作,先后与70多家国外的企业(包括国外公司在中国投资建立的合资企业;其中有很多国际知名的电工制造企业和公司)、政府机构以及大学等开展科研项目和技术研发工作,形成的科研项目合同多达150余项。通过完成这些国际科研合同项目,不仅使电机系与国外企业、科研机构之间的科技研发合作更为紧密,探索国际科研合作的层次不断提高,产生了很好的经济效益,而且还增进了清华电机系教师对国际电气电工领域前沿科技和新产品需求的了解及把握,增强了对相应技术和产品的研发能力,有效提升了电机系的国际影响力。2002—2021年,清华电机系开展国际科研合作,承担技术研发项目的需求来源单位主要有:

英国AREVA输配电公司、台达电子工业股份有限公司、新加坡电网有限公司、ABB(中国)有限公司、新加坡SMB公司、施耐德电气(中国)投资有限公司、通用电气中国研发中心、日本松下电器公司、通用电气公司(GE;上海研发中心)、微软公司、瑞萨半导体(香港)有限公司、国际原子能机构(IAEA)、日本三菱重工(高砂研究所,名古屋研究所)、台达电力电子科教发展基金会、台达环境与教育基金会、日本东芝公司、英飞凌科技亚太私人有限公司、瑞萨电子(上海)有限公司、韩国电工技术研究所、三菱电机株式会社(先端技术综合研究所)、西门子(中国)有限公司、欧姆龙集团、罗姆株式会社、日立(中国)研究开发有限公司、富士电机公司、东芝水电设备(杭州)有限公司、罗姆贸易(上海)有限公司、三菱重工、东芝集团公司、埃森哲(中国)有限公司、丹麦王国驻华大使馆、欧姆龙传感控制研究开发(上海)有限公司、富士电机株式会社、瑞萨电子(中国)有限公司、Utility Automation Sdn Bhd、北京利德华福电气技术有限公司、国家科技部(国际合作)、乾安网新风电有限公司、北京埃彼咨石化科技有限公司、西门子变压器(济南)股份有限公司、阿尔斯通水电设备(中国)有限公司、日立永济电气设备(西安)有限公司、施耐德电气(中国)有限公司上海分公司、英国杜伦大学、日本东芝株式会社、BC Hydro、中国可再生能源规模化发展项目管理办公室(国际合作)、德州仪器半导体技术(上海)有限公司、阿尔斯通水电设备(中国)有限公司、上海福伊特水电设备有限公司、通用电气水电设备(中国)有限公司、西门子中压开关技术(无锡)有限公司、世界银行集团、日立(中国)研发有限公司、中国科学技术交流中心(国际合作)、丰田汽车有限公司、安德里兹(中国)有限公司、清华四川能源互联网研究院(国际合作)、云南电网有限责任公司(国际合作)、西安交通大学(英国繁荣基金)、日立(中国)有限公司北京分公司、重庆大学(国际合作)、丰田投资有限公司。

图9-46　2014年10月,清华大学–悉尼大学能源网络联合研究联盟合作备忘录签字仪式在清华大学电机系举行①

图9-47　2015年10月,电机系举办北京市绿色能源与电力安全国际科技合作中心首届年会②

① 清华大学电机系资料。
② 清华大学电机系资料。

图 9-48　2017 年 9 月，中美“2+2”清洁能源论坛在蓉隆重举行，清华四川能源互联网研究院与华盛顿大学清洁能源研究院正式签署“合作备忘录”及“EIRI 国际种子基金合作”协议。①

图 9-49　IEEE EI^2 2017 开幕式②

九、党建工作

改革开放以来，清华大学电机系党的工作，一直保持着良好的传统，始终把在系内营造和谐氛围、保持党组织模范先进性、积极且审慎地培养

① 清华大学电机系资料。

② 清华大学电机系资料。

教职工和学生干部并发展党员等，作为系党委的中心工作来抓，始终与系行政班子紧密配合，为全系各方面工作的落实和不断做出新成绩发挥了基础性的保障作用。多年来，清华电机系党委工作的主要经验，可概要归纳为如下几个方面。

（一）始终明确基层党组织的主要任务

清华电机系教职工党支部的工作基础一直较好，且教职工党员大都是系里承担并出色完成各项工作的带头人或骨干；绝大多数学生党员也都是基于学位论文工作协助导师完成科研任务、创建良好班风、促进广大学生综合素质全面提高的模范或榜样。电机系党员比例高、队伍较大，发挥好党员的先锋模范作用，对全系中心工作的开展和落实到位至关重要。因此，电机系党委明确认识到，要坚持不懈地通过切实有效的组织生活，增强党员的组织观念，使党员在完成本职工作中发挥模范作用，关注对积极分子的培养，且服务在先、多承担义务在先，从而增强各研究所、各科室和各个学生班级的凝聚力。理论学习，尤其是对党和国家的重大决策、纲领性文件以及党章、党史的学习不可或缺，例如，2002年的党史教育、2005年的保持共产党员先进性教育、2021年的党史教育等学习活动，清华电机系党委始终坚持认真学习党中央、校党委相关文件精神在先，并对如何将理论学习、党员教育与推进全系中心工作开展做出部署，进而落实到所有研究所和所有学生班级。

（二）学生党建工作常抓不懈

通过党的知识教育和思想政治教育，把择优选拔来的学生更多地吸纳到共产党内来，这是高校基层党组织的使命，也就是清华电机系党委的最重要工作之一。但学生一批又一批，需要教育、塑造和精心培养；且从锻炼更多学生的角度出发，学生党员干部的更换也很频繁。有鉴于此，培养和发展学生党员的工作异常艰巨。清华电机系党委长期以来的工作实践表明，对学生党建工作要常抓不懈。这其中，首先是要加强学生党建队伍即辅导员、学生党支部书记，以及学生年级或班级党支部成员的政治素质和工作能力的培养；再者，要重点考察被发展对象的政治信仰、思想品质，使申请入党的学生，经过较系统的党课学习和有针对性的帮教，对党的性质、宗旨、历史经验教训、新时期的使命和任务等，均能够有正确的理解和认识；其次，要建立健全学生党支部组织体制和工作规范，要求学生党支部书记等主要干部，要把握好本支部的发展工作导向，要对被发展对象提交的申请书、思想汇报、自传、志愿书等材料严格把关；重在使被发展对象端正入党动机，注重思想上、行动上入党，坚持做到成熟一个发展一个，把对党组织负责始终摆在这项工作的首位。

(三)关心支持离退休教职工党支部工作

近些年来，清华电机系离退休教职工数量已超过了在职教职工，其中党员占有很高比例。他们不仅曾为电机系各方面工作做出了很大贡献，而且离退休后，其中不少人仍在以多种方式，为电机系多方面工作的开展默默地奉献着。

近些年来，电机系的离退休教职工党支部都积极主动开展工作，不仅学习党的重要文件和领导人的重要讲话，还通过组织各种别开生面的活动，丰富党组织生活内容；而且十分关心离退休教职工的生活状况，尤其非常关照患有重病的老同志，经常主动去家中或医院慰问他们。电机系党委认识到，离退休教职工党支部是系党委做好离退休教职工工作的最佳向导。系党委通过系离退休工作组，由离退休教职工党支部配合，对全系离退休教职工最可靠、最便捷的通讯联系方式进行逐一核实，落实了包括座机电话、手机、E-mail、短信、微信群，或联系人转告等联系方式，健全了全系离退休教职工的快速联系网络，为使系里组织好各项活动提供了可靠的联络保障。电机系党委也通过离退休党支部这个载体，把关心离退休教职工的工作落到了实处。

做好电机系党的工作，与完成好电机系的中心工作密不可分。清华电机系党委一班人十分明确，本系党的工作的主要任务，一如既往，就是要将为人民服务的宗旨和科学发展观，更好地体现在为全系教职工和学生如何更好地学习、工作、生活等做好相应的服务上，从而更充分地调动全系广大师生员工的积极性，更好地发挥大家的主动性和创造性；在电机系营造更公平、科学、和谐、宁静的文化和氛围，为完成好全系所承担的各项任务，切实起到保障和助推作用。

清华电机系(含北京院和四川院)的党政核心十分清楚地认识到,电机系争创世界一流电气工程学科的任务艰巨而繁重。为实现这个梦想,需要电机系、需要“一系两院”全体师生员工及科研人员齐心协力,创先争优,在各自的岗位上,脚踏实地、静心专注地学习和工作,并且要将不断提高自己的工作质量和水平切实摆在最重要的位置上。

10 结　　语

在清华大学一百一十多年的沧桑巨变中，电机系根据国家需求和国际电机与电气工程高等教育和学科的发展趋势不断及时地做出调整。清华学堂及清华学校早期选派的赴美留学生中，就有不少人选习了电机工程专业。清华学校后期，建立了电机工程科目，并于国立清华大学初期正式设立了电机工程学系。抗战时期，尽管时局动荡，清华电机工程学系仍不畏艰难、勇于进取，获得了进一步的发展。抗战胜利、清华大学复员从昆明回到北京后，电机工程学系的教学、科研工作很快得到恢复，特别是在解放后的院系调整中，又有了较大规模的扩充。十年“文革”浩劫，拉大了电机系在教学和科研上与国外的差距。改革开放后，电机系积极吸纳国际先进办学经验，加倍追赶、发奋前行。跨入 21 世纪以来，清华电机系以高水平师资队伍建设为基础，以探索并开拓新的学科方向为牵引，以做高水平基础研究带动承担重大科学技术项目为主要任务，以融入更广泛的高水平国际学术、教育交流及合作为载体，以培养更多能为实现伟大的中国梦而承担大任的创新拔尖人才为目标，以甘坐十年冷板凳的胸怀应对各种干扰和不利影响，以将每件事都尽可能做得更好作为衡量完成工作质量的唯一标准，学科建设上不断趋于完善，在师资队伍、教学科研等多个方面均取得了显著成就，为国家建设、社会发展培养了大批优秀人才。

回首过去 90 年，展望未来新征程。在清华大学的第二个百年中，清华电机系作为清华工科院系中重要的学系之一，仍将继承传统，抓住机遇，探索创新，力争在新的征途中取得更加辉煌的成就。面向未来，清华大学电机系又已站在了全新的起点上。全体清华电机人，又开始向着更高远的目标进发！

图 10-1 电机系历届系主任书记合影

附录1

曾在(和在)电机系工作或学习的中国科学院院士和中国工程院院士[①]

朱物华(1902—1998),江苏扬州人。清华学校留美专科生,西南联大电机系教授。1955年选聘为中国科学院学部委员(院士)。

章名涛(1907—1985),浙江鄞县人。清华大学电机系教授,曾任系主任。1955年被聘为中国科学院学部委员(院士)。

马大猷(1915—2012),祖籍广东朝阳,生于北京。西南联大及清华大学电机系教授。1955年选聘为中国科学院学部委员(院士)。

钱钟韩(1911—2002),江苏无锡人。西南联大电机系教授。1980年当选为中国科学院学部委员(院士)。

吕保维(1916—2004),江苏常州人。1939年毕业于西南联大电机系。1980年当选为中国科学院学部委员(院士)。

曹建猷(1917—1997),湖南长沙人。1940—1945年在西南联大电机系任教。1980年当选为中国科学院学部委员(院士)。

① 清华大学电机系资料;清华大学校史馆资料。按当选院士时间排序。

常迥（1917—1991），北京人。1940年毕业于西南联大电机系。1980年当选为中国科学院学部委员（院士）。

林为干（1919—2015），广东台山人。1939年毕业于西南联大电机系，1939—1940年为西南联大研究生。1980年当选为中国科学院学部委员（院士）。

杨嘉墀（1919—2006），江苏吴江人。1941—1942年在西南联大电机系任教。1980年当选为中国科学院学部委员（院士）。

洪朝生（1920—2018），北京人。1940年毕业于西南联大电机系。1980年当选为中国科学院学部委员（院士）。

高景德（1922—1996），陕西佳县人。清华大学电机系教授，曾任校长。1980年当选为中国科学院学部委员（院士）。

黄宏嘉（1924—　），湖南临澧人。1944年毕业于西南联大电机系。1980年当选为中国科学院学部委员（院士）。

王守觉（1925—2016），江苏苏州人。1942年在西南联大工学院电讯专修科学习。1980年当选为中国科学院学部委员（院士）。

吴全德（1923—2005），浙江黄岩人。1947年毕业于清华大学电机系。1991年当选为中国科学院学部委员（院士）。

夏培肃（1923—2014），四川江津人。1951—1952年在清华大学电机系任教。1991年当选为中国科学院学部委员（院士）。

严陆光（1935— ），浙江丹阳人。1953年在清华大学电机系学习。1991年当选为中国科学院学部委员（院士）。

卢强（1936— ），安徽芜湖人。1959年毕业于清华大学电机系，1964年清华大学研究生毕业。清华大学电机系教授。1991年当选为中国科学院学部委员（院士）。

李衍达（1936— ），广东南海人。1959年毕业于清华大学自控系。清华大学自动化系教授。1991年当选为中国科学院学部委员（院士）。

周孝信（1940— ），山东蓬莱人。1965年毕业于清华大学电机系。1993年当选为中国科学院院士。

陈力为（1917—2001），山西洪洞人。1940年毕业于西南联大电机系。1994年当选为中国工程院院士。

金怡濂（1929— ），天津人。1951年毕业于清华大学电机系。1994年当选为中国工程院院士。

马福邦（1934—2004），广东顺德人。1955年毕业于清华大学电机系。1994年当选为中国工程院院士。

吴佑寿（1925—2015），广东潮安人。1948年毕业于清华大学电机系。清华大学电子系教授，曾任系主任。1995年当选为中国工程院院士。

张履谦（1926— ），湖南长沙人。1951年毕业于清华大学电机系。1995年当选为中国工程院院士。

陆建勋（1929—　），浙江杭州人。1947—1950 年在清华大学电机系学习。1995 年当选为中国工程院院士。

李三立（1935—　），上海人。1955 年毕业于清华大学无线电系。1995 年当选为中国工程院院士。

张钹（1935—　），福建福清人。1958 年毕业于清华大学自控系。清华大学计算机系教授。1995 年当选为中国科学院院士。

韩英铎（1938—　），辽宁沈阳人。1962 年毕业于清华大学电机系。清华大学电机系教授，曾任系主任。1995 年当选为中国工程院院士。

郑健超（1939—　），广东中山人。1963 年毕业于清华大学电机系，1965 年清华大学研究生毕业。1995 年当选为中国工程院院士。

张钟华（1940—　），江苏苏州人。1963 年毕业于清华大学电机系，1965 年清华大学研究生毕业。1995 年当选为中国工程院院士。

吴澄（1940—　），浙江桐乡人。1963 年毕业于清华大学电机系，1966 年清华大学研究生毕业。1995 年当选为中国工程院院士。

顾国彪（1936—　），上海人。1958 年毕业于清华大学电机系。1997 年当选为中国工程院院士。

陈清泉（1937—　），福建漳州人。1957—1959 年在清华大学进修研究生。1997 年当选为中国工程院院士。

王众托(1928—),湖南平江人。1951 年毕业于清华大学电机系。2001 年当选为中国工程院院士。

马伟明(1960—),江苏扬中人。1996 年毕业于清华大学电机系,获博士学位。2001 年当选为中国工程院院士。

李立浧(1941—),江苏盐城人。1967 年毕业于清华大学电机系。2007 年当选为中国工程院院士。

李文沅(1946—),重庆人,加拿大籍。1969 年毕业于清华大学电机系。2015 年当选为中国工程院外籍院士。

附录2

清华大学电机系历届系主任与系党委(总支)书记

系主任	任职时间	系党委(总支)书记	任职时间
顾毓琇	1932—1935	杨秉寿(教工支部)	1953—1955
倪　俊	1935—1937	吕　森	1955—1957.08
赵友民	1938—1940	周维垣	1957.08—1957.11
倪　俊	1940—1942	凌瑞骥	1957.12—1962.10
章名涛	1942—1945	王遵华	1962.10—1966.06
任之恭	1945—1945(底)	张思敬(代理)	1965.01—1965.08
叶　楷	(未到任)	蒋企英	1971.11—1978.11
黄眉(代理)	1945(底)—1948	文学宓	1978.11—1984.05
章名涛	1948—1966	杨秉寿	1984.05—1987.07
杨秉寿	1978.11—1984.05	周子寿	1987.07—1993.02
吴维韩	1984.05—1989.03	关志成	1993.02—1993.11
韩英铎	1989.03—1995.05	王赞基	1993.11—1995.08
王赞基	1995.05—2001.06	周双喜	1995.08—2000.04
梁曦东	2001.06—2007.12	邱阿瑞	2000.04—2006.12
闵　勇	2007.12—2014.04	赵　伟	2006.12—2016.07
曾　嵘	2014.04—2018.07	康重庆	2016.07—2018.10
康重庆	2018.07—	于歆杰	2018.10—

附录3

大　事　记

1926年

本年　设立电机工程科,隶属工程学系。

1927年

本年　电机工程与机械工程、土木工程三科合并为实用工程科。

1928年

本年　电机与土木、机械合并的“实用工程科”改名“市政工程系”。

1930年

7月4日　校评议会议决:由1929年度余款内提出19万元添置Dissel机、三相交流机及20千瓦电动机及发电机组。

1932年

1月28日　校评议会议决:增设电机工程学系(简称电机系),隶属工学院。

9月　电机系新任系主任:顾毓琇。

本年　电机系新聘教授:顾毓琇、章名涛。

本年　电机系招生学生38人。

12月　校评议会议决:电机实验室建在二院。

1933年

2月16日　顾毓琇当选工学院院长候选人。

3 月 3 日　顾毓琇任工学院院长。

9 月 20 日　校评议会议决:本年度内新建电机实验室。

9 月　本学年电机系新聘教授:倪俊。

12 月 8 日　校评议会议决:大体通过新建电机实验室建筑图样及计划。

1934 年

2 月 14 日　校评议会议决:电机工程实验室交申泰兴记营造厂以 91324 元承建。

3 月 21 日　校评议会议决:本年度电机招收留美公费生 2 名。

9 月　本学年电机系新聘教授:李郁荣。

本年　电机系成立电力和电讯两个组,共有教授 8 名。

1935 年

4 月 28 日　举行电机工程馆落成典礼。

9 月 12 日　校长办公处通告:电机工程学系主任顾毓琇辞职,聘请倪俊继任电机工程学系主任。

9 月　美国麻省理工学院教授维纳(Norbert Wiener)应本校算学系和电机系之聘来校讲学 1 年。

本年　电机系新聘教授:赵友民。

本年　算学系与电机系合聘的美籍教授维纳在与电机系教授李郁荣合作研制滤波器时,开始了对控制论的研究。

1936 年

9 月 14 日　校评议会议决:通过派遣电机系娄尔康赴德交换研究。

1937 年

9 月　“七七事变”爆发后,电机系随清华大学共赴国难,迁址长沙,并与南开大学理学院电机工程学系合并。

10 月 2 日　常委会通过:长沙临时大学设电机系等。

10 月 4 日　常委会议决,推定顾毓琇为电机系教授会主席。

12 月底　顾毓琇赴汉口视察清华无线电研究所。顾毓琇兼任所长,后任之恭继任。此研究所有全套真空管制造设备初迁四川北碚，后迁昆明。任之恭担任所长期间，孟昭英、范绪筠、叶楷等负责研究，林家翘、张思侯、沈尚贤也曾参加。

本年　《长沙临时大学教职员名录》中，电机工程学系的教授有：顾毓琇(清华)、章名涛(清华)、赵友民(清华)、任之恭(清华)、叶楷(清华)、张友熙(南开)。

1938 年

1 月 22 日　常委会议决：电机工程学系教授会主席顾毓琇因事离校，改推赵友民代理电机工程学系教授会主席。

3 月　清华无线电研究所真空管制造设备由汉口运到北碚。

4 月　长沙临时大学迁昆明，改称西南联合大学，电机系也随之搬迁。

本年初　清华无线电研究所两个分所(北碚分所和昆明分所)，奉校令合并，并以学校所在地(昆明)为集中地点。3 月搬入盛巷二号，6 月初开始正式研究工作。

10 月 8—11 日　中国工程师学会临时大会在重庆大学举行。顾毓琇在会上宣读了关于多相发电机之论文；章名涛发表了《单相感应电动机之理论及张量分析》；叶楷、范绪筠、沈尚贤宣读了《真空管制造之研究》的论文。

本年　西南联大电机工程学系录取新生 41 名。

本年　西南联大电机工程学系教授兼教授会主席为赵友民(清华)；教授有章名涛(清华)、倪俊(清华)、张友熙(南开)。

1939 年

1 月 31 日　常委会决议：遵教育部令，本学期起，电机工程学系附设电讯专修科，聘周荫阿为电讯专修科副教授兼该科教务主任。

3 月 14 日　常委会议决：聘赵友民兼任电讯专修科主任。

9 月 5 日　常委会议决：遵教育部令，自本学年度第一学期起，增招电机一个班(至少 40 人)，每年由教育部拨 1.5 万元。

11 月　清华奉部令开办工科研究所，其中电机工程部下设电力工程组和电讯工程组。

1940 年

3 月 30 日　赵友民辞电机工程学系主任。聘请倪俊为电机工程学系主任。

4 月 30 日　常委会议决:赵友民辞电机工程学系主任,请倪俊继任。

6 月 17 日　清华评议会议决:准电机工程学系教授章名涛 1940 年度休假在国内研究。

1941 年

6 月 25 日　常委会议决:修正通过《本校附设电讯专修科组织大纲》;准倪俊请辞电讯专修科主任兼职,聘请张友熙继任。

10 月 15 日　常委会上,主席梅贻琦报告:教育部令本学年度按照原定名额招生外,增招电机系新生 40 名。

1942 年

2 月 25 日　常委会议决:倪俊请辞电机工程学系主任职务,聘请任之恭继任。

3 月 25 日　常委会议决:电讯专修科筹设无线电机修造部,以利学生实习,并为社会服务。

7 月 1 日　任之恭请辞电机工程学系主任职务,请章名涛为电机工程学系主任。聘请周荫阿为电讯专修科教授。

8 月 6 日　常委会上,主席梅贻琦报告:经济部资源委员会拟于下学年在联大电机等系设置奖学金,并制定设置奖学金暂行办法,希本校将三、四年级优良学生过去各学期成绩列册寄会。

1943 年

6 月 22 日　清华评议会上,校长梅贻琦报告:无线电研究所与中央电工器材厂合作制造电灯泡。

7 月 8 日　常委会议决:聘请周荫阿为电讯专修科主任,该科原有教务主任一职,不再设置。

1944 年

3 月 4 日　清华评议会议决：电机工程学系专任讲师孙绍先自本学期起休假研究。

5 月 28 日　西南联大接受航空委员会委托，筹备于本年暑假中代办无线电高空气象探测训练班一班。

1945 年

1 月 10 日　聘请杨津基为电机工程学系副教授。

6 月　中国工程师学会举行重庆年会，顾毓琇任副会长。

本年　黄眉教授代理系主任。

1946 年

3 月 27 日　常委会上主席梅贻琦报告：教育部电准联大电讯专修科移交云南大学接办。

5 月 4 日　梅贻琦在昆明宣布西南联大结束，清华、北大、南开分别复员，电机工程学系亦迁回北平清华园。

5 月 13 日　电讯专修科正式移交云南大学接办。

5 月 16 日　云南大学为接办电讯专修科，函请本大学拨赠设备，以利教学。

7 月 25 日　常委会议决：工学院将图书仪器物件之一部分，留赠云南大学电讯专修科。

本年　电机系新聘教授：黄眉。

本年　电机系录取新生 100 多人，占全校录取人数的 1/9。

1947 年

5 月 1 日　校评议会议决：修正通过《国立清华大学规程》，其中设电机工程学系，隶属工学院。

6 月 3 日　校务会议上，梅贻琦报告：教育部训令关于建设技术人员训练班，现有电机等五学系各 3 班，电机工程专修科 2 班。

1948年

本年　电机系新聘教授：钟士模。

1949年

5月23日　校委会议决：准电机工程系代理主任黄眉辞职，聘章名涛任该系主任。

本年　电机系新聘教授：闵乃大；新聘兼任教授：胡筠。

1950年

9月21日　校务工作会议同意：邮电部聘请电机系教授闵乃大为该部电信科学研究所顾问。

10月　据秘书处及教务处统计，电机系有学生420人。

本年　电机系新聘教授：孙绍先、常迵。

本年　电机系参加抗美援朝、镇压反革命和土地改革三大运动。

1951年

1月8日　校务工作会议决定：对电机系技工秦凤志改造车床车出高压大铜球的优异成绩予以奖励小米1000斤，加薪，并将改造经过及奖励决定刊登《人民清华》。

9月24日　校委会议决：成立基本电工教研组（主任钟士模）。

本年　电机系参加捐献飞机大炮活动。

1952年

6月27日　院系调整清华大学筹委会第1次会议决定：设立电机等5类组科研究组，其任务为：草拟专业组及专修科的设置及任务。

7月1日　院系调整清华大学筹委会议决：通过电机类组科研究组组长章名涛、副组长艾维超。

9月12日　院系调整清华大学筹委会议决：电机工程系设电机及电器、发电厂配电网及配电系统、工业企业电气化3个专业，发电厂电机、输配电2个专修科。

9月　清华大学、北京大学两校电机系的电讯组合并后创立清华大学无线电工程系。

9月19日　北京大学工学院的电机工程系和燕京大学的机电系部分人员并入清华大学电机工程系，章名涛为系主任。

10月10日　学校公布：电力机械教研组主任艾维超，基本电工教研组主任钟士模，发电及输配电教研组主任黄眉，电工学教研组主任唐统一。

本年　电机系新聘教授：王宗淦、陈克元、艾维超、余谦六、程式。

本年　全面学苏开始，电机系教师参加俄语速成，部分学生被派去哈尔滨俄外转学俄语。

本年　电机系49、50级提前一年毕业。招收发电和输电专修科5个班。

1953年

9月12日　校委会通过：电工学教研组主任唐统一调基本电工教研组任教等。

9月　《新清华》报道：学校从教员中选送苏联学习的研究生，经中央高教部审批，录取电机系吴麒等4名。

本年　电机系新到苏联专家：巴然诺夫。

本年　电机系学习苏联的教育培养制度，招收电器研究生班。

本年　1953届毕业生中留校包括助教和研究生30余人。

1954年

3月10日　电机工程系增设“电力拖动教研组”，主任一职由原基本电工教研组主任钟士模担任。所遗基本电工教研组主任一职，由原该教研组副主任王先冲担任。

9月27日　1954—1955年度第一次校务会议议决：电机系增设电器教研组，由王遵华担任主任。发电输配电教研组增设副主任一人，由杨津基担任。

12月14日　校委会议决：电机工程系增设钟士模为副主任。

本年　电机系新来苏联专家：奥梅里钦柯。

1955 年

4 月 2 日　校委会扩大会议上电机系副主任钟士模报告电机系电力机械、外系电工学及电工基础三门课超学时情况及逐步克服的办法。

5 月 11 日　电机工程系原发电输配电教研组分为发电厂及输配电两个教研组。发电厂教研组主任黄眉,输配电教研组主任杨津基。

6 月 11 日　校委会议决:电机工程系基本电工教研组代理主任唐统一。

暑假　电机系教师、学生参加肃清暗藏反革命分子运动。

9 月 18 日　《新清华》报道:清华选派基本电工教研组主任王先冲副教授等 6 人,启程赴苏联进修学习。

10 月 27 日　清华与电力工业部联合举办的夜大学举行开学典礼。夜大学设发电厂配电网及电力系统等 3 个专业,首次招收学生 89 名,学习期限为 6 年,每周上课 12 小时,校址设在电力工业部和水电总局两处。

12 月 13 日　校委会讨论学校总体规划,议决:电机系迁到铁路东,另建新楼。

本年　电机系新来苏联专家:斯捷潘诺夫。

本年　电机系专业设置调整为电机及电器制造、发电及输配电工程、高电压工程及工业企业电气化 4 个专业。

1956 年

5 月 5 日　本校干部班开学。学员有 63 人,是由全国各工业部门抽调出来并经过考试具有初中以上文化水平的局、处、厂长级干部,学习期限 3 年半,设发电厂电力网电力系统等专业。

6 月 28 日　校务行政会议通过电机工程系增设运用学。

8 月 18 日　校委会扩大会议通过本校 1956—1957 年学年度第一学期试行“上、下午二部上课制度”。电机系等下午上课。

9 月 7 日　高教部复函同意清华从本年起设置高电压工程专业,并从发电输配电专业 1959 年、1960 年、1961 年毕业生中各抽出一班(30 人)进入高电压工程专业。

12 月 28 日　1956—1957 年度校务行政会第五次(扩大)会议,议决:

电机工程系输配电教研组分为：高压工程教研组，由杨津基任主任；输配电教研组，由王宗淦任主任。

本年　电机工程系设立自动学与远动学专业，建立了相应的教研室，并筹建计算机专业。

本年　电机系新任教授：高景德。电机系新到校苏联专家：翟可夫、苏启林。

本年　响应中央“向科学进军”号召。

1957 年

3 月 16 日　校委会扩大会议议决：由科学处分别与电机系共同领导电器车间。

5 月 1 日　响应中央号召，掀起“大鸣大放”高潮，但不停课。

6 月 8 日　开始“反右”运动，全校停课。

7 月 12 日　高教部复函本校，同意将“运用学”专业改称为“运筹学”专业，该专业本年招生名额调整为 40 人（由燃气轮机专业中调出 10 人）。

本年　电机系新到校苏联专家：绍尔达特金娜、克洛里。电机系新来民主德国专家：奥本劳斯。

1958 年

5 月 6 日—6 月 18 日　本校举行第十一次教学研究会，表扬了高景德等 5 位教师。

7 月 24 日　2000 千瓦试验电厂举行破土典礼，动工兴建。

7 月　以自动学与远动学教研室为基础，清华成立了自动控制系（即现在的计算机科学系），由钟士模教授任主任。

8 月 5 日　国家经济委员会副主任王新三等 20 多位来校参观了试验电厂的建设工作，并勉励大家“将这一创造性的土电厂一定搞成功，让它在全中国遍地开花”。

8 月 7 日　电机等系师生组成工作学习队出发去河南省登封县支援农村工业化，通过实际工作改造思想。

8 月 12—13 日　中共中央政治局候补委员、中央宣传部部长陆定一和中共中央宣传部部长张际春先后来清华参观了综合电工厂、试验电厂等。

9月10日　电机系等赴登封的学习工作队胜利完成了支援农村工业化的任务,回到学校。

9月24日　电机系试制成功我国第1台200周波交流计算台。

9月29日　电机系与机械系、自动控制系及北京第一机床厂合作试制成功全部用国产材料自行设计制造、用电子计算机控制的程序控制立式铣床。当夜11时,北京市委第二书记刘仁、书记郑天翔等参观铣床试车。10月5日,又制成第二台程序控制机床。

10月10日　电机、动力等系所建的燃料综合利用发电厂建成发电(发电厂建在学校北门关帝庙)。

11月16日　学校在大礼堂举行综合利用电厂全面投入生产庆祝大会,国家经委副主任张国坚、国家计委副主任王光伟、教育部副部长刘皑风、水电部副部长刘澜波等到会。

11月21日　校委会会议讨论通过《1958—1959年度绿化计划提纲》,确定重点绿化工程包括教学大楼西区电机系馆等处。

11月23日　以金日成首相为首的朝鲜政府代表团,在周恩来总理和陈毅副总理陪同下来校访问,参观交流计算台、程序控制机床、综合利用电厂等。

本年　电机系从校园西区的电机工程馆迁入西主楼。

本年　电机系新来校苏联专家:日里辛。

本年　电机系学习苏联的教育培养制度,招收高电压研究生班。

本年　开展教育革命,大办工厂,学生参加生产劳动。

本年　参加大炼钢铁活动。

1959年

7月25日　科学生产处召开生产干部会议,电机工程系副系主任王遵华在会上介绍了该系基本电工、工业电子学和电工基础等实验室管理经验。会后参观路东主楼电机实验室。

12月6日　试验电厂发电量已超过原订200万度的计划。

本年　批判“新富农”活动,在教师、学生中照镜子活动。

1960 年

2 月 10 日　1959—1960 年度第 12 次校务会议通过：增设电磁自动装置教研组，顾廉楚任教研组主任；高电压工程教研组与电器教研组合并为高电压技术与高压电器教研组，由杨津基任教研组主任等。

3 月 15 日　学校组织电机等系师生 200 余人到北京有关工厂参加机械化自动化运动。

6 月 8 日　在学校召开的教育革命经验交流大会上，电机工程系张芳榴等介绍了开展教育革命的情况与经验。

10 月 4 日　1960—1961 年度第一次校务会议议决：杨秉寿为电机系副系主任等。

本年　“电力系统动态模拟实验室”建成并开始运行。

本年　全国经济困难开始，停止一切政治和实习、劳动及体育活动。

1961 年

本年　开始教学中“填平补齐”。

本年　电机系 55、56、57 级三个年级均推迟半年毕业，即学制为 5 年半。

1962 年

1 月 21 日　电机系本科（学制五年半）毕业生参加寒假毕业典礼。

1963 年

4 月　校务委员会讨论通过，任命王世缨为发电厂及电力系统自动化教研组副主任等。

1964 年

4 月　校务会议通过，任命：李发海为电机实验室主任等。

5 月 27 日　教育部科技办公室组织国务院文教办公室、国家科委、国家计委、教育部有关司局、中国科学器材公司等单位有关负责 85 人来校参观，由张维、高景德等陪同参观了电机系的动态模拟交流台实验室等。

6月16日　国家计划委员会、国家经济委员会和科学技术委员会对1400多项工业新产品授奖,电机系与精密仪器及机械制造系、北京第一机床厂合作试制的三座数字程序控制立铣床获三等奖。

7月24日　校务会议通过:任命王森为电机工程系副系主任等。

10月13日　校长办公室发出关于停办夜校部的通知,称“清华大学与水利电力部、一机部、二机部合办的夜大学经于1960年报请前教育部(现高等教育部)批准后停止招生。所有学生至1964年8月已全部学习期满,教学工作已全部结束。夜校部机构应即撤销”。

本年　教师、学生参加“清理思想”活动。

本年　教师中开展“少而精”活动。

1965年

7月8日　《新清华》报道:电机系高5班毕业设计队与大连电瓷厂合作制成小尺寸高强度悬式绝缘子,主要性能指标赶上国际先进水平。

7月15—17日　电机等系师生与有关单位在1958年开始试制的程序控制机床,经过7年锲而不舍的研究,主要性能达到较高水平,并通过研究成果鉴定。有关部门于1964年底开始制造程序控制铣床和程序控制钻床的样机,进入生产阶段。7年来,电机与机械两系结合该项研究,培养了一批青年教师、研究生和300多名毕业生。

9月1—2日　电机等系师生200多人组成水利工作队,分赴延庆、怀柔等县帮助农村在搞好社会主义教育运动的同时,进行水利建设。

9月　电机系部分教师和66、67、68届学生下乡参加“四清”运动。

11月20日　电机系参与研制的程序控制铣床等成果,在高教部举办的直属高等学校科学技术研究成果展览会展出。展出期间,朱德委员长、邓小平总书记等中央领导参观了展览,观看了学校展品。

本年　贯彻毛主席教育思想,精简课程,推行开卷考试等。

本年　推行“真刀真枪”毕业设计。

1966年

5月　“文革”开始,全校停课。

本年　毕业生分配停止。

1967 年

4 月　红卫兵形成两派,电机系部分教师和学生参加。

7 月 7 日　电机系召开复课闹革命讨论会。

1968 年

4 月 23 日　清华大学“井冈山兵团总部”(简称“团派”)和“四一四总部”(简称“四派”)发生了严重的武斗,电机系高压实验室成为武斗据点,电机馆也展开了一场长矛攻防战。绝大部分教师、学生离校。

7 月 27 日　首都工人数万人进驻清华,武斗停止。

本年　解放军工人毛泽东思想宣传队进驻,依次进行两派联合、清理阶级队伍、整党和教育革命工作。

1969 年

本年　教育革命开始,电机系教师和 0、00 班同学下厂。

本年　教工分批去江西鲤鱼洲劳动,历时两年。

1970 年

8 月 4 日　学校通过《专业体制调整方案》,全校设 9 个系(厂),50 个专业,其中包括电力工程系。

8 月　清华大学将原动力机械系的锅炉、燃气轮机等专业与原电机工程系的电机、发电、高压等专业合并成立电力工程系;将原电机工程系的电器、工业企业自动化专业与原动力机械系热能动力装置专业中的热力设备自动化专门化及热工测量专业等合并成立工业自动化系。

9 月　第一批工农兵学员入校,全校召开欢迎大会。

12 月　全体工农兵学员和部分教工响应号召在北京周围进行千里拉练活动。

1972 年

本年　第二批工农兵学员入校。

1973 年

本年　第三批工农兵学员入校。

本年　开展“三个月运动”批判右倾翻案风。

1974 年

3 月　学校决定将电工等技术基础课人员 350 人(占全部的 70%)进一步按系配备到专业。

9 月　来自阿尔巴尼亚、柬埔寨、尼泊尔、几内亚和塞浦路斯 5 个国家的 9 名留学生到校,分别在电力系等有关专业学习。

本年　高景德在《清华、北大理工学报》第 1 卷第 1 期上发表科学论文《与串联电容相连的异步电动机的自激区》。

本年　第四批工农兵学员入学。

1975 年

本年　第五批工农兵学员入学,老工人班入学。

1976 年

4 月 1 日　电力等系赴西藏开门办学的 67 人出发。

4 月 13 日　学校 74 届电力系的老工人进修班举行毕业典礼。

7 月　电机系部分教工学员赴唐山,参加抗震救灾。

本年　第六批工农兵学员入学。

1977 年

9 月　国家教育部在北京召开全国高等学校招生工作会议,决定恢复已经停止了 10 年的全国高等院校招生考试,以统一考试、择优录取的方式选拔人才上大学。这是具有转折意义的全国高校招生工作会议决定,恢复高考的招生对象是:工人、农民上山下乡和回乡知识青年、复员军人、干部和应届高中毕业生。会议还决定,录取学生时,将优先保证重点院校、医学院校、师范院校和农业院校,学生毕业后由国家统一分配。电力系开始着手招生准备。

1978 年

3 月　电力系恢复高考后的首届 77 级学生入学：电师 7 班 34 人、燃 7 班 33 人(后略有调整)。

9 月 12 日　北京市革命委员会批准提升电力工程系肖达川、唐统一为教授。

11 月　原动力系的有关专业和教研组离开电力工程系，另组成热能工程系。电力系恢复了电机、发电、高电压、基本电工和电工学 5 个教研组的建制。

本年　电机系的电力系统、电机、高电压专业开始招收本科生，共 120 余名。

本年　国家恢复招收培养研究生并建立学位制度，电机系当年招收研究生 22 名。

1979 年

6 月 6 日　在学校召开的实验室工作交流会上，电工实验室等负责人分别介绍了经验。

9 月 6 日　国家经委召开有关国家计委、电力部、市经委、清华大学等单位有关负责人参加的会议，同意保留清华用油头户，每年拨给清华试验电厂科研用油 3000 吨。

本年　电工学教研组改名“应用电子学及电工学教研组”。

本年　教育部直属工科重点院校专业调整会议确定了清华大学设置的专业，其中包括电力系统及其自动化(原发电厂及电力系统专业)、高电压技术及设备、电机，均为五年制。

本年　电机工程系创建生物医学工程学科，于当年招收硕士研究生。

1980 年

2 月 12 日　电力系协作完成的 110 千伏六氟化硫组合电器获北京市科技成果二等奖。

5 月 8 日　经 1979—1980 年度第十三次校长工作会议通过：任命相年德为电力工程系副系主任等。

9月5日　经北京市人民政府批准,电力工程系宗孔德、王先冲提升为教授。

10月4日　校长工作会议通过:将电力工程系名称恢复为“电机工程系”。

1981年

11月3日　经国务院批准,由国务院学位委员会(第一批)下达,清华为首批博士学位和硕士学位授予单位之一。可授予博士学位的专业(学科)为:电机(导师:高景德)、电力系统及其自动化(导师:王宗淦、黄眉、孙绍先)、高电压工程(杨津基)、理论电工(导师:王先冲、肖达川、唐统一);授予硕士学位的学科专业,除以上授予博士学位的学科专业外,还有:生物医学仪器及工程。

1982年

1月7日　1981—1982年度第九次校长工作会议,讨论电机系与通县微电机厂协作问题等事项。

2月5日　清华大学电机系电师七班学生顾立基被评为全国“三好学生”,并出席了人民大会堂召开的表彰大会。

3月26日　电机工程系、北京汽车微电机研究所、通县微电机厂组成的北京市第一个科研生产联合体——京华电器公司成立。

5月27日　艾知生、高景德、李传信、罗征启及教务处有关分别检查了电机等系七七级毕业班毕业设计和毕业论文情况,观看了学生的实验和设计图纸,听取了学生、指导教师的汇报,鼓励应届毕业生六月份内集中精力,努力争取毕业设计(论文)取得更好的成绩。

9月　电机系“节能风扇罩”项目通过鉴定。

9月　教务处在《一九七七级毕业设计(论文)工作总结》中提出:电机工程系电工师资班几个学生参加了超声多普勒血流测量的研究,他们设计的九十度相位移线路,已为血流测量仪器采用,性能良好,正在医院临床使用。为对血流测量进行频谱分析,他们还完成了快速傅里叶变换的硬件线路和软件,进一步提高了仪器的性能。此外,电工师资班的学生打开TRS-80数据采集系统,改了硬件线路,成功地实现了原说明书上注明不能实现的中断方式 2，使 CPU 的工作时间缩短，能进行更多的信号处理与运算。有关教研组准备在总结这次毕业设计（论文）成果的基础上，提出三篇论文在北京市医学电子学会和中国电子学会医学电子学分会上报告。

12 月　电机系“QDS-2 型中频机组隔声装置”项目通过鉴定。

本年　电机系正式设立“生物医学工程与仪器”专业，每年招收学生 30 多名。

本年　电机系 1977 级苏微、王孙禺、王丽（指导教师：梁毓厚、叶大田）获教育部高等工科院校优秀毕业设计奖。

1983 年

1 月 2 日　电机系、热能系在兄弟单位协作下完成的∅型 5 米主轴发电机组和∅型 6 米主轴风力发电机组在八达岭试验场顺利发电。中共中央总书记胡耀邦、书记处书记胡启立参观清华大学及其他单位试制的各种风力发电设备。水电部李鹏副部长，清华大学刘达校长陪同。

1 月　电机系“三相柜流磁放大器整流电源优化设计程序”项目通过鉴定。

5 月 11 日　经国家教委批准，电机工程系张宝霖、张仁豫晋升为教授。

6 月 15 日　林克、艾知生参观电机系 20 万大机组模拟科研项目。

9 月 13—27 日　高景德、赵访熊、李传信、吕森等听取电机等系教学质量分析汇报。

10 月 26—28 日　由清华大学电机工程系研究设计，由浙江省电力修造厂、北京玻璃钢研究所、保定列车电站基地等单位制造的两台立轴∅型转子风力发电机组经过两年多的试运行测试后，在浙江镇海举行了技术鉴定会。清华大学刘达、水电部科技司总工程师陈德裕，浙江省电力局总工程师沈文宝以及教育部科技司，水电部农电司等有关领导参加了鉴定会。

10 月　电机系等“6 米∅型主轴风力发电机组”项目通过鉴定。

11 月　生物医学工程所等“脉冲超声多普勒血流仪”项目通过鉴定。

12 月 20 日　经国务院学位委员会办公室和教育部研究生司审核同

意，清华大学举行首批工科博士学位论文答辩会，由电机系博士生倪以信进行题为《电力系统电磁暂态全过程数字仿真》论文答辩。林克、高景德、张维、李传信、赵访熊、吕森等出席答辩会。

12月22日　清华大学第二次工学博士学位论文答辩会，由电机系博士生罗飞路进行题为《电磁场的广义能量及某些应用》的论文进行答辩。高景德、张维、赵访熊等出席。

12月27日　清华大学学位评定委员会正式通过决议，授予倪以信、罗飞路以清华大学工学博士学位。

1984年

1月13日　国务院批准首批已有博士学位授予权的学科、专业增列导师：电力系统及其自动化高景德。

3月29日　校长办公室通知：教育部批准设立电工研究所（所长高景德）。

9月30日　《电机过渡过程的基本理论及分析方法》（上、下册）获1983年度全国优秀科技图书一等奖。

1985年

4月11日　经1984—1985年度第十六次校长工作会议通过，任命戚庆成为电机工程系副主任等。

5月30日　经1984—1985年度第十八次校长工作会议通过：任命朱德恒为电机工程系高电压技术教研组主任等。

9月26日　经1985—1986年度第三次校长工作会议通过：任命朱东起为电机工程系电机教研组主任等。

本年　新增教授（含研究员）：吴维韩、杨福生、陈丕璋、蔡宣三；新聘兼任教授：沈根才。

1986年

6月26日　经1985—1986年度第二十一次校长工作会议通过，任命：韩英铎为电机工程系副主任等。

7月28日　国务院学位委员会审核通过，新增有权授予博士学位的学科、专业和博士生导师：生物医学仪器及工程，杨福生；已有权授予博士学位、专业增列导师：电力系统及其自动化张宝霖，高电压工程张仁豫、吴维韩，电机陈丕璋。

9月25日　校长到电机工程系听取工作汇报。

11月15日　1986—1987年度第五次校长工作会议通过，任命陈寿孙为电机工程系电力系统及其自动化教研组主任等。

本年　新增教授（含研究员）：白秀庭、周礼杲、戚庆成。

1987年

8月18—20日　国务院科技领导小组办公室，国家科委、国家教委、国家自然科学基金委员会、科学院基础研究联合调查组在清华大学进行典型调查，听取了电机系等的汇报。

10月4日　1987—1988年度第一次校长工作会议讨论通过，任命倪以信为电机工程系副主任等。

本年　《电机过渡过程的基本理论及分析方法》（高景德等）获国家级优秀教材奖。

本年　新增教授：韩英铎、陈允康、相年德、钱家骊、杨秉寿、郑逢时、周荣光。

1988年

3月　“电机及电力系统过渡过程分析和控制”（高景德等）荣获1987年国家自然科学二等奖。

9月12—16日　“第二届国际电介质材料性能与应用会议”在清华大学举行。本届会议总主席为校长高景德，执行委员会主席是副校长张孝文。

11月20日　苏联列宁格勒加里宁工学院电机系主任波波夫教授来校进行学术交流，高景德、倪维斗会见客人。

12月6日　郭永基被授予苏联技术科学博士学位证书，成为新中国第五位、改革开放后第一位获苏联最高学位的中国人。

本年　新增教授：王维俭、卢强、陈寿孙、倪以信、朱德恒、孙树勤、马信山；新聘兼任教授：邱昌涛。

1989 年

2 月 25 日　召开校务委员会会议，审议电机工程系更改系名问题。

3 月 31 日　校务会议通过，倪以信、谢小平连任电机工程与应用电子技术系副主任；任命王伯翰、张元骥为电机工程与应用电子技术副主任等。

同日，经 1988—1989 学年度第二十五次校务会议通过，任命吴维韩为电工研究所所长等。

3 月 16 日　经 1988—1989 学年度第二十三次校务会议通过，电机工程系改名为电机工程与应用电子技术系。任命韩英铎为电机工程与应用电子技术系主任。

6 月 17 日　1988—1989 学年度第三十六次校务会议，听取了电机系举办电机专业大专班的情况汇报并对有关问题做出决定。

本年　正式将原电力系统自动化、高电压技术、电机 3 个专业合并为一个宽口径的“电气工程及其自动化”专业。

本年　电机系电力系统及其自动化、高电压绝缘技术、电机与电器、电工理论与新技术 4 个二级学科被评为全国重点学科点。

本年　新增教授：张节容、江缉光、宫莲、王仲鸿。

1990 年

4 月 28 日　电机系和东北电力总公司联合研制成功我国自行设计研制的第一台电力系统仿真装置，正式投入使用。同时，“电力系统静态状态估计”也在我国大区电网中率先投入在线使用。

10 月 5 日　国务院学位委员会审议通过，已有博士授予权的学科、专业增列的导师：生物医学工程及仪器周礼杲，电机郑逢时，电力系统及其自动化相年德、倪以信、卢强，理论电工陈允康、马信山。学校自行审批通过的有权授予硕士学位的学科、专业：机电控制及自动化（工学）、电力电子技术（工学）。

11 月 15 日　校务会议决定：成立电力电子工程研究中心，任命倪维斗兼研究中心管委会主任，韩英铎为管委会副主任兼研究中心主任。

11 月 20 日　电力电子工程研究中心在主楼后厅举行成立大会。

本年　新增教授：薛家麒、李发海、容观澳、刁颐民、王世缨；新聘兼任教授：陈漠星、D. Jaron。

1991 年

本年　新增教授：朱东起、王伯翰、陈昌渔、关志成、白净。

1992 年

1 月 4 日　经国务院批准，卢强教授增选为中国科学院学部委员。

4 月 25 日　电机系举行庆祝建系 60 周年大会，国务院副总理朱镕基出席。

4 月　系庆 60 周年，朱镕基总理撰写贺文《为学与为人》，文中“为学在严，为人要正”后成为电机系系训。

12 月 19 日　举行电机系和日本松下电工公司联合组建“联合电工实验室”签字仪式，倪维斗副校长和松下电工公司专务西田行延先生分别代表双方在协议文本上签字。

12 月 31 日　经 1992—1993 学年度第十次校务会议讨论，同意新建“微机硬件及应用实验室”(电机系)，同意“人体运动信息检测实验室”与“应用电工学及电子学实验室”中有关生物医学工程与仪器的部分合并，改名为“生物工程与仪器实验室”。

本年　新增教授：沈善德、王承煦、丁海曙、王鸿明、郭永基、高上凯、胡元德、潘隐萱。

1993 年

8 月 28 日　日本松下电工株式会社三好俊夫社长一行参观了电机系的“清华大学-松下电工联合电工实验室”等。

9 月 2 日　校务会议通过：授予电机系“电路原理”“电工技术与电子技术”一类课程称号。

11 月 11 日　白净教授获得国家自然科学基金优秀中青年专项基金。

12 月 1 日　经校党委常委会讨论，同意电机系党委换届选举结果：王赞基、刘卫东、朱守真、李永东、陈基和、周双喜、崔子经、韩英铎、瞿文龙 9 人为系党委委员。王赞基同志为系党委书记，周双喜、朱守真同志为系党委副书记。

12 月 8 日　系核心组开会，讨论电机系学科建设问题，并对换届后的系党委工作提出要求和希望。

12 月 16 日　召开系党委扩大会，各教研组支部书记参加，交流教师党支部工作，布置学习十四届三中全会的决定，做好期末总结和党员评议等工作。

12 月 21 日　系核心组会，布置年终考核，并讨论系近期工作。传达学校关于年终考核与工资改革挂钩、与聘任制结合的精神，并要求考核要尽可能量化。业绩工资评定分特等、一等、二等、三等和四等五种级别。

本年　新增教授：沈以鸿、黄炜刚、赵良炳、朱泽煌、黄益庄、王赞基、王祥珩、张伯明、顾永昌、吉嘉琴；新聘兼任教授：赵希正。

1994 年

1 月 14 日　召开全系党员民主评议动员会，张济世、罗铸、叶大田、夏清做个人发言，最后党委书记王赞基做动员发言，强调全系要加强顾全大局、团结合作的精神，要健全党的组织生活。

1 月 28 日　全系召开工资改革动员会。

2 月 28 日　召开系核心组会，讨论学分制改革、系管教学、教研组改为研究所的设想。

3 月 15 日　各教研组汇报、交流学科建设思路和规划。

3 月 29 日　校领导方惠坚、梁尤能等来电机系听取学科建设的汇报，同意搞研究所的想法，支持科研抓大项目，要求加强重点实验室工作，重视电力电子学科建设。

4 月 4 日　校长王大中向应聘担任校长教学顾问的倪以信（电机系）等教授颁发聘书。

5 月 20 日　组织全系教师参观中科院电工所，交流并讨论科研与人才培养的合作。

5 月 27 日　举行电机系与河南省电力局联合研制 20 兆乏先进静止无功发生器（ASVG）合同签字仪式。梁尤能副校长和河南省电力局林孔兴局长分别代表双方签字，方惠坚和有关项目研究人员等共 30 多人出席签字仪式。

6月28日　日本松下电工株式会社社长今井清辅先生等一行参观电机系“清华大学-松下电工联合电工实验室”等。

8月13日　电机系、热能系共同向王大中校长、梁尤能常务副校长汇报学科群整合问题,提出两个方案:一个是按“能源”学科群进行整合,另一个是“电”与“热”分开。

本年　新增教授:谈克雄、黄立培、罗承沐、梁毓厚、张麟征、王心丰、徐伯雄、文学宓;新聘兼任教授:陈陈、严陆光、周孝信、林孔兴、丁道齐。

1995年

2月　台湾企业家黄广耀提出在电机系成立奖助学金。经系核心组研究,制定了奖助学金条例细则,并报学校有关部门同意,最后定名为“黄韬先生奖助学金”。经过选拔,确定了第一批获奖助学金人员名单。

2月15日　召开系核心组会议,讨论学科建设“九五规划”、大专业教学方案修订、国家重点实验室建设及验收、系和教研组行政换届等。

4月7日　召开电机系“九五规划”讨论会,各教研组汇报、交流学科建设和教学改革的设想。

5月17日　召开“电力系统及大型发电设备安全控制与仿真国家重点实验室”项目验收会。

5月23日　颁奖仪式在电机系举行,黄广耀先生出席,与系党委书记王赞基一起给获奖学生颁奖。

5月25日　召开1994—1995学年度第十六次校务会议,电机系行政领导班子换届,任命王赞基为电机系主任,姜建国、叶大田、夏清为副系主任。

6月5日　新一届系行政领导班子第一次系务会议,讨论班子工作原则、申报电力电子博士点和电磁测量硕士点、第20次教学讨论会准备工作、干部调整等问题,决定确立每周一次核心组例会制度,重大问题必须经过专门委员会和系核心组讨论,每个学期要召开一次全系教职工会议报告工作等。

6月6日　学校召开科技干部会,王大中传达全国科技大会精神,做“全校动员,实施科教兴国战略”的报告。电机系夏清等做大会交流发言。

6月9日　王赞基等系领导参加民盟三支部(电机系支部)关于系廉

政勤政工作座谈会,宗孔德、黄眉等先生提出系新行政班子要将抓学术水平、抓教学放在最重要位置,要有所为有所不为。

6 月 12 日　召开系核心组会议,讨论电力系统国家重点实验室建设有关问题,陈寿孙教授做工作汇报。

6 月 15 日　电机系向学校领导汇报"九五规划"。

6 月 19 日　召开系核心组会议,研究电力电子博士点申报、电力系统国家重点实验室主任人选等问题。

6 月 22 日　系主任王赞基等与电机教研组李发海、朱东起、黄立培、邱阿瑞等教师讨论电动汽车科研工作。

6 月 24 日　王伯翰教授在山东威海出席电工技术学会组织的特高压研讨会期间,因交通事故不幸遇难。

6 月 26 日　韩英铎教授当选中国工程院院士。

7 月 4 日　系核心组会议决定成立系经济管理委员会。

8 月 2 日　学校领导王大中、梁尤能、何建坤、孙继铭等找电机系、汽车系等商讨发展电动车问题。

9 月 1 日　系核心组召开会议,讨论工程硕士班办学问题。提出首先为东北电力局、华北电力局办工程硕士班。这是清华大学首批开办的工程硕士班。

10 月 16 日　电力系统国家重点实验室国家验收会在清华大学召开。

10 月 25 日　召开各教研组主任书记会议,布置和讨论"电机系九五规划提纲"、本硕贯通、办工程硕士班等要事,成立本硕贯通工作组。

10 月 31 日　召开系教代会会议,讨论电机系"九五规划"。

11 月 7 日　召开系首次本硕贯通工作组会议。

11 月 24 日　召开系机关工作人员会议,对提高管理水平、工作效率提出要求,并宣布机关各种收费归系财政统一管理、机关人员奖金按照"奖勤罚懒"的原则统一发放的决定。

11 月 24 日　召开系产业工作座谈会,就系办公司有关问题进行讨论。

12 月 27 日　电机系向学校汇报跨世纪人才青年学术骨干的推荐意见。

本年　新增教授:陈雪青、金启玫、姚若萍、叶大田、张菊鹏、姜建国、周明宝、王昌长、张伟钹、高玉明。

1996 年

1 月 16 日　召开“211 工程”实施启动会，“211 工程”经费一部分用于集中购置高水平仪器设备，另一部分用于与重点学科和国家重点实验室建设相结合的科研立项。

2 月 27 日　王赞基等系领导看望高景德先生，就系科研体制改革问题征求意见。高先生嘱咐：一要抓紧电力电子学科的建设；二要让博士生培养周期要灵活一点；三是在科研体制方面，研究所与国家重点实验室要结合在一起；四是年轻教师应该站得高一点，从全系学科发展角度考虑问题。

3 月 13 日　电机系为华北电网开办的工程硕士班举行开学典礼。

3 月 18 日　召开系核心组会议，提出在本科教学改革和研究生培养方面总结教学成果，争取申报国家奖。会议还研究了华北电网、东北电网两个工程硕士班培养方案的落实问题，“211 工程”与“九五规划”实施相结合的问题等。

4 月 1 日　由电机系电力电子研究中心组织的 IGBT 以及应用专题高级讲座班在电机系开班，近 50 人参加为期一周学习。

4 月 17 日　电机系举办青年教师学术报告会，3 位青年教师(2 位副教授、1 位讲师)分别就自己的研究课题进行了交流。

4 月 23 日　电机系举行学术报告会，青年教师闵勇、袁建生、王黎明、邓佑满分别做题为“基于 GPS 技术的全网同步监测系统”“电磁场计算通用软件的开发及应用”“紧凑型线路中的相同合成绝缘间隔棒”“配电网络优化计算法研究”的学术报告。

4 月 25 日　由电机系韩旻副教授主持研制的“微机控制多功能冲击电流发生器”通过技术鉴定。这一项目用于邮电部门和电力部门防雷电保护。专家组认定，该器件达到国内同类领先水平。

4 月 27 日　电机系举办杨津基教授 80 寿诞庆祝活动。

5 月 7 日　电机系为东北电管局等开办的为期 10 个月的“工程硕士班”举行开学典礼，东北电管局副局长、关志成副校长及有关部处领导出席典礼。

5月14日　召开学科建设座谈会,就科研与生产实际相结合,为经济建设主战场服务进行讨论。吴维韩、相年德、韩英铎、杨福生等老教师出席并积极发表意见建议。

5月15日　召开第三批青年教师学术报告会。青年教师张永红、刘志林、周小强,分别就“家庭心电、血压监测网的研制”“便携式大容量生理信号记录仪的研制”“心衰数字仿真的研究”等课题研究情况进行了交流。

5月17日　系主任王赞基向学校领导汇报申报国家教学成果奖问题,余寿文副校长等领导表示积极支持,认为电机系面向经济建设主战场,培养高水平、高层次人才有特色,成果突出;指出系领导要亲自挂帅,成立一个工作班子,认真总结,找出规律。

5月15—17日　电机系主办的首届“亚洲应用电磁学专家研讨会”召开。关志成副校长在15日的开幕式上致辞,来自日本、韩国、越南、瑞典四国共24位境外专家和国内20多位学者出席会议。研讨会共收到学术论文48篇,会议围绕“电磁场理论及数值计算方法”“工程应用问题的研究”等方面的问题进行交流。

5月21日　系领导向学校汇报“211规划工程”。梁尤能、杨家庆、何建坤等校领导听取汇报并做重要指示。

5月27—29日　在清华大学召开国家“八五”科技攻关项目“电动汽车关键技术研究”成果鉴定和验收会。来自机械部、国家教委科技部门的11位领导及专家对该项目的成果进行鉴定和验收。“八五”期间,国家对该项目总投资约1400万元,项目由11个专题构成,清华大学共承担7个,其中电机系1个。参加鉴定和验收的20余位专家认为,研究成果达到国际90年代水平。

5月31日　召开系核心组会议,决定研究生培养和本科教学改革两项成果申报国家级教学成果奖的人员名单。

6月24日　召开系核心组会议,决定成立“电机系扶老助贫互助会”(后改名为“安老基金”),旨在解决一些老教师、老职工治病和生活困难问题,并成立了由系核心组成员组成的管理委员会,制定了管理和助贫的原则。

6月27日　《科技日报》刊登1996年度国家科技进步奖初评项目

416项（民口），电机系唐统一等5人完成的“供电系统谐波检测与治理”成果获三等奖。

7月4日　按国务院学位委员会文件，经优选评估，清华电工可以按一级学科行使博士学位授予权。

10月　经国务院学位委员会审批，“电力电子技术”学科点增设为博士学位授予权点。

10月31日　系主任王赞基向校领导梁尤能、杨家庆汇报电机系教学科研管理体制改革和国家重点实验室建设有关问题。校领导赞成电机系提出的总体意见。

11月8日　由电机系和河南省电力局共同承担的“20兆乏先进静止无功发生装置（简称ASVG）的研制”的中间装置“300千乏ASVG”项目评议会在清华大学召开。“20兆乏ASVG的研制”是由清华大学韩英铎院士负责，历时2年。专家组肯定了300千乏ASVG工业试验装置研制的成果。

11月28日　系主任王赞基等看望高景德老校长，汇报高先生获孺子牛金球奖杰出奖、获北京市教学成果奖以及电机系“211工程”学科建设情况。高先生表示，“工作都是大家做的”，“电机系是清华大学最老的系之一，做出这些成绩也是应该的”。他非常激动地说，“你们这一届班子把系里各项工作抓起来了，好好干，促进电机系更上一层楼”。

12月5日　电力部副部长陆延昌到电机系视察。

12月7日　举行高景德院士荣获孺子牛金球奖杰出奖颁奖仪式。

12月24日　老校长、电机系学科带头人高景德院士逝世，12月31日在八宝山革命公墓举行高景德先生遗体告别仪式，近800人参加告别。

本年　新增教授：韩旻、胡广书、赵伟、李永东、罗铸、魏洪波、张元骥；新聘兼任教授：周小谦。

1997年

1月8日　首次“清华之友-施耐德电气（中国）奖学金”颁奖仪式在清华举行，电机系和自动化系的20名学生（13名本科生、7名研究生）获得总额6万元人民币的奖学金。

3月12日　系主任王赞基约陈寿孙、王仲鸿、孙元章3位教授商谈利用“211 工程”项目经费进行动模改造建设,成果要与国家重点实验室评估相结合的问题。

4 月 17 日　梁曦东获清华大学“学术新人奖”。

5 月 15 日　在九三学社北京市第九次代表大会上,徐云当选为第九届委员会委员。

5 月 29 日　校务会议审议通过,继续授予基本电工实验室、应用电子学及电工学实验室为“清华大学一级实验室”。

6 月 18 日　清华–熊猫微机联合实验室挂牌仪式在校举行。南京熊猫电子集团计算机有限公司与清华大学电机系、校设备处充分协商,以赠送和购买相结合的方式共同建设、装备清华大学计算机硬件实验室。该实验室设在电机系。南京熊猫计算机有限公司总经理孟俊才、清华教务长吴敏生等出席仪式。

同日　由白净教授主持研制的清华大学“家庭心电血压监护网”示范工程通过验收。该项目是清华大学远程医疗课题组针对 21 世纪人口老龄化及社会医疗保健的需求,经多年努力研制而成,经 1 年多的试运行取得良好成效。贺美英、关志成等校领导出席在校医院举行的鉴定会。

7 月 10 日　电机系召开王先冲教授、唐统一教授 80 寿诞庆祝会。

8 月 11—23 日　美国“总统专家奖”获得者、原清华大学电机系学生司捷等 8 位优秀留美学者组成的讲学团,来清华进行讲学。

8 月 22 日　举行华东电力局向电机系“安老基金”捐赠 50 万元的合同签字仪式。

9 月 10 日　电机系申报的“面向国民经济建设主战场,培养高质量电工学科高层次人才”“电气工程及其自动化专业建设”2 项教学成果,荣获北京市教学成果一等奖。

9 月 30 日　清华大学与清华永新公司合作项目签字仪式在近春楼举行。清华永新公司总经理刘世铨,副校长杨家庆、校长助理冯冠平等出席。双方共签署了《超高分子量管材改性料》《耳声发射听力检测仪》(电机系)等合作协议,这是清华大学与永新公司签署的第二批合作协议。

10 月 20 日　电机系召开系核心组会,提出实验室分室实体化、逐步取消教研组成立研究所和研究室等项体制改革的初步实施方案。

10月29日　电机系教授高景德、韩英铎、卢强、张仁豫、肖达川等主持完成的“面向国民经济主战场，培养电工学科高层次人才”成果，获本届国家级教学成果奖中唯一的特等奖；由姜建国、崔文进、黄立培、陈刚、王伯翰等主持的“电气工程及其自动化专业建设”教学成果，获国家级教学成果二等奖。

11月11日　清华大学举行聘请华北电业管理局局长、华北电力集团公司总经理焦亿安(校友)为热能系和电机系兼职教授的仪式，杨家庆副校长向焦亿安颁发聘书。

11月12日　国家电力部科技司司长毛文杰与中国电科院、东北电力公司、电机系等领导商谈和协调电力系统EMS的科研问题。

11月14日　电机系召开教育思想讨论会，出席会议的教代会代表、教学指导委员会委员、教研组主任、博士生导师等，围绕人才培养目标、培养方式和评价标准进行讨论。

11月24日　日本国台湾籍黄淑芬女士委托吴文彬、张秋兰夫妇来校，向电机系和自动化系捐款3万元，资助两系10名家庭经济困难的学生。

11月25—26日　电机系先后召开第六届系学位分委会第一次全体会议和第二次教学讨论会，就提高研究生培养质量、人才培养方向及课程体系等问题进行讨论。

12月11日　召开系核心组会议，讨论科研经费提成、公用房改革、系公司整顿等问题，旨在充分利用调节杠杆，促进教学、基础研究等关键岗位的设岗工作。

12月16日　北京市教委首次对清华大学基础课实验室进行评估。电机系应用电子学及电工学实验室经过专家组严格考核审议后，通过了“合格实验室”的评估。

12月17日　电机系召开基础研究座谈会，就组织申请国家“973计划”等重大基础性研究项目开展讨论。

本年　新增教授：周双喜、杨学昌、李隆年、张济世、梁曦东、孙元章；新聘兼任教授：郑健超、李泽元、方大庆、伊戈尔·彼得洛维奇·维尔夏金(I. Vereshchagin)。

1998 年

1 月 12 日　学校召开“1997 年 211 工程建设总结表彰会”，电机系作为获奖单位之一，梁尤能常务副校长在颁奖时握着系主任王赞基的手说：“你们今年（指 1997 年）老得奖，是个丰收年！”

同日，经 1997—1998 学年度第七次校务会议通过，电机工程与应用电子技术系的应用电子学及电工学实验室、基本电工实验室，继续保持“清华大学一级实验室”称号。

1 月 23 日　电机系召开教师座谈会，就编辑出版《高景德纪念文集》进行讨论。

2 月 13 日　电机系召开教学改革讨论会，就是否设立新的专业方向问题展开讨论。

2 月 26 日　黄眉教授逝世。

3 月　在全国政协九届一次会议上，卢强院士当选为全国政协常委。

4 月 3 日　电机系召开全系教师工作研讨会，就电机系教学科研体制、是否申请成立学院等问题展开讨论。

7 月 6 日　系主任王赞基向校领导汇报电机系教学科研管理体制改革情况。

8 月 31 日　经 1997—1998 学年度第十五次校务会议通过，电机工程与应用电子技术系行政领导班子换届，任命王赞基为电机工程与应用电子技术系主任；叶大田、崔文进、梁曦东、瞿文龙、夏清为电机工程与应用电子技术系副主任。

9 月 1 日　新一届系行政班子第一次会议，就实行教授与系核心组有关席会、系机关撤销科建制、建设一流学科等进行讨论，做出相关决定。

9 月 10 日　王大中校长召集传统学科创一流座谈会，系主任王赞基就一流学科的目标、传统学科与新学科关系、教师队伍建设等问题发表意见，表示电机系有信心创建一流学科。

9 月 21 日　电机系接待时任香港中信泰富董事局主席荣智健先生访问。荣智健先生在北京从事电力技术工作期间，曾在我系做过电力稳定等课题研究，在动模实验室做过试验。

9 月 25 日　召开全系教授会，传达和讨论建设一流学科问题。

9月28日　电机系卢强教授应邀出席中共中央、国务院在人民大会堂举行的全国抗洪抢险总结表彰大会。

10月21日　召开各教研组主任、实验室主任会议，讨论科研经费管理费、教学津贴、公用房资源调节费等问题。

11月12日　教育部公布“长江学者奖励计划”首批特聘岗位名单，电机系电力系统及其自动化等9个学科入围。这9个学科将向全球招聘“特聘”教授。

12月5日　孙元章教授获得1998年“国家杰出青年科学基金”资助。

12月8日　北京市教委组织15位专家对清华大学基础课、技术基础课和专业基础课实验室进行评估。电机系基本电工实验室接受了评估，并顺利通过。

12月14日　系核心组会议，传达学校实施“985工程”有关事项，讨论我系哪些学科方向有可能尽快达到一流水平、教学科研管理体制改革和设岗、筹建电工电子实验中心等问题。

本年　新增教授：马维新、何丽静、瞿文龙、唐庆玉、夏清；新聘兼任教授：松濑贡规。

1999年

1月26日　召开系核心组会议，讨论系学术委员会和系教学指导委员会的调整、系公司、科研奖励、系机关改革、办公用房调整等问题。

3月　邓佑满获得1998年“茅以升北京青年科技奖”。

6月10日　电机系与平顶山高压开关厂讨论成立联合研究所问题。

6月15日　系核心组会议，讨论申报特聘教授名单和责任教授岗位的分配问题。

6月18日　日本三菱电机产业技术研究所所长一行来校与电机系签订合作协议。

6月23日　经1998—1999学年度第十七次校务会议讨论通过，经复审，同意继续授予电机系“电路原理”“电工技术与电子技术”等课程“一类课程”称号。

7月1日　召开系学术委员会会议，讨论“985工程”校级重点项目和系级重点项目立项问题。

7月12日　电机系举行选举责任教授会议。

7月20日　电机系举行基础课教学岗位聘任评审会。

9月7日　1998年首届全国百篇优秀博士论文名单揭晓,由陈丕璋、马信山教授指导的程志光博士获此殊荣。

9月20日　由赵争鸣教授主持设计的项目,在本校开凿太阳能供水试验井通过了学校和北京地质工程公司的联合验收。该井深43米,以太阳能为动力。

10月7日　电机系与法国电力公司在工字厅东厅签订科研合作协议;10月15日,电机系组团前往巴黎访问法国电力公司研发中心,商谈科技合作。

10月11日　电机系两个“985工程”校重点项目接受学校的立项审查。

11月4日　系核心组会议,讨论申报“高等学校骨干教师资助计划”人选和“985工程”项目的实施问题。

11月22日　电机系与平高电气联合成立“平高电气清华研究所”,签字仪式在清华举行,龚克、关志成等校领导出席签字仪式。这是清华大学成立的第一个校企联合研究所。

11月30日　由教研组改制为研究所的工作完成。电机系召开研究所干部会,宣布研究所体制正式开始运行,明确研究所的职责是学科建设与规划、培养研究生、组织科研、队伍规划与建设、承担教学任务和管理教学实验室等;明确了所长与副所长的分工。

12月9日　校务会议通过:成立电工电子教学实验中心。

12月　清华大学电机系与许继集团公司成立了许继清华大机组保护研究所。

本年　电机系与自动化系、核研院、微电子所等单位共建“电力电子工程研究中心”。

本年　电机系在原有各教研组基础上,成立了5个研究所,分别为:电力系统研究所、柔性输配电系统研究所、高电压及绝缘技术研究所、电力电子与电机系统研究所、电工新技术研究所。

本年　新增教授:邱阿瑞、陆文娟、闵勇、赵争鸣、蒲以康;新聘兼任教授:李凤玲(和热能系合聘)、顾国彪。

2000 年

1 月 18 日　召开系核心组会议，讨论晋升工资、电工学教学组与生医专业的管理体制等问题。

1 月 18—20 日　第三届 Motorola 杯单片机设计应用大奖赛在上海举行。电机系本科生满家汉、满伟获优胜奖。

1 月 20 日　召开系“安老基金”管理委员会会议，总结上一年收入与资助情况，讨论近期补助困难教职工问题。

3 月 10 日　“新疆维吾尔自治区与清华大学全面合作——特变电工项目”签字仪式在科技园学研楼举行。新疆维吾尔自治区副主席吾甫尔·阿不都拉及国家计委等单位负责人、副校长龚克、电机系卢强院士及相关单位负责人出席仪式，此次共签订 6 个相关协议。

3 月 17 日　电机系与学校科技处讨论科技成果产业化问题。

4 月 6 日　召开基本电工教研组和电工学教研组任课教师和实验员全体会议，就电工电子实验中心成立之后的工作安排进行布置和讨论。

4 月 7 日　召开电机系教授会评议孙元章、梁曦东、赵争鸣、白净的特聘教授岗位申请，23 位教授参与评议和投票。

4 月 14 日　台达公司董事长郑崇华来电机系做学术报告。

4 月 19 日和 28 日　系主任王赞基向教务长吴敏生、教务处处长黄贺生、教务处副处长汪蕙反映电机系对电工电子实验中心建设的意见，表明电机系所承担的电路原理、电工学、电子技术等课程在电工电子实验中心中占主导地位。

5 月 8 日　经校党委常务会议讨论：同意电机系党委换届选举结果：丁青青、刁勤华、王赞基、邓佑满、朱守真、李慎龄、邱阿瑞、高上凯、曾嵘 9 位为电机系党委委员。邱阿瑞为电机系党委书记；朱守真、邓佑满为电机系党委副书记等。

5 月 12 日　电机系召开全系教师会，系主任王赞基传达王大中校长在第 21 次教育工作讨论预备会上的讲话，系副主任崔文进通报近期系里组织教学讨论的情况，并布置下一步教育工作计划。

5 月 17 日　日立公司首席技术专家牧本次生一行来电机系参观“清华-日立单片机联合实验室”，校务委员会副主任关志成、电机系副系主任崔文进等接待。随后,来宾给学生做了题为“日立半导体报告会(2000)——迈向新世纪的技术进展”的报告。

同日,召开骨干教师会,对当前的学风问题进行研讨。系领导及系教学指导委员、学位委员会负责人等参加会议。

5月29日　召开电机系“985工程”课题组长会议,检查落实校、系两级重点项目的进展情况。

6月2日　召开青年教师座谈会,系党委书记邱阿瑞、系副主任崔文进参加座谈。

6月26—28日　校务委员会副主任关志成、系主任王赞基、课题负责人韩英铎院士、王仲鸿教授赴河南洛阳,参加由清华大学电机系与河南电业局合作完成的“电力系统新型静止无功发生器(ASVG)”项目成果鉴定会。鉴定会由国家电力公司主持,鉴定结论为该项技术填补国内空白,达到国际领先水平。

7月　2000年全国百篇优秀博士学位论文名单揭晓,由肖达川、江缉光教授指导的涂愈明博士获此殊荣。

9月8日　召开责任教授考核会议,23位教授分别述职、接受评议考核。

9月15日　召开责任教授上岗聘任会议,24位教授分别表述上岗的目标和工作计划。

10月27日　召开全系教师教学讨论会,传达学校关于召开“第21次教育工作讨论会”精神,动员全系教师积极投入第21次教育工作讨论会,深入进行教学改革。系主任王赞基介绍“美国MIT的教学体制”;系副主任瞿文龙介绍美国密歇根大学电机及计算机科学系(UMI,EECS)的课程设置;系教学委员会主任姜建国介绍在美国留学的原清华大学毕业生对在清华大学学习与在美国学习的比较。参会教师对本系教学体制改革、包括课程设置等进行热烈讨论,提出不少很好的教改建议。

11月24—25日　召开责任教授和教学委员会教育讨论会,讨论本学教学改革问题,一致认为电机系在本科阶段应该强化通识教育,拓宽电工、电子、通信、计算机、自动控制等知识面。有教师提出“CCCP”(Computer, Control, Communication & Power)的想法。

12月27日　召开电机系“211”项目验收会。

本年　新增教授：徐国政、王新新、袁建生；新聘兼任教授：吴复立。

2001 年

3 月 7 日　学校组织电机系“985”项目“电气工程基础教学实验基地建设”项目的评审会。经专家组认真评审，该项目原则通过，并提出修改建议，待报告修改补充后可立项执行。

3 月 23 日　电机系召开“十五规划”讨论会。

3 月 26 日　日本三菱电机电力电子部经理一行 3 人到电机系洽谈“电机及矩阵变频器”“DVR”等项技术合作研究。

4 月 28 日　清华大学校友廖锡麟（电机 57 届）、姜恩涓（电机 58 届）夫妇捐款 20 万元人民币，在电机系设立奖学金的颁奖仪式在电机系举行。

6 月 28 日　经 2000—2001 学年度第 20 次校务会议讨论通过，电机工程与应用电子技术系行政班子换届，任命梁曦东为电机工程与应用电子技术系主任；赵争鸣、夏清、朱守真、袁建生为电机工程与应用电子技术系副主任等。

9 月 20 日　校务会议决定，将电机系的生物医学工程专业调整到医学院。

10 月 30 日　瑞士 ABB 公司半导体器件分公司总裁 Dr. Kurit Machile 一行访问电机系。双方就合作的事项达成意向。

11 月 9 日　南瑞（继保）奖学金颁奖会在电机系召开，南京南瑞继保电气有限公司总经理助理金勇以及电机系党委书记邱阿瑞等领导参加颁奖会。

12 月 1 日　由电机系夏清教授、康重庆副教授主持研究的“中长期电力需求分析与预测系统”项目通过教育部组织的技术鉴定。鉴定委员会评定：该技术达到国际先进水平。

本年　新增教授：崔文进、何金良、蒋晓华、童陆园、王士敏。

2002 年

3 月 12 日　日本东京电力株式会社亚洲友好协会代表团一行 6 人到访电机系，并与电机系教师就“中国电力事业的发展”进行座谈讨论，会后参观动模国家重点实验室。

4月2日 电机系召开全体教师人事改革座谈会,邀请人事处处长介绍清华大学人事制度重大改革方案。

4月5日 校党委书记陈希、副校长郑燕康及校机关有关部处领导裴兆宏、符松、杨晓延、刘颖等参加电机系学科规划座谈会。

4月27日 在主楼后厅举行的“21世纪电力发展论坛”,为电机系70周年系庆拉开帷幕。国家电力公司副总经理赵希正,国家经贸行业规划发展司官员李冶,中国工程院院士、中国电力科学研究院名誉院长郑健超、广东省广电集团公司总经理祁达才,以及电机系教授卢强院士,分别以《中国电力工业的改革与发展》《加入WTO后中国电工制造业面临的机遇与挑战》《输变电技术的发展展望》《网厂分离后电网公司的经营理念》以及《近年来电力系统若干基础研究及其应用的进展》为题做了精彩演讲。龚克副校长到会致辞,向到会的校友表示问候。校务委员会副主任关志成出席论坛。

同日 电机系建系70周年庆祝大会在大礼堂举行。校党委书记陈希代表学校向电机系表示祝贺。会上,电机系系主任梁曦东回顾了电机系70年以来的历程,并对电机系的未来予以展望。校友、中国电机工程学会理事长陆延昌,中国电工技术学会副理事长周鹤良,国家自然科学基金委材料与工程学部主任、中国电力科学研究院总工程师、电机系1965届校友周孝信院士分别在会上发言。电机系1952届校友杨勤明,中国海军工程大学教授、1996年博士毕业的马伟明院士作为校友代表也发了言。电机系原系主任韩英铎院士、系学生会主席王之浩分别代表师生发言。到会的嘉宾还有原国家教委副主任、清华原校长张孝文,以及方惠坚、贺美英、胡东成、龚克、关志成等,中国电机工程学会名誉理事长张凤祥,陈建宁将军和柳克俊将军,西南联大电机系教授马大猷院士,以及吴佑寿、顾国彪、张钹、张钟华等院士也到会。会后举行了系庆文艺演出。

6月24日 “清华之友-施耐德电气助学金”项目签字仪式暨“施耐德电气中国公司再次捐助吉林省育林孤儿院捐款仪式”在亮马饭店举行。电机系每年将有20名家庭经济困难的学生获得此资助。

10月20—22日 第六届国际电力系统新技术研讨会在清华大学召开。电机系柔性输配电研究所与浙大、上交大相关单位联合主办。主要研究课题《电力系统仿真 FACTS 及 HUDC》,国内外 94 名专家、学者参加会议。

12 月 24 日　顾毓琇先生铜像揭幕仪式在西主楼举行。原校党委书记、校友总会常务副会长贺美英出席揭幕仪式并致辞。

本年　新增正高级专业技术职务人员:李芙英、刘卫东、陈建业、朱守真、李福祺。

2003 年

1 月 14 日　韩国延世大学研究生院院长、工学院院长、创业中心主任等一行 4 人代表团到访电机系,电力电子与电机系统研究所所长柴建云等接待并陪同。

2 月 28 日　在召开的国家科技奖颁奖大会上,电机系 1952 年毕业生金怡廉院士荣获我国科技成果最高荣誉奖——“国家最高科技奖”。这也是清华大学校友首次获此殊荣。

3 月 13 日　在全国政协十届一次大会上,电机系卢强等 6 位教授当选全国政协常委。

3 月 20 日　ABB 集团高级行政官兼首席技术官 Markus Bayegan 先生一行 5 人访问电机系“电力系统及发电设备控制与仿真国家重点实验室”。

同日,经 2002—2003 学年度第 7 次校务会议讨论通过,自动化系“热工计量室”与电机系“电工计量室”合并建立“清华大学电工与热工计量实验室”(校、系管),下设“电工计量室”和“热工计量室”两个分室,挂靠在电机系。

3 月 28—30 日　清华大学博士生论坛第 33 期(电机系)在三堡举行。论坛邀请了工程院院士韩英铎教授、清华大学深圳研究生院院长关志成教授、校研究生院副院长赵伟教授、“长江学者”孙元章教授等参加。论坛涉及电力系统自动化、柔性输配电与电力系统稳定控制、电力电子与电机控制、理论电工与电能新技术和高电压工程等学科领域。

10 月 30 日　电机系党委换届选举大会召开,全系近 300 名教工和学生党员参加大会。大会差额选举产生新一届系党委。经校党委批复,邱阿瑞为党委书记,刘秀成、曹海翔为党委副书记。

本年　在首次全国电气工程学科评估中排名第一。

本年　电机系获得国家自然科学基金委电工学科多年来唯一重大基金，全面参加电气工程领域新一轮国家重大基础研究计划“973”项目等国家级重大课题。

本年　新增正高级专业技术职务人员：梅生伟、沈永林、刘文华、徐云、苏鹏声；新聘兼职教授：马伟明；续聘兼职教授：周孝信、黄其励、严陆光。

2004年

3月1日　英国斯特拉思克莱德大学（University of Strathclyde in Glasgow）校长Andrew Hamnet教授等一行3人访问电机系。

3月19日　电机系召开全体教师会议，传达学校关于院系学术委员会换届工作的精神。经过全体教师无记名投票，从19名委员候选人中选举产生13名系学术委员会委员；然后，又经全体教授会无记名投票，选举出校学术委员会委员候选人2名。

3月31日　以中国电力科学研究员总工程师、国家自然科学基金委员会材料与工程学部主任周孝信院士为组长的专家组，一致通过了对“电机系电气工程‘985’学科建设项目”的验收。

4月1日　校党委书记陈希带领研究生院、科研院、教务处等部处领导到电机系检查指导工作。电机系核心组成员及各研究所所长参加了工作汇报会。系主任梁曦东就电机系基本情况、“985”一期成果、学术梯队、教学科研、面临的问题等向学校领导进行了汇报，并提出了电机系未来几年的工作设想。

4月20日　巴黎高科集团主席Mrs. Daniele Olivier等一行5人参观了清华大学电机系“电力系统及发电控制和仿真国家重点实验室”。

4月28日　清华大学电机系与国电南京自动化股份有限公司联合成立清华南自电网调度自动化研究所揭牌仪式在甲所举行。

5月22—23日　清华大学博士生论坛第58期（电机系）在清华大学学术交流基地——居庸关石门山庄召开。

5月24—26日　由电机系和山西省电力公司联合举办的输电线路关键技术问题研讨会在电机系召开。系主任梁曦东和山西省电力公司副总经理崔吉峰分别致辞。会议安排10个学术报告，就“合成绝缘子的应用”等专题展开讨论。

5月29—30日　电机系在昌平组织召开教学研讨会，48名教师及实验室人员参加此次研讨会。会议的主要内容有：邀请近期从国外学习归来的年轻教师介绍各自的进修情况和国外的教学情况；就如下几个议题进行研讨：(1)任课教师如何处理知识传授与学生思维能力的培养；(2)如何从教学方式、教学内容和考核方面体现对学生综合能力的培养和要求；(3)实验与实践环节在教学中的作用，如何改革实验内容和方式，以便提高其作用和效果；(4)如何改进电机系的教学工作，以提高整体教学效果。

7月7日　日本富士电机系统株式会社社长伊藤晴夫来校访问，与电机系签订合作协议。

同日，经2003—2004学年度第19次校务会议讨论通过，电机工程与应用电子技术系应用电子学及电工学实验室、基本电工实验室建制撤销。

7月9日　经2003—2004学年度第20次校务会议讨论通过，电机工程与应用电子技术系行政换届。任命梁曦东为电机工程与应用电子技术系主任，赵争鸣、袁建生、曾嵘为电机工程与应用电子技术系副主任等。

7月13日　“211”二期项目“分布式独立电力系统”的建设通过专家委员会的评审，顾国彪院士、张钟华院士分别担任项目论证组和设备论证组组长。

9月10日　通用电气(GE)中国技术中心总裁陶瑞祥先生(Mr. Bijan Dorri)、通用电气全球研发中心(上海)总经理顾铁先生一行访问清华大学，参观了电机系电力系统动态模拟实验室。

9月22日　电机系汪芙平(导师：王赞基)：《混沌背景下信号盲分离及其在混沌通信中的应用研究》获得2004年全国百篇优秀博士学位论文提名。

11月11日　电机系党委书记邱阿瑞、副书记曹海翔、副系主任曾嵘、电机研究所所长柴建云与上海电气电站集团党委副书记何士林、人力资源总监张之杨等进行座谈。双方就科研合作、人才培养、建立实践基地等事项交换了意见，并就在电机系设立上海电气电站奖学金一事达成初步意向。

11月12日　韩国现代重工副社长金永男一行5人访问清华大学，来宾与电机系负责人就如何在电力控制等领域开展合作进行讨论。

11月14日　由国家科技部组织的6人专家组，在对清华大学“国家能源实验室”的筹备工作进行调研和考察期间，在“国家能源实验室”筹备组组长王大中院士、副组长王赞基教授及学校有关部处领导的陪同下，参观了电机系电力系统动态模拟实验室。

12月25日　电机系召开系列课程研讨与课程建设之一——计算机系列课程教学建设研讨会。会上，系教学副主任曾嵘介绍学校教育工作讨论会的精神、电机系计算机系列课程教学总体情况以及本次会议主旨。20多位教师以及负责相关实验教学的老师与会，都介绍了自己所开课程情况，并对教学过程中普遍存在的问题进行讨论。

本年　新增正高级职务人员：汪晓光、王树民、周远翔、董新洲。

2005年

3月10日　电机系研团委举办第四期“行家行话”活动，邀请美国电机电子工程师协会会士、美国麻省理工学院客座教授、香港工程科学院院士、中国工程院院士、英国皇家工程院院士、乌克兰工程科学院院士、世界电动车三大权威之一全国政协委员陈清泉院士，就“新世纪的机遇与挑战——世界一流大学与资本市场”这一话题进行演讲。

3月15日　英国利物浦大学教授、清华大学客座教授方大庆博士访问电机系，并做了题为《高压断路器的计算机仿真》的学术报告。前来参加学术交流活动的有北京开关厂、平顶山开关厂及电机系的有关人员。

4月12日　美国德州大学陈谟星教授在国家外专局经济技术专家司王处长陪同下来电机系座谈。副系主任赵争鸣、夏清教授，姜新建、沈沉副教授及部分学生参加座谈会。

5月17日　由新一代电力研究技术研究中心（NPTC）主任Seung Jae Lee教授率领的韩国明知大学代表团一行18人访问电机系。代表团成员有现代重工、LG电子等著名韩国企业代表。系副主任袁建生教授等参加接待。

5月26日　张伯明教授等完成的“电网能量管理和培训仿真一体化系统”等3个项目的成果，荣获北京市科学技术优秀成果一等奖。

5月31日　清华大学和AREVA公司在中央主楼举行清华大学-AREVA输配电研究中心成立仪式,该中心是在“清华大学-AREVA继电保护与控制研究中心”基础上扩大起来的。成立仪式由电机系主任、中心管委会主任梁曦东教授主持,副校长康克军和AREVA输配电全球总裁菲利浦·吉尔莫特先生致辞,随后双方签署协议并举行揭牌仪式。电机系党委书记邱阿瑞、中心管委会成员周双喜及国际处、科研院等相关人员共100多人出席该仪式。

6月20日　清华大学电机工程系和银河科技公司联合成立的电力系统自动化研究所揭牌仪式在甲所大会议室举行,该仪式由电机系副主任赵争鸣教授主持。常务副校长何建坤教授、国家发改委高新司处长苗治民、银河科技公司董事长潘琦博士、科研院常务副院长王赞基教授、电机系主任梁曦东教授和电机系卢强教授,以及中国科学院电工所、中国电力科学研究院等兄弟单位的代表共50余人参加揭牌仪式。

6月25日　清华大学第92届博士生论坛(电机系)在石门山庄举行,共有来自电机系和华北电力大学共76名博士研究生参加,提交学术报告70多个。系党委书记邱阿瑞等13名博士生导师,华北电力大学副校长李成榕教授和电力学院贺仁睦教授参加论坛。

7月11日　教育部教技函〔2005〕68号文下达《教育部关于部分国家重点实验室主任和学术委员会主任聘任的通知》,聘任梁曦东教授为电力系统及发电设备控制和仿真国家重点实验室主任、卢强院士为学术委员会主任,同时聘任新一届国家重点实验室副主任、学术委员会成员、主任助理和秘书。

8月25—29日　由清华大学主办,电机系和深圳研究生院承办的第14届国际高电压工程会议ISH2005(The 14th International Symposium on High Voltage Engineering)在北京举行,来自40多个国家的专家、教授及工程技术人员700多人(境外360多人)参会。国网公司副总经理舒印彪、南网公司副总经理赵建国、副校长龚克等出席开幕式。

9月9日　第五届国家级教学成果奖表彰大会在人民大会堂举行,电机系教学成果“优化理论课程,强化实践环节——电力系统本科专业课改革”荣获一等奖,孙宏斌副教授作为获奖代表之一,受到了温家宝总理的会见。

10 月 9—13 日 第二届清华-明知继电保护与变电站自动化研讨会在北京举行。会议由清华大学和韩国明知大学主办,西安交大、天大、山大、山东理工大学协办,同时得到国家自然科学基金委和韩国工程与科学基金委资助。董新洲教授担任会议主席。

10 月 10 日 电机系教学督导组成立仪式在西主楼举行,系党委书记邱阿瑞出席仪式,并为督导组成员颁发聘书。

11 月 4—6 日 由电工技术学会和国家自然科学基金委联合举办,电工技术学报承办,电机系协办的"全国第二届电工技术前沿论坛"在清华召开。

11 月 29 日 在西主楼举行"2005 年度清华之友——施耐德电气奖学金颁奖典礼暨电机系与施耐德电气公司共建 PLC 教学联合实验室"签约仪式。施耐德电气大中国区总裁 Guy Dufraisse 一行,校学生工作指导委员会副主任陈旭,系党委书记邱阿瑞,以及校教务处、学生部相关老师和获奖学生出席仪式。

本年 新增正高级职务人员:康重庆、李志康、孙宏斌、徐福媛。

2006 年

2 月 15 日 电机系召开"十一五"发展规划讨论会。系主任梁曦东对系"十一五"期间的发展规划,向全系教授进行了汇报。主要内容包括教学、科研、人事和国防保密等。教授们针对各项内容进行了讨论,提出许多可行性建议。

3 月 24 日 柔性输配电研究所与上海市电力公司合作承担的 50Mvar STAATCOM 装置在上海西部变电站投运,并通过了 72 小时的负载考验。

4 月 1 日 电机系在三堡学术基地召开博士生导师研讨会。系主任梁曦东、党委书记邱阿瑞、韩英铎院士等 22 位博士生导师和即将申请博导资格的老师出席研讨会,校研究生院副院长赵伟、高虹应邀出席会议。高虹做关于"对研究生教育中长期规划的思考"主题报告。与会博士生导师就博士生培养过程中的各方面工作进行了讨论。

同日,由校研究生院和研究生会主办、电机系承办的"清华大学第 109 期博士生学术论坛"在居庸关三堡学术基地举行。科研院常务副院长王赞基、研究生院副院长赵伟、高虹应邀参加论坛,系主任梁曦东、系党委书记邱阿瑞等出席会议。论坛吸引 80 余位博士生参加,其中 67 人做了口头报告。工程院院士韩英铎等 22 位博士生导师到会,对博士生学术报告做点评。

4 月 10 日　电机系召开工程硕士培养研讨会。电机系副主任曾嵘等老师以及在读工程硕士生代表出席会议,校研究生院有关领导应邀参会。

4 月 17 日　IEEE PES 2004—2005 主席 Professor Hans Puttgen 到电机系做了题为“R&D in our industry：where do we go from here?”的报告,20 余位师生参加报告会。之后,系主任梁曦东等系领导与 Professor Hans Puttgen 进行座谈,商讨研究生培养、年轻教师互访与科研合作等有关事宜。

4 月　中国科学院院士卢强当选为瑞典皇家工程科学院外籍院士(Foreign Member of the Royal Swedish Academy of Engineering Sciences)。

5 月 9 日　美国加州伯克利大学工学院院长 A. Richard Newton 教授一行访问清华大学,参观电机系等院系。

5 月 23 日　电机系和信息学院在甲所会议室召开电路类课程以及相关实验课程教学改革研讨会。

5 月 26 日　美国 GE 能源集团能源咨询部全球总裁艾黎黑博士(Dr. Hamid Elahi)访问电机系。系副系主任袁建生会见客人。双方介绍各自情况,探讨开展合作可能性。

6 月 1—2 日　清华大学举行 AREVA 输配电研究中心成立(扩大)一周年庆典暨项目评审会。副校长谢维和会见 AREVA 输配电副总裁可切斯博士一行 16 人并在会上讲话,电机系主任梁曦东主持庆典。校国际处副处长夏广志、科研院机构管理办公室主任张凤桐和中心全体师生参加会议。

7 月 12 日　电机系召开一年一度全系工作大会。韩英铎院士等 100 余名教职工等参会。

9 月 11 日　美国加州旧金山大学工学院主任刘诗圣教授,丹佛大学工程系 Maciej S. Kumosa 教授分别受邀来电机系做讲座。刘诗圣介绍了美国能源部工业评估中心及相关能源政策。Maciej S. Kumosa 做了题为

“Failure Analyses of Non-Ceramic Composite High Voltage Insulators”的报告。

9月25日　清华工科院系助教工作调研会在电机系召开。与会电机系老师结合国外院校助教工作情况和电机系设立助教岗位现状，对学校助教工作提出意见建议。

9月26日　清华-三菱电力电子器件应用教学实验室开启仪式在电机系举行。三菱电机株式会社功率器件制作所总经理片冈正行、三菱电机中国总代表五月女政夫、电机系主任梁曦东、研究生院副院长高虹，以及校教务处、科研院人员出席并讲话。随后举行了“清华-三菱功率器件应用实验室”揭牌仪式。

10月20日　电机系教学工作会议在西主楼召开。系教学督导组成员、各课组组长等出席会议。会议就学科评估、生产实习、本科推研、教学方案修订与课程整理等进行交流，布置了系教学督导组老师本学期听课任务，还对“985”二期项目与执行原则做了介绍。

10月30日—11月13日　电机系8个教学课组都召开成立后的第一次教学工作会议。各课组结合2007年本科教学评估、“985”二期项目建设、课组课程建设等进行讨论。

11月21日　电机系副系主任袁建生等接待了英国Rolls-Royce公司战略研究中心Simon Weeks博士来访。双方讨论科研合作问题。客人参观动模实验室、电力电子与电机控制系统实验室和超导贮能课题组。

11月24日　科研院常务副院长王赞基在西主楼会见英国曼彻斯特大学电气工程学院院长Steve Williamson。系副主任曾嵘向来宾介绍电机系教学、科研等情况。双方就教师互访、学生交换和科研合作等交换意见并达成初步共识。随后，客人参观了动模实验室、电力电子实验室和高压电器实验室。

12月6日　信息学院和电机系联合召开电气信息类基础课程教学研讨会。会议就电气信息类基础课程教学及课程体系优化开展讨论，经比较国际一流大学电气信息系列基础课程教学情况，找出存在问题，提出一系列课程建设与管理体制改革的建议。

12月8日　电机系召开教学“985”二期立项答辩会。

12月14日　电机系召开全体教授会，集中讨论系“十一五”学科发展规划。韩英铎院士等20多位教授参会。大家针对电机系学科和科研现状，特别是针对攻坚学科方向进行热烈讨论，并明确提出，力争在“电力系统安全运行与特高压输电方向”争取尽早达到世界一流水平，且整体在“大容量电力电子学科方向”达到国内领先水平。

同日，电机系党委换届选举大会在建筑馆报告厅召开，差额选举产生新一届党委，经校党委批复，赵伟为系党委书记；刘秀成、曹海翔为系党委副书记。

12月22日　为促进风力发电技术领域产学研合作和资源整合，电机系邀请北京玻璃钢研究总院等5家企业召开“风电技术产学研合作研讨会”。会议讨论如何利用清华大学电机系在风电领域的技术优势，与风电产业链中多家企业开展产学研合作，集成校企多方面资源开展风力发电机整机生产技术合作有关问题。

12月25日　电机系召开关于做好2006年国家重点二级学科考核评估工作动员会。副系主任曾嵘、5个二级学科负责人及系人事、科研和教学主管人员参会。

本年　新增正高级职务人员：郭静波、侯国屏、姜齐荣、刘廷文、王家森。

2007年

1月29日　电机系在西主楼举行研究生工作座谈会，系副主任曾嵘、系党委副书记曹海翔、研究生工作助理、各党支部和团支部书记等近40人参会。会上总结交流本学期研究生工作经验体会，并对2007年研究生工作做出展望。

3月3—5日　电机系召开2006—2007学年春季学期第一次课组教学工作会议。副系主任曾嵘、各课组组长及部分教师代表参会。曾嵘对各课组需要完成的“985”二期项目启动、组内课程体系结构调整、组内本科培养方案和教学计划修订等工作进行了部署，并就个别实验室改造、部分课程内容调整等跟与会教师进行了讨论。

3月21—24日　清华大学AREVA输配电研究中心项目评审会在电机系举行。英国AREVA输配电能源自动化与信息公司研发总裁Andrew Klimek一行4人，以及电机系4个课题组的师生参加了评审会。

4月28日 电机系在主楼接待厅举行我国著名电机工程专家、杰出教育家、中国科学院学部委员、电机系原系主任章名涛教授百年诞辰纪念大会。校党委书记陈希、副书记韩景阳、校教育基金会理事长贺美英、校务委员会副主任关志成出席。

同日,电机系举行由行业协会、国内重要电机制造企业、高校电机与电器学科代表参加的座谈会。

5月22日 副校长岑章志率专家组到电机系检查本科教学评估准备工作。专家组听取了电机系主任梁曦东对本科教学基本情况和办学特色的介绍,检查了试卷、综合论文训练、本科教学管理规定、生产实习报告等评估支撑材料,参观了部分实验室。

5月29日 清华大学-施耐德电气联合教学实验室揭牌仪式在电机系举行。电机系主任梁曦东、施耐德公司市场部总监班宁伟等出席并致辞。电机系副主任曾嵘、班宁伟共同为“清华大学-施耐德电气联合教学实验室”揭牌。之后,来宾参观了联合教学实验室。

6月5日 由张伯明教授主持,历时近20年,联合十多个省级电网公司完成的“三维协调的新一代电网能量管理系统关键技术及示范工程”通过了由教育部委托清华大学召开的科技成果鉴定会。鉴定委员会认为,该项目成果整体处于国际领先水平。

7月2日 电机系召开实验技术人员座谈会。副系主任曾嵘、实验室课组负责人及各实验室技术人员20余人参会,就实验室建设遇到的困难和面临的问题进行了讨论。

7月8日 电机系在西主楼举办主题为“大容量电力电子系统中的电磁暂态”的电力电子技术教授论坛。赵争鸣、姜建国、蒋晓华等教授分别做了题为“大容量电力电子系统中的电磁暂态”“电力电子系统中的电磁兼容问题”“电流源型变流器的缓冲吸收电路”的报告。清华、中科院电工所、北交大、华北电力的师生80余人参加了论坛。

7月17日 电机系组织召开教学实验室迎评工作讨论会。会上,副系主任曾嵘反馈了校评估专家组对电机系实验室迎评工作提出的改进意见,传达了学校对教学评估最后准备阶段的工作要求,并对实验室下一阶段迎评工作做了部署。电机系各教学实验室负责人、系评估工作相关教师参会。

10月15日　电机系召开迎接教学评估全系教职工大会。80余名教职工参会。

10月24日　教育部本科教学评估专家组副组长、西安交通大学校长郑南宁院士到电机系对本科教学情况进行考察。电机系主任梁曦东、系党委书记赵伟、系副主任曾嵘、赵争鸣等陪同考察。

12月19日　电机系“三维协调的新一代电网能量管理系统、关键技术及应用”项目成果，入选2007年度“中国高等学校十大科技进展”。

12月20日　经2007—2008学年度第8次校务会议讨论通过，电机工程与应用电子技术系行政换届。任命闵勇为系主任，赵争鸣、曾嵘、于歆杰为系副主任等。

12月21日　常务副校长陈吉宁带队到电机系调研“985工程”二期建设及执行情况。听取电机系主任梁曦东关于2007年科研教学成果及“985工程”项目建设思路、仪器购置计划与执行情况汇报后，陈吉宁肯定了集中经费购置大型设备做法，还参观了电力系统国家重点实验室及电力系统实时数字仿真系统（RTDS）和全国电力线路与设施的演示沙盘。

12月26日　电力系统及发电设备控制和仿真国家重点实验室学术委员会2007年年会在西主楼举行。会议听取了国家重点实验室主任、电机系主任梁曦东做的年度工作报告，肯定了实验室取得突破性进展，并提出继续面向国家重大需求、加强对基础领域和关键技术研究等建议。

本年　清华大学电气工程学科点被评为首批国家一级重点学科点。

本年　电机系在第二次全国电气工程学科评估中排名第一。

本年　新增正高级职务人员：曾嵘、柴建云；新聘兼职教授：杨奇逊、李立浧、程时杰；续聘兼职教授：周孝信、严陆光、李凤玲、马伟民、顾国彪、赵希正。

2008年

2月26—27日　清华大学电力系统及发电设备控制和仿真国家重点实验室，接受国家科技部和自然科学基金委组织的五年一度的现场评估。以钱七虎院士为组长的专家组听取了重点实验室主任梁曦东的工作报告及5个代表性研究成果的汇报。常务副校长陈吉宁、校科研院常务副院长王赞基及卢强院士等参加汇报会。

3月6日　香港大学工学院院长周永祖一行8人访问清华大学，电机系等院系的负责人与来宾进行了座谈，介绍各自院系情况，并就本科生、研究生课程安排，学生交换事宜等与来宾进行交流。副教务长康飞宇会见访问团。访问团还到电机系进行科研交流。

4月1日　为促进电机系面向全校开设的选修课“高档单片机原理及应用”的教学改革，日本瑞萨科技公司一行4人与电机系计算机基础及应用实验室人员商谈进一步改进该课程SH3实验板事宜，并就将Linux系统引入该课程进行讨论。双方合作已12年，该公司是世界上单片机最大提供商之一，一直对电机系单片机教学提供赞助。

4月18日　电机系电力系统国家重点实验室副主任孙元章教授等接待丹麦Vestas公司电力系统研发部首席专家Philip Carne Kjar等一行3人来访。双方就风力发电领域有关热点问题进行交流讨论。随后，来宾参观了电力系统国家重点实验室的电力系统动态模拟实验室和电力电子实验室。

同日　副校长陈旭、人事处长姜胜耀及人事处部门负责人到电机系做工作调研。系主任闵勇就电机系人力资源使用情况、队伍建设和如何提高竞争力等做汇报。参会领导与电机系领导和教师代表等就如何引进高水平人才，如何健全科研合同制人员管理制度，如何完善在职人员考核、评价和流动机制等问题进行充分交流。

5月16—18日　电机系在三堡学术活动基地承办清华大学第177期博士生学术论坛。校务委员会副主任、清华大学深圳研究生院院长关志成，系主任闵勇、系党委书记赵伟出席论坛。关志成和赵伟分别就研究生教育国际化、如何做创新性科研及学术诚信等做报告。全系120多名研究生和20余位教师参加论坛。

5月22日　副校长袁驷、校教学督导组组长孙道祥、副教务长陈永灿等到电机系调研教学工作。袁驷等听取电机系人才培养工作汇报，肯定了电机系多年来在基础课教学、教学组织与队伍建设等方面取得的成绩，介绍了当前本科教学重点，并希望电机系进一步探索拔尖创新人才培养新思路。电机系主任闵勇、梁曦东教授等参加座谈。

5月26日　华北电力科学研究院有限责任公司总经理田云峰等一行5人访问电机系。电机系副主任曾嵘、电力系统研究所程林等接待了来宾。双方分别介绍了本单位科研工作现状和面临的主要问题,就双方开展进一步科研合作进行了深入讨论,一致同意按照优势互补、互利共赢原则,共同推进在电气工程领域的实质性科研合作和学术交流。

5月30日　电机系与华北电力科学研究院签署科技合作意向书。系主任闵勇和华北电力科学研究院总经理巩学海代表双方签字。双方就共同关心的技术问题进行了交流。

6月18日　系党委书记赵伟接待来访的新东北电气集团公司董事长盛东升一行4人。双方就毕业生招聘、人才培养、科研等方面的合作意向进行了沟通。会见后,盛东升一行还参观了电气设备及智能化实验室。

6月23日　电机系召开系学术委员换届大会,选举产生15名系学术委员会委员,委员会推选产生了主任和副主任。随后还召开教授会、讨论人才引进问题。

7月7日　南方电网公司副总经理祁达才到访电机系,与系主任闵勇、系学术委员会主任赵伟等座谈。各研究所所长参加座谈并介绍各所科研情况、科研特长与在研项目及科研设想等。系副主任曾嵘、系学术委员会副主任梁曦东等参加座谈。

7月8日　围绕学校第16次科研讨论会主题,电机系召开科研讨论会。系主任闵勇主持会议。中科院院士卢强,系学术委员会主任赵伟、副主任梁曦东等20多名教授参会。

7月15日　电机系召开第二次科研工作讨论会。校党委常务副书记胡和平、副校长康克军出席,会上,系副主任曾嵘介绍了电机系近年科研工作和围绕第16次科研工作讨论会开展的专题调研情况,汇报了电气工程学科概况、国内外一流大学电气工程学科的研究领域、清华电气工程学科发展的战略机遇和面临的主要问题等。与会教师就鼓励年轻教师发展、形成有独创性科研成果、平衡教学与科研关系以及评价体系多样化等问题进行了讨论。系主任闵勇主持会议。校科研院常务副院长姜培学、副院长嵇世山及张华堂等40余人参会。

9月8—12日　英国谢菲尔德大学电子与电气工程系诸自强教授一行到访清华大学电机系,与电机系多位教授见面并进行了交流。在副系主任赵争鸣安排下,诸教授给电机系师生做了3场学术报告。

9月18日　电机系召开会议,系主任闵勇、系党委书记赵伟传达了学校暑期党政干部会有关本科教学、人才队伍建设、科研体制改革等方面内容,并结合系内现状谈了感想。系有关负责人还传达了学校人事制度改革动向及职称评定工作要求。

9月19日　电机系召开系学术委员会会议,就兼职教授聘任原则、加强研究生学术道德教育等议题进行讨论,并形成若干意见。

9月23日　经2008—2009学年度第1次校务会议讨论通过,任命康重庆为电机工程与应用电子技术系副主任等。

10月8日　校人事处副处长汪健一行4人到电机系做工作调研。系党委书记赵伟等参加座谈会。与会人员对系级行政人员岗位设置、考核聘用、岗位技能培训、今后聘用非事业编制人员的原则考虑等问题进行了充分讨论。

10月13日　经2008—2009学年度第3次校务会议讨论通过,丁青青(女)老师荣获北京奥运会、残奥会清华大学先进个人称号。

10月22日　1961级电机系校友芮静康向学校捐赠《建筑电气工程师手册》等21种图书。这已是他第二次向母校赠书。

10月22日　校实验室处副处长闻星火及4位专家对电机系电力电子与电机控制实验室建制工作进行评估。评估专家听取了实验室建制工作情况并参观实验室后,充分肯定实验室软硬件条件及建制必要性,同时对实验室目前工作和将来发展提出意见建议。

10月24日　系副主任曾嵘会见来访的荷兰德尔福特工业大学(Delft University of Technology)电气学院教授Braham Ferreira一行3人。双方就各自主要科研方向及共同感兴趣的课题进行深入交流,一致认为应建立更紧密联系,在电力系统、交直流输电、新能源等领域结合各自优势,联合开展前沿研究。

10月28日　电机系召开2008—2009学年秋季学期课组教学工作讨论会。副系主任康重庆出席会议,围绕青年教师队伍建设、教材建设规划、精品课程建设、各种奖项申报等与各课组组长进行讨论,并就如何进一步提高课程教学质量等向与会教师征求意见建议。

10月30日　IEEE终身会员(Life Fellow)、美国国家工程院院士、美国威斯康星大学麦迪逊分校教授Thomas Anthony Lipo到电机系进行学术访问。他参观了电力系统及发电设备安全控制和仿真国家重点实验室,并与电机系学生进行交流,就电力电子技术未来发展进行讨论。系副主任赵争鸣及国家重点实验室有关负责人等参加交流活动。

10 月 31 日　系科研副主任曾嵘会见来访的甘肃省电力公司风电中心主任汪宁渤。会谈后,汪宁渤等参观了动模实验室。

11 月 28 日　系教学副主任康重庆接待来访的美国德州农机大学教授 Garng Huang。Garng Huang 介绍德州农机大学电机系研究生、本科生培养情况。双方就教学相关问题进行交流。Garng Huang 还给电机系师生做了题为“Online Real Time Long Term Voltage (Dynamic) Stability Margin Evaluation”的学术讲座。

12 月 2 日　电机系举办国外访学报告会。刚从国外访问归来的 3 位年轻教授:周远翔、康重庆和孙宏斌,分别介绍在美国麻省理工学院、英国剑桥大学和美国华盛顿州立大学的访学成果,包括教学、科研等多方面的感受和收获。

12 月 12 日　美国托莱多大学电气工程与计算科学系主任 Krishna Shenai 到电机系进行学术访问,参观电力系统国家重点实验室,做了题为“Global Energy Crisis:21st Century Electricity”的学术报告,并就电气领域未来发展与电机系师生进行了交流。

本年　由电机系 8 个教学实验室构成的电气工程实验教学示范中心,荣获国家级实验教学示范中心。

本年　新增正高级职务人员:陈水明;新增兼职教授:余贻鑫、张钟华、袁懋振、沈国荣;新聘双聘教授:李立浧(电机系、深圳研究生院)。

2009 年

1 月 5 日　电机系与甘肃省电力公司风电技术中心签署合作备忘录。双方计划在学术交流与学术影响力提升、科学研究、人才培养等方面开展全面战略合作。校科技开发部主任曹建国、系主任闵勇等出席仪式。甘肃省电力公司风电技术中心主任汪宁渤做了题为《酒泉千万 kW 风电基地发展规划及其面对技术难题》的专题报告,并与电机系师生就风电技术问题进行了深入交流。

1 月 9 日　在人民大会堂举行的 2008 年度国家科学技术奖励大会上,卢强院士等完成的“电力大系统非线性控制学”成果荣获国家自然科学二等奖。

1月13日　电机系召开系学术委员会会议，就当前电气工程领域国家重大科研需求方向、科研队伍的组织、如何引导青年教师入科研主流、国家重点实验室科研基金课题指南制定等进行讨论。会议还审议申请校聘、系聘兼职教授，以及学术新人奖的推荐人选。

2月19日　校长顾秉林会见来访的国家电网公司党组书记、总经理刘振亚。双方就我国特高压示范线路成功建设及取得的最新成果进行交流。卢强院士和电机系有关负责人和教师参加会谈。

3月24日　系主任闵勇会见来访的贵州电网公司副总经理晁剑一行5人。闵勇等介绍电机系近年科研情况，并就广域测量技术应用等共同感兴趣课题进行交流。

3月26日　在校教务处和电教中心召开的教学资源与教学模式及方法经验交流会上，吴文传等荣获"2008年校级优秀教学软件一等奖"的4位教师做了专题报告。

同日，系主任闵勇会见来访的浙江省电力试验研究院副院长徐嘉龙一行4人。闵勇介绍了电机系近年科研情况。双方就共同感兴趣的课题进行了讨论，并在无功优化、无功补偿设备、大系统稳定、提高线路及设备输电能力等方面达成了初步合作意向。

4月13日　电机系颁布《电机系教育教学研究论文激励政策与实施办法（试行）》。

4月22日　校长顾秉林就学科发展、队伍建设、人才培养等到电机系调研。校务委员会副主任张再兴参加调研。

5月6日　系副主任康重庆和部分师生一行14人访问中国华能集团公司北京热电厂。师生们围绕电厂节能减排与清洁发电技术、环保设备及运行技术、节能增效的科技创新等展开调研，并就产学研合作同电厂的相关人员进行了交流。

5月8—10日　清华大学第207期博士生学术论坛（电机系）在三堡学术基地举行。论坛主题为"三堡论'电'"。国家电力调度中心副主任于军应邀做了题为《国家电网公司智能电网及其调度体系》的主旨报告，分析智能电网建设面临的机遇和挑战，并以智能调度为切入点，分析当前智能电网的建设情况及前景。校长助理、英国皇家工程院院士宋永华、韩英铎院士等29位教师,以及120多名博士生及硕士生参加。

5月25日　智利Técnica Federico Santa大学校长José Rodríguez教授到电机系进行学术交流,参观电力系统国家重点实验室,并为40多位师生做了学术报告。

7月15日　电机系召开学术委员会会议,就当前国内风力和光伏发电、智能电网的发展形势及其应对方案,电气工程学科如何应对、如何组织科研攻关队伍、如何介入重大项目承担,以及引进高端人才等,结合电机系相关工作现状进行讨论。

8月12—13日　电机系召开第23次教育工作讨论会系内专题研讨会——学生思想政治工作讨论会。系党委书记赵伟、系副主任康重庆、系党委副书记曹海翔等出席会议。

8月26日　越南黎富敦大学访问团到访电机系。系党委副书记曹海翔会见访问团成员,介绍电机系教学、科研,以及越南留学生在电机系的学习生活情况。访问团感谢电机系对越南留学生的教育和帮助,并就人才培养等进一步合作做了沟通。

9月18日　电机系举行以“夯实教学基础,提升教学水平,提高教学质量,培养优秀人才”为主题的青年教师教学研讨会。

9月19日　电机系在密云举行以“青年教师科研发展之路”为主题的青年教师科研研讨会。系主任闵勇、系分管科研副系主任曾嵘参会。

10月9日　电机系召开第23次教育工作讨论会教学工作第二次专题研讨会,就“电机系人才培养理念、本科生及研究生拔尖创新人才培养模式”进行深入研讨。与会教师结合校人才培养战略及目标,就拔尖创新人才培养模式及培养方案探索、专业课程体系调整、实验课程建设等问题展开讨论,并提出意见和建议。系教学督导组专家、各研究所教学副所长、各教学实验室负责人及各课组组长等近20位教师参加会议。

10月12日　穆钢兼职教授聘任仪式在电机系举行。随后,穆钢为电机系50多名师生做了关于风电场群集聚效应及外送输电容量优化的学术报告。

10月16日　经中共青海省委研究决定,电机系教授梁曦东出任青海大学党委副书记、校长。

10月30日　“清华大学(电机系)-胜利石油管理局油田电气工程联

合研究中心”签约仪式在西主楼举行。校科研院副院长王治强、胜利石油管理局首席专家王增林出席仪式并致辞。系主任闵勇和王增林在协议上签字。该研究中心是清华大学首次与油田企业签订的面向工程应用的联合研究机构。研究中心将首先针对油井钻探、油管缺陷检测、单井计量等油田检测技术难题开展研究工作。电工新技术研究所副所长黄松岭担任中心主任。

11 月 11 日　“清华之友-中电控股教育基金”成立仪式在丙所会议室举行。清华大学教育基金会理事长贺美英、常务副校长陈吉宁、中电集团中国区总裁柯愈明、国家能源局新能源司司长王骏等出席仪式并致辞。该基金由中电集团捐资港币 600 万元设立,用于支持电机系人才培养和可再生能源科研工作。

11 月 26 日　电机系召开电气工程领域全日制工程硕士专业学位研究生培养项目指导委员会工作会议。校研究生院副院长高虹出席,介绍了全日制硕士学位培养项目的设立背景及结构调整特色。来自国网、中国国电、中国电科院、冶金自动化院和电机系的有关专家共 11 人被聘为项目指导委员会委员,电机系主任、学位分委会主席闵勇担任主席。

12 月 8 日　电机系国际评估启动动员大会在西主楼报告厅举行。系主任闵勇主持会议。系党委书记赵伟就国际评估的重要意义做动员讲话。会上介绍了电机系国际评估的前期准备工作和国际评估日程表。英国皇家工程院院士宋永华、副系主任赵争鸣、系党委副书记黄瑜珑以及 40 多名相关教师参会。

12 月 14 日　电机系教学办公室组织召开第 23 次教育工作讨论会教学工作专题研讨会,主题是“国际交流与创新人才培养模式探索、留学生工作”。

12 月 16 日　电机系召开第 23 次教育工作讨论会专题研讨会——学风建设与就业工作讨论会,就进一步加强学风建设、做好就业工作,全面提高人才培养质量等进行研讨。

12 月 22 日　北方联合电力有限责任公司总经理、电机系 1985 级校友吴景龙来校做报告。系主任闵勇主持报告会。40 多名师生听取了报告。

12 月　《新清华》报道,张伯明教授当选 2010 年度美国电气与电子工程师协会会士。

本年　“电力系统及发电设备控制和仿真”国家重点实验室制定并实施了《博士生参加国际会议专项基金使用办法》。

本年　新增正高级职务人员：沈沉、宋永华；新聘兼职教授：唐任远、穆钢。

2010 年

1 月 7 日　电机系党委在主楼后厅召开全体党员大会，进行党委换届选举。电机系 360 余名党员参加大会。大会通过无记名投票，选举闵勇等 9 位为新一届系党委委员。

1 月 11 日　国家自然科学基金委员会工程与材料学部教授丁立健到电机系调研交流。

1 月 19 日　电机系举行国家能源局智能电网项目进展情况与调研布置座谈会。南电技术研究中心总工程师荆勇，电机系主任闵勇及系内其他相关负责人出席。

同日，清华大学与国电联合动力技术有限公司就合作研发 1.5WM 电磁耦合调速型风电机组项目合同签字仪式在主楼举行。国电集团总经理助理、科技环保集团董事长徐凤刚等国电集团领导 4 人，校科研院常务副院长姜培学、系主任闵勇、热能系主任姚强等出席签字仪式及致辞。

3 月　何金良教授荣获 IEEE 电磁兼容学会“2010 年技术成就奖”。

4 月 16 日　副校长邱勇到电机系调研人事工作。系主要领导汇报电机系学科评估、人才引进和培养、岗位绩效及考核等情况后，邱勇充分肯定电机系成绩，同时在科研获奖、高层次人才引进、优化队伍结构等提出更高要求。

4 月 19—20 日　系主任闵勇、副主任康重庆前往山东核电有限公司，与该公司总经理王凤学、党委书记余兵等洽谈合作事宜。双方就学生赴该公司进行暑期生产实习达成初步合作意向，并还就联合进行人才培养、员工培训等进行了交流。

5 月 8—9 日　清华大学第 240 期博士生学术论坛(电机系)在三堡学术基地举行。论坛以“电”为核心，探讨电气领域科技前沿。

5 月 10 日　系主任闵勇、副主任康重庆前往宁夏电力公司，与该公司总经理崔吉峰等洽谈合作事宜。双方就电机系学生赴该公司进行暑期生产实习达成合作意向。

5月26日　常务副校长陈吉宁主持召开电机系、热能系和航空航天学院“985工程”三期规划调研会。听取汇报后,陈吉宁要求各院(系)的规划工作,要紧紧围绕建设世界一流大学战略目标,立足国家发展和世界前沿科研两个主战场,以人为本,把握学科发展主流,明确自身优势,进一步聚焦重点发展方向,科学规划、改革创新。

5月28日　电机系举行第23次教育工作讨论会教书育人研讨会。与会教师深入分析电机系人才培养现状,探讨面向新百年电机系人才培养的使命及其实现的战略措施,并就青年教师的困惑、课程体系调整等问题进行讨论。

5月29日　电机系以“高水平科研与人才培养”为主题,举行青年教师科研研讨会。系党委书记赵伟出席并讲话,希望青年教师提高站位,以前瞻性眼光从事科研和教学。

7月3日　清华大学与江苏省扬中市智能电网合作协议签字仪式在江苏省扬中市举行。电机系还与扬中市电器制造企业签订了4项科研合同。

7月14日　孙宏斌教授领衔的“电力系统及其自动化专业教学团队”入选2010年“国家级教学团队”。电气工程及其自动化专业入选第六批“高等学校特色专业建设点”。

9月15日　英国杜伦大学相关专业的教授代表团参观访问电机系。

10月11日　电机系首次学科国际评估圆满结束。现场评估专家组肯定电机系的教学和学术水平,认为电机系是世界上电力工程领域顶级院系之一。专家组从战略规划、结构和组织、教师培养和领导力、交叉学科研究、教育5个方面,还提出建设性意见。

11月11日　在法国中国工商会研发和可持续发展联合工作组组织的“中国的电动汽车”主题活动中,电机系硕士研究生阳岳希获邀做主旨报告。

11月12—13日　中国电机工程学会主办、清华大学电机系承办的第十一届青年学术会议在清华大学举行。与会人员围绕“低碳时代的电力技术”主题,就当前低碳发展模式下电力发展的目标、任务和智能电网建设中遇到的实际工程问题展开研讨。

12月21日　经2010—2011学年度第8次校务会议讨论通过，电机工程与应用电子技术系行政换届。任命闵勇为系主任，曾嵘、康重庆、于歆杰为副主任等。

本年　电机系夏清教授荣获“全国优秀科技工作者”称号。

本年　新增正高级职务人员：黄松岭、张贵新。

2011年

1月　清华大学电机系、信息技术研究院与张家港智能电力研究院合作成立清华大学-张家港智能电力研究院智能输电技术联合研究所及顾问委员会，重点针对输电系统高压大容量电力电子、大电网监测控制和物联网技术开展科研工作。

3月14日　清华大学–阿尔斯通(ALSTOM)电网研究中心成立六周年庆典在清华举行。

4月13日　南方电网科研院科技部罗斌主任一行5人到电机系调研。

4月21日　国网公司捐资1000万元，在清华设立“国家电网卓越创新基金”，以支持博士生研究开展原创性研究，探索学科前沿，或解决重大工程问题。

4月22日　清华大学举办百年校庆活动期间，电机系1951届系友在人文社科图书馆聚会。1951届系友朱镕基、国务委员刘延东等出席。

同日，作为清华学子，中国电力国际有限公司党组书记、董事长李小琳应邀回到母校参加百年校庆，并在电机系做了《厚德芳华路，自强光明行》的汇报演讲。

4月24日　电机系校友和师生代表，参加在北京人民大会堂举行的庆祝清华大学建校100周年大会。

4月26日　原美国自然科学基金委主席、普渡大学公共政策研究中心主任Bement教授到访电机系，主要就能源环境技术与政策进行学术交流。电机系副主任曾嵘向来宾介绍了电机系情况和中国智能电网发展现状，并就双方可能的合作进行了探讨。

5月15日　清华大学–张家港智能电力研究院智能输电技术联合研

究所聘请国内电力电工行业和电网公司26名资深专家组成顾问委员会，在张家港市举行成立仪式。研究所聘请北京能源投资集团董事长李凤玲担任主任，中电联专职副理事长魏昭峰、南方电网副总经理祁达才、中电国际董事长李小琳、国家电网调度通信中心主任张智刚、系党委书记赵伟担任副主任。在顾问委员会第一次会议上，委员们对电机系和联合研究所的科研工作、成果转化、人才培养等提出了多条宝贵建议。作为清华百年校庆百场论坛之一，联合研究所届时也举办了中国智能电力产业发展高层论坛。

5月23日　陕西地方电力集团(有限)公司董事长戚晓耀、总工盛成玉一行访问电力系统国家重点实验室。期间，国家重点实验室举行了受聘仪式，聘请戚晓耀董事长为电力系统国家重点实验室兼职研究员。

6月8日　新疆天富热电股份有限公司董事长刘伟等一行9人访问电机系。

6月17日　东芝公司中国研发中心主任雷海涛一行到电机系调研，重点了解电机系在特高压领域的科研及成果情况。

6月20日　IEEE Fellow、日本电力技术恳谈会副会长、日本早稻田大学教授横山隆一(Ryuichi Yokoyama)应邀到访电机系，并做了题为"Current Status and Future Prospect of Smart Community Developments in Japan after Natural Disaster"的学术报告。

7月1日　应NEC(中国)公司邀请，电机系副主任曾嵘和副书记曹海翔到该公司中国研究院访问交流。

8月17日　在清华甲所会议室，举行电机系与南车集团株洲电力机车研究所有限公司"联合创新平台战略合作框架协议"签约仪式。

8月19日　电机系获批24项国家自然科学基金项目，经费总额1277万元，项目总数与获批率均为国内领先。

8月20—23日　由电机系承办的第十四届国际电机与系统大会(International Conference on Electrical Machines and Systems 2011)在北京国家会议中心举行。大会的主要议题为电机系统及其控制、电力电子及新能源发电。

8月26日　清华大学(电机系)-东菱技术股份有限公司伺服技术联合研究中心成立与揭牌仪式在丙所会议室举行。联合研究中心重点研究高端伺服与变频驱动器关键技术,并针对工业机器人、数控机床主轴驱动等高端应用场合开展应用基础研究,持续研发具有自主知识产权的相关电力电子和电力传动技术。

9月7日　世界工程组织联合会(WFEO)能源委员会太阳能专家工作组组长、德国雅德大学(Jade University)教授卡斯滕·艾仁斯(Carsten Ahrens)到访电机系,做了题为《世界太阳能的发展》和《德国海上风力发电》2个学术报告,并参观了电力系统动模实验室、电力电子及电机驱动实验室和电力电子与电机系统研究所。

9月20日　英国斯特拉思克莱德大学(University of Strathclyde)校监克雷格黑德一行到访电机系,与部分教师进行交流。双方就开展学术交流、人才培养和科学研究合作进行讨论。该大学工学院院长麦格雷戈(Mac Gregor)和电力系统方向负责人罗国麟陪同来访。

10月13日　曾嵘、沈沉教授,鲁宗相、郭庆来副教授应邀参加清华大学企合委(海外部)与韩国SK集团联合举办的智能电网研讨会,并向韩国来宾介绍了电机系教学科研、中国智能电网、新能源发展、智能配电网等相关主题。

10月16—20日　由清华大学与中国电机工程学会联合举办的2011年继电保护与电力系统自动化国际会议(IEEE APAP2011)在北京国际会议中心召开。会议围绕智能电网、特高压输变电、绿色电力等电力新技术中的继电保护问题展开广泛研讨。

10月20日　学校公布了2011年清华大学自主科研计划资助项目情况。电机系共有4个项目获得支持,分别为黄松岭承担的“海底油气管道缺陷检测方法及其关键技术研究”、郭庆来承担的“支撑电动汽车规模化运营的电网与交通网互动机理研究”、施慎行承担的“电力系统预防性继电保护基础研究”,以及陆海峰承担的“双冗余高可靠性电动汽车电驱动系统协调控制研究”项目,研究经费总额220万元。

10月22日　电机系“超/特高压输电线路行波保护技术”研究成果通过专家组评审。

11月1—4日　由清华大学和全国雷电防护标准化技术委员会、四川中光高科产业发展集团联合举办的亚太雷电国际会议(APL2011)在成都举行。

11月初　吴文传副教授荣获2011年度中国电机工程杰出青年工程师奖。

11月18日　系副主任曾嵘组织召开全系科研信息沟通及研讨会。会上,系主任闵勇重点介绍了国家科技部“十二五”智能电网科研方向的总体考虑和初步安排,韩英铎院士、张贵新教授着重介绍了新兴战略产业规划方面的工作设想。

11月24日　经2011—2012学年度第7次校务会议讨论通过,任命肖曦为电机工程与应用电子技术系副主任等。

12月9日　经清华大学2011—2012学年度第九次校务会议审议通过,并经第十届学位评定委员会主席批准,第十届电气工程学位评定分委员会委员开始正式工作。共计13人:夏清、闵勇、姜齐荣、沈沉、王新新、王黎明、曾嵘、刘卫东、赵争鸣、柴建云、肖曦、赵伟、袁建生;主席:夏清;副主席:赵争鸣;秘书:鲁宗相。

12月20日　陈永明申请的“微电网新能源发电系统的电磁暂态模拟”项目和黄松岭申请的“基于电磁超声导波的高速铁路铁轨缺陷检测方法研究”项目,获得教育部博士点基金资助。张春朋申请的“串联IEGT门极辅助电路伺服控制的研究”项目、乔颖申请的“大规模风电空间平滑特性建模方法研究”项目,以及王珅申请的“基于交直流复合磁化的油气管道漏磁检测内外壁缺陷识别方法研究”项目,获得教育部新教师基金资助。

本年　经“电力系统及发电设备控制和仿真”国家重点实验室主任会议讨论,任命梁旭为电力系统动态模拟实验中心主任。

本年　电机系新增正高级职务人员:邹军;续聘兼职教授:程时杰、顾国彪、李凤玲、马伟明、严陆光、杨奇逊、周孝信。

2012年

1月1日　经校务会议批准,清华大学电机系与江西省电力科学研究院联合成立“低碳电力技术联合研究中心”。

2月24日上午　电机系与江西省电力科学研究院联合成立的“低碳电力技术联合研究中心”揭牌仪式暨第一次管委会会议在电机系举行。

3月2日　电机系与长园集团联合成立的“智能配电网调度自动化

联合研究所”在清华大学丙所举行揭牌仪式。

3 月 19 日下午　国家能源局前局长、清华大学低碳能源实验室主任张国宝，国家电网公司副总经理舒印彪，国家能源局电力司副司长秦志军等一行 8 人到电机系座谈交流。

4 月 14 日　第 30 届“挑战杯”竞赛校级终审在第五教学楼举行。电机系荣获团体总分第二名，被授予“优胜杯”。电机系学生作品“SD 太阳能独立供电住宅的微电网能源管理与智能控制系统”“前下视空间五轴模拟系统”和“基于磁电材料的无线电能传输”分别荣获特等奖、一等奖和二等奖；“温差发电优化系统设计”“电动汽车智能充电导引系统”和“直驱式海浪发电装置”荣获三等奖。

4 月 29 日上午　清华大学电机系建系 80 周年庆祝大会在新清华学堂举行。校党委书记胡和平、副校长袁驷，金怡濂、严陆光、周孝信、吴佑寿、李衍达、张履谦、陆建勋、张钟华、顾国彪、陈清泉、李立涅、卢强、韩英铎、宋永华等在电机系学习和工作过的院士，中国电力企业联合会专职副理事长魏昭峰、中国电工技术学会副理事长兼秘书长裴相精，中国电机工程学会、国家自然基金委、中科院电工所等单位的代表和兄弟院校代表，以及系 1000 余名师生和系友出席了庆祝大会。

下午　电机系系庆系列活动之一即电气工程高峰论坛在西阶报告厅举行。周孝信、陈清泉、李立涅 3 名院士受邀做学术报告。来自国家科技部、四方公司、中电联、中国能建的 4 位杰出系友与众多返校系友、在校师生交流讨论了智能电网、电动汽车等前沿动态。

7 月 2—5 日　系领导和教师代表参加清华对口支援的单位即新疆大学组织召开的科研、人事工作研讨会。

7 月 14—17 日　电机系在青海大学，围绕“985”三期电机系教学科研、青年教师高水平教学研修项目、特色课程教学经验等召开教学研讨会；并与青海大学教务处、水电学院部分教师代表举行座谈。

8 月　陈启鑫老师荣获世界杰出青年创新家（MIT Technology Review，35 Top Innovators under 35（TR 35））荣誉称号。

9 月 15 日　电机系在怀柔组织召开博士生导师工作会议。会议内容：1）校研究生院领导介绍全校研究生培养情况；2）系学位分委员会领导重点介绍近年电机系 SCI 论文发表、博士生在学期间学术文章发表以及学位论文学术规范检测等情况;3)博士生导师代表分享培养博士生的经验和体会;4)系领导强调博士生培养各环节工作要点;5)自由交流讨论。

9月 孙宏斌教授被聘为长江学者特聘教授,聘期为5年。

10月 孙宏斌、康重庆、曾嵘3位教授新当选为IET Fellow。

12月13日 本科生杨知方、研究生赵彪获得2011—2012学年清华大学特等奖学金。

12月15日下午 作为清华大学唯一入围班级,电91班荣获2012年北京高校"我的班级我的家"十佳示范班集体荣誉称号。

罗海云的博士学位论文《大气压介质阻挡均匀放电的研究》(指导教师王新新教授)被评为2012年全国优秀博士学位论文。

《电工与电子技术(第二版)》《电路原理》《电路原理电子课件》《电路原理导学导教及习题解答》等教材,入选"十二五"普通高等教育(本科)国家级规划教材。

2013年

1月17日 2012年度国家科学技术奖励大会在北京人民大会堂隆重举行。电机系王祥珩、王维俭、王善铭、桂林、孙宇光、毕大强等完成的"交流电机系统的多回路分析技术及应用"研究成果,荣获国家技术发明奖二等奖(第1完成单位)。

3月13日 副校长姜胜耀会见来访的英国斯特拉斯克莱德大学(University of Strathclyde)校长吉姆·麦可唐纳(Jim McDonald)一行。双方认同在能源、化工等领域有广泛合作前景,希望继续推动两校之间科研合作和学生交流。系副主任于歆杰参加会见。

3月11—15日 美国华盛顿州立大学Vaithianathan Venkatasubramanian教授到访电机系,并做了电力系统系列讲座(3次)。梅生伟教授与Venkatasubramanian教授就今后进一步开展合作研究和加强学生学术交流等进行了深入探讨。

3月18日 清华大学-扬州市人民政府全面合作协议签署仪式在主楼接待厅举行。在校市全面协议基础上,电机系与扬州经济技术开发区签订了框架合作协议,协议本着"互惠互利、共同发展"的原则,支持电机系与扬州经济技术开发区的全面合作。

3月29日　电机系组织召开新能源学科课程建设讨论会,对新能源学科计划开设的10门课程的教学大纲进行讨论和修编。

4月7日　英国巴斯大学(University of Bath)外事副校长科林·格兰特(Colin Grant)一行访问电机系,双方举办了“清华大学-巴斯大学:面向智能电网的研究协同”讨论会。

4月26日　英国工程技术学会(IET)主席安迪·霍珀(Andy Hopper)到访电机系,并做了题为“A Perspective on Innovation”的学术演讲。

5月10—12日　香港大学原副校长吴复立教授访问电机系,并做了题为“Smart Grid with Intelligent Periphery”的学术讲座。

5月20日　经校党委常委(扩大)会讨论通过,批复电机工程与应用电子技术系党委换届选举结果为:王家福、王善铭、牛犇、陈启鑫、闵勇、郑泽东、赵伟、黄瑜珑、董嘉佳为系党委新一届委员;赵伟当选系党委书记;黄瑜珑、牛犇当选系党委副书记。

5月28日　瑞典乌普萨拉大学(Uppsala University)Jan Källne教授应邀到访电机系,并做了题为“Research on Energy Sources at Uppsala University”的学术报告。

5月31日　美国北卡罗来纳大学陆宁副教授应邀到访电机系,并做了题为“Business Models for Energy Storage and DR Applications”的学术报告。

6月7日　在日本东京召开的日本电气设备学会第25回年会上,日本电气设备学会授予电机系何金良教授第6届星野赏(Hoshino Prize)。

6月7日　美国普度大学技术学院副院长罗伯特(Robert Cox),技术研发中心主任、多学科综合设计实验室主任亨利(Henry ZHANG)一行到访电机系。

6月11日　电机系召开了学位分委员会会议,审议申请博士学位和硕士学位名单;审议全国优秀博士学位论文推荐名单;审议校级优秀博士学位论文、优秀硕士学位论文申报名单;审议修订的工学博士生和硕士生培养方案、工程领域全日制工程硕士专业学位培养方案;还审议通过了新能源学科新开课程、新能源学科硕士生培养方案、工程管理硕士专业学位培养方案(修订)、《重要国际学术会议目录》(修订)、2014年具备博士生招生资格教师名单。

6 月底　高压研究所博士生李志钊的论文“Research on the Characteristics of Upward Leader Emerging from the Transmission Lines Influenced by AC Operation Voltage”获得 2013 年亚太防雷会议最佳论文奖。

7 月 1—5 日　“清华-马来西亚国家电力公司 AVC 合作项目”研讨会在西主楼召开。

8 月 14—20 日　由清华大学联合主办的第 10 届中韩继电保护论坛在乌鲁木齐举行。

8 月底　高压研究所博士生陈赦因宣读论文“The Observation and 3D Modeling of Long Positive Streamers in Air”在国际高电压领域权威会议“2013 International Symposium on High Voltage Engineering”上获得 Young Researcher Award。

9 月 6 日　校人事处组织召开 2013 年度全校人事工作研讨会。电机系领导参加会议，介绍了电机系人才队伍情况，并提出了希望学校能考虑解决的相关问题。

9 月 10 日　系副主任于歆杰接待了英国巴斯（Bath）大学工学院院长 GaryHawley、电子与电机工程系主任 Adrian Evans 和教授 Furong Li 一行。

9 月 23 日　加拿大 Manitoba 大学 Dr. Udaya Annakkage 教授到访电机系，并做了有关风电接入后电力系统次同步振荡仿真与控制的学术报告。

9 月 25 日　南方电网公司专家委员会秘书长李立浧院士到访电机系，并做了题为“直流输电和电网技术发展”的学术报告。

10 月 12 日　美国埃森哲公司能源事业部技术总监张沛博士到访电机系，并做了题为“考虑未来不确定因素的电网规划”的学术报告。

10 月 16 日　IEEE Fellow、弗吉尼亚理工大学（Virginia Tech, USA）的 Saifur Rahman 教授到访电机系，并做了题为“Energy & Power Research@ Virginia Tech-Advanced Research Institute”的学术报告。

10 月 16—18 日　电机系主办的“电网适应型风电技术”2013 中韩双边学术研讨会在北京举行。

11 月 6 日　英国伯明翰大学副校长 Richard A Williams 教授到访电机系，并做了有关伯明翰大学关于液态空气储能的学术报告。

11月15日　德国西门子公司输电公司研发负责人 Dietmar Retzmann 博士到访电机系，并做了西门子公司开展传统和柔性直流技术发展与应用研究的学术报告。

11月21日　在成都举办的中国电机工程学会年会上，王祥珩教授获颁2013年顾毓琇电机工程奖。

11月25日　美国工程院院士、IEEE Fellow、得克萨斯州立大学达拉斯分校教授考希克·拉贾沙卡拉(Kaushik Rajashekara)应邀到访电机系，并做了题为“电动汽车与多电飞机系统的发展趋势”的专题讲座。

12月3日　电机系IEEE PELS学生支部与北交大电气工程学院IEEE PELS学生支部联合研讨会在清华大学举行。研讨会涵盖电力电子技术领域三大主题：“大容量电力电子变流器的相关技术”“电力牵引与电力推进”“新能源发电系统中电力电子变换器”。

12月10日　意大利博洛尼亚大学校长 Ivano Dionigi 及其代表团一行访问了电机系。

12月16—17日　美国田纳西大学电气工程与计算机科学系师生一行7人到访电机系，丹尼尔·科斯汀内特(Daniel Costinett)教授做了题为“高效高转换率直流-直流功率转换器的设计与分析”的学术报告。

陈启鑫的博士学位论文《低碳电力系统的理论与方法研究》(指导教师夏清、康重庆教授)，获得2013年全国百篇优秀博士学位论文提名奖。

2014年

1月初　在中国电机工程学会第九届理事会第四次会议上，张伯明教授荣获2013年度中国电力科学技术杰出贡献奖。

1月13日　陈吉宁校长到电机系调研，与系领导和教师代表就电气工程学科布局与发展战略进行了研讨和交流。

1月　经系务会讨论通过，原“电工新技术研究所”更名为“电气新技术研究所”；英文名称 Institute of Advanced Electrical Technology；系内简称仍为“电工所”。

2月25日　英国斯特拉思克莱德大学(University of Strathclyde)校长吉姆·麦克唐纳(Sir Jim McDonald)一行到访电机系，与系领导和教师代表进行了相关工作交流。

2月底　闵勇、王赞基和梁曦东教授新当选为IET Fellow。

3月20日　董新洲教授课题组申报的“绿色能源与电力安全北京市国际合作基地”获得北京市人民政府批准和认定。

4月2—6日　董新洲、施慎行、王宾完成的“暂态行波保护测试仪”“中性点非有效接地系统单相接地故障行波选线技术”成果，荣获瑞士日内瓦国际发明展金奖和银奖。

4月14日　法国国家高等航空航天学院（ISAE）招生与合同办公室主任、硕士课程主管教师Philippe GALAUP（菲利普·盖劳普）到访了电机系。

4月28日　经校务会议讨论通过，任命曾嵘为电机系系主任；康重庆、肖曦、鲁宗相为副系主任。经校党委常委会议讨论通过，任命郑泽东为电机系党委副书记。

5月6日　香港大学电机与电子工程系助理教授侯云鹤（Yunhe Hou）应邀访问电机系，并做了题为“大规模风电接入下的电力系统运行风险评估：序贯调度策略与风险量化”以及“系统化的电力系统恢复策略”专题讲座。

5月14日　地中海电网项目（Medgrid）总裁、国际大电网会议（CIGRE）前主席安德鲁·梅林（André Merlin）应邀到访电机系，并做了题为“欧洲能源变革时代电网的战略性角色”的学术讲座。

5月22日　电力电子领域知名专家、空间能量管理行业权威、美国电气和电子工程师协会（IEEE）会士（Fellow）、电力电子学会（IEEE PELS）主席谭东方博士（Dr. Don Tan）应邀到访电机系，受聘为电机系客座教授，并做了题为“面向前沿应用的电力电子——机遇与挑战”的学术报告。

5月26—27日　美国工程院院士、IEEE Life Fellow、美国弗吉尼亚理工大学电气与计算机工程系终身教授哈伦·帕迪柯（Arun G. Phadke）到访电机系，并受聘为电机系客座教授。

6月10日　加拿大英属哥伦比亚大学（UBC）电气与计算机工程系主任Andre Ivanov教授一行到访电机系。

6月23日　北卡大学夏洛特分校Tao Hong博士应邀到访电机系，并做了题为“Probabilistic Load Forecasting”的学术报告。

6月30日　张伯明教授任首席科学家的“973计划”项目“源-网-荷

协同的智能电网能量管理和运行控制基础研究”团队组织召开的《智能电网能量管理与运行控制》(Smart Grid Energy Management And Operation Control)国际研讨会在北京举行。

7月2日　校科研院副院长张华堂、校军工部部长岑松等到电机系调研军工科研工作,并组织召开了座谈会。

当日,美国密歇根大学电气与计算机工程系助理教授、智能电网实验室主任苏文聪博士(Dr. Wencong Su)到访电机系,并做了题为“电动汽车融入智能电网”的学术报告。

7月10日　俄克拉荷马大学 John N. Jiang 博士到访电机系,并做了题为“Integration of Wind Energy and Distributed Generation Resources in the US”的学术报告。

7月14日　弗吉尼亚理工大学电机与计算机工程系主任卢克·莱斯特(Pro. Luke F Lester)应邀访问电机系,与系主任曾嵘签署了两系合作备忘录。

7月22—23日　系主任曾嵘、党委书记赵伟带队,电机系多位老师到中国南车株洲电力机车研究所和中国船舶重工集团第七〇一研究所进行调研。

8月5—6日　姜齐荣、谢小荣、陆超、袁志昌等老师访问澳大利亚悉尼大学电气与信息工程学院,双方共同举办了第一届“清华大学-悉尼大学智能电网技术联合研讨会”。

8月11—15日　系副主任康重庆率领电机系教师一行6人,赴丹麦哥本哈根,对丹麦技术大学(Technical University of Denmark,DTU)进行了学术访问。

8月20—22日　第3届“电网适应型风电技术”中韩双边学术研讨会在韩国首尔举行。会议由韩国全北国立大学主办,康重庆教授担任会议联合主席。

8月22—23日　为促进青年教师的学术交流、规划学科发展,电机系在三堡学术基地组织召开了“青年学术论坛”。

8月26日　超/特高压输电线路行波保护工作组在巴黎举行的 Cigre 第45届会议上被批准成立。该工作组由董新洲教授发起,首次以我国的研究成果为基础成立。

9月1—4日　美国华盛顿大学(University of Washington, UW)电气工程系教授丹尼尔·克斯群(Prof. Daniel Kirschen)应邀到访电机系,并做了系列学术报告(3次)。

9月15—16日　清华大学-巴斯大学第二次智能电网技术研讨会在英国巴斯大学召开,系副主任康重庆教授带队参加了会议。

9月15—17日　英国伦敦帝国理工学院物理系教授谢尔盖·列别捷夫(Sergey Lebedev)等一行应邀来电机系进行学术访问,并为电机系师生做了学术报告。

9月18日　按学校人事制度改革部署,电机系召开了人事制度改革动员会。

10月8—9日　丹麦技术大学(简称DTU)电机系皮埃尔·皮松教授(Pierre Pinson)、丁一副教授(Yi Ding)、罗伯特·埃瑞克森副教授(Robert Eriksson)应邀访问了电机系。

10月13日　全国人大常委会原副委员长、中国红十字会会长华建敏到电机系电力电子与新能源技术研究室进行了考察调研。

10月12—17日　由清华和上海交通大学共同主办的第32届雷电防护国际会议在上海召开。何金良教授担任大会主席,曾嵘教授担任大会技术程序委员会主席。

10月15—16日　"面向未来电网的前沿研究"(Today's Research for Tomorrow's Grid)国际学术研讨会在清华举办。来自斯坦福大学、加州大学伯克利分校、得克萨斯农业机械大学、香港大学、清华大学、美国阿贡国家实验室、中国电力科学研究院的多位知名教授学者参会,并做学术报告。

11月7日　校党委书记陈旭一行访问中国南方电网公司,与该公司副总经理和广东电网公司董事长等进行了会谈。

11月13日　麦吉尔大学(McGill University)教授布恩泰克·欧依(Boon-Teck Ooi)到访电机系,并做了题为"基于模块化多电平换流器的柔性直流输电系统研究"的报告。

11月13日　电机系召开系务会,专题讨论了涉及全系一线教师的人事改革事宜。

11月13—14日　英国诺丁汉大学(The University of Nottingham;

UoN）电气工程学院教授、IET Fellow、欧盟框架协议多电飞机技术负责人帕特里克·维勒（Prof. Patrick Wheeler）和教授克里斯·杰拉达（Prof. Chris Gerada）应邀访问了电机系。

11 月 14 日　经校务会议讨论通过，决定成立清华大学能源互联网创新研究院，简称能源互联网研究院（英文名称 Institute for Energy Internet Research, Tsinghua University；IEIR）。该研究院是根据学校战略发展需求设立的非实体科研机构，挂靠电机系，共同发起方为材料学院。研究院首任院长由电机系主任曾嵘教授担任。

11 月 19 日　法国施耐德电气有限公司（Schneider Electric SA）能源自动化业务亚洲区副总裁徐瑞东、能源自动化中国研发中心总监董杏丽一行应邀来电机系交流访问。

韩国电气工程师学会会长金豪溶一行 2 人，应邀访问电机系，并做了学术交流。

11 月 24 日　电机系召开了由系学术委员会委员、各研究所所长和系核心组成员参加的系学术委员会扩大会议，专题讨论人事制度改革。与会人员就前期形成的系人事制度改革初步方案逐条进行了讨论，各二级学科从学科发展规划角度提出修调意见和建议。

11 月 25 日　梅生伟教授因在电力系统鲁棒控制及复杂性分析方面做出杰出贡献，当选 IEEE Fellow。

11 月 26 日　埃因霍温理工大学（Eindhoven University of Technology, TU/e）电机系教授、IEEE Fellow、DNL GL 能源 KEMA 实验室负责人 Rene Smeets 到访电机系。

11 月 27 日　国家科技部“973”能源领域专家组委托电机系主办的“面向新一代电网的大容量电力电子基础理论与关键技术研讨会”在清华大学举行。

12 月 5 日　电机系召开了能源互联网技术研讨会。

12 月 9 日　电机系召开两场专题讨论会，讨论系人事制度改革操作层面问题。

12 月 17 日　工业领域电力需求侧管理促进中心华东中心项目推进会在张家港智能电力研究院隆重召开。

12 月 18 日　校党委常务副书记邱勇来到电机系，对李永东教授结束

3年援助新疆大学工作载誉归来表示热烈祝贺和亲切慰问。

12月24日　系主任曾嵘率队电机系教师一行7人,到国家发改委能源研究所进行交流访问,并就能源互联网与可再生能源领域的学术研究及相互合作进行了深入探讨。

本年　肖曦、孙凯、郑泽东、李永东、黄立培、柴建云等共同完成的“永磁同步电机高性能控制方法及其伺服应用”项目成果,荣获2013年度中国电工技术学会科学技术一等奖(技术发明类);肖曦同时荣获中国电工技术学会“电工行业正泰科技成就奖”。

康重庆教授被国际电子电气工程师协会(IEEE)主办的电力系统权威期刊 *IEEE Transactions on Power Systems* 聘为编委(Editor)。

全球著名的科学、技术和医学文献出版商 Elsevier 与研究生教育和研究可持续性促进网络(ProSPER. Net),在日本东京法政大学发布了第六届 ProSPER. Net-Scopus 青年科学家奖获胜者名单,电机系博士后钟海旺荣获此奖项。

由康重庆、于歆杰、赵伟、于庆广、董嘉佳等完成教学成果“瞄准国家新需求,适应行业大变革,构建电气工程学科拔尖创新人才培养体系”,荣获2014年高等教育国家级教学成果二等奖。

本年　电机系新聘客座教授:美国工程院院士、IEEE Life Fellow、美国弗吉尼亚理工大学电气与计算机工程系终身教授 James S. Thorp、美国工程院院士、IEEE Life Fellow、美国弗吉尼亚理工大学电气与计算机工程系终身教授哈伦·帕迪柯(Arun G. Phadke)。

2015年

1月24日　电机系召开2015年度学生工作研讨会,针对系学生工作中面临的各种问题进行了深入研探,并对工作方式方法等进行了交流。

4月9日　广东省汕头市市委副书记孙光辉率团来电机系进行访问交流。

4月12日　清华大学第三十三届“挑战杯”学生课外学术科技作品大赛中,电机系荣获清华大学“挑战杯”团体总分第一名。作品“采用静电法的火电厂锅炉风粉调平节能与优化系统”荣获特等奖;“显示信息独享眼镜”“基于电致变色材料的视觉增强系统”“虚拟现实头戴显示器”等获一等奖;“基于电子鼻的智能地沟油检测系统”“光盘式超薄可折叠鼠标”等获二等奖;“基于摩擦发电的自供能无线遥控器”获三等奖。

4月12—15日　美国国家可再生能源实验室专家本杰明-卡洛珀斯奇博士(Benjamin Kroposki)应邀到访电机系,并为电机系师生做了2场学术报告。

4月15—19日　董新洲、施慎行和王宾等完成的“输电线路行波方向纵联保护”研究成果,荣获第43届日内瓦国际发明展览会发明展金奖。

4月17日　电机系参与的欧盟-中国“可再生能源、能源效率与城市可持续能源解决方案”研究及创新伙伴计划项目(EU-CHINA,IRES-8),在西主楼召开协调会。

4月21—23日　由清华大学发起的香山科学会议“能源互联网:前沿科学问题与关键技术”学术讨论会在北京香山饭店召开。会议围绕“能源互联网的概念与架构”“能源互联网的运营机制与市场模式”“能源互联网的规划与运行”“能源互联网的关键设备与支撑技术”等中心议题,对能源互联网的概念内涵、前沿课题、机遇和挑战进行深入探讨。孙宏斌教授发起成立“中国能源互联网学术与创新联盟”倡议,得到与会专家热烈响应。

4月24日　清华大学召开能源互联网创新研究院成立大会。国家能源局总经济师李冶,中共北京市海淀区委书记隋振江,中国科学院院士周孝信和清华副校长杨斌共同为该研究院成立揭牌。研究院成立学术委员会,周孝信院士担任学术委员会主任。清华大学技术转移院院长金勤献与世纪互联数据中心有限公司CEO陈升签署了捐赠与合作协议;清华大学能源互联网创新研究院院长、电机系主任曾嵘与中国南车株洲电力机车研究所总经理丁荣军院士签订了合作协议。会后,多位嘉宾到访电机系,参观了电力系统国家重点实验室等。

5月6日　美国加州理工学院Steven H. Low教授到访电机系,并做了学术报告。

5月14—21日　清华大学第420期博士生学术论坛(电机系)在西主楼举行。本期论坛以能源互联网革命为主题,探讨了电气工程学科的新挑战和科学前沿问题。

5月15日　第三届清华-巴斯智能电网技术研讨会在电机系召开,来自英国巴斯大学的李芙蓉教授率团参加。

5月16日　国家发改委能源研究所国家可再生能源中心副主任高虎研究员应邀到电机系访问，并做了题为“我国可再生能源发展的政策环境及未来发展展望”的学术报告。

6月16日　美国通用电气（GE）专家、国际电气和电子工程师协会动力与能源分会（IEEE PES）前任主席约翰·麦克唐纳（John D. McDonald）应邀访问电机系，并做了题为“能源的未来：智能电网及展望”的学术报告。

6月26日　由《科学中国人》杂志主办的“科学中国人（2014）年度人物颁奖典礼”在北京举行，党智敏教授荣获此称号。

6月　黄松岭、周远翔2位教授当选英国工程技术学会会士（IET/IEE Fellow）。

6月30日—7月1日　电机系召开2场专题讨论会。与会领导和教师代表对改革方案的基本规则、设岗标准、聘任程序提出建议，使系人事制度改革方案不断完善。

7月6日　美国田纳西大学教授、美国国家科学基金会能源部工程研究中心专家 Chien-fei Chen 应邀到访电机系，并做了题为“Beyond Technology：Improving Energy Efficiency through Social-Psychological Analysis”的学术报告。

7月13日　英国伯明翰大学 Xiao-Ping Zhang（张小平）教授应邀到访电机系，并做了题为“Global Power & Energy Internet”（全球电力能源互联网）的学术报告。

7月15日　英国 Brunel 大学 Geoff Rodgers 副校长、Gareth Taylor 教授、Maozhen Li 教授等一行5人应邀到访电机系。

7月26—30日　国际电气与电子工程师协会电力与能源协会（简称IEEE PES）2015年年会在美国丹佛市举行。电机系师生40余人参加了会议。期间，张伯明教授荣获顾毓琇电机工程奖；清华大学电机系获得了2014年全球电力能源预测竞赛团体优胜奖。

7月30日　系副主任康重庆率电机系师生一行9人，赴美国国家可再生能源实验室（National Renewable Energy Laboratory，NREL）进行了访问。

9月7日　美国杜克大学教授、能源创新研究院首席科学家理查德·纽维尔(Richard Newell)应邀到电机系和清华大学能源互联网创新研究院访问,并做了题为“能效行为管理”的学术报告。

9月17日　日本东京大学电气工程教授阿部力也(Rikiya Abe)应邀到访电机系,并做了题为“数字电网:实现能源互联网的第一步”的学术报告。

9月24日　瑞典皇家理工学院(KTH Royal Institute of Technology)教授、电力系统稳定与控制研究组负责人穆赫戴德·甘德哈里(Mehrdad Ghandhari)应邀到访电机系。

10月8日　电机系召开电气工程学位分委员会,审议通过硕士学位申请名单(1人);讨论提升博士生培养质量措施,建议规范博士生资格考试和论文选题环节的管理。

10月12日　以“主动配电网的发展与前沿技术”为主题的“绿色能源与电力安全北京市国际科技合作中心(Beijing Green Energy and Power Safety (GEPS) International Scientific and Technological Cooperation Center)”首届年会在电机系成功举办。

同日,美国弗吉尼亚理工大学教授 A. G. Phadke 应邀到访电机系,并做了题为“Improved Protections with Wide Area Measurement Systems”的学术报告。

同日,美国弗吉尼亚理工大学教授 James S. Thorp 应邀来访电机系,并为电机系师生做了题为“Data Mining and Synchro phasor Data”的学术报告。

10月15日　丹麦科技大学大学教授、电力技术研究中心主任 Jacob Østergaard 应邀到访电机系,并做了题为“风电渗透率40%的丹麦电力系统:经验、研究进展和展望”的学术报告。

11月4日　南方电网公司科技部一行5人来电机系调研访问,就2016年双方进一步开展并深化科研合作进行了讨论交流。

11月9日　华中科技大学电气学院徐伟教授应《电力电子技术专题》课程邀请,为电机系学生做了题为“城轨交通用直线电机系统”的学术报告。

同日,澳大利亚南威尔士大学 Georgios Konstantinou 博士到访电机系,并做了题为“Recent Works on Cascaded H Bridge Converters for PV Applications”的学术报告。

11 月 11—23 日　应《电力电子技术专题》课程邀请，国家“千人计划”特聘专家、北京低碳清洁能源研究所周友博士，中科院电工所宁圃奇研究员，天津大学电气学院何晋伟教授，为电机系学生做了多场学术报告。

同日，由电机系主办的“加强中国-爱尔兰能源领域合作研究论坛”在中央主楼举行。

11 月 27 日　经校务会议讨论通过，决定建立清华大学四川能源互联网研究院，简称四川能源互联网研究院（英文名称 Sichuan Research Institute for Energy Internet，Tsinghua University；缩写 SRIEI）。该研究院为清华派出科研机构，依托单位是电机系。

11 月 30 日　北京交通大学游小杰教授到访电机系，并做了题为“机车电力牵引技术及进展”的学术报告。

同日，康奈尔大学终身教授江晓东应邀到访电机系，并做了题为“非线性优化的信任技术：理论、方法及实际应用”的学术报告。

12 月 1 日　电机系举行人事制度改革启动仪式，校党委副书记、副校长姜胜耀出席仪式并讲话。

同日，电机系电气工程博士后流动站评估为优秀博士后流动站。

12 月 2 日　丹麦奥尔堡大学能源技术系 Josep M. Guerrero 教授到访电机系，并做了题为“Research Challenges in Micro-grids”的学术报告。

本年　电机系新聘电力系统国家重点实验室客座教授：韩国明知大学 S. J. Lee 教授、美国伊利诺伊理工大学 M. Shahidehpour 教授。

2016 年

3 月 29 日　由电机系举办的“中国–欧盟研究及创新伙伴计划可再生能源、能效及城市可持续发展领域项目（IRES-8）”讨论会在清华大学举行。

4 月 11 日　河南省许昌市武国定市长率许昌市政府访问团来电机系交流访问。

4 月 12 日　由清华大学、中国商飞北京民用飞机技术研究中心、IET 英国工程技术学会联合主办的第三届多电飞机技术国际研讨会在清华大学举行。

4 月 13—17 日　钟海旺、夏清等完成的“电力系统节能减排优化调度技术及其应用”，张宁、康重庆等完成的“电力系统多时间尺度风电消纳能力辨识技术”项目成果，分别荣获第 44 届日内瓦国际发明展览会金奖和银奖。

5 月 13—15 日　清华大学-IET 电气工程学术论坛暨清华大学第 444 期博士生论坛在三堡学术基地举办。论坛以“探索能源互联网新未来”为主题，邀请到清华大学、在京多所高校以及相关研究机构电气工程学科专业及相关科研方向的 120 余位博士生参会。

5 月 26 日　美国田纳西大学终身教授 Fred Wang 到访电机系，并做了题为“Power Electronics Research and Education in CURENT：Converters and Systems”的学术报告。

6 月 7 日　美国工程院院士、中国工程院外籍院士、弗吉尼亚理工大学李泽元教授应邀到访电机系，并为电机系师生做了题为“电力电子技术与器件新方向”的学术报告。

7 月 15 日　经校党委常委会讨论，批复电机系党委换届结果：丁青青、于歆杰、王善铭、张宁、陈启鑫、郑泽东、康重庆、董嘉佳、曾嵘为电机系新一届党委委员；康重庆当选系党委书记；王善铭、郑泽东当选系党委副书记。

7 月 17—21 日　在美国波士顿召开的国际电气与电子工程师协会电力与能源协会(简称 IEEE PES)2016 年年会上，电机系研究生杨天宇(导师郭庆来)、电子系研究生徐祥祥(导师张林)合著的文章《EV Charging Behavior Analysis and Modeling Based on Networked Sensory Data》，荣获 2016 年度 IEEE PES 优秀学生论文奖；博士生李正烁(导师孙宏斌)、辛蜀骏(导师郭庆来)及硕士生陈欣(导师吴文传)的论文入选大会最佳论文。

8 月 17—19 日　国家自然科学基金委员会电工学科电力系统领域基金项目交流与研讨会在乌鲁木齐举行。电机系 6 位老师承担项目的结题，全部获评优秀。

8 月 19 日　北美华人电力协会(NACPPA)主席、美国新英格兰 ISO 公司技术经理郑彤昕博士应邀到访电机系，并做了题为“新英格兰 ISO 市场简介”的学术报告。

8月29日　英国伦敦帝国理工学院物理系教授 Sergey Lebedev 应邀到访电机系，并做了题为“Laboratory Astrophysics with Supersonic Magnetised Plasma Flows”的学术报告。

8月29日　美国德州农工大学电气与计算机工程学院谢乐博士应邀到访电机系，并做了题为“Human-in-the-loop: Challenges and Opportunities of Demand Response”的学术报告。

8月29—31日　国家自然科学基金委员会电工学科电力电子领域基金项目交流会在江苏南京举行。电机系承担的2个项目的结题全部获评优秀。

9月18—22日　第6届欧亚脉冲功率会议(6th Euro-Asian Pulsed Power Conference)在葡萄牙里斯本的埃斯托利尔(Estoril)会议中心举行。电机系博士研究生毛重阳(导师:王新新)获评“杰出年轻研究者奖”(Outstanding Young Researcher Awards)。

9月25—30日　在葡萄牙艾斯特里托召开的第33届雷电防护国际会议上，雷电防护国际会议科学委员会将2016年鲁道夫·海因里希·戈尔德(Rudolf Heinrich Golde)奖授予电机系何金良教授。同时，何金良当选亚太雷电国际会议执行委员会下一届主席。

9月　电机系博士生耿照为荣获2016年西贝尔学者(Siebel Scholars)称号。

10月12日　电机系与丹麦科技大学(Technical University of Denmark)电气工程系举办了题为“THU-DTU Joint Seminar on Renewable Energy”的联合论坛。

10月16—20日　由清华大学与重庆大学共同主办的第14届“电力系统概率方法”国际会议(2016 International Conference on Probabilistic Methods Applied to Power Systems, PMAPS2016)在北京成功举办。这是该国际会议第一次在中国举办。

10月21日　校务会议讨论通过，任命朱桂萍为电机工程与应用电子技术系副主任。

10月23日　电机系参与组织的2016世界机器人大会之“机器人核心零部件和关键技术国际论坛”在清华大学成功举行。

10月24日　通用电气能源咨询部门研发主管、北美华人电力协会副主席顾颖中博士应邀到访电机系,并做了题为“大规模电力系统经济规划中的大数据分析”的学术报告。

11月22日　中国电力国际有限公司与清华电机系共同成立“多能互补综合能量管理联合研究中心”。

11月26—27日　首届全国“高电压与放电等离子体”学术会议在北京召开。会上,王新新教授团队获优秀论文奖。

12月3—9日　2016世界工程组织联合会(WFEO)年会在秘鲁首都利马召开。电机系孙宏斌教授作为能源委员会委员出席,并当选WFEO能源委员会副主席。

12月5日　绿色能源与电力安全北京市国际科技合作中心年会在清华大学举行。

12月20日　电机系电博13班荣获北京市高校“十佳示范班集体”称号。

12月28日　美国得克萨斯州电力可靠性委员会杜鹏伟博士应邀到访电机系,并做了题为“新能源汇集的挑战和解决方案”的学术报告。

12月28日　清华大学与国家电网公司战略合作框架协议签约仪式在国网公司总部举行。

12月29日　美国佐治亚理工大学(Georgia Institute of Technology, USA)助理教授孙旭博士应邀到访电机系,并做了题为《Recent Advances in Solving OPF and Multistage Robust UC》的学术报告。

本年　徐智威、胡泽春、宋永华等发表的论文《充电站内电动汽车有序充电策略》入选“中国百篇最具影响国内学术论文”(2015年)。

董新洲教授、康重庆教授以及系友黄振宇、王真,获选2017年度IEEE Fellow。

李永东教授作为联合指导教师指导的法国法兰西公爵大学(UFC: Univerisite de Franche-Comte)燃料电池实验室(Fuel Cell Lab.)博士研究生郑治雪,获得了2016年度全法国电气、电子和自动化工程领域优秀博士论文大奖。

电机系新聘国际大电网会议(CIGRE)主席Klaus Froehlich(克劳斯·弗罗里赫)教授为电力系统国家重点实验室客座教授。

2017年

1月16日　为配合学校的教育教学、大类招生、博士生招生制度、学生评价体系以及人事制度改革等，针对电机系教育教学工作中出现的新问题进行专题讨论，电机系全系教师、辅导员、研究生德育助理，相关教学工作人员齐聚一堂，以大会报告加分组讨论的形式召开了“电机系2017年教育教学研讨会”。

1月　康重庆教授受邀与北卡罗来纳大学夏洛特分校Professor Badrul Chowdhury一起担任电力系统国际期刊*International Transactions on Electrical Energy Systems*共同主编（Co-Editors-in-Chief）。同时，电机系教师张宁与钟海旺受邀担任编委。

2月17日　英国华威大学（The University of Warwick，UK）的Christopher James教授应邀到访电机系，并做了题为“Technical Writing & Manuscript Preparation in Engineering Publications”的讲座。

2月23日　电机系举办博士生指导教师研修班“分组交流”会。

3月11日　IEEE电力电子学会（Power Electronics Society，简称PELS）北京分会学生支部联合研讨会在清华大学举行。

4月18—19日　国家自然科学基金重点国际合作研究项目“面向可再生能源消纳的低碳高效多能源系统基础研究”启动会暨清华大学-华盛顿大学合作研讨会在电机系顺利召开。该项目牵头单位为电机系，负责人是康重庆教授，合作方单位为美国华盛顿大学电机系，合作单位负责人是丹尼尔·克斯群（Daniel Kirschen）教授。

4月20—22日　第九届电力系统未来学者论坛在清华大学召开。

4月26日　清华电机系-中科院电工所双边学术交流会（脉冲功率与放电等离子体方向）在电机系成功举行。

5月11日　清华大学与曼彻斯特大学联合主办、电机系与清华大学能源互联网创新研究院承办的能源环境研讨会在清华西主楼举办。

5月19—21日　清华大学-IET电气工程学术论坛暨清华大学第489期博士生论坛（电机系）在北京三堡学术基地举办。

6月16日　校副教务长、教务处处长彭刚带领教务处各部分负责人，以及相关科室老师一行共7人，到电机系进行本科教学工作调研。

6 月 22 日　国际大电网会议(CIGRE)前任主席 Prof. Klaus Froehlich(克劳斯·弗罗里赫)应邀到访电机系,并做了题为“未来智能电力系统展望”的学术报告。

6 月 23 日　在由国际电气与电子工程师协会 IEEE 举办的第 21 届“脉冲功率会议”(PPC,Pulsed Power Conference)上,电气新技术研究所博士生刘旭堃的论文“Overview of Circuit Topologies for Inductive Pulsed Power Supplies”获“优秀学生论文奖”。

6 月 28 日　美国加州大学河滨分校余南鹏博士到访电机系,并做了题为“智能电网的研究前沿:配电网系统的大数据分析”的学术报告。

7 月 7—8 日　由清华电机系和清华大学能源互联网创新研究院发起,在清华大学召开了“电气化交通前沿技术论坛”。

7 月 16—20 日　国际电气与电子工程师协会电力与能源学会 2017 年年会(IEEE PES)在美国芝加哥召开。电机系博士生杨经纬(导师是康重庆)、舒德兀(导师是姜齐荣)、叶一达(导师是鲁宗相)及博士后张旭(合作导师是谢小荣)的论文入选最佳论文。

7 月 25 日　电机系在新清华学堂隆重举办了“李泽元院士清华大学讲席教授聘任仪式”。

8 月 8 日　电机系主任曾嵘、系学位分委会主席夏清带领系学位分委会代表、科研团队代表等一行 20 余人,赴清华四川能源互联网研究院考察调研,并召开了电机系能源互联网专业硕士培养研讨会。

8 月 11—14 日　赵争鸣、李永东、袁建生、邹军、袁立强、张春朋、郭志强、孙建宁和王优等师生应 ICEMS2017 组委会之邀,赴澳大利亚悉尼市参加了第 20 届 ICEMS 会议。

8 月 28 日　由国家能源局指导,国家能源互联网产业及技术创新联盟、中国能源智库联盟主办的国家能源互联网产业及技术创新联盟全体成员大会暨 2017 国家能源互联网大会在清华大学举办。

9 月 4 日　落实对口支援工作,电机系周远翔教授出任新疆大学电气学院院长。

9 月 10 日　2017 中美“2+2”清洁能源论坛在蓉隆重举行,清华四川能源互联网研究院与华盛顿大学清洁能源研究院正式签署“合作备忘录”及“EIRI 国际种子基金合作”协议。

9 月 12 日　澳大利亚斯威本科技大学终身教授、机器人与机械系主任、国家“千人计划”特聘专家、中国科学院沈阳自动化所义乌中心首席科学家满江红应邀到访电机系,并做了题为“工业机器人中的电机驱动控制问题”的学术报告。

9 月 21 日　意大利教育与科技部下属智能制造产业协会伟习力主席(Gianluigi Viscardi)和意大利贝尔加莫大学副校长谢尔盖·卡瓦里瑞(Sergio Cavalieri)教授一行到访电机系。

9 月 22 日　校长邱勇来到电机系,就学科建设与布局、教育教学与人才培养、人才引进和教师队伍建设、科研创新和成果应用等进行工作调研。

10 月 23 日　世界工程组织联合会(WFEO)主席乔治·什皮塔尔尼克(Jorge Spitalnik)教授和副主席兼能力建设委员会主席雅辛·布里默罕(Yashin Brijmohan)教授访问了电机系和清华大学能源互联网创新研究院。

11 月 2 日　电机系“清华之友-金力永磁奖学金”签约仪式在西主楼举行。江西金力永磁科技股份有限公司董事长兼总经理蔡报贵、董事会秘书兼投融资副总经理鹿明、清华大学教育基金会副秘书长赵劲松,电机系党委副书记郑泽东、学生工作助理骆娇出席仪式。赵劲松与蔡报贵代表双方签订“清华之友-金力永磁奖学金”协议。

11 月 2 日　美国弗吉利亚理工大学电力电子中心(CPES)主任 Dushan Boroyevich(杜山·波罗耶维奇)教授访问电机系,并做了题为“未来电子电力系统”的学术报告。

11 月 3 日　电机系召开本科教学审核评估工作动员大会。系核心领导、系教学委员会委员以及近 70 名教师参加了会议。

11 月 3—6 日　中国电源学会第二十二届学术年会在上海召开。会上,美国工程院院士、中国工程院外籍院士、美国弗吉尼亚理工大学教授、清华大学电机系讲席教授李泽元荣获“科学技术杰出贡献奖”;电机系孙凯副教授获授“科学技术青年奖”。

11 月 9 日　中国电机工程学会直流输电与电力电子专委会发起的第三届“直流输电与电力电子创新杯大赛”在武汉举行。电机系赵彪老师为第一作者的作品《开关电容接入的多电平直流链直流变压器及其演变》,

荣获本届大赛唯一的一等奖。

11 月 10 日　在苏州同里召开的台达电力电子年会上，电机系郑泽东副教授获得 2017 年度“中达青年学者”称号。

11 月 22—26 日　中国电机工程学会年会在广西南宁召开，主题为“创新引领与清洁绿色、智能高效”。电机系董新洲教授、孙宏斌教授荣获中国电力科学技术杰出贡献奖。

11 月 27—28 日　由清华大学和 IEEE 联合创办的首届 IEEE 能源互联网与能源系统集成会议（The 1st IEEE Conference on Energy Internet and Energy System Integration，EI^2 2017）在北京召开。

12 月 14 日　清华大学与中国电机工程学会签署合作框架协议，并同时成立了中国电机工程学会清华大学会员中心。

12 月 19 日　美国康奈尔大学终身教授、IEEE Fellow 江晓东应邀到访电机系，并做了题为“最优潮流问题可行域：理论、方法、收敛域和实际应用”的学术报告。

本年　何金良教授荣获 IEEE 赫尔曼·霍尔珀林电力传输和配电奖（IEEE Herman Halperin Electric Transmission and Distribution Award）。何金良教授是该奖项设立 58 年来第一位中国获奖学者。

国际电气与电子工程师学会 IEEE 公布了新选 2018 年度会士（IEEE Fellow）名单。其中，电气工程领域共 4 位学者入选，分别为电机系赵争鸣教授、孙宏斌教授、华中科技大学曲荣海教授，以及美国波音公司技术院士、飞机子系统集成平台总工程师刘生义博士（曲荣海教授、刘生义博士都是电机系系友）。

新聘正高级教职人员：教研系列长聘教授 1 名（于歆杰），研究系列研究员 1 名（高文胜）；新聘国家重点实验室客座教授：赛义夫·拉赫曼（Saifur Rahman）。

2018 年

1 月 3 日　北京市科委组织专家，对依托电机系成立的绿色能源与电力安全北京市国际合作基地（中心）（2014—2016 年度）进行现场考察和评估。

1 月 8 日　2017 年度国家科学技术奖励大会在北京人民大会堂隆重

举行。电机系共获得5项国家级奖励。其中,1)闵勇、陆超、陈磊、韩英铎、徐飞等完成的“大型互联电网阻尼特性在线分析与控制技术及应用”研究成果,荣获国家技术发明奖二等奖(第1完成单位);2)董新洲、施慎行、王宾等完成的“电力线路行波保护关键技术及装置”研究成果,荣获国家技术发明奖二等奖(第1完成单位);3)周远翔参与完成的“特高压±800kV直流输电工程”研究成果,荣获国家科学技术进步奖特等奖(第9完成单位);4)胡伟参与完成的“大规模风电联网高效规划与脱网防御关键技术及应用”研究成果,荣获国家科学技术进步奖二等奖(第6完成单位);5)我系教师参与完成的“特大型交直流电网技术创新及其在国家西电东送中的应用”研究成果,荣获国家科学技术进步奖二等奖(第4完成单位)。

1月8日　电机系召开全系教师大会进行系学术委员会换届改选。新一届学术委员会由卢强、韩英铎、赵争鸣、袁建生、梁曦东、李永东、闵勇、董新洲、梅生伟、何金良、康重庆、孙宏斌、曾嵘、肖曦、于歆杰15位老师组成。

1月16日　电力系统国家重点实验室召开2017年度学术委员会年会。在听取相关工作汇报基础上,学术委员们为实验室发展建言献策,也对迎接国家重点实验室评估提出建议。

1月　电机系获评清华大学“2017年度信息工作先进单位”称号。

1月19日　“2017年中国高被引学者”榜单发布。董新洲、康重庆和党智敏3位教授入选该榜单。其中,党智敏已连续4年(2014—2017年)入选。

2月9日　第十四批国家“千人计划”青年项目申报入选人员名单公布。电机系准聘副教授李琦获批入选。

3月1日　电机系新一届学术委员会召开第一次会议,选举产生了学术委员会主任(闵勇教授)、副主任(于歆杰教授)和秘书(鲁宗相副教授);讨论、修订了《清华大学电机系学术委员会章程》,并对系科研规划、科研方向等进行了讨论。

3月初　中组部办公厅下发《关于印发第三批国家“万人计划”入选人员名单的通知》,我系曾嵘教授入选科技创新领军人才,陈启鑫副教授入选青年拔尖人才。

3月31日　新形势下全国电气工程学科建设与人才培养研讨会暨新工科联盟“能源互联网”工作委员会成立大会在北京友谊宾馆举行。会议由我系和国家教育部高等学校电气类专业教学指导委员会主办。全国95所高校的近200人参会。

3月31日　我系乒乓球队荣获清华马杯团体冠军(7连冠)。

4月11—15日　第46届“日内瓦国际发明展”成功举办,我系多个教师团队参展的成果,荣获4金1银的好成绩。

4月15日　清华大学第36届“挑战杯”学生课外学术科技作品竞赛举行终审答辩。我系共有5件作品入围,最终取得了1个特等奖、1个二等奖和3个三等奖的佳绩。

4月17日　巴基斯坦国立科技大学(National University of Science and Technology)副校长Asif Raza教授和该校电气工程与计算机科学学院院长Farid Gul教授到访我系。系党委书记康重庆接待来宾。双方就未来开展科研合作及接受对方学生联合培养等达成共识。

4月23—24日　7位国内外专家对电气工程学科的一级博士、硕士学位授权点及工程硕士学位授权点进行现场评估。在听取汇报、考察实验室、与师生代表座谈后,专家组充分肯定我系研究生教育培养成果,一致同意通过电气工程学科学位授权点的评估。

4月24日　建设在我系的“绿色能源与电力安全北京市国际科技合作基地”(2014—2017年度)获评优秀。

4月27日　成都市总工会授予清华四川能源互联网研究院常务副院长、我系高文胜研究员“2018年成都市五一劳动奖章”。

5月　由我系党智敏教授倡导发起、英国工程技术学会(IET)出版的新期刊IET Nanodielectrics首刊网络在线出版。该期刊主要刊载“先进电介质材料纳米结构和界面特性的深层次认识及其电极化与宏观性能关系”研究成果,党智敏是2主编之一。

5月10—12日　国家自然科学基金重点国际合作研究项目“面向可再生能源消纳的低碳高效多能源系统基础研究”年度会议在我系顺利召开。该项目2017年1月正式启动,牵头单位是我系,负责人为康重庆教授,项目合作单位为美国华盛顿大学电机系,合作方负责人是丹尼尔·基尔申(Daniel Kirschen)教授。

5月11—13日　清华大学-IET电气工程学术论坛暨清华大学第510期博士生论坛(电机系)在我校三堡学术基地成功举办。论坛以“更绿色、更智能的能源互联网”为主题,清华、华中科大、西交大、上交大、中国电科院、国网山东电力公司等单位的140余位教师、专家和博士生参加了该论坛。

5月21日　意大利贝加莫大学副校长塞尔吉奥·卡瓦里瑞教授(Sergio Cavalier)一行2人到访我系,与我系学术委员会副主任于歆杰教授,就开展学生交换互访进行了探讨。

5月25日　2018国际电气电子工程师协会电力电子学会直流微电网国际研讨会(IEEE PELS DC Microgrids Workshop)在我校成功举办。这是IEEE电力电子学会主办的直流微电网领域重要国际论坛,由我系承办,主题为“面向清洁未来的智能直流微电网”。

6月14日　2018年度全国“博士后创新人才支持计划”结果公布,我系博士生杜尔顺、张博雅入选;本年度全国电气学科领域共7人入选。

6月21日　校长邱勇一行到清华四川能源互联网研究院调研,并与研究院负责人和青年人才进行座谈。

6月22—23日　由清华大学和中车株洲电力机车研究所有限公司联合举办的第二届电气化交通前沿技术论坛在我校召开。中科院院士、清华大学汽车安全与节能国家重点实验室主任欧阳明高担任大会主席。本次论坛由我系、汽车系及清华大学能源互联网创新研究院承办,我系李永东教授任组委会主席,郑泽东副教授任大会秘书长。

7月7日　清华校友总会电机工程与应用电子技术系分会(简称清华电机系校友会)成立大会在清华大学二教会议室举行。清华大学校务委员会副主任、清华校友总会副会长史宗恺出席会议。清华大学党委原书记贺美英老师(1956级系友),清华大学原副校长关志成老师(1964级系友),中国科学院电工研究所顾国彪院士(1953级系友),中国电科院名誉院长周孝信院士(1959级系友),以及来自国家能源局、国家电网公司、南方电网公司、国家电力投资集团公司、中国华电集团、中国能源建设集团、中国长江三峡集团等单位的50余名电机系系友,以及卢强院士、韩英铎院士、系党政班子成员及教师代表参加了会议。

7月8—9日　电机系举行2018年度教育教学研讨会。作为学校第

25 次教育工作讨论会的组成部分,会议以“夯实人才培养基础,提高教育教学质量”为主题,通过分组讨论、师生座谈、班主任培训、名师经验分享、青年教师授课点评等,进行了深入研讨和交流。

7 月 19—20 日　2018 国际电气电子工程师协会 IEEE 未来能源挑战赛(International Future Energy Challenge, IFEC)决赛在清华大学成功举办。大赛由电机系承办,主题为“面向户用储能的高效率高功率密度隔离型 DC-DC 变换器”。来自中国大陆、中国台湾、美国、德国、塞尔维亚和新加坡 6 个国家和地区的 10 支学生团队参加决赛。最终,西安交大、清华和北京交大三支学生团队分别获得“大奖”(Grand Prize Award)、“杰出性能奖”(Outstanding Performance Award)和“创新奖”(Innovation Award)三大主要奖项。

7 月 21 日　2018 国际电气电子工程师协会 IEEE 未来电力电子技术研讨会在清华大学成功举办。本次研讨会由电机系承办。

8 月 3—4 日　“2018 美中绿色能源高峰论坛”在美国加利福尼亚州旧金山湾区举行。此次峰会由美中绿色能源促进会、清华大学能源互联网创新研究院、中国电机工程学会、重庆大学、四川大学以及全球能源互联网美国研究院联合主办。电机系陈启鑫、张宁及钟海旺副教授参会。

8 月 8 日　在电气与电子工程师协会电力与能源学会年会于美国波特兰市举行之际,电机系邀请 100 余位清华校友,举办了北美清华电机校友会成立大会,并举行了电机系人才招聘宣讲会。

8 月 25—31 日　第 47 届国际大电网会议 CIGRE 在法国巴黎召开。97 个国家的共 3700 余位代表参会。电机系梁曦东、董新洲、康重庆、谢小荣、张波、王宾、施慎行、庄池杰、张宁等老师,以及多名博士生参加了大会以及相关专业委员会的会议。

9 月 10 日　墨西哥蒙特雷科技大学国家科学与工程学院科研院长里卡多·拉米莱兹·门多萨(Ricardo A. Ramírez Mendoza)教授到访电机系。该科技大学是一所拉美顶尖私立研究型大学,分布在墨西哥全境 25 个城市,拥有 31 座校园、26 个研发中心、10 万名学生、1435 位研发人员、468 名国家级研究员,以及一个遍布全国的高科技研究中心网络。系副主任鲁宗相等接待来宾,双方就人员互访、学生培养和科研合作达成共识。

9 月 经 2017—2018 学年度第 33 次校务会会议讨论通过,任命康重庆为电机工程与应用电子技术系主任;曾嵘不再担任电机工程与应用电子技术系主任职务。

9 月 13—15 日 第十届国际发明展览会暨第三届世界发明创新论坛在广东佛山举行。何金良、胡军等发明的“实现电网深度限制暂态过电压的避雷器用金属氧化物压敏电阻”获世界知识产权组织设立的“最佳发明奖”。曾嵘、庄池杰及余占清等发明的“光电集成宽频强电场传感器及测量系统”,以及何金良、胡军、张波等发明的“自适应调控高压设备绝缘系统电场分布的智能复合材料”和“实现电网深度限制暂态过电压的避雷器用金属氧化物压敏电阻”,均荣获第十届国际发明展览会金奖。曾嵘等发明的“光电集成宽频强电场传感器及测量系统”获中国仪器仪表学会设立的“仪器仪表发明奖”以及获首届军民融合发展创新大赛金奖。

9 月 14 日 “清风、明月、劲松——纪念顾毓琇先生展览”系列巡展首站开幕式在电机系举行,到场领导和师生共同缅怀顾毓琇先生为中国电机工程、为清华所做突出贡献。

10 月 3 日 周垚(电机系博士生)、李琦、何金良及合作者在《先进材料》(*Advanced Materials*)杂志上发表了题为《一种显著提高聚合物电介质高温储能特性的通用化、高通量、环境友好的制备方法》的研究论文,提出一种可规模化制备高温聚合物电容器薄膜的方法,能大幅提高聚合物电容器薄膜的高温介电储能特性。

10 月 11—19 日 澳大利亚墨尔本大学教授、曼彻斯特大学兼职教授皮埃尔路易吉·曼卡雷拉(Pierluigi Mancarella),在电机系讲授《多能源系统建模、分析与优化》(Multi-Energy Systems modeling, analysis and optimization)短期课程(课程号 Y0220192)。清华、华北电力大学、北交大、中国农大、浙大、中国电科院共 70 多名学生选学。课程负责人是张宁。

10 月 12—14 日 全国高电压与放电等离子体学术会议在南京召开。何金良教授做了“构建面向未来的透明电网”大会报告。罗海云副教授做了“大气压 DBD 等离子体灭菌研究”的报告。电机系博士生侯新宇、李柳霞获优秀口头报告奖,孙浩获优秀张贴报告奖。

10 月 18 日 2018 清华大学全球科研战略合作伙伴研讨会在深圳召开。会上,清华大学与香港大学以及英国帝国理工学院签署战略合作伙伴协议。系主任康重庆教授和英国皇家工程院院士、帝国理工学院蒂姆·格林(Tim Green)教授分别代表双方学校签署战略合作伙伴协议。肖曦教授、孙凯副教授参加研讨会,分别汇报了电机系与俄罗斯圣彼得堡理工大学、加拿大阿尔伯塔大学以及澳大利亚新南威尔士大学合作项目的进展情况。

10 月 19—21 日　中国高等教育学会主办的第五届全国高等学校教师自制实验教学仪器设备创新大赛在四川成都举行,电机系毕大强老师研发的实验教学设备荣获一等奖。

10 月 20 日　“IEEE PES 能源互联网专业技术委员会成立大会暨 2018 年 IEEE PES 中国区年会”在华北电力大学成功举办。会议由 IEEE PES、华北电力大学、清华、许继集团主办。IEEE PES 能源互联网专业技术委员会主席、电机系教授孙宏斌主持开幕式。副校长薛其坤院士等嘉宾到会并致辞。张伯明教授等专家做主旨报告。随后,IEEE PES 能源互联网专业技术委员会下属的 6 个技术分委会分别举行了会议等。

10 月 21—22 日　IEEE PES、中国工程院能源与矿业工程学部、清华大学、华北电力大学共同主办的第二届 IEEE 能源互联网与能源系统集成会议在北京隆重召开。

10 月　经校党委常委会议讨论通过,任命于歆杰为电机系党委书记;康重庆不再担任电机系党委书记职务。

10 月　IEEE Industrial Electronics 杂志刊登清华电机系前瞻观点性文章“A More Prospective Look at IGCT—Uncovering a Promising Choice for DC Grids”,系统阐述集成门极换流晶闸管 IGCT 在未来直流电网中应用新契机。该论文作者是赵彪、曾嵘、余占清等。

11 月 3—7 日　IEEE Empower a Billion Lives 亚太地区比赛在深圳举行。比赛中,清华电机系“梦之网”团队表现优异,荣获“最佳学生团队奖”。

11 月 5 日　绿色能源与电力安全北京市国际科技合作中心年会在清华大学举行。清华科研院副院长邓宁、系主任康重庆出席并致辞;中心主任、电机系教授董新洲汇报 2018 年工作及 2019 年工作计划。

11 月 7—8 日　中国能源研究会年会以“中国能源高质量发展”为主题在北京召开。会上,钟海旺获评 2018 年度“优秀青年能源科技工作者奖”。

11月13日　2018年度中国电机工程学会年会在北京举行。会议主题为“新时代　新能源　新电力”,2000余名专家学者参会。会上,康重庆获颁“中国电力科学技术杰出贡献奖”;陆超获“中国电力优秀科技工作者奖”;郭庆来获“中国电力优秀青年科技人才奖”。

11月14日　在中国电机工程学会年会上,“中国电机工程学会能源互联网专业委员会”正式成立。秘书处单位由清华大学和国网信通产业集团共同担任,设在清华电机系。

11月22日　由汽车系和电机系共建的清华大学新技术概念汽车研究院成立仪式在主楼接待厅举行。

11月23日　电力与能源工程教育国际讲座在电机系举行。梁曦东和Martin Manuhwa、TAN Seng-Chuan、J. P. Mohsen、Ian Mercer、Elizabeth Taylor 6位专家出席并做报告。

11月24日　“紫金论电”高比例可再生能源电力系统学术研讨会在南瑞集团江宁基地会议中心举行。研讨会由电力系统自动化杂志社与清华电机系联合主办。

11月28日　北京电机工程学会召开十届一次会员代表大会。康重庆当选副理事长,梁曦东当选常务理事,何金良担任高电压专委会主任委员,余占清担任高电压专委会秘书长。梁曦东、孙宏斌、曾嵘和余占清获“北京电机工程学会第九届理事会先进学会工作者”称号。

11月　全国工程专业学位研究生教育指导委员会发布第五届“工程硕士实习实践优秀成果获得者”名单,工程硕士生韩洋(导师陆海峰)获此荣誉(全国115名,清华4名)。

11月30日　国家教育部工科基础课程教学指导委员会及各分委员会2018年全体委员会议在清华举行。清华袁驷教授任工科基础课程教指委主任委员,于歆杰教授任秘书长。

同日,IEEE Transactions on Circuits and Systems总主编、香港理工大学谢智刚教授到访电机系,并在“电力电子技术专题”课程上做特邀学术报告“Modeling Cascading Failure in Power Systems from a Network Perspective”。

12月17日　电机系1982级系友钱苏晋及北京恒泰实达科技股份有限公司捐赠“清华校友-高景德励学基金”仪式在清华大学工字厅举行。

校、系领导及多位嘉宾出席。

12 月 23 日　北京市科委正式公布首届北京市杰出青年基金项目资助名单，郭庆来主持的“面向智慧城市的能源网-交通网协同优化”项目获批资助。

12 月 25 日　由卢强院士、梅生伟教授领衔承担的“盐穴压缩空气储能发电系统国家示范项目”在江苏金坛举行奠基仪式。清华副校长薛其坤院士、卢强院士、周远院士、何雅玲院士及国家能源局、国家电网、华能集团、江苏省政府等有关部门领导等参加。

12 月 25 日　世界容量最大、电压等级最多、采用诸多原始自主创新关键技术的多端柔性直流配电网工程——珠海唐家湾三端柔性直流配电网工程成功投运。该工程依托国家能源局首批“互联网+”智慧能源示范项目进行。电机系和清华大学能源互联网研究院参与该工程建设的系统规划和架构设计、核心技术研究和关键设备研发，攻克柔性直流配电网关键装备研制难关，基于自主研发的 IGCT 器件等，研制出±10kV 三端口直流断路器、±10kV IGCT 交叉箝位型换流阀等核心设备。

12 月　根据中国科协发布消息，青年教师张灵入选第四届中国科协“青年人才托举工程(2018—2020 年度)”。

12 月　电机系获评 2017—2018 学年度清华大学就业工作先进集体职业辅导奖。

12 月 31 日　何金良、李琦及合作者在《自然 · 纳米技术》杂志在线发表题为《利用超顺磁纳米颗粒实现聚合物电损伤自修复》论文。提出在固态绝缘材料中实现电损伤自修复方法，首次实现绝缘材料遭受电树破坏后电树通道的自愈合及绝缘性能的自恢复。

2018 年　受多位教师邀请，美国亚利桑那州立大学电气、计算机与能源工程系的司捷(Jennie Si)教授、美国斯坦福大学吉宇婷博士、美国宾州州立大学材料科学与工程系 Donald W. Hamer 讲座教授陈龙庆、国际大电网委员会(CIGRE)主席 Rob Stephen 博士、美国布朗大学助理教授周圆圆、美国弗吉尼亚理工大学杰出教授、我校讲席教授李泽元院士、《全球能源互联网(英文)》期刊主编王伟、上海交通大学“千人计划”特聘专家、日本国立物质材料研究所首席科学家韩礼元教授、美国加州伯克利大学教授 Shmuel S. Oren、染料敏化太阳能电池之父、瑞士洛桑联邦理工学院教授迈克·格莱才尔(Michael Graetzel)、Massachusetts Institute of Technology 的 James L. Kirtley 教授、华中科技大学的曲荣海教授、IEEE Fellow Vahid Madani 教授、广东以色列理工学院 Daniel Qi Tan 博士、Sevilla University 的 Leopoldo G. Franquelo 教授、新加坡新能源集团的曾瑞棠、美国国家工程院院士陈世卿、IEEE Fellow Charles Henville 教授、悉尼科技大学李力副教授、澳大利亚能源电力市场分析专家刘东胜博士、University of Malaya 的 Lee Sing 教授、University of Manchester 的 Vladimir Terzija 教授、Virginia Tech 的 Phadke Arun Gajanan 教授、山东大学 Lee Seung Jae 教授、IEEE Fellow Charles Henville 教授、Arts et Métriers ParisTech 的助理教授 Ngac Ky NGUYEN、Queensland University of Technology 的 Gerard Ledwich 教授、丹麦奥尔堡大学杨永恒博士、Fellow of IEEE & SAE Chris Mi 教授、澳大利亚昆士兰大学 Tapan Saha 教授、Eindhoven University of Technology 的 Ute Ebert 教授、University of Massachusetts 的 Yuzhang Lin 教授、日本三菱公司 Mitsubishi 的 Kondo Harufusa 博士以及 He Hongtao 和 Sun Jian 先生、Cornell University 的 Lang Tong 教授等,应邀到访电机系,并为电机系和其他院系师生做了学术报告。

本年　新增正高级职务人员:1)教研系列长聘教授:谢小荣;2)研究系列研究员:王善铭;3)教学系列教授:朱桂萍。

2019 年

1 月 8 日　2018 年度国家科学技术奖励大会在北京隆重举行。电机系孙宏斌教授牵头的《复杂电网自律-协同自动电压控制关键技术、系统研制与工程应用》研究成果,荣获国家科技进步一等奖(第 1 完成单位);何金良教授牵头的《电力系统接地基础理论、关键技术及工程应用》研究成果,荣获国家科技进步二等奖(第 1 完成单位);梅生伟教授牵头的《交直流电力系统连锁故障主动防御关键技术与应用》研究成果(第二完成单位),荣获国家科技进步二等奖。

1 月 15 日　电机系召开 2018 年度电力系统国家重点实验室学术委员会。37 位学术委员在听取相关工作汇报基础上,对实验室未来发展建言献策,提出了若干意见和建议。

1 月 17 日　爱思唯尔(Elsevier)正式发布 2018 年中国高被引学者

(Chinese Most Cited Researchers)榜单,电机系康重庆、董新洲、党智敏3位教授入选该榜单。

1月中旬　我国首个“互联网+”综合能源运营服务平台在珠海建成。电机系参与项目系统架构设计、应用场景和业务流程设计、核心算法研究等。

1月21—25日　电机系张宁副教授应韩国延世大学Hur Kyeon教授邀请,赴韩国首尔讲授研究生短期课程“Analytics and Optimization for Renewable Energy Integration”,该课程获得韩国BrainKorea21PLUS高水平课程引进计划的资助。

2月　中组部印发《关于印发第四批国家“万人计划”入选人员名单的通知》,吴文传入选“万人计划”科技创新领军人才,胡泽春入选“万人计划”青年拔尖人才。

2月27—3月1日　国家科技部中国-克罗地亚科技例会交流项目“城市柔性多能源系统基础研究”年度会议在电机系顺利召开。该项目牵头单位是清华电机系,项目负责人是张宁副教授;项目合作单位是克罗地亚萨格勒布大学电机系,合作方负责人为托米斯拉夫·卡普德(Tomislav Capuder)助理教授。

2月28日　CCTV央视财经频道《经济信息联播》节目报道于歆杰教授关于“关注智慧教育产业,软件与硬件齐头并进,信息化教学实现翻转课堂”的访谈内容。

3月1日　“清华大学-国家电网新一代电力系统联合研究院”在国家电网有限公司总部正式签署合作协议。校长邱勇,国网公司董事长、党组书记寇伟,总经理、党组副书记辛保安出席仪式。副校长薛其坤、国网公司副总经理张智刚代表双方签署合作协议。卢强院士、韩英铎院士,国网公司总经理助理等共同见证了签约仪式。

3月2日　由国家教育部在线教育研究中心、清华大学在线办组织,电机系于歆杰教授、朱桂萍教授与计算机系、数学系其他6位老师一起赴新疆大学,参加了清华大学-新疆大学在线课程应用研讨会。

3月5日　在电机系举行了台达集团与清华大学电机系合作项目启动仪式。台达集团副董事长柯子兴、台达集团EISBG总经理张建中等一行8人,韩英铎院士、校人事处领导及电机系领导及教师代表等出席了合作交流活动。

3月6日　由电机系康重庆教授作为负责人的国家重点研发计划“智能电网技术与装备”重点专项项目“高比例可再生能源并网的电力系统规划与运行基础理论”，经评审专家组的全面审核，顺利通过了中期检查。

3月12日　由中国电机工程学会组织的“复杂电网‘智能机器调度员’关键技术与应用”科技成果鉴定会在北京西郊宾馆召开。孙宏斌主持完成的该项科技成果通过鉴定。

3月14日　由中国电机工程学会组织的“高比例可再生能源电力系统灵活性评估与优化理论及其应用”科技成果鉴定会在清华召开。鲁宗相主持完成的该项科技成果通过了鉴定。

3月24日　“清华大学-帝国理工学院智慧电力及能源系统联合研究中心”启动会暨签约仪式在英国伦敦帝国理工学院举行。副校长、中国科学院院士薛其坤与帝国理工学院校务委员会委员兼工学院院长、英国皇家工程院院士纳吉尔·布兰德(Nigel Brandon)代表双方签约。该联合研究中心的中方主任是康重庆教授，英方主任为戈伦·斯兆伯克教授。

3月28日　清华大学电机系“景德讲坛”第一讲隆重举行。电机系系友、“八一勋章”获得者马伟明院士受邀，做了题为“抢抓电磁能时代发展先机”的专题报告。

3月29日　《国家能源互联网发展白皮书2018》(简称《白皮书》)暨“国家能源互联网发展战略”研讨会在西主楼成功举行。白皮书由电机系主任、清华大学能源互联网研究院院长康重庆教授发布。

4月2日　2018年度中国自动化领域年度团队正式揭晓。电机系李永东教授领衔的“先进能源变换和电气化交通”团队摘得该奖项。

4月　中国电工技术学会公布“2018年度中国电工技术学会科学技术奖及电工行业-正泰科技奖”评审结果。电机系多位教师及团队完成的项目成果荣获“中国电工技术学会科学技术奖”一等奖3项、二等奖2项；赵争鸣荣获科技成就奖，李永东和程林获科技创新奖。

4月11日　IEEE Power & Energy Society 通知，清华大学电机系获批成立 IEEE Tsinghua University IEEE Power & Energy Society Student Branch Chapter，隶属于北京分部，顾问为电机系主任康重庆教授，指导教师是电

机系研工组组长钟海旺副教授,临时主席为电机系研工组学术助理傅一苇。

4月11日　中英电力市场学术研讨会在电机系召开。中英两国学者分享电力市场建设基本情况、相关技术、经验教训等,并就未来发展规划、面临挑战等进行交流和讨论。

4月12—14日　首届全国有机薄膜电容创新技术高峰论坛在南通市召开。论坛以“料定电容未来,智造绿色能源”为主题,国内外高校、科研院所、有机薄膜电容领域企业代表、行业及薄膜电容需求方技术人员等200余人参会。电机系党智敏教授担任大会主席。

4月28日　电机系30年来历任系主任、党委书记吴维韩、周子寿、韩英铎、周双喜、关志成、王赞基、邱阿瑞、梁曦东、赵伟、闵勇、曾嵘、康重庆、于歆杰相聚一堂,进行了座谈交流,多位老领导深情回忆了电机系的历史,就电机系未来的发展进行讨论。

5月11日　电机系举行2019年度教学研讨会。会议对教风学风建设、实践教学、学科发展、学生工作等问题进行了深入探讨和充分交流。

同日,清华大学-IET电气工程学术论坛暨清华大学第563期博士生学术论坛(电机系)在中国科学院大学国际会议中心举行。电机系近80名教师以及来自全国10所高校的120余名博士生学生参会。

5月11—13日　由香港化学生物环境协会主办、电机系承办的第四届能源材料与应用国际会议暨第四届可持续和可再生能源工程国际会议在清华成功举办。中国、美国、法国、澳大利亚、墨西哥、丹麦等9个国家和地区的高校、研究机构及企业的100余位代表参会;电机系李琦副教授担任大会主席。

5月　电机系李永东教授当选英国工程技术学会会士(IET Fellow)。

6月3日　西班牙卡米亚斯大学工程学院副院长Pablo Frias博士一行4人到访电机系,与系领导就研究生联合培养、暑期实践项目、合作研究等议题进行了探讨和交流。

6月7日　美国弗吉利亚理工大学副校长、电力电子系统研究中心(CPES)主任Dushan Boroyevich(杜山·波罗耶维奇)教授访问电机系。

6月10日　美国工程院院士、电力电子领域著名专家Divan教授受邀,在“景德讲坛”第二讲上,做了题为“未来电网的电力电子和分布式控制技术”的专题报告。

6月21日　由国家自然科学基金-韩国国家研究基金会(NSFC-NRF)合作交流项目资助的中韩电力电子技术双边研讨会在电机系召开,主题为“面向多电子化电力系统的先进电力电子技术”。

6月23日　英国皇家工程院院士蒂莫西·格林(Timothy Charles Green)清华大学杰出访问教授聘任仪式暨报告会在电机系举行。电机系师生50多人参加了聘任仪式暨报告会。

6月29日　第十五届中国青年科技奖颁奖会在哈尔滨举行。陆超荣获中国青年科技奖。

7月3日　朝鲜金策工业综合大学校长HONG SO HON等一行7人到访电机系。

7月12日　周远翔教授荣获中央宣传部“最美支边人物”称号。

8月7日　在电气与电子工程师协会电力与能源学会年会在美国亚特兰大市召开之际,电机系邀请参会的100余位系友欢聚一堂,举办了北美清华电机校友会2019年年会。

8月20日　2019年中国电机工程学会能源互联网专业委员会首届学术年会暨“能源战略与能源互联网”学术研讨会在成都举行。电机系参与承办,清华四川能源互联网研究院协办。

8月22日　中国中铁电气化局集团-清华大学电机系重大项目(轨道交通柔性供电)合同签署暨合作备忘录签约仪式在清华大学举行。项目合同额达1.17亿元。

8月　由电机系曾嵘教授团队与株洲中车时代电气股份有限公司合作研制的直流电网用4500V/5000A IGCT-Plus器件,顺利通过技术鉴定评审。

8月　2019年国家自然科学基金评审结果揭晓。电机系陈磊、李琦、余占清3位老师荣获优秀青年科学基金资助。

8月28日　校党委书记陈旭到清华四川能源互联网研究院调研。

8月　2018年度“清华大学教学优秀奖”获奖名单正式公布,段玉生、康重庆、于歆杰3位老师获奖。

9月6日　电机系召开2019年秋季学期工作会议,全系教师参会。

9月9日　第三期“景德讲坛”暨客座教授聘任仪式在电机系举行。

美国工程院院士、电力系统著名专家 Vijay Vittal 教授受聘电力系统国家重点实验室客座教授，并做学术报告。

9 月 9 日　电机系召开职工队伍人事制度改革推进会。校人事处干部到会，介绍职工改革中的七大关键问题，并分析案例。电机系职工 30 余人参会。

9 月 10 日　庆祝 2019 年教师节暨全国教育系统先进集体和先进个人表彰大会在人民大会堂举行。电机系孙宏斌教授作为 2018 年国家级教学成果奖一等奖项目代表参会，并受到习近平总书记的会见。

9 月 11 日　国家自然科学基金重点国际合作研究项目“面向可再生能源消纳的低碳高效多能源系统基础研究”年度会议在电机系顺利召开。项目负责人为康重庆教授，项目合作单位是美国华盛顿大学电气与计算机工程系。

9 月 20 日　意大利博洛尼亚大学教授卡洛·阿尔贝托·努奇（Carlo Alberto Nucci）受邀到访电机系。

10 月 1 日　中华人民共和国成立 70 周年庆祝大会、阅兵、群众游行在北京天安门广场隆重举行，三千多名清华师生组成的“伟大复兴”方阵走过天安门广场，系党委书记于歆杰等 6 位老师和电机系本科、硕士、博士生共 107 人参与其中。

10 月 12 日　电力系统国家重点实验室“风光储分室”和“能源互联网与大容量输电院士工作站”的揭牌仪式在新疆大学举行。校党委书记陈旭出席，并在系党委书记于歆杰、电机系援疆干部、新疆大学电气工程学院院长周远翔陪同下访问了新疆大学电气工程学院。

10 月 14 日　2019 年世界标准日主题活动在京举行。国际电工委员会（IEC）发布了 2019 年度“IEC 1906 奖”名单，梁曦东教授荣获“IEC1906 奖”。

10 月 15 日　系主任康重庆、系党委书记于歆杰等专程前往在京住所，看望了前澳门大学校长、澳门科技大学创校校长、53 届系友周礼杲教授。

10 月 16 日　召开电力系统国家重点实验室主任换届会议。国家教育部科技司批复，同意聘任曾嵘教授、马伟明院士为电力系统国家重点实验室主任和学术委员会主任；王哲、于歆杰、沈沉、吴文传、王善铭为副主任，程林是主任助理；学术委员会副主任是何雅玲，委员有郭剑波、罗安、刘吉臻、汤广福、夏长亮院士，以及康重庆、李政、王成山、廖瑞金、王秋良、文劲宇、鞠平和杨庆新教授，学术委员会秘书是鲁宗相。会议决定，周远翔担任国家重点实验室在新疆大学设立的风光储分室主任，沈沉接任在清华四川能源互联网研究院设立的能源互联网分室主任。

10 月 28 日　斯坦福大学教授、美国能源部前部长、诺贝尔奖得主朱棣文和美中绿色能源促进会执行会长王麒、加州大学伯克利分校 Daniel Kammen 教授一行 6 人到访电机系。

10 月 30 日　欧盟能源总司总干事首席顾问 Tudor Constantinescu 博士带领的“中国-欧盟能源合作平台”代表团到访电机系和清华能源互联网创新研究院。

11 月 8 日　清华大学-国家电网新一代电力系统联合研究院揭牌仪式暨管理委员会第一次会议在清华举行。校党委书记陈旭，国家电网公司董事长、党组书记寇伟，共同为该联合研究院揭牌。随后召开了联合研究院第一次管理委员会会议，审议通过了联合研究院的组织机构、运行管理章程及管委会成员名单。

11 月 8—10 日　第三届能源互联网与能源系统集成国际会议（The 3rd IEEE Conference on Energy Internet and Energy System Integration）在长沙召开。会议以“万物互联的泛在能源网络”为主题。电机系孙宏斌教授任大会主席。16 个国家和地区投稿近 900 篇，录用近 600 篇。会议设 9 个主旨报告和 25 个主题分会，160 位专家做特邀报告，800 余人参会。

11 月 11—14 日　清华大学和全球能源互联网研究院、国家电网福建省电力公司共同主办的第四届 IEEE 电力电子化电网论坛（eGrid2019）在厦门成功举办。清华电机系赵争鸣教授和全球能源互联网研究院汤广福院长共同担任大会主席。来自国际学术组织、高等院校、科研院所和电力企业的专家学者、工程技术人员和研究生 260 多人参会。

11 月 12 日、20 日　电机系 2 次召开研究生导师交流会。夏清教授和赵争鸣教授分别做了题为“无创新、不清华”“导师是学生的平台、伯乐和引导者”的主旨发言，全系 30 多名研究生导师参会。

11 月 13 日　“2019 年度中国电力科学技术奖”隆重颁发，电机系共荣获一等奖 4 项、二等奖 3 项、三等奖 4 项。

11月14—16日　康重庆教授与华北电力、浙大、山大、河海等大学的15位师生代表组队，赴韩国高丽大学参加第八届中韩双边学术研讨会，就可再生能源出力预测、可再生能源发电并网与控制、高比例可再生能源并网挑战、光热发电、电力系统运行灵活性，以及电力市场与需求侧响应等方面的研究成果开展研讨和交流。

11月23日　自然科学基金中欧国际合作研究计划“城市能源系统可持续发展：政策设计、运营优化与市场协调”项目讨论会在电机系召开。康重庆是该项目中方牵头单位负责人，中方项目合作单位为浙江大学；欧方牵头单位是英国帝国理工学院，负责人为商学院理查德·格林(Richard Green)教授，合作单位是荷兰代尔夫特理工大学。该项目面向城市能源系统，以可持续发展为导向，具体研究政策设计、运营优化与市场交易的相关理论和方法，探索城市能源系统运作规律及其与政策、经济、环境等的相互作用，探索提出支撑绿色、低碳、可持续城市能源系统的政策与市场设计、运行与规划关键技术以及商业模式。

11月23日　“清华大学-帝国理工学院智慧电力及能源系统联合研究中心”讨论会在电机系举行。

12月　第十五届北京市高等学校教学名师奖获奖名单正式公布。朱桂萍荣获本届北京市教学名师奖。

12月13日　中国移动设计院联合清华电机系发布了两款国产自主研发的新型数字智能供电产品——5G基站一体化能源柜和数字能源机柜。这些产品可为提高信息通信供电效率、降低能耗、减少建设成本提供支撑。

12月　英国工程技术学会(IET)颁发了2019年IET Premium Awards(IET最佳论文奖)。电机系郭庆来、孙宏斌团队发表在*The IET Cyber Physical Systems*：*Theory & Applications*期刊的论文“EMS communication routings’ optimisation to enhance power system security considering cyber-physical interdependence”获评最佳论文。

本年　受电机系多位教师邀请，Technische Universität Berlin的KaiStrunz教授、University of New Hampshire的Ningyu Liu教授、Arts et Metiers ParisTech的Stephane CLENET教授、Georgia Institute of Technology的Deepak Divan教授、美国国家工程院院士陈世卿、National Technical

University of Athens 的 Ioannis Karakitsios 博士、Imperial College London 的 Timothy Charles Green 教授、Auburn University Detection and Food Safety Center 的 Zhongyang Cheng 博士、Harvard Kennedy School's Belfer Center for Science and International Affairs 的 Dr. Michael Davidson 博士、University of Maryland 的 Liangbing Hu 教授、Texas Tech University 的 Bijoy K Ghosh 教授、Johns Hopkins University 的 Enrique Mallada 博士、The Chinese University of Hong Kong 的 Changhong Zhao 博士、希腊雅典理工大学的 Nikolaos Hatziargyriou 教授、Brunel University 的 Xinli Du 博士、英国杜伦大学商学院的托拉・贾马布(Tooraj Jamasb)教授、能源领域国际顶级期刊"*Applied Energy*"主编严晋躍(Yan Jerry)、田纳西大学的 Fei (Fred) Wang 教授、Arizona State University 的 Vijay Vittal 教授、博洛尼亚大学的 Ebrahim Babaei 教授、日本东京工业大学的赤木泰文教授、University of Hong Kong 的 Tao Liu 博士、加拿大阿尔伯塔大学的李运帷(Ryan Li)、Brunel University 的 Asoke K. Nandi 教授、Murdoch University 的 Ali Arefi 博士、North Carolina State University 的汤文渊、University of California 的 Nanpeng Yu 教授、美国工程院院士、IEEE Fellow、雅典国家技术大学的尼古拉斯・哈齐亚尔盖里欧(Nikolaos Hatziargyriou)教授、美国华盛顿州立大学电气工程和计算机科学学院 Anjan Bose 教授、EmpowerPackSocial Purpose Corporation 的 AlexanderA. Anderson、GridTology LLC 的 Vahid Madani 教授、China's Global Energy Interconnection, Development and Cooperation Organization 的 Michael J H、Sterling K B 教授、Illinois Institute of Technology (IIT)的 Zuyi Li 教授(11 月 22 日)、The Royal Institute of technology 的 Lars NordstrÖm 教授、Michigan State University 的 Joydeep Mitra Yu 教授、ISEM, AIIM, University of Wollongong 的 Shujun Zhang 教授、University of Wisconsin (UW)-Madison 的 Jiamian Hu 博士等到访电机系,并为电机系以及清华多个院系师生做了学术报告。

本年　新增正高级职务人员:1)教研系列长聘教授:程林,张波;2)研究员:陈颖;3)新进校研究员:慈松;4)新聘清华大学兼职教授:郭剑波;5)新聘清华大学杰出访问教授:英国皇家工程院院士蒂莫西・格林(Timothy Charles Green);6)新聘电力系统国家重点实验室客座教授:美国工程院院士、电力系统著名专家 Vijay Vittal。

2020 年

1 月 10 日　2019 年度国家科学技术奖励大会在北京隆重举行。清华为第 4 完成单位、电机系鲁宗相副教授参与的“千万千瓦级风光电集群源网协调控制关键技术及应用”项目成果，荣获国家科技进步二等奖。

1 月 18 日　2019 年度电力系统国家重点实验室学术委员会年会在电机系室召开。

1 月　国际电气与电子工程师协会电力与能源学会(IEEE PES)理事会会议遴选新一批国际知名专家学者加入“杰出讲座学者计划”，何金良、康重庆教授入选该计划。

1 月　“电路原理课程教学团队”荣获 2019 年度“北京高校优秀本科育人团队”称号。

1 月　康重庆教授、张宁副教授接受美国全国广播公司 NBC 旗下的新闻与商业频道 CNBC 电视台专访。随后，CNBC 专题报道了清华电机系在高比例可再生能源以及综合能源系统方面的研究工作。

1 月　英国帝国理工学院正式聘请康重庆为帝国理工学院校聘访问教授。

1 月　慈松当选慕尼黑工业大学 2019—2020 年度全球访问教授(TUM Global Visiting Professor)，同时获聘成为该校高等研究院成员。

1 月 31 日　于歆杰教授率先录制了“基于雨课堂直播形式进行线上授课指南”并及时转发全校教师，为清华春季学期开课教师进行线上教学提供了一种很好的解决方案。

2 月 3 日　于歆杰出席《清华大学全校师生同上一堂课》现场；邱勇校长到场讲话：当前疫情突发形势下，于歆杰老师使用雨课堂授课的亲身体验，让我对新学期利用网络确保不停课充满信心。

2 月 4 日　于歆杰和朱桂萍教授分别为全校近 3000 名师生进行了第一轮基于雨课堂直播功能的在线授课培训。

2 月 5 日　清华发布自主科研疫情防控应急专项基金，罗海云与化学系周群老师合作申报的“快速高效柔性电磁消毒样机研制与多谱学病原体数据库建立”课题得到支持。

2 月 7 日　曾嵘教授课题组在《科学》(*Science*)杂志子刊《科学 · 进

展》(*Science Advances*)上在线发表题为《晶格氧氧化还原反应与电极性能衰减的解构》的论文，阐释锂/钠离子电池材料中有关氧元素氧化还原反应新机理。

2月11日　北京市委书记蔡奇到清华检查调研新冠肺炎疫情防控工作，并参与朱桂萍主持的清华“雨课堂”线上教学活动。

2月13日　电机系召开党政联席会网络会议，学习中央、校党委、各部门疫情防控要求，讨论部署新学期线上教学及准备工作及疫情防控措施落实情况。

2月17日　是清华在战“疫”特殊时期全面开展在线教学第一天，电机系开设的共32门课程都顺利完成在线授课。

2月19日　即开学第三天，“电路原理”授课教师朱桂萍，就使用与雨课堂合作开发的“雷实验”智慧实验平台，在手机端经微信布置实验、跟踪学生实验状态、接收学生提交实验结果。“可编程控制器及变频器系统”授课教师于庆广，改造了实验室服务器和路由器配置，将局域网的Premium可编程控制器和ATV71变频器的以太网端口映射到公网，使学生在手机上就可实时对自己远程控制的电动机等实验设备实现“云监工”。学生访问电机系创立的云仿真实验平台(www.cloudpss.net)，即可开展光储微电网运行控制虚拟实验。

3月3日　英国广播公司BBC记者对朱桂萍讲授的“电路原理”课在线教学过程和“云”实验进行了采访拍摄。BBC记者就在线教学的体验、“云”实验实施过程等，与朱桂萍及学生们展开了深入交流。不久后，采访报道在BBC1电视台和BBC官方网站同步发布。

3月5日　电机系举办面向研究生的线上系领导接待日活动。系主任康重庆、系党委书记于歆杰以及相关领导和教师出席活动，向视频参会的70余名研究生介绍学校及电机系疫情防控情况和要求，并针对不同年级研究生最关心的问题给出建设性意见和解答。

3月9日　依托腾讯会议网络平台，电机系举办了首期“云上论电”学术报告会。罗海云副教授介绍了面向楼宇空调的等离子体消毒与病原体快检技术课题研究进展。电机系和华中科大多位老师，以及50多名研究生和本科生参会。

3月11日　利用腾讯会议网络平台，电机系举办了第二期“云上论电”学术报告会。报告会邀请国家工信部产业发展促进中心“智能电网技术与装备”专家委员会主任刘建明介绍了国家智能电网重点研发计划及未来战略。电机系多位老师和 80 多名学生参会。

3 月 13—15 日　利用腾讯会议网络平台，电机系顺利举行了 41 位博士生的最终学术报告会(预答辩)。

3 月 18 日　于歆杰、朱桂萍与美国德州农机大学电气与计算机工程系的包括美国工程院院士等 20 多位教师，利用 ZOOM 网络平台进行了在线交流。于歆杰、朱桂萍结合自己的在线教学经验及案例，介绍了适用于电气工程专业学习的在线教育工具和实验形式等。

3 月 25 日　利用腾讯会议网络平台，电机系举办了第四期“云上论电”学术报告会。慈松研究员围绕 5G 发展与信息能源深度融合热点话题做了学术分享。校内师生、社会各界专家学者等 110 多人通过视频平台参会。

4 月　联合国国际电信联盟(ITU)电信标准化部门第五研究组(ITU-T SG5)提交的关于支持 IMT-2020(5G)可持续供电解决方案建议(No. L.1210)“Sustainable power-feeding solutions for 5G network”获得批准并发布，慈松团队联合中国信息通信研究院中国泰尔实验室共同提交的“数字储能系统解决方案”获该标准采纳。

4 月　段玉生老师带领教学团队对实验设备进行网络化改造，使“电工电子技术”和“数字信号处理器 DSP 实验”课程都顺利实现远程开设，并取得较好效果。

4 月 23 日　电机系 2020 年教学研讨会在 ZOOM 网络会议平台上成功举行。校教务处领导和电机系 90 多位教师参会，针对远程教学交流、研究生创新成果规定、强基计划与培养方案修订等议题展开深入讨论和充分交流。

5 月 7 日　爱思唯尔(Elsevier)正式发布 2019 年中国高被引学者(Chinese Most Cited Researchers)榜单，康重庆、董新洲、党智敏、赵彪 4 位老师入选该榜单。其中，党智敏连续 6 年入选；康重庆和董新洲连续 3 年入选。

5 月 10—11 日　“清华-华中科大-IET 电气工程学术论坛”暨清华大学第 592 期博士生学术论坛(电机系)，以线上视频会议形式成功举办。

文奖。

8月5日　四川省委副书记、省长尹力，到清华四川院调研省校战略合作工作成果。

8月6日　博士后袁超、李琦副教授和何金良教授在《自然·通讯》（*Nature Communications*）杂志上发表题为“Polymer/molecular semiconductor all-organic composites for high-temperature dielectric energy storage”的论文，首次研制出200摄氏度高效介电储能的全有机复合薄膜。

8月　IEEE旗舰期刊Proceedings of the IEEE刊出电机系智慧能源实验室撰写的研究成果长文（26页）“Multienergy Networks Analytics: Standardized Modeling, Optimization, and Low Carbon Analysis”。论文第一作者是博士生黄武靖，通讯作者为康重庆和张宁。

8月31日—9月4日　根据清华电机系与美国弗吉尼亚理工大学电气与计算机工程系的合作交流协议，电机系师生50余人受邀参加在线上举行的弗吉尼亚理工大电力电子系统研究中心和电力能源研究中心首届联合学术年会。

9月　第五届中国科协青年人才托举工程评审结果揭晓。李笑倩和赵彪2位老师分别由中国电机工程学会和中国电工技术学会推荐，获得资助。

9月7—8日　系主任康重庆率“一系两院”多位教师，联合清华大学海峡研究院领导和科研人员，共同赴国网福建电力公司、三峡集团福建兴化湾海上风电基地等单位进行访问，调研对方科研和人才培养需求，探讨加强合作方向。

9月7—10日　电机系以线上方式举办第七届高电压工程及应用国际会议（ICHVE2020）。IEEE会士、何金良担任大会主席，张波担任大会组织委员会主席，曾嵘担任国际科学委员会和技术程序委员会主席。会议主题涵盖先进材料与绝缘、智能传感、监测诊断和维护、过电压与接地防护、电磁暂态和电磁兼容、高电压数值计算、高压测试技术、高压直流技术与应用、高电压系统和工业应用等。海内外700余名科研人员、高校师生和工程技术人员参会。

9月8日　清华四川院为电机系参加生产实习的本科生举办线上直播云实践活动，主题为“电化学能源材料与器件研究中心中试线参观调研”“能源互联网试验检测中心参观调研”。四川院技术主管概要介绍电化学能源材料与器件研究中心基础上，讲解了电感耦合等离子体发射光谱仪（ICP-OES）的工作原理；对直流微电网动模系统组网与运行实验的讲解，包括多能源接入的一次系统、实时仿真系统等，并展示了微电网组网、微电网并网运行和新能源并网功率平滑等实验；还给学生讲解了半导体芯片可靠性及电性测试实验及测试仪器等。此次在线上开展的异地云实践，给电机系学生留下了深刻印象。

9月9日　清华电气工程学位分委会以线上线下融合方式召开专题研讨会。学位分委员会委员们就研究生课程定位、提升研究生课程质量、研究生课程体系建设等展开讨论。

9月11日　2020年能源互联网发展论坛暨中国电机工程学会能源互联网专委会学术年会在天津举行。会议由中国电机工程学会能源互联网专委会、清华电机系、国网信息通信产业集团主办，主题为“聚力能源互联网，赋能数字新基建”。来自能源、互联网、金融等领域的多个高校、科研机构及企业的委员和代表共100余人线下参会。会上发布了《2020年国家能源互联网发展年度报告》。

9月11日　清华电机系与意大利贝加莫大学和那不勒斯大学以在线视频方式，联合举办2020年中国-意大利先进制造暑期学校结业典礼。来自中外19所高校的共66名学生参加暑期学校8门课程学习；每次课程后设有技术配对环节，中、意两国23位学者和科研人员参与技术分享，助力建立新的科研合作关系。共有31位学生满足考勤要求、考试成绩优异，被授予结业证书。值得欣慰的是，“中国-意大利先进制造联合实验室”入选国家科技部批准建设的“一带一路”联合实验室。

9月11—12日　中国电源学会交通电气化专业委员会和IEEE交通电气化委员会主办，中车株洲电力机车研究所、清华电机系承办的第四届电气化交通前沿技术论坛在湖南株洲召开。李永东教授任大会共同主席，郑泽东副教授任组委会主席。美国国家工程院院士Philip T. Krein以及国内多位教授专家做了大会报告和线上开放论坛报告。

9月13日　朱桂萍教授与7名清华学生一起，做客中国国际电视台（英文简称为CGTN），就疫情期间清华大学如何精心设计开展线上教育，以及学生在线学习、出国交换、实习就业、适应生活方式改变等，与CGTN

主持人进行了精彩对话。

9月22日　清华电机系-美国国家仪器公司(NI)虚拟仪器联合创新实验室揭牌仪式在电机系举行。系主任康重庆教授与NI大中华区销售总监乔巍先生签署了合作共建协议,并共同为联合创新实验室揭牌。

9月22日　中国可再生能源学会在昆明举行2020年度科学技术奖励大会。电机系为第一完成单位,梅生伟领衔科研团队完成的"高比例新能源电力系统高效绿色供电关键技术及工程应用"项目成果,荣获该学会科学技术一等奖。

10月15日　四川成都清华校友会电机系西南分会成立仪式在四川成都举行。校务委员会副主任、清华校友总会副会长史宗恺,系党委书记、清华校友总会电机系分会副会长于歆杰,系党委副书记、清华校友总会电机系分会秘书长郑泽东等参加会议。电机系在西南地区工作的校友代表参加了成立大会。

10月　由清华电机系发起、全国电力电子系统和设备标准化技术委员会(SAC/TC 60)组织申报的国际电工委员会(IEC)标准项目提案《柔性输配电系统电力电子变压器性能(Performance of power electronics transformer for flexible transmission and distribution system)》,经国际电工委员会输配电系统电力电子技术分委员会(IEC SC 22F)全体成员国投票,获准作为技术报告研究项目立项(PWI TR 22F-18)。

10月15日　2020清华大学电机系校友年会在清华四川能源互联网研究院圆满举行。电机系和兄弟院系的近200位清华校友参加了会议。

10月16日　2020国家能源互联网大会在四川成都天府新区成功举办。会上发布了《能源互联网技术发展蓝皮书》。

10月18日　世界青年科学家峰会在浙江温州举行,会上颁发了第16届中国青年科技奖。郭庆来获奖,并入选了10名特别奖获奖者名单。

10月20日　在校党委书记陈旭陪同下,山西省委书记楼阳生、省长林武率山西省党政代表团到访电机系,参观调研电机系在能源互联网领域取得的最新成果。大同市、太原理工大学、国网山西省电力公司与电机系联合签署关于开展山西省能源互联网重大科技基础设施整体项目建设的四方合作意向书。

10月21日　国产自主DSIM电力电子仿真软件捐赠仪式在电机系

举行。赵争鸣教授领衔的“大容量电力电子与新型电力传输”科研团队，向哈尔滨工业大学、海军工程大学捐赠了自主研发的电力电子仿真软件DSIM。

10月23日　《清华大学电机系与广东电网有限责任公司联合开展智慧能源生态系统研究合作意向书》签订仪式，在广东电网公司本部礼堂举行。

10月24日　电机系联合中盐集团在北京举办“盐穴储能产业高峰论坛”。多位院士专家参会，共同研讨盐穴储能新技术及其应用前景。

10月24日　电机系能源03班开展“传承电机精神，矢志艰苦奋斗”主题团日活动。中国工程院院士郭剑波受邀出席，系主任康重庆、电8年级主任程林、能源03班班主任桂林等参加活动。

10月　学术新星（Rising Stars）及系列研讨活动由麻省理工学院于（MIT）2012年启动，先后由不同知名大学承办，旨在汇集世界各国杰出学者，聚焦科技前沿，深入研讨职业发展关键问题。今年卡内基梅隆大学（CMU）在全球范围遴选出约20位优秀女青年学者。电机系博士毕业生陈玥因在智慧能源、能量共享设计研究方面的突出表现入选，是唯一入选的国内大学博士。

10月31日—11月1日　第四届IEEE能源互联网与能源系统集成国际会议（IEEE EI2）在武汉以线下线上融合方式召开。400余位专家学者做了线下口头报告，1100余位学者和专家线下参会。这是2020年新冠疫情发生以来，全球电力领域召开的最大规模学术会议。会上，孙宏斌教授荣获首届能源互联网先驱奖。

11月11日　中国电机工程学会颁发“2020年度中国电力科学技术人物奖”，曾嵘教授、电机系校友王长宝荣获2020年度“中国电力科学技术杰出贡献奖”；王宾副研究员荣获“中国电力优秀科技工作者奖”。

同日，电机系与国网综合能源服务集团召开科技合作交流研讨会。

11月12日　国际大电网委员会（CIGRE）工作组C1.39历时4年完成的“强不确定性环境下的电力系统优化规划”技术报告，正式得到CIGRE批准并在其网站发布。康重庆教授担任该工作组召集人；张宁副教授为工作组秘书。

11月18日　钟海旺副教授与美国德州农工大学谢乐教授（2000级

系友）团队，合作在《焦耳》（*Joule*）杂志上发表《分析新冠疫情对美国电力系统短期影响的跨领域研究方法》的研究成果论文。

11 月 19 日　电机系“景德讲坛”第四讲在西主楼报告厅举行。中国工程院院士、电机系系友陆建勋受邀，做了题为“传承清华光荣传统，弘扬时代科学精神”的专题报告。

11 月 21—22 日　由国家自然科学基金委员会工程与材料科学部主办，清华四川能源互联网研究院承办的电气科学与工程学科“十四五”规划暨学科发展战略研讨会，在四川院召开。陈维江、程时杰、王秋良、罗安和夏长亮院士，以及 170 多位来自高校、科研机构及重点企业的专家学者，围绕电气科学与工程学科发展战略进行研讨。

11 月 24 日　吴文传教授、电机系校友王忠东教授当选 2021 年度 IEEE Fellow。

11 月 25 日　召开电机系党员代表大会，代表们听取本届系党委会工作报告后，无记名投票、选举产生新一届系党委会委员，具体为：于歆杰、刘琳、孙凯、吴文传、余占清、张灵、陆超、郑泽东、钟海旺、康重庆、董嘉佳。

11 月 27 日　《自然・通讯》杂志（*Nature Communications*）发表题为“探究中国电采暖政策与碳减排的权衡”成果论文。该论文第一作者是电机系直博生王剑晓，通讯作者为钟海旺副教授和美国加州大学伯克利分校丹尼尔・卡曼（Daniel Kammen）教授。

12 月 10 日　中国人工智能学会发布了 2020 年度第十届吴文俊人工智能科学技术奖获奖名单。胡伟、鲁宗相、闵勇、乔颖等老师完成的《电力系统安全稳定智能分析评估技术及应用》项目成果，荣获科技进步二等奖；张宁荣获优秀青年奖。

12 月 12 日　IEEE 电力电子学会（Power Electronics Society；PELS）北京地区学生分会联合研讨会在清华电机系举办。研讨会主题为“面向电子化电力系统的先进电力电子技术”，清华、北交大、中科院电工所、华北电力大学、北方工业大学、华中科大和西安交大等七所高校和科研单位的教师和研究生共 200 余人参会。

12 月 15 日　于歆杰教授作为教师代表，在国家教育部在江苏南京召开的全国高校课程思政建设工作调研推进会上发言，提出课程思政与“价值塑造、能力培养、知识传授”教育理念高度契合、相得益彰；落实的关键在于要与课程教学改革融为一体。

12月16日　清华大学2019—2020学年度就业工作会议召开。电机系荣获校“就业工作先进集体综合奖”。这也是2010年以来电机系第8次获此荣誉。

12月26日　电机系举行第一期工程博士论坛。为办好工程博士教育，电机系制定了《电机系创新领军工程博士学位论文质量全过程管理细则》，并确定每年举办4次“工程博士论坛”，旨在促进工程博士生之间的学术交流，拓宽学术视野，提高创新能力。

12月　电机系博士后流动站在五年一次的全国评估中获评“优秀”。

本年　新增正高级职务人员：1）长聘教授：郭庆来；2）研究员：袁立强

2021年

1月11日　2020年度电力系统国家重点实验室（以下简称实验室）学术委员会年会以线下线上融合方式召开。实验室主任曾嵘汇报实验室一年工作；4位教授汇报代表性成果。学术委员会委员们从实验室改革与定位、学科布局与发展、基础研究、解决国家重大需求、公共平台建设等方面提出意见建议。

1月　清华大学能源互联网创新研究院直流研究中心、大容量电力电子与新型电力传输研究中心、电机系赵争鸣团队，曾嵘、余占清、黄瑜珑团队，联合广东电网有限责任公司，依托国家重点研发计划重点专项“交直流混合的分布式可再生能源关键技术、核心装备和工程示范研究”，攻克数据中心全直流供电的理论基础、关键技术、核心装备等难题，使首个兆瓦级全直流供电数据中心在东莞建成投运。

1月　国际电气与电子工程师协会电力电子学会IEEE PELS公布入选2021—2022年度“杰出讲座学者计划”学者名单，孙凯入选（共4人）。

1月12日　电机系与北京云道智造科技有限公司共建“电磁场及多物理场仿真联合实验室”揭牌暨Simdroid软件捐赠仪式在西主楼举行。电机系博士毕业生、北京云道智造科技有限公司董事长屈凯峰、系主任康重庆教授等出席仪式。

1月14日　电机系2020年度研究团队工作交流与“十四五”规划讨论会在西主楼召开。

2月5日　中交机电工程局党委书记、总经理陈中秋一行8人到访电机系，电力系统国家重点实验室主任曾嵘等多位老师参加接待，双方就科技咨询、科研协作、协同创新、双创建设及产品联合研发等进行讨论。

2月　中国科学技术信息研究所评选出“中国百篇最具影响国内学术论文(2019)”。康重庆教授在《电力系统自动化》上发表的《高比例可再生能源电力系统的关键科学问题与理论研究框架》，以及张宁副教授在《中国电机工程学报》上发表的《能源互联网的区块链技术：研究框架与典型应用初探》获此殊荣。

2月　电机系博士后钟少龙(导师党智敏)2018年发表在IET Nanodielectrics的论文“Past and future on nanodielectrics, Volume 1, Issue 1, April 2018, pp. 41-47”，被英国工程技术学会IET评为2020年度IET Nanodielectrics最佳论文。

2月　电气与电子工程师协会(IEEE)电介质及电气绝缘学会(Dielectrics and Electrical Insulation Society; DEIS)宣布2020年度IEEE DEIS Graduate Student Fellowship获奖者名单，电机系博士生朱雨杰(导师何金良、李琦)获此殊荣。

3月2日　华能电力开发公司副总经理苏文斌一行6人到访电机系，就科技成果转化等与“一系两院”多位领导和老师进行了座谈交流。

3月初　系主任、清华大学能源互联网研究院院长康重庆，受新华社中国经济信息社和中国社会科学院数量经济与技术经济研究所邀请，参加“新华能源沙龙”，并针对我国能源行业转型发展面临的难点和挑战等，提出政策建议。

3月初　IEEE Transactions on Power Systems期刊评选出2018—2020年最佳论文7篇，其中电机系入选2篇，分别是张宁、康重庆为通讯作者、2019年8月刊发的论文《考虑海量运行场景的高比例可再生能源输电网规划方法》，以及刘锋为通讯作者、2019年11月刊发的论文《考虑异构非线性节点动态的电力系统分布式稳定性条件》。

3月初　基本科学指标(Essential Science Indicators; ESI)数据库发布了最新高影响力论文。电机系发表在IEEE Transactions on Smart Grid的论文“Review of Smart Meter Data Analytics: Applications, Methodologies, and Challenges”，同时入选为ESI高被引论文和热点论文。该论文第一作

者是电机系博士生王毅，第二作者是陈启鑫，通信作者是康重庆。

3月初　在中国电工技术学会电气节能专委会年会上，李永东教授获评“中国电气节能30年”杰出贡献奖。

3月17日　清华四川能源互联网研究院参与完成的“高坝枢纽泄洪消能安全与智能巡检关键技术及应用”项目成果，荣获四川省科学技术进步一等奖。

3月18—25日　第48届日内瓦国际发明展览会开展线上评审。电机系10个参展项目全部斩获佳绩，荣获1个最高级别奖“特别嘉许金奖”、6个金奖、2个银奖和1个铜奖。

3月26日　在召开的中共清华大学2021年组织工作会议上，电机系党委因2020年基层党建特色工作、教职工党支部调研课题和特色活动组织工作表现突出，被校党委授予“优秀组织奖”。

3月27日　为进一步强化“一系两院”运行机制，提升协同创新能力，电机系、北京院和四川院领导，在四川天府新区举行了“一系两院”联席会议。

4月3日　中国电工技术学会青工委电机电力电子学组成立大会暨第12期青年沙龙在北京召开。会议由中国电工技术学会主办，中国电工技术学会青年工作委员会、电力系统国家重点实验室、清华电机系，以及北航自动化科学与电气工程学院承办。来自高等院校、科研院所及企业的100余位专家和青年学者参会。

4月13日　召开由清华大学科研院海外部与电机系联合主办的清华-日立未来创新合作计划第二次能源领域中日圆桌论坛。

4月　由曾嵘教授团队主导、联合多家企业完成的“大容量直流开断关键技术及高中低压系列化直流断路器研制”成果，通过了由中国电机工程学会和中国机械工业联合会联合组织的成果鉴定。鉴定委员会认为该项目取得多项创新性成果，总体达到国际领先水平。

4月21日　为加强学术交流、拓宽国际视野，清华大学和伦敦帝国理工学院联合举办“清华-帝国理工电气工程网络研讨会”。会议吸引了近80名学生线上参与。

4月22日　全球性信息分析公司爱思唯尔（Elsevier）正式发布2020年中国高被引学者榜单。党智敏、康重庆、孙宏斌、何金良、赵彪、谢小荣、吴文传、胡泽春、魏韡、陈磊、宋强等11位电机系教师入选该榜单。

4月24日 中国工程院院士、电机系系友李立浧院士做客“景德讲坛”,给电机系师生做了题为“透明电网与新型电力系统”的学术报告。电机系师生100多人参加了此次活动。

4月 国际大电网委员会(International Council on Large Electric Systems,简称CIGRE)公布2021年CIGRE最佳博士论文奖评选结果。赵争鸣教授指导的博士生施博辰,因其博士学位论文工作“电力电子混杂系统的离散状态事件驱动建模仿真方法”研究成果出众,成为首位获得该奖项的中国高校博士研究生。

5月 IEEE电力与能源学会(Power & Energy Society,PES)揭晓2021年度学会大奖(PES Society-Level Awards)。康重庆教授荣获IEEE PES Roy Billinton电力系统可靠性奖。

5月7—8日 中国仪表功能材料学会电子元器件关键材料与技术专业委员会第三届全体会议在西安举行。党智敏荣获“突出贡献奖”;李琦荣获“青年才俊奖”。

5月7—9日 在台达电力电子新技术研讨会暨科教两计划(即“科教”“中达学者”计划)二十周年庆祝活动大会上,谢小荣荣获2021年“中达学者”荣誉称号;张品佳获得2021年“中达青年学者奖”;电机系多名学生获得“台达奖学金”。

5月14—15日 电机系举办2021年度教学研讨会。清华大学气候变化与可持续发展研究院副院长李政、校研究生院副院长肖曦,以及电机系60余位教师参会,就一流本科课程建设、课程体系、课程思政与劳动教育、国际化人才培养等议题展开深入讨论和交流。

5月14—15日 第五届电气化交通前沿技术论坛在上海召开。论坛聚焦地面交通工程领域,研讨数字化、智能化背景下电气化绿色交通技术发展。会议由中国电源学会交通电气化专委会、同济大学、中车株洲电力机车研究所和清华电机系联合主办。

5月15日 “清华大学-IET电气工程学术论坛”暨清华大学第634期博士生学术论坛(电机系)在京举行。电机系60余名教师和来自9所高校或单位的150余名代表参会。

5月21日 中国电机工程学会第十一届理事会第五次会议暨2021

年工作会议在北京召开。电机系校友陈陈、何金良教授、康重庆教授当选中国电机工程学会会士；陈陈还获得“顾毓琇电机工程奖”。

6月10日　在云南香格里拉500千伏建太甲线输电网上，技术人员完成了集成传感系统带电安装，并在云端平台上成功收集到导线电流、温度等监测数据。这标志着由清华电机系、清华四川院与南网公司数字电网研究院联合研发的国际首套输电线路全景智能监测系统成功投运。中央电视台新闻频道对安装过程进行了全程直播。

6月15日　英国工程技术学会IET公布了2021年博士研究奖评选结果，清华电机系赵争鸣教授指导的博士生施博辰，获得2021年IET Hudswell国际研究奖学金（近五年唯一获得该奖项的中国学生）。

7月8日　“一系两院”联席会议在西主楼举行。一系两院相关领导分别汇报、交流上半年工作，介绍下半年主要工作计划，研究讨论一系两院应协调解决的关键问题。

7月10—11日　电机系特别开设的90周年系庆“双碳”教育系列讲座第一期在西主楼举行。本期邀请到中国工程院院士江亿、清华大学能源环境经济研究所所长张希良、中国科学院院士欧阳明高、中国科学院院士张钹，先后围绕建筑运行零碳路径、全国碳市场设计与实践、新能源汽车与新能源革命、人工智能赋能企业未来等主题，与电机系师生和部分校友分享智慧、深入交流。

7月14日　电子科技大学校长曾勇一行到清华四川能源互联网研究院调研交流。

7月22日　受国家科学技术部高新技术司委托，由国家工业和信息化部产业发展促进中心组织的“新型电力系统”研讨会在电机系成功举办。来自国网和南网公司、华能集团、长江三峡集团、电规总院、全球能源互联网发展合作组织、特变电工、华北电力大学、天大、武大、西交大、西南交大和清华电机系的40余位专家教授参会。

7月22日　清华电机系-国家电网国能生物发电集团合作启动仪式在西主楼举行。国能生物发电集团有限公司总经理一行，系主任康重庆等系领导，以及电气新技术研究所多位教师出席启动仪式，并就今后更深入开展科研合作进行交流讨论。

7月26日　中国电工技术学会理事长、天津理工大学杨庆新校长一行17人，到访清华电机系和电力系统国家重点实验室参观和交流。

7月27日 电机系与国网湖南省电力公司签订合作意向书，双方确定在新型电力系统关键技术、数字储能系统开发应用、新型源荷聚合互动响应系统建设等方面开展深入合作。

8月 由电机系、清华四川院院等自主研发的电磁暂态云仿真软件CloudPSS，正式入列清华大学校园公共软件，可为清华师生提供能源电力系统专业仿真计算服务。

8月30日—9月4日 2021年高等电力电子技术亚洲博士学校由清华四川院和清华电机系成功举办。来自19个国家的260余名学员参加，其中国际学员72名。

9月4日 2021年电力电子化未来能源系统国际论坛成功举办。论坛由清华电机系等主办。来自19个国家的8200多名与会者分别在北京、成都线下参会，或通过Zoom平台在线参会，或通过JME学院网络平台在线观看了论坛直播。

9月6日 《"科创中国"2021全球百佳技术转移案例》榜单发布。清华四川院作为最佳跨境创新技术产业化平台案例入选榜单。

9月6日 在清华大学"学术人生"讲坛上，中国科学院院士、瑞典皇家工程院外籍院士卢强教授受邀做了题为"智慧能源网"的专题讲座。电机系及其他院系共100余名师生聆听了卢院士的报告。

9月8日 清华电机系与国网上海能源互联网研究院签订合作意向书，双方确定在数据中心供能、虚拟电厂、特大城市安全可靠供电、光储充一体化、氢能协同控制、长三角新型电力系统与双碳规划、国家能源互联网产业和技术创新联盟建设等领域开展紧密合作。

9月9日 "电路原理"荣获2021年普通本科教育课程思政示范课程，于歆杰教授领衔的该课程教学团队荣获2021年普通本科教育课程思政教学团队；梁曦东荣获"清华大学新百年教学成就奖"；康重庆荣获"北京市教学名师"奖；朱桂萍荣获北京高校第十二届青年教师教学基本功比赛优秀指导教师；电机系2020年全体授课教师在线教学和融合式教学团队荣获2020年清华大学先进集体；张灵荣获2020年清华大学优秀班主任。

9月16日 福布斯中国公布2021年福布斯30岁以下精英榜。清华电机系2009级阎志鹏、2010级王剑晓、2013级王志晟、2015级(博)孟鹏飞入选该精英榜。

9月25日　中国电工技术学会成立40周年纪念大会上,电机系校友严陆光(1953级)、顾国彪(1953级)、陈清泉(1957级研)、周孝信(1959级)、关志成(1964级)、马伟明(1993级博)被授予“特殊贡献荣誉奖章”;电机系李永东(1988级博后)、校友马伟明(1993级博)当选学会首批会士;电机系于歆杰(1991级)被评为“2021年度优秀学会工作者”。

9月25日　“中国电工技术学会高景德科技奖”启动仪式在京举行。该奖项由中国电工技术学会与清华大学(电机系)联合设立。

9月28日　国家重点研发计划“智能电网技术与装备”重点专项项目“高比例可再生能源并网的电力系统规划与运行基础理论”,顺利通过国家工信部组织的综合绩效评价。

9月30日　由清华电机系作为主要技术研发方建设的世界首个非补燃压缩空气储能电站“江苏金坛盐穴压缩空气储能国家试验示范项目”并网试验成功,标志着我国新型储能技术研发应用取得重大进展。

10月13日　2021国家能源互联网大会在山东淄博召开。会上发布了《2021国家能源互联网年度报告》;新成立了“电力碳中和专业委员会”,夏清教授任主任委员。

10月　国内全球学者库网站公布“全球顶尖前10万科学家排名”,党智敏、何金良、赵彪、康重庆、吴文传、孙宏斌、谢小荣、魏韡共8位教师位列其中。

10月　康重庆教授获颁英国工程技术学会IET 2021年成就奖章,成为该奖项1987年设立以来首位工作在中国内地的获奖者。

10月21日　电机系年龄最长退休教授宗孔德先生迎来101岁寿辰。系党委书记于歆杰等系领导及多位老师,一同前往北京王府中西医结合医院为宗孔德先生祝寿并慰问。

10月27日　电机系召开全系研究生导师交流研讨会,旨在形成常态化研究生指导教师研修制度。谢小荣、郭庆来、孙凯介绍指导经验,23位研究生导师参会。

10月31日　清华四川能源互联网研究院作为清华大学创新领军工程博士西南地区项目基地,成功在线举办清华电机系第四期工程博士论坛。系主任康重庆和6位博士导师,以及27位工程博士生参加论坛。

11月12日　由清华电机系牵头、七所高校共同承办的第十一期“云上论电 plus”七校联合讲座顺利举办。

11月21—25日　第22届高电压工程国际会议成功召开。何金良、胡军课题组论文 Micro-cantilever Electric Field Sensor Based on Piezoelectric-piezoresistive Coupling、Design of a Miniaturized Bounded Wave Simulator for Broadband and Intensive Electric Fields,分获优秀口头报告奖、优秀海报展示奖。论文第一作者是电机系博士生韩志飞。

11月24日　习近平总书记主持召开中央全面深化改革委员会会议上,审议通过了《关于加快建设全国统一电力市场体系的指导意见》(简称《指导意见》)。国家能源局专门致函清华大学,对相关专家工作支撑表示感谢,指出:清华大学能源互联网智库研究中心“研究提出了全国统一电力市场体系建设方案建议,为《指导意见》的起草奠定了坚实基础”;“陈启鑫同志作为主要执笔专家和咨询顾问,深度参与了《指导意见》的研究起草”。

11月25日　由清华电机系牵头、第十二期“云上论电 plus”七校联合学术讲座顺利召开。

同日,全球工程技术领域最高奖项之一的 IET 2021 E&T 创新奖揭晓,电机系、北京院直流研究中心曾嵘团队完成的“大容量直流开断技术”斩获“未来电力与能源领域”创新奖。

11月29日　电机系召开“2021年重大科研项目首次督导会”。会议邀请校技术转移院、科研院、实验设备处及科研院科技开发部相关领导莅临指导。

11月　青年教师王奎被授予中国电源学会科学技术奖优秀青年奖。

11月　学校授予梁曦东教授“新百年教学成就奖”。

12月5日　“云上论电 plus”七校联合讲座第十三期暨 CEPRI-IEEE-PES 电力能源青年论坛第四期顺利举办。论坛以“数字化电力装备”为主题,上交大江秀臣教授、重大杨帆教授、广州西门子变压器有限公司副总工吕晓东、武大唐炬教授做了主旨报告。

12月11日　深圳市清华大学校友会电机系分会在深圳成立。

12月15—16日　中国电机工程学会公布2021年中国电力科学技术奖评选结果。清华大学获得中国电力技术发明奖2项、中国电力科学技术进步奖 13 项;其中,清华作为第一单位牵头完成的“大容量直流开断关键技术及高中低压系列化直流断路器研制”项目成果,荣获技术发明奖一等奖;“基于热量流法的热电机组灵活高效集成与调控技术”项目成果,获得了科技进步奖二等奖;吴文传荣获中国电力科学技术杰出贡献奖,赵彪荣获中国电力优秀青年科技人才奖。

12 月　“第三届全国高校混合式教学设计创新大赛”落幕,朱桂萍以“电路原理”为参赛课程,经历初赛、复赛、决赛,从全国 157 所参赛高校、404 个复赛项目中脱颖而出,荣获一等奖。

12 月 23 日　受国家工信部产业发展促进中心委托,电机系主任、清华大学能源互联网研究院院长康重庆教授在 2021 第三届可持续电力与能源国际会议(IEEE Sustainable Power and Energy Conference, iSPEC2021)上发布了《新型电力系统技术研究报告》。

12 月　由清华电机系、北京院直流研究中心为牵头单位编制的国内首批(3 个)海上风电直流接入设备行业标准,由中国电力出版社正式出版。

12 月　国家发改委给清华发来感谢信,充分肯定孙宏斌、郭烨团队完成的《适应碳达峰碳中和目标电价改革的电网转型发展重点任务与路径探讨》的研究报告,“为推进电价改革、服务新型电力系统建设提供了有力参考”,对团队所做工作和贡献表示感谢。

本年　新增正高级职务人员:1)教研系列长聘教授:陆超;2)研究系列研究员:胡伟;3)新聘清华大学杰出访问教授:美国国家工程院院士 Joe H. Chow;4)续聘清华大学双聘教授和兼职教授:陈维江,宋永华。

参考文献

一、档案、报刊及资料汇编

1.《外务部给游美学务处札》(宣统元年八月十七日发),清华大学档案,全宗号1,目录号1,案卷号10。

2.《外务部学部呈明游美肄业馆改名为清华学堂缘由》(宣统二年十一月),清华大学档案,全宗号1,目录号1,案卷号3。

3.《学部札准游美肄业馆改名清华学堂并应将初等科改名中等科编定高等中等两科课程报部查核》(宣统二年十二月初五日),清华大学档案,全宗号1,目录号1,案卷号3。

4.《外务部札奏准游美肄业馆改名清华学堂订章开学》(宣统三年三月十三日),清华大学档案,全宗号1,目录号1,案卷号3。

5.《外务部发专使大臣唐电(光绪三十四年十一月十七日发)》,清华大学档案,全宗号1,目录号1,案卷号1:1。

6.《呈外交部文》,清华大学档案,全宗号1,目录号1,案卷号3。

7.《清华学校高等科首届毕业学生名次一览表》,清华大学档案,全宗号1,目录号1,案卷号24。

8.《清华学校中等科学生二次毕业名次一览》,清华大学档案,全宗号1,目录号1,案卷号24。

9.《详外交部文为逐渐扩充学程预备成立大学事》(民国五年七月二十七日),清华大学档案,全宗号1,目录号1,案卷号3。

10.《第二次评议会开会纪录》(1926年4月28日),清华大学档案,全宗号1,目录号2:1,案卷号6:1。

11.《国民政府外交部训令》(1928年8月29日),清华大学档案,全宗号1,目录号2-1,案卷号2:1。

12.《国立清华大学第一届考选留美公费生揭晓通告》(1933 年),清华大学档案,全宗号 1,目录号 2:1,案卷号 87。

13.《兴建电机、机械二馆实验室》(1933 年 9 月 20 日),清华大学档案,全宗号 1,目录号 2:1,案卷号 6:6。

14.《电机工程学系概况》(1934 年 7 月 27 日),清华大学档案,全宗号 1,目录号 2:1,案卷号 18。

15.《国立清华大学选派赴德交换研究生简章》(二十四年四月二十四日第九十五次评议会修正通过),清华大学档案,全宗号 1,目录号 2-1,案卷号 79。

16.《范崇武先生为电机工程学系专任讲师聘书》(1937 年 5 月),清华大学档案,全宗号 X1,目录号 3:3,案卷号 34。

17.《函请朱自清先生等担任各学系教授会主席并从速进行工作由》(1937 年 10 月 6 日),清华大学档案,全宗号 X1,目录号 3:1,案卷号 3。

18.《长沙临时大学开办费分配简明计划》(1937 年 10 月 6 日),清华大学档案,全宗号 X1,目录号 3:1,案卷号 10。

19.《长沙临大致教育部高等教育司,函复关于本院电机、机械两系学生在湖大上课情形》(1937 年 11 月),清华大学档案,全宗号 X1,目录号 3:1。

20.《赵友民先生代理电机工程学系主任职务聘函》(1938 年 1 月 24 日),清华大学档案,全宗号 X1,目录号 3:3,案卷号 34。

21.《国立长沙临时大学学生名录》(1938 年 1 月),清华大学档案,全宗号 1,目录号 4:6,案卷号 17。

22.《国立清华大学机电系三、四年级加入装甲兵团名单》(1938 年春),清华大学档案,全宗号 X1,目录号 3:3,案卷号 30。

23.《遵令自廿八年度第一学期起增设电机机械各一班》(1938 年 9 月),清华大学档案,全宗号 X1,目录号 3:2,案卷号 203。

24.《函知西南联大设立电讯专修科目》(1939 年 2 月 3 日),清华大学档案,全宗号 X1,目录号 3:2,案卷号 122。

25.《清华、北大、南开研究院 1939 年度招生简章(清华部分)》(1939 年夏),清华大学档案,全宗号 X1,目录号 3:3,案卷号 22。

26.《第二十六次校务会议议案》(1939 年 11 月 2 日),清华大学档案,全宗号 X1,目录号 3:3,案卷号 5:2。

27.《国立西南联合大学各院系必修选修学程表》,清华大学档案,全宗号 X1,目录号 3:2,案卷号 120:2。

28.《1939—1940 年度国立西南联合大学电机工程学系必修选修学程表》,清华大学档案,全宗号 X1,目录号 3:2,案卷号 120。

29.《三十年度西南联大工学院电机工程学系学生名单》,清华大学档案,全宗号 1,目录号 4:6,案卷号 22。

30.《1941 年度电机工程学系导师及学生名单》,清华大学档案,全宗号 X1,目录号 3:2,案卷号 58。

31.《国立清华大学第五届录取留美公费生及考试成绩履历一览表》(1941 年 3 月 15 日),清华大学档案,全宗号 X1,目录号 3:3,案卷号 107。

32.《本校卅年度图书设备特款支配表》,清华大学档案,全宗号 1,目录号 4:2,案卷号 149。

33.《本校三十二年度赴美研究教师表》(1943 年 9 月 8 日),清华大学档案,全宗号 X1,目录号 3:3,案卷号 48。

34.《呈梅贻琦,呈报工程研究生录取名单》,清华大学档案,全宗号 X1,目录号 3:3,案卷号 22。

35.《清华大学战时损失统计表(北平)》(1943 年 10 月 19 日呈部),清华大学档案,全宗号 X1,目录号 3:3,案卷号 9。

36.《第六届考取留美公费生一览表》(1944 年 8 月),清华大学档案,全宗号 X1,目录号 3:3,案卷号 108。

37.《1945 年电机工程学系教师名单》,清华大学档案,全宗号 X1,目录号 3:2,案卷号 143。

38.《施嘉炀关于工学院扩充设备预算给梅校长信》(1946 年 5 月 16 日),清华大学档案,全宗号 1,目录号 4:2,案卷号 202。

39.《电机工程学系 1946—1948 年度聘书支薪数》,清华大学档案,全宗号 1,目录号 4:5,案卷号 4。

40.《电机工程学系三十五年度转学生》,清华大学档案,全宗号 1,目录号 4:5,案卷号 18。

41.《三十六年度上学期各学系开设学程数目统计》,清华大学档案,全宗号 1,目录号 4:2,案卷号 82。

42.《国立清华大学各院系实验室实习工厂战前与复员后学生实习人数与技工人数比较表》，清华大学档案，全宗号 1，目录号 4:2，案卷号 144。

43.《国立清华大学三十五年度第一学期研究所概况简表》（三十六年一月八日编制），清华大学档案，全宗号 1，目录号 4:2，案卷号 81。

44.《国立清华大学研究所设备补助费预算分配表》（1947 年 9 月 4 日），清华大学档案，全宗号 1，目录号 4:2，案卷号 156。

45.《关于设立实验用广播无线电台的公函》（1948 年 4 月 24 日），清华大学档案，全宗号 1，目录号 4:2，案卷号 208。

46.《国立西南联合大学志愿入清华大学学生一览表》（1946 年 5 月 21 日），清华大学档案，全宗号 X1，目录号 3:2，案卷号 224。

47. 清华大学教务处：《历年录取新生名册（一）》（1947—52，1956—59），清华大学档案，全宗号 2，目录号校办 3，案卷号 020。

48.《清华大学各院系教职员统计表》（1949 年 6 月），清华大学档案，全宗号，目录号校 1，案卷号 49005。

49.《第二十四次校务委员会会议记录》（1949 年 9 月 23 日），清华大学档案，全宗号，目录号校 1，案卷号 49004。

50.《清华大学 1950 年新聘专任教师及兼任教师名单》（1950 年 10 月 4 日），清华大学档案，全宗号 2，目录号校 5，案卷号 50007。

51.《邮电部电信科学研究所、清华大学合设电讯网络研究室合约》（1951 年 3 月），清华大学档案，全宗号，目录号校 1，案卷号 51016。

52.《清华大学院系改革及调整试行计划初步总结报告》（1951 年 5 月），清华大学档案，全宗号，目录号校 1，案卷号 51004。

53.《教育部为通知成立"京津高等学校院系调整办公室"及"京津高等学校院系调整北京大学筹备委员会"，"京津高等学校院系调整清华大学筹备委员会"由》（1952 年 6 月 25 日），清华大学档案，全宗号，目录号校 1，案卷号 52002。

54. 刘仙洲：《京津高等学校院系调整清华大学筹备委员会第一阶段工作总结及第二阶段工作总结》（1952 年 8 月 7 日），清华大学档案，全宗号，目录号校 1，案卷号 52002。

55.《清华大学各系及各教研组负责同志名单》（1952 年 10 月 11 日），清华大学档案，全宗号，目录号校 1，案卷号 52005。

56.《清华大学1950—1953年的发展计划》(1949年),清华大学档案,全宗号,目录号校1,案卷号49012。

57.《清华大学工作检查汇报(草稿)》(1954年11月6日),清华大学档案,全宗号,目录号校1,案卷号55002。

58.《高等教育部关于同意清华大学增设高电压工程专业的复函》(1956年9月7日),清华大学档案,全宗号2,目录号3,案卷号093。

59.《高等教育部关于同意清华大学将“运用学”专业改称为“运筹学”专业等事宜的复函》(1957年7月12日),清华大学档案,全宗号,目录号校1,案卷号57006。

60.《1958—1959年度各系学生理论学习与生产劳动情况》(1958年12月30日),清华大学档案,全宗号2,目录号校3,案卷号255。

61.《关于“我校教师参加教材工作会议”的统计资料》,清华大学档案,全宗号2,目录号校3,案卷号135。

62.《历届“长工班”半工半读班级、人数、时日统计》,清华大学档案,全宗号2,目录号校3,案卷号170。

63.《1962—1963年度第二学期电51班“长工班”劳动情况简报(第三期)》(1963年4月16日),清华大学档案,全宗号2,目录号校3,案卷号170。

64.《全校各系因材施教人数表优秀生统计》(1964年),清华大学档案,全宗号2,目录号校3,案卷号202。

65.清华大学人事处编制统计:《一九七九年各类统计报表》,清华大学档案,全宗号,目录号,案卷号79071。

66.清华大学人事处编制统计:《一九八〇年各类统计报表》,清华大学档案,案卷号80041。

67.清华大学人事处人员统计:《一九八一——一九八二学年初高等学校基层报表,一九八一年干部定期统计报表,全民所有制事业单位工作人员工资年报表,全部职工人数与工资、固定职工增加来源和减少去向月、季报表》,清华大学档案,全宗号2,目录号259,案卷号81033。

68.清华大学人事处统计:《一九八二年各类统计报表》,清华大学档案,全宗号2,目录号校5,案卷号82055。

69.清华大学人事处统计:《一九八三年各类统计报表》,清华大学档案，全宗号，目录号校 5，案卷号 83049。

70. 清华大学人事处统计：《1984 年各类统计报表》，清华大学档案，全宗号，目录号校 5，案卷号 84034。

71. 清华大学人事处统计：《一九八五年各类统计报表》，清华大学档案，全宗号，目录号 259，案卷号 85033。

72. 清华大学人事处统计：《1986 年各类统计资料》，清华大学档案，全宗号，目录号 259，案卷号 86030。

73. 清华大学人事处统计：《1987 年月报及年底综合统计资料》，清华大学档案，全宗号，目录号 259，案卷号 87018。

74. 清华大学人事处统计：《1988 年月报表及年终统计资料》，清华大学档案，全宗号，目录号 259，案卷号 88018。

75. 清华大学人事处统计：《1989 年度清华大学教职工情况月报表和教职工花名册》，清华大学档案，全宗号，目录号 259，案卷号 89013。

76. 清华大学人事处统计：《1990 年清华大学教职工统计资料》，清华大学档案，全宗号，目录号 259，案卷号 90061。

77. 清华大学人事处统计：《教委 1991 年关于编报劳动工资计划，填报科技人员活动、干部调配、奖惩情况的通知和我校各类报表及教工文化程度、年龄结构分析图表》，清华大学档案，全宗号 2，目录号 259，案卷号 91062。

78. 清华大学人事处统计：《教委 1992 年关于编报劳动工资计划、职工人数计划和工资总额的通知和我校各类报表及教工文化程度、年龄结构分析图表》，清华大学档案，全宗号 2，目录号 259，案卷号 92079。

79. 清华大学人事处统计：《教委 1993 年关于编报劳动工资计划、职工人数、工资总额的通知和我校各类报表及教职工文化程度、年龄结构分析图表》，清华大学档案，全宗号 2，目录号 259，案卷号 93090。

80. 清华大学人事处编制统计：《教委 1994 年关于编报劳动工资计划、职工人数、工资总额计划的通知和我校各类报表及教工文化程度、年龄结构分析图表》，清华大学档案，全宗号 2，目录号 259，案卷号 94071。

81. 清华大学人事处编制统计：《教委 1995 年关于编报劳动工资计划、职工人数、工资总额计划的通知和我校各类报表及教工文化程度、年龄结构分析图表》，清华大学档案，全宗号 2，目录号 259，案卷号 95073。

82. 清华大学人事处统计报表:《从业人员和劳动报酬情况统计表,劳动情况表,干部年报表,教职工情况统计表,教职工月报表,委属事业单位编制情况统计表》,清华大学档案,全宗号2,目录号259,案卷号96071。

83. 清华大学人事处编制统计:《从业人员和劳动报酬情况统计表、劳动情况表、干部年报、教职工情况统计表、教职工月报表、委属事业单位编制情况统计表》,清华大学档案,全宗号2,目录号259,案卷号97087。

84.《清华大学1998/1999学年初普通高等学校基层报表和研究生基层报表及〈普通高等学校基本工作状态数据库〉》,清华大学档案,全宗号2,目录号252,案卷号98009。

85.《清华大学1999/2000学年初普通高等学校基层报表和研究生基层报表及〈普通高等学校基本工作状态数据库〉》,清华大学档案,全宗号2,目录号252,案卷号99008。

86.《清华大学2000/2001学年初普通高等学校基层报表和研究生基层报表及〈普通高等学校基本工作状态数据库〉》,清华大学档案,全宗号2,目录号252,案卷号2000008。

87.《清华大学2001/2002学年初普通高等学校基层报表和研究生基层报表及〈普通高等学校基本工作状态数据库〉》,清华大学档案,全宗号2,目录号252,案卷号2001083。

88.《清华大学2002/2003学年初高等教育基层统计报表》,清华大学档案,全宗号2,目录号252,案卷号2002012。

89.《清华大学2003/2004学年初高等教育基层统计报表》,清华大学档案,全宗号2,目录号252,案卷号2003013。

90.《清华大学2004/2005学年初高等教育基层统计报表》,清华大学档案,全宗号2,目录号252,案卷号2004013。

91.《清华大学2005/2006学年初高等教育基层统计报表》,清华大学档案,全宗号2,目录号252,案卷号2005012。

92.《清华大学2006/2007学年初高等教育基层统计报表》,清华大学档案,全宗号2,目录号252,案卷号2006012。

93.《清华大学2007/2008学年初高等教育基层统计报表》,清华大学档案,全宗号2,目录号252,案卷号2007069。

94.《清华大学2008/2009学年初高等教育基层统计报表》,清华大学档案,全宗号 2,目录号 252,案卷号 2008038。

95.《清华大学 2009/2010 学年初高等教育基层统计报表》,清华大学档案,全宗号 2,目录号 252,案卷号 2009012。

96.《清华大学 2010/2011 学年初高等教育基层统计报表》,清华大学档案,全宗号 2,目录号 252,案卷号 2010013。

97. 清华大学教务处:《学生人数统计》(1946 年度至 1965 年度),清华大学档案,全宗号 2,目录号校 3,案卷号 041。

98.《中国教育报》、《光明日报》、《人民教育》、《人民日报》、《政治官报》、《教育杂志》、《申报》、《科学》、《中央日报周刊》、《光华附中理科专号》、《北京大学日刊》、《清华校刊》、《清华大学二十周年纪念刊》、《清华一览》、《清华副刊》、《清华学校校刊》、《国立清华大学校刊》(1928—1948 年)、《清华周刊》(1916—1937 年)、《清华公报》、《新清华》(1953—1966 年,1979—2011 年)、(1954—1966 年,1979—2009 年)、《清华校务会议公告》(1998—2010 年)、《清华信息通报》(1996—2010 年)、《(清华大学)每日动态信息》(1997—2011 年)、《(清华大学)学校简报》(1995—2011 年)、《(清华大学)学校发文》(1994—2011 年)、《(清华大学)各单位简报》、《清华校友通讯》、(复 43-63 期)、《校友文稿资料选编》(第七—十五辑)、《清华大学电机工程与应用电子技术系简报》(第 68 - 77 期)。

99.《校友文稿资料选编》,第 7 - 15 辑。

100.《清华校友通讯》,复 43 - 63 辑。

101.《清华大学一览》,1984—1996。

102.《清华大学年鉴》,1998—2002,2006—2007。

103.《清华大学统计资料汇编》,2000—2007。

104.《清华大学统计资料简编》,2008—2011。

105.《清华大学电机工程与应用电子技术系年鉴》,2013—2017。

106. 朱有瓛:《中国近代学制史料》,第 3 辑上册,上海,华东师范大学出版社,1990。

107. 清华大学校史研究室:《清华大学史料选编》,第 1—6 卷,北京,清华大学出版社,1991—2009。

108. 王学珍、江长仁、刘文渊:《国立西南联合大学史料》,昆明,云南教育出版社,1998。

109. 清华大学校史研究室:《清华大学九十年》,北京,清华大学出版社,2001。

110. 清华大学校史研究室:《清华大学一百年》,北京,清华大学出版社,2011。

111. 顾良飞:《清华大学档案精品集》,北京,清华大学出版社,2011。

112. 陈大白:《北京高等教育文献资料选编(1949—1976)》,北京,首都师范大学出版社,2002。

113. 陈大白:《北京高等教育文献资料选编(1977—1992)》,北京,首都师范大学出版社,2008。

114. 陈大白:《北京高等教育文献资料选编(1993—1999)》,北京,首都师范大学出版社,2008。

115. 中国第二历史档案馆:《中华民国史档案资料汇编》,第 3 辑教育,南京,江苏古籍出版社,1991。

116. 中国第二历史档案馆:《中华民国史档案资料汇编》,第 5 辑、第 3 编、教育(一),南京,江苏古籍出版社,2000。

117. 齐家莹:《清华人文学科年谱》,北京,清华大学出版社,1999。

118. 苏云峰:《清华大学师生名录资料汇编(1927—1949)》,台北,中央研究院近代史研究所,2004。

119. 刘真:《留学教育——中国留学教育史料》,第 1 册,台北,国立编译馆,1980。

120. 清华大学电机工程与应用电子技术系信息简报,2015 年第 1—10 期(总第 80—89 期),清华大学电机工程与应用电子技术系编印。

121. 清华大学电机工程与应用电子技术系信息简报,2016 年第 1—10 期(总第 90—99 期),清华大学电机工程与应用电子技术系编印。

122. 清华大学电机工程与应用电子技术系信息简报,2017 年第 1—10 期(总第 100—109 期),清华大学电机工程与应用电子技术系编印。

123. 清华大学电机工程与应用电子技术系信息简报,2018 年第 1—10 期(总第 110—119 期),清华大学电机工程与应用电子技术系编印。

124. 清华大学电机工程与应用电子技术系信息简报,2019 年第 1—10 期(总第 120—129 期),清华大学电机工程与应用电子技术系编印。

125. 清华大学电机工程与应用电子技术系信息简报,2020 年第 1—

10 期(总第 130—139 期),清华大学电机工程与应用电子技术系编印。

126. 清华大学电机工程与应用电子技术系信息简报,2018 年第 1—10 期(总第 140—149 期),清华大学电机工程与应用电子技术系编印。

二、论著

127. 清华大学校史编写组:《清华大学校史稿》,北京,中华书局,1981。

128. 吴宓著,吴学昭整理:《吴宓自编年谱》,北京,生活·读书·新知三联书店,1995。

129. 方惠坚、张思敬:《清华大学志》,北京,清华大学出版社,2001。

130. 苏云峰:《从清华学堂到清华大学(1911—1929)》,北京,生活·读书·新知三联书店,2001。

131. 苏云峰:《从清华学堂到清华大学 1928—1937:近代中国高等教育研究》,北京,生活·读书·新知三联书店,2001。

132. 王树槐:《庚子赔款》,台北,中央研究院近代史研究所,1974。

133. 罗香林:《梁诚的出使美国》,台北,文海出版社,1979。

134. 黄新宪:《中国留学教育的历史反思》,成都,四川教育出版社,1991。

135. 李喜所:《近代留学生与中外文化》,天津,天津人民出版社,1992。

136. 张雁:《西方大学理念在近代中国的传入与影响》,杭州,浙江大学出版社,2009。

137. 李喜所、刘集林:《近代中国的留美教育》,天津,天津古籍出版社,2000。

138. 谢长法:《借鉴与融合:留美学生抗战前教育活动研究》,石家庄,河北教育出版社, 2001。

139. 曲士培:《中国大学教育发展史》,北京,北京大学出版社,2006。

140. 潘懋元:《中国高等教育百年》,广州,广东高等教育出版社,2003。

141. 李喜所:《中国留学史论稿》,北京,中华书局,2007。

142. 黄延复:《二三十年代清华校园文化》,桂林,广西师范大学出版社,2000。

143. 王昊:《近代中国大学校长的文化选择》,天津,天津教育出版社,2010。

144. 西南联大研究所:《西南联大研究》,北京,中国大百科全书出版社,2005。

145. 赵新林、张国龙:《西南联大:战火的洗礼》,上海,上海教育出版社,2000。

146. 西南联合大学北京校友会:《国立西南联合大学校史——一九三七至一九四六年的北大、清华、南开》,北京,北京大学出版社,1996。

147. 西南联合大学北京校友会:《国立西南联合大学校史:一九三七至一九四六年的北大、清华、南开》,北京,北京大学出版社,2006。

148. [美]卡扎米亚斯、马西亚拉斯,福建师范大学教育系等译:《教育的传统与变革》,北京,文化教育出版社,1981。

149. [加]许美德著,许洁英译:《中国大学 1895—1995:一个文化冲突的世纪》,北京,教育科学出版社,2000。

150. 刘一凡:《中国当代高等教育史略》,武汉,华中理工大学出版社,1991。

151.《清华大学人文社会科学学院建院十周年纪念集》,2003。

152. 王政挺:《留学备忘录》,杭州,浙江人民出版社,2003。

153. 程新国:《庚款留学百年》,上海,东方出版中心,2005。

154. 孙宏云:《中国现代政治学的展开:清华政治学系的早期发展(一九二六至一九三七)》,北京,生活·读书·新知三联书店,2005。

155. 史贵全:《中国近代高等工程教育研究》,上海,上海交通大学出版社,2004。

156. 黄延复:《梅贻琦教育思想研究》,沈阳,辽宁教育出版社,1994。

157.《行胜于言——清华大学改革与发展纪实》编写组:《行胜于言——清华大学改革与发展纪实》,北京,清华大学出版社,2011。

158. 电机工程与应用电子技术系:《清华大学电机系建系 60 周年纪念文集》,1993。

159. 清华大学电机系:《清华电机系七十周年系庆纪念集》,2002。

160.《情系清华：清华电机系50·51级毕业五十周年纪念集》,北京,清华电机系1950/51级,2001。

161. 清华大学电机系:《清华电机系八十周年纪念文集》,北京,2012。

162.《轻舟已过万重山：清华大学机电系一九五二级》,北京,清华大学,2008。

163. 中国电气工程高等教育100周年纪念委员会:《百年回眸——中国电气工程高等教育100周年》,西安,西安交通大学出版社,2008。

164. 中共中央文献研究室:《邓小平同志论教育》,北京,人民教育出版社,1990。

165. 邓小平:《邓小平文选》,第2卷,北京,人民出版社,1994。

166. 中华人民共和国教育部、中共中央文献研究室:《毛泽东 邓小平 江泽民论教育》,北京,中央文献出版社、人民教育出版社、北京师范大学出版社,2002。

167. 中国高等教育学会、清华大学:《蒋南翔文集》,北京,清华大学出版社,1998。

168. 黄延复、贾金悦:《清华园风物志》,北京,清华大学出版社,2001。

169. 黄延复:《图说老清华》,武汉,长江文艺出版社,2002。

170. 顾毓琇:《百龄自述》,南京,江苏文艺出版社,2000。

171. 王守泰等:《民国时期机电技术》,长沙,湖南教育出版社,2009。

172. 冯友兰等:《联大教授》,北京,新星出版社,2010。

173. 陈旭:《往事　真情　厚望:清华大学电子工程系建系五十周年纪念文集》,北京,出版者不详,2002。

174. 闻黎明:《抗日战争与中国知识分子:西南联大的抗战轨迹》,北京,社会科学文献出版社,2009。

175. 清华大学建筑技术科学系:《土木工程馆的风云变迁》,北京,清华大学出版社,2009。

176. 毛泽东:《毛泽东文集》,第6卷,北京,人民出版社,1999。

177. 史际平、杨嘉实、陶中源等:《家在清华》,济南,山东画报出版社,2008。

178. 方惠坚:《高景德纪念文集》,北京,清华大学出版社,1999。

三、论文

179. 第一历史档案馆:《清游美学务处档案史料》,载《历史档案》,1997 年第 3 期。

180. 金更欢、黄朝文:《面向 21 世纪高校复合型人才培养的思考》,载《广东教育学院学报》,1999 年第 4 期。

181. 王海军:《试论美国庚子赔款的“退还”》,载《山东师大学报(社会科学版)》,1998 年第 5 期。

182. 郭宗礼:《中美庚款兴学论析(1904—1929)》,山东师范大学硕士学位论文,2007 年。

183. 李建国:《美国退还庚子赔款目的评析》,载《贵州师范大学学报(社会科学版)》,1993 年第 1 期。

184. 季云飞:《美国“退还”部分庚子赔款事件述评》,载《南京政治学院学报》,1990 年第 3 期。

185. 黄新宪:《退还庚子赔款与清末留美学生的派遣》,载《教育科学》,1987 年第 4 期。

186.《中国空气动力学发展史》编辑委员会:《建国前中国空气动力学的发展》,载《中国科技史料》,1987 第 8 卷第 2 期。

187. 王海军:《试论美国庚子赔款的“退还”》,载《山东师大学报(社会科学版)》,1998 年第 5 期。

188. 李守郡:《试论美国第一次退还庚子赔款》,载《历史档案》,1987 年第 3 期。

189. 李友唐:《谈庚子赔款和清华学堂》,载《北京社会科学》,1997 年第 3 期。

190. 贝克钦:《列强退还中国的庚子赔款及其用途》,载《史海钩沉》,2003 年第 2 期。

191. 涂俊才:《庚子赔款与中国教育》,载《华中农业大学学报(社会科学版)》,2005 年第 4 期。

192. 唐纪明:《美国退还庚子赔款与清华学校》,载《清华大学教育研究》,1989 年第 2 期。

193. 梁碧莹:《"庚款兴学"与中国留美学生》,载《贵州社会科学》,1991 年第 12 期。

194. 张静:《美国"退还"庚款和在华"兴学"论析》,载《天津师大学报》,1997 年第 6 期。

195. 傅洁茹:《美国退还部分庚款及其用于留学教育的经过》,载《历史教学》,1995 年第 2 期。

196. 金富军:《清华创办的背景与经过》,载《清华人》,2006 年第 2 期。

197. 金富军:《摇曳多变的清华学校时期》,载《清华人》,2006 年第 3 期。

198. 金富军:《一波三折的改办大学之路》,载《清华人》,2006 年第 4 期。

199. 翟亚军:《大学学科建设模式研究》,中国科学技术大学博士论文,2007 年。

200. 金富军:《清华大学初期的校长更迭风波》,载《清华人》,2007 年第 1 期。

201. 金富军:《迅速崛起的国立清华大学》,载《清华人》,2007 年第 2 期。

202. 金富军:《刚毅坚卓的西南联合大学(一)》,载《清华人》,2007 年第 3 期。

203. 金富军:《刚毅坚卓的西南联合大学(二)》,载《清华人》,2007 年第 4 期。

204. 严文清:《国民政府时期高校内部治理结构的主要特色——以清华大学、西南联合大学为例》,载《湖北第二师范学院学报》,2009 年第 26 卷第 9 期。

205. 姚成福:《西南联大办学理念辨析》,载《社科纵横》,2006 年第 21 卷第 1 期。

206. 吴洪成、于洋:《创造中国现代高等教育奇迹的西南联合大学:理念、措施及启示》,载《黑龙江高教研究》,2010 年第 7 期。

207. 王晶:《浅论西南联合大学人才成就成因》,载《首都师范大学学报(社会科学版)》,2004 年增刊。

208. 金富军:《波澜壮阔的学生爱国运动》,载《清华人》,2007 年第 5-6 期。

209. 贺金林:《抗战胜利后国民政府教育复员研究》,中山大学博士学位论文 2007 年。

210. 金富军:《复员之后的国立清华大学》,载《清华人》,2008 年第 1 期。

211. 代洪臣:《国民政府时期科学教育思想研究(1927—1949)》,华东师范大学硕士论文,2006 年。

212. 金富军:《迎接中华人民共和国诞生》,载《清华人》,2008 年第 2 期。

213. 李琦:《建国初期全国高等学校院系调整述评》,载《党的文献》,2002 年第 6 期。

214. 薛天祥、沈玉顺:《50 年代院系调整与 90 年代联合办学比较分析》,载《上海高教研究》,1997 年第 8 期。

215. 李杨:《五十年代的院系调整与社会变迁——院系调整研究之一》,载《开放时代》,2004 年第 5 期。

216. 段丽华、韩国海:《略论我国 50 年代院系调整》,载《辽宁教育学院学报》,1999 年第 16 卷第 6 期。

217. 金富军:《面向工业化建设的院系调整》,载《清华人》,2008 年第 3 期。

218. 金富军:《五十年代教学改革中的清华》,载《清华人》,2008 年第 4 期。

219. 金富军:《蒋南翔校长与新技术专业设立》,载《清华人》,2008 年第 5 期。

220. 金富军:《培养社会主义合格接班人》,载《清华人》,2008 年第 6 期。

221. 金富军:《"文化大革命"期间的清华大学》,载《清华人》,2009 年第 1 期。

222. 彭方雁:《春天的气息:首届大学文科发展研讨会综述》,载《学术界》,2004 年第 1 期。

223. 金富军:《拨乱反正踏上新的征程》,载《清华人》,2009 年第 2 期。

224. 金富军:《昂首阔步迈向世界一流大学》,载《清华人》,2009 年第 3 期。

225. 陆冰:《适应社会发展需要　着力培养复合型人才》,载《南京工业大学学报(社会科学版)》,2005 年第 3 期。

226. 刘继青:《清华大学早期工程教育的发展及其外来影响》,载《高等工程教育研究》,2011 年第 1 期。

227. 陈超群:《清华大学工学院的创建》,清华大学硕士学位论文,2005 年。

228. 陈矩弘:《"文化大革命"时期福建教育革命研究》,福建师范大学硕士学位论文,2004。

229. 张荣华:《"文化大革命"时期的石油高等教育》,载《石油大学学报(社会科学版)》,2001 年第 16 卷第 1 期。

230. 卢强、韩英铎、刘卫东、梅生伟:《电力系统及发电设备安全控制和仿真国家重点实验室》,载《中国基础科学》,2004 年第 5 期。

231. 王孙禺、刘继青:《从历史走向未来:新中国工程教育 60 年》,载《高等工程教育研究》,2010 年第 4 期。

232. 周全华:《"文化大革命"中的"教育革命"》,中共中央党校博士学位论文,1997 年。

233.《中共中央关于召开全国科学大会的通知》,载《广东农业科学》,1977 年第 6 期。

234. 江泽民:《在清华大学建校九十周年大会上讲话》(二〇〇一年四月二十九日),载《清华大学教育研究》,2001 年第 2 期。

后　　记

《清华时间简史:电机工程系》一书(第一版),2015 年由清华大学出版社正式出版。该书的出版,助推了“清华大学学科院系部门发展史编纂工程”的启动。

《清华时间简史:电机工程系》(第二版),2018 年 4 月由清华大学出版社出版。该书在第一版基础上,增补了 2015—2017 年电机系教学改革、人才培养、学科建设、科研探索、国际交流、社会服务等方面的主要历史事件。

值此清华电机系迎来建系 90 周年之际,按照清华电机系党政核心组 2021 年制定的筹备建系 90 周年纪念活动计划,2021 年秋季学期,又启动了本书即《清华时间简史:电机工程系》(第三版)的编写工作。编写过程中,吸纳了电机系原系主任吴维韩,原系主任、系党委书记王赞基,原系党委书记周双喜、邱阿瑞,电机系退休教授王祥珩,以及 1956 级系友易泓可学长等提供的资料和提出的修改意见,修编了第二版中的第 1 章至第 8 章,按照其体例,将第 8 章中的 2002—2017 年部分分割出来,另成第 9 章,并增加了 2018—2021 年电机系教学改革、人才培养、学科建设、科研创新、社会服务、国际交流等方面的主要历史事件,略去了第二版中省部级以下和校级部分奖项的清单,删减了发表论文数、授权专利数、科研经费数、出版学术著作和教材数等的量化统计数据表格,且在修调、补充第二版中大事记部分的基础上,又增加了电机系 2018—2021 年的大事记。

由于我们的阅历、水平、时间以及资料来源渠道等均有限,本书的写作与梳理难免挂一漏万,相关内容还需要不断补充和修改。如有疏漏和不妥之处,望海涵并盼指教,以便日后修正。

在此,特感谢所有为我们提供编写素材的领导、老师、系友和同学们;感谢清华大学校史馆的大力支持;特别要感谢吴维韩、周双喜、王赞基、王祥珩、邱阿瑞、朱桂萍，陆超、张品佳、段艳梅、梁晶晶、董嘉佳、段锐、骆娇、张杰、刘琳、周俊瑜、庞庆国、周浔、张金丹、韩丽英、齐鼎华、赵东芳等领导、老师和博士生们给予的帮助和支持。

祝愿清华电机系在历史的时间长轴上，不断续写新的辉煌！

2022 年 2 月